クライシスマネジメントの本質

本質行動学による3・11大川小学校事故の研究

エッセンシャル・マネジメント・スクール代表
西條剛央

山川出版社

クライシスマネジメントの本質

本質行動学による3・11大川小学校事故の研究

目次

※本書では、原則として第一部の大川小事故の研究については匿名とした。第二部以降は、市や教育委員会などの公職にあり、新聞記事等でも顕名であった人物については一部顕名とした。
※引用文献については、書籍、新聞記事、論文から市の調査記録まで多岐にわたるため、読みやすさの観点から趣旨を損なわない範囲で、本全体での表記の仕方、匿名性を統一するなど適宜修正を加えた。

はじめに

大川小学校の校庭からみえる風景

ここに立つと広大な空が見える。真っ青で抜けるような空がどこまでも広がっており、その下には緑の山々が連なり、パノラマ写真のような風景が広がっている。少し先には堤防と雄大な北上川があり、その手前には支流の富士川が静かに流れている。海はみえない。

近くに目をやれば献花台があり、たくさんの花が供えられている。その先には「石巻市立大川小学校」という震災当時のコンクリートでできた看板が立っており、円形の2階建ての建物がひっそりと建っている。打ちっ放しの灰色のコンクリートを基調に、ところどころ茶色の煉瓦で彩られているモダンな建物だが、あるはずの壁はなく、建物の中まで地続きになっている。その建物の周囲を遺族たちの手によるものであろう色とりどりの小さな花たちが囲んでいる。

大川小学校の跡地だ。

川の反対側には、学校や地元の人が「裏山」と呼んでいた小高い山がある。とはいえ、その山並みの様子は一様ではなく、背の高い木々が立ち並んでいる小高い森か丘のようなところもあれば、斜面が急な崖のような箇所もある。またその間の校庭に隣接した部分には数mのコンクリートの壁があり、その上は段々に整地されて、のんびりした牧草地を思わせるような背の低い黄緑の草に覆われている。

初めて訪れた人は、看板がなければここが小学校跡地とはわからないだろう。

実際、僕は2011年の4月3日、父の運転のもと友人とともに雄勝町に支援に向かう途中、川の中に敷かれた鉄板でできた一本道の上を通り（写真1）、その先の大きな橋の袂《たもと》（写真2）を越えると、作業をしている多くの人がいたことから、道を尋ねるためにこの地で車を止めた。広大な一帯が巨大生物に蹂躙されたかのような光景に、ただ呆然と周りを見渡した（写真3）。

　後にそこが大川小学校であり、多くの人がいたのは捜索活動をしていたためだったことを知った。

本書の立脚点「本質行動学」とは何か？

　東日本大震災から10年の研究・執筆期間を経て公刊されることになった本書は、学校管理下での生存率5・6％という戦後史上最悪の惨事である大川小学校の事故に関する謎を本質行動学（Essential

写真１　北上川の上に鉄板を敷いて作られた一本道を通っているときに車の窓から撮影した写真。上の遠方にみえる新北上大橋の左側は流出して失われている。2011 年 4 月 3 日筆者撮影。

写真２　通過してきた橋の袂を大川小学校側から撮った写真。中央右に漁船がみえる。後にこの橋の袂が教員・児童が向かった三角地帯と呼ばれる場所だと知った。2011 年 4 月 3 日筆者撮影。

写真３　中央左の白い建物が診療所、中央右が大川小学校。この場所だけ作業している人が集まっており、携帯の電波も入った。最初に筆者たちが通ったときはそこに町並みがあったと気づけないほどであった。2011 年 4 月 3 日筆者撮影。

Management Science)[1]に基づき解明し、再発防止のためのクライシスマネジメントの本質を論じることを目的としている。

以下、第1部を中心として、各パートがどういった経緯や問題意識により書かれたかを概観していくことで、本論のイントロダクションとしたい。

第1部の成立経緯

筆者は3・11を境に人生が大きく変わっていった一人である。2005年に『構造構成主義とは何か』を上梓し、構造構成学(構造構成主義：Structural Constructivism)という超メタ理論(超認識論)を創唱しており、それは医療や福祉、教育といった学問分野・テーマに応用され、様々な応用理論が発表されていたが[2]、震災前までは、いわゆる実践現場との距離は遠く、静かに探求する日々を送っていた。

しかしそれは一〇〇〇年に一度と言われる超巨大地震と津波、それにともなう福島原発事故によって一変した。筆者は仙台市出身で、津波により伯父は行方不明となった。原発は最悪の事態に展開しかねない状況であり、東京でも命の危機を感じたことは一再ではなかった。3月末、少しでも被災された方々の役に立ちたい、また今から思えば、無力なままではいたくない思いから、2人の友人とバンに支援物資を山積みにして東北に向かった。それが後に日本最大級の総合ボランティア支援組織となった「ふんばろう東日本支援プロジェクト」の始まりであった[3]。

最初の物資支援プロジェクトは、「必要なものを必要な分必要な人に直接届ける」仕組みを作ったことがきっかけとなり、3000カ所以上の避難所、個人避難宅エリア、仮説住宅群に対して1年間で15万5000品目もの物資が全国の支援者から必要とする被災者に届けられた（そのボランティアの人数は10万人とも推定されている）。その他、2万5000世帯に家電を送った「家電プロジェクト」、1100人以上の被災者が重機免許を取得する費用を全額サポートした「重機免許プロジェクト」、650台のパソコンを仮設住宅、NPO、地域活動団体へ提供し、被災3県、219カ所以上の仮設住宅のインフラを整備した「PC設置でつながるプロジェクト」など50以上のプロジェクトからなる総合ボランティア支援プロジェクトへと育っていった。

このプロジェクトは、その後100以上のメディアに取りあげられ、後には世界的な賞を受賞する機会にも恵まれたが、そのプロジェクト自体は3000人とも言われるボランティアメンバーの皆さんによって自律的に運営されていたこともあり、筆者個人の活動の主軸は大川小学校に移っていった。

そのきっかけとなったのは、2012年の3月に大川出身のボランティアの方のご縁を頼り、大川小学校と、女川の中学校の教員でもあり大川小学校事故のご遺族でもある佐藤敏郎さんのお宅を訪れたことであった。遺影に手を合わせ、涙と哀しみの中にあるご遺族の話を聞き、報道されていない様々な事実を知った。

大川小学校には、すぐに駆け上がれる裏山と津波到達まで50分間という時間があったことから、遺族は子ども達は裏山に逃げて助かっていると思っていた。だからこそ、助かった命ではないか、なぜ大川小学校の子どもたちだけ死ななければならなかったのかと真相究明を望んでいたが、石巻市教育委員会は、震災直後に行ったインタビューのメモを全て廃棄したり、一方的に説明会を打ち切ろうとするなど真相解明にはほど遠い状況であった。

そもそも生存者や目撃者が限られており、アンケートはもとより、インタビューすることも、話すこともはばかられるような状況であり、体系的な調査、数量的な研究は無力化されており、研究をするにあたってこれ以上難しい条件は考えられないというほどであった。

しかし、真相を明らかにして欲しいと願っているご遺族の切実な願いを聞いているうちに、そうした状況だからこそ、自分にできることはあるかもしれないと思った。というのも、私は『質的研究とは何か[4]』という著書を上梓しており、独自に体系化した質的研究法〝SCQRM《スクラム》〟（構造構成的質的研究法）を大学教員や大学院生に教える研究方法の専門家でもあった[5]。SCQRMは、断片的な情報からでも現象を丁寧に構造化することによって、科学性を担保した研究を可能とするものであり、この枠組みを活用すれば、なぜこの事故が起きてしまったのか解明できるかもしれない、そして得られた構造を反転させることで再発防止につなげられるかもしれないと思ったのだ。

新学期が始まり、当時、早稲田大学大学院のMBAの専任講師として行っていた質的研究法の授業がきっかけとなり社会人学生達と大川小学校の研究を行うことになった。最初は、むやみにインタビューをするのは現地の人に心理的負荷になることを考慮し、新たに遺族に話を聞くのは最小限にして、まずは良質の記事を書いた新聞記者に話を聞くことから始めることにした。そして学生達を大川小学校に連れて行って現地調査をしつつ、大川小学校に関する新聞記事をはじめとするあらゆる文献を集め精査することに注力した。まずは、既刊の資料の中でも信憑性のある情報を整理することで、あの日の大川小学校の校庭で何が起きたのか、暫定的な構造を明らかにすることにしたのだ。そうして授業自体は半期と限られた時間だったが、こうしてその後の研究の〝足がかり〟となる最初の理論図を作成することができた。

その後、その初期の構造によって、いくつかの仮説や不明瞭な点が浮き彫りになってきたことで、そこに焦点化して明らかにすべく、単独で現地に行き、インタビューや現地の地形調査等を行った。既存の資料で最も役立ったのは、震災後間もなく石巻市教育委員会によって行われた目撃者や生存者に対して行ったインタビューに基づく調査記録であった。直後の混乱のさなかで実施されたこと、自分が話したはずの内容が書かれていないという証言もあり完成度の高い調査記録とはいえないが、基本的には他の情報とつきあわせてもそこに書かれていることに虚偽はないと判断できたし、何よりも記憶が確かな時期に行われた記録は貴重な情報だった。

しかし一番辛かったのも、その調査記録を読み解く作業であった。一人ひとりの証言の中に出てくる子ども達は、校庭の真ん中で、怯え、泣き、励ましあっており、そうした姿が目に浮かぶと涙が溢れてくるのだった。世の中には「悲しい研究」というものがあることを知った。

そうして、曖昧な部分はその証言を裏付ける情報や資料を集め、仮説を吟味し、一つ一つ信憑性を確かめながら細部を詰めていった。個々の証言は断片的な情報であったが、それらをまとまりごとに整理し、パズルのピースを一つずつはめ込んでいくように組み合わせていくと、次第に大川小学校の事故の全体像が浮かび上がってきた。そうして初期の構造図を再構成する作業を独り繰り返すことで、あの日の大川小学校の校庭で何が起きたのか、そしてなぜそのようなことが起きてしまったのか、その背景にある要因と大川小学校固有の要因が明らかになっていった。

そうして1年ほどで構造図が完成し、査読を受けた[6]（本書口絵「大川小学校の事故はなぜ起きたのか？」）。そして2013年の6月、その構造図をもとに再発防止のための冊子を作ろうと、「ふんばろう東日本」の有志とともに『津波から命を守るために――大川小学校の教訓に学ぶQ＆A』を作成した。この冊子は2013年6月に公刊されて以来、全国の防災教育活動に対して22万部以上無償提供しており（ダウンロード版を除く）、現在も無料でダウンロードし活用することができる（冊子名で検索）。

2015年3月14日、筆者は、仙台で開催された国連防災世界会議でその論文を発表した。[7] そのフォーラムに登壇した東京大学教授の纐纈一起氏は、「なぜ真相は解明されないのか」と題するパワーポイントを用意してきたが、筆者の発表を聞いて、「西條先生は解明できていたと思います。ですので、この発表は〝なぜ公的機関は真相を解明できないのか〟というものになります」と口頭で題名を修正されていた。

この国連防災世界会議で配布し、発表した論文は本書の第1部のダイジェスト版であり、大きな違いは、本書の第1部は構造図の概念を裏付けるエビデンス（根拠／証言）を全て記載している点である。

2012年に行われた研究は最新ではないと思われる人もいるかもしれない。しかしながら、震災直後のほうが人々の記憶は確かであり、現地には津波の痕跡も残っており、こうした災害の実証的な研究としては、逆接的だが直後に行われたものほどフレッシュ（最新）で確かな研究が可能になるのだ。そこでの提言の意義は損なわれていないどころか、その後日本各地で毎年のように災害にみまわれており危機的状況は常態化しているようにも思えた。そのため、最近起きた台風や豪雨災害の事例を加えたり、わかりやすくするなど工夫は行った以外の基本的な主張は変えていない。こうして論文をもとに書かれたのが第1部である。

第1部（1～5章）――SCQRMによる科学的構造化と再発防止のための提言

この第1部では、2011年3月11日に、学校管理下で73名の児童と11名が犠牲となり、生存率5・6％という戦後教育史上の惨事となった大川小学校の事故を科学的に検証するものである。あの日の大川小学校では何が起きたのか、そしてなぜそうした惨事になってしまったのか、SCQRMという一事例でも科学的研究を可能とする質的研究法によりエビデンスを積み重ねることで、全体像とそれを引き起こした構造を明らかにする。それによって、大川小学校の事故を巡る多くの謎を解き明かし、また構造を反転させることで再発防止のための防災に関する提言を行う。

第2部（6～9章）――本質行動学による組織の失敗の本質の解明とそれに基づくアセスメントシートの提示

大川小学校の市教委の事後対応、第三者検証委員会と失敗に終わり、訴訟となることで行政の過失が認められ14億円もの賠償金の支払いが命じられた。そうした事後対応は組織のリスクマネジメントの失敗の本質そのものであったため、その失敗の構造を明らかにすることで、再発防止につなげることも〝クライシスマネジメント〟のもう一つの柱になると考えていた。

最高裁が県や市の提訴を棄却し、遺族勝訴で確定したというニュースが飛び込んできた2019年10月10日から、年末にかけて書かれたのが、この第2部である。

第2部では、まずあの日の校庭では、正常性バイアスを強める要因が重なることで「超正常性バイアス」というべき集団心理が形成されていた様相を明らかにすることで、あの場にいた誰が悪かったといった犯人捜しに陥ることなく、かつ仕方なかったで済ますのでもなく、再発防止につなげていく視座を提示する（6章）。次に事故を引き起こす背景となった大川小学校の平時の学校経営（7章）、事後後の二次被害と言われる教育委員会の事後対応（8章）、そして三次被害と言われる第三者検証委員会（9章）に焦点化し、関心特定アプローチによって、組織のクライシスマネジメントの失敗の本質を明らかにしていく。さらにその失敗の本質を反転させることにより、組織の危機のアセスメントに活用できるシート（チェックリスト）を提示していく。

第3部（10～12章）——組織、教育、社会の不条理を越えるクライシスマネジメントの本質

またその後毎年のように起きている地震や台風、集中豪雨に加え、2020年には新型コロナウイルスといったウイルス災害が猛威をふるう中で、クライシスマネジメントの重要性は増すばかりに思えた。そしてそうした危機を本質的に乗り越えていくためには、組織や社会の不条理を根源から解消する理路が必要と思うようになった。こうした問題意識から書かれたのが第3部である。

この第3部では、宮城県と石巻市の責任を認め14億円の賠償を命じた大川小学校事故の裁判結果を踏まえて、形式主義が組織の不条理をもたらすことを明らかにして、再発防止のために本質主義への転換の必要性を論じた（10章）。次に、大川小学校で始まった校長研修を契機に、形式主義により疲弊する教育現場の不条理を明らかにした上で、形式主義を撤廃することで教育現場を本質において再

生させる方途について論じた（11章）。最後に、石巻市長が、大川小学校の事故と裁判の教訓を生かさず、避難場所と避難経路を定めずに同市の原発再稼働に同意したことを踏まえ、そうした社会の不条理がなぜ起きるのかを「共同幻想論」や「裏の関心」（免疫マップ）といった従来のクライシスマネジメントにはなかった視座からその心理構造を明らかにして、まっとうなクライシスマネジメントを実現するための本質を論じる。

本書の立脚点「本質行動学」とは何か？

では、本質行動学（Essential Management Science）とは何だろうか？　それは本質に沿って望ましい状態をなんとか実現していくための実践の学である。本質行動学における本質とは、その事柄の最も重要なポイントを指す。したがって、本質とはそれに沿っていれば必ずうまくいくとは限らないが、それから外れたら必ず失敗するという類いのものである。その本質を含み、テーマや対象を選ばずに、例外なく洞察可能な〝普遍洞察性〟を備えた理路のことを「原理」と呼ぶ。この原理に基づく実践の学が本質行動学ということもできる。

なお一般的に我が国ではマネジメントが「経営」「管理」と訳されており、組織経営や管理のためのものとされているが、これはマネジメントを極めて狭く捉えたものであり、端的に言えば誤解である。従来のこうした訳語（マネジメント理解）では、ライフマネジメントが「人生管理」、セルフマネジメントが「自己経営」となることからも、マネジメントの本質とはいえないことがわかるだろう。近代マネジメントの父といわれるドラッカーは、まさに実践のための本質論を展開し続けたという意味で、本質行動学の祖に位置づけることができるように、ドラッカーもまたマネジメントをそのような狭い定義で捉えてはいなかった。

〝manage to〜〟で「なんとかして〜する」と訳されるように、本書が立脚している本質行動学では、「マネジメントの本質」は〝望ましい状態をなんとか実現していくこと〟と定義される。そのように定義することによって、ライフマネジメントは「望ましいライフ（人生・生活）をなんとか実現していくこと」、セルフマネジメントは「望ましい自己の状態をなんとか実現していくこと」といったようにあらゆる対象をマネジメントの射程に収めることができるのだ。

そのためクライシスマネジメントとは、危機をなんとか乗り越え望ましい状態を実現していくことと定義されることとなる。リスクマネジメントとは、危機に陥る前のリスクにフォーカスされたマネジメントと考えられることから、クライシスマネジメントの一手段ということになる。

先に、原理（本質）とはそれに沿っていれば必ずうまくいくとは限らないが、それから外れたら必ず失敗するという類いのものであると述べたが、危機的な状態において意思決定を間違えることは、即、命にかかわる。そのためそこから外れたら必ず失敗するという原理は、危機において意思決定を間違えることなく、望ましい状態を実現していくためのぶれない指針として役立つものになるのだ。

このように本書は本質行動学に基づくという共通点がありながらも、第1部から第3部まで異なる問題意識、アプローチ、研究執筆時期からなる3つのパートで構成されている。これが本書全体の見取り図となる。読者の関心にあわせてどこのパートから読んでもわかるようになっているが、第2部以降は第1部で厳密に吟味した内容を前提としていることから、第1部から読んだほうが大川小学校を巡る現象を時系列に沿って着実に理解できるように構成されている。

こうして本書は、東日本大震災後の10年間に渡る実践活動——学問的営みを往還する中で、何かに導かれるようにして書かれ、今こうしてご縁があったみなさんの手の中にある。

本書は、大川小学校の事故およびその後の事後対応を包括的に扱った最初の本であり、世界初の「本質行動学」（Essential Management Science）に基づくクライシスマネジメントの教科書でもある。学校や組織のマネジメントにかかわる方はもちろん、命を大切に思うあらゆる人に手にしていただき、今後の再発防止と未来の命を守る一助にしていただければと思う。

そして、大きな川に導かれるようにして生まれたこの「本質的な危機のマネジメント」（Essential Crisis Management）を受け継ぐ若い人たちが現れ、さらに実効性の高いものへと発展させる礎となるならばこれ以上嬉しいことはない。

エッセンシャル・マネジメント・スクール代表　西條剛央

第1部

本質行動学による大川小学校事故の研究

——質的研究法ＳＣＱＲＭによる科学的構造化と提言

第1章

大川小学校の事故の謎に迫る

——事故の「構造化」について

1　問題と目的

大川小学校の事故を巡る謎

２０１１年3月11日に発生した東日本大震災では、マグニチュード９・０という超巨大地震とそれにより発生した巨大津波によって、１万８０００人以上の死者・行方不明者が出た。なかでも、宮城県石巻市立大川小学校の事故は、東日本大震災のみならず、戦後の学校管理下で起きた未曾有の惨事といわれている。

全校生徒１０８名。欠席・早退・下校済みの５名、保護者等が引き取りにきて学校から離れた17名を除くと、津波がきた時点で76名の児童が学校管理下にあった。そのうち69名が遺体で見つかり、３人が行方不明。津波に飲まれて生き延びた児童はわずか3名。津波が来る直前にぎりぎり山に逃れて助かった児童が1名。1名の欠席児童も死亡、1名の早退児童も行方不明となっている。

教職員は13名。当日その場にいた11名中10名死亡。助かったのは直前で裏山に駆け上がった教務主任の先生だけであった。また先生に避難を呼びかけていたが「学校側の判断」がわからないと待機していたスクールバスの運転手も学校管理下の犠牲者とみなすべきだろう。

津波来襲時に学校管理下にあったのは、76名の児童、11名の教職員、1名のスクールバスの運転手の計88名であった。その中で生き延びたのはわずか児童４名と教員1名の計５名。学校管理下の生存率わずか５・６％という戦後の学校教育史上類をみない惨事になってしまったのだ。[1]

しかし、津波到達まで50分の時間があり、校庭から走って1分ほどで登れる裏山があったにもかかわらず、なぜそこに避難しなかったのか、なぜ民家裏の狭い道を通って河川堤防近くに向かったのかなど、依然として多くの謎は残されたままになっている。

こうしたことから、大川小学校の事故は、多くの新聞や雑誌の記事などで取り上げられてきた。しかし、そこで何が起きたのか、なぜそうした悲劇が起きたかについては、いまだに断片的なことしかわかっていない。

石巻市教育委員会（以下「市教委」とする）によって２０１１年に行われた調査については、証言したはずのことが取り上げられていないという証言者の指摘や、調査メモが市教委の指示により一斉廃棄されるといった問題が指摘されている。[2]そして市教委が提出した「大川小学校震災時の対応についての考察」（２０１２年1月22日付）においては、「災害対応マニュアルの不備」「大川小学校教職員の危機意識の低さ」「過去の経験から『ここに津波はきたことがない』という安全への思い込み」の３つが対応のまずさを招いたとされている。

しかしながら、それらの考察は十分なものではない。なぜなら、こうした要因は他の多くの地域にも共通してみられたことであり、他の学校では助かっているのに、なぜ大川小学校だけが悲劇的な結果となってしまったのかを説明する理由にはなっていないためだ。

そしてその後も市教委は問題の解明を進めることができず、その限界が明らかになったため、2012年12月には文科省主導による「大川小学校事故検証委員会」が立ち上げられた。そして1年ほどかけて調査が行われた後、2014年2月に最終報告書が提出され、そこでは次のような結論が提示された。

「避難開始に関する意思決定の時期が遅かったこと、及びその時期の避難であるにもかかわらず避難先として同校より標高は高いものの河川堤防に近い三角地帯を選択したことが、最大の直接的な要因であると結論づけられる[3]」

しかし、これはすでに自明のことであった。むしろ、遺族たちが当初から望んでいたのは、なぜ50分もの時間があったのに裏山に逃げず、危険が迫る河川堤防近くの三角地帯に向かったのかを明らかにすることであり、この報告書はそれに何も答えていない。

例えるならば、屋上から飛び降りて自殺してしまった児童がいたときに、「なぜ自殺せざるをえなくなったのかを明らかにしてほしい」と調査を望んだ遺族に対して、「1年間の調査の結果、この児童が死亡したのは屋上から飛び降りてしまったことが最大の直接的原因と結論づけられる」といっているに等しく、無意味な結論といわねばならない。

このことからも大川小学校事故検証委員会は、大川小学校の事故がなぜ起きたのかを明らかにするというその本質的な目的に照らせば、失敗に終わったというほかかない。

研究の目的

このように、「なぜ大川小学校にだけ、こうした事故が起きてしまったのか」は今なお明らかにできておらず、東日本大震災における最大の謎として残されたままとなっている。

そして最も大きな問題は、この事故がなぜ起きたのかがわからない限り、再発防止もできないということだ。二度とこのような悲劇を繰り返さないためにも、その構造を科学的に明らかにする必要がある。

以上のような問題意識から、本書の第1部は、あの日の大川小学校では何が起き、そしてなぜそれが起きてしまったのかを科学的アプローチにより構造化していくことによって、事故を巡る多くの謎を解き明かしていき、それを引き起こした構造を反転させることで再発防止案を提起することを目的とする。

科学の本質は現象を上手に説明する構造を追究することにある。現象をうまく構造化できていれば、それは予測可能性と制御可能性を備えたものとなり、今後に役立つ視点となるはずだ。この研究が成功したか否かは、この目的に照らして判断されることになる。

2 研究方法

第1部における研究目的は、大川小学校のあの日の校庭で何が起きていたのか、そしてそれがなぜ起きてしまったのかを構造化することで、それを反転させ再発防止のための提言を行うことにある。

このセクションでは、その目的を達成するために採用した研究方法を明示するわけだが、「方法の原理」によれば、目的と状況に応じて有効な方法は変わる。そこで、ここでは上記の目的と大川小学校の事故を取り巻く状況を鑑みて、分析と構造化の材料となるデータ（資料／音声／テクスト／現地資料）収集の方法と、それをどのように構造化するのかを明らかにしていく。

そうすることによって目的に照らして採用した方法が妥当なものかどうかを読者は吟味することができる。

また本書が立脚する本質行動学（構造構成学／構造構成主義）における、「構造」とは、一般の人（研究者も含む）が信じているような事実や真実、真理といったものを意味していない。構造とは研究目的を達成するために選択された研究方法（データ収集／データ分析／モデル構築）を通して構成されたものである。これは料理が特定の材料とその調理法を通して作られるのと同じである。だからといってそれは恣意的に構成されたものではなく、その調理過程となるレシピを公開することで、他者がそのプロセスを吟味し、また批判的に吟味するという意味での検証可能性や反証可能性を備えたものとなり、またその過程を追認できる再現可能性を備えた科学的研究の条件を備えたものとなるのだ。

ここは、研究論文でいうところの「方法」のセクションに当たるものであり、それが科学的な研究に必要な本質的な理由は、上述した科学的条件を備えるためなのである。しかし、一般的な研究者も科学の本質、科学的研究の条件といったことを理解している人はほとんどいないのが現状である。本書は学問の条件を満たした上で、物事の本質を明らかにしていき、予測可能性と制御可能性を備えた「本質行動学」の研究モデルにも位置づけるため、各所でポイントになることは明記していく。

大川小学校を取り巻く状況

研究を行う上で、大川小学校を取り巻く現状は極めて厳しいものとなっている。

まず当時の学校管理下にあって生き延びた児童はわずか4名、教職員は1名である。また、保護者が迎えにきたために助かった児童はいるものの、市教委の聞き取りに協力した保護者ですら「遺族の気持ちを考えたとき、どんな言動をとればいいかわからなくなる」と語っているように、自分の証言が周囲に与える影響を考えると話せないという人も少なくない。

同じく聞き取り調査に応じた2名の児童の母親については、「取材に関して子どもたちは敏感になっており、『まずいことを口走ったら……』『よけいなことを言って、大きくなったら……』『ずっと残る』と頭に浮かび、何も答えられなかったと息子は話していた」と語っており、子どもたちも語りたくとも語れない状況にあることがうかがえる。

しかしそうした状況にありながら、市教委によって初期に行われた調査では児童たちの多くが懸命に証言している。ところが、証言したはずのことが取り上げられていなかったり、調査メモが一斉廃棄されたりといった、隠蔽《いんぺい》行為にもみえるような問題点が指摘されたり、その場にいて唯一助かった教務主任の手紙に、他の多くの証言や事実と矛盾することが書かれているという指摘もあるため[4]、資料の信憑性《しんぴょうせい》そのものから吟味する必要がある。

さらには、そうしたことから初期の新聞やテレビの報道に誤った情報が含まれることとなり、それに基づいて書かれた専門書にすら間違った情報が掲載されている。そして、それらの情報を受け取った人の中には地元住民も含め、誤った情報をそのまま信じている人も少なくない。

そのため、当日、何が起きたのかについて正確な情報はいまだ共有されておらず、そのことが地元住民間の溝を深めることにもつながってしまっている側面も見受けられる。

また、大川小学校のある釜谷地区は、大川小学校と釜谷診療所といった2つの建物しか残らないほど壊滅しており（写真1・2）、現地の遺体捜索や瓦礫《がれき》の撤去等によって整地され津波の痕跡も失われていることから、現地で得られる手がかりもほとんどなくなっている。

以上のことから、大川小学校の研究は、資料、アンケート、インタビュー、現地調査のいずれの観点からも困難を極める状況にあった。またこうした状況を考えれば、体系的な数量的調査を実施するといったことは机上の空論であり、まったく現実的でもなければ有効ですらない。

したがって、膨大にある資料をひとつひとつ精査していき、他の資料と重ね合わせ、虚偽と思われる箇所は分析資料から除外する。同時に、現地で可能な限り証言を集める。そして信憑性が高い事実

写真１　震災３日後の大川小学校。遺族提供。

写真２　壊滅した釜谷地区。左奥にみえるのが大川小学校以外に残った建物である釜谷診療所。震災３日後撮影。遺族提供。

を特定していき、それらの成果を組み合わせて、整合性のあるかたちで全体像を浮かび上がらせる、多角的かつ丁寧な「質的研究」が有効になると考えられる。特に上述してきたような困難な状況において、あらゆる研究手法を組み合わせ、断片的な情報からも構造化可能なＳＣＱＲＭ（構造構成的質的研究法）を採用する。なお『質的研究とは何か』ではＳＣＱＲＭをメタ研究法として修正版ＧＴＡ（グラウンデッド・セオリー・アプローチ）を用いたが、大川小学校の事故をめぐる研究環境はあまりに厳しく、一切余計なものをそぎ落として〝根拠を示しつつ現象理解と予測と制御につながる構造化〟だけを追求する方法論へと進化させる必要があったことから、他の分析枠組みは使わずに〝ＳＣＱＲＭ２・０〟というべき方法論に依拠して構造化を行った。今後ＳＣＱＲＭを用いて研究を行う場合には、本書のＳＣＱＲＭ２・０を用いる（引用する）と明記することで、他の枠組みを援用することなく最も効率的かつ効果的に構造化していくことが可能になる。

3　分析する資料

データ収集の方法の概要

本研究では、インタビュー対象者への負荷を最小化するために、まずこの事故に関する入手可能なあらゆる資料、新聞記事、雑誌、書籍などを精査した。その上で、それにより明らかになってきた大川小学校の事故の謎を解き明かすポイントに焦点をしぼり、インタビューや現地調査を行った。その際には研究目的にのみ使用すること、研究倫理に配慮することを伝え、研究協力の承諾を得た上で調査を行った。

そうして集めた資料の中から、信憑性が高いと判断した資料のみを構造化の際には採用することとした。資料の信憑性については、他の複数の証言と矛盾がないこと、証言の一貫性がとれていることなどをもとに判断した。また、多角的にアプローチすることで、現象をより立体的に把握するために、必要に応じて追加の現地調査を行った。

資料の信憑性の吟味

これまで大川小学校の事故については、市教委のインタビュー調査の他にも、新聞記事、書籍など、様々な資料が存在する。本研究では有用と思われるあらゆる資料を用いた。しかし、上述したように構造化にあたって用いた資料の信憑性については精査する必要があり、それは本研究の科学性を担保する上で重要なポイントになるため、以下、主な資料に関してどのような精査をしたか、その方法と結果を提示する。

〈資料1〉『石巻市教育委員会　大川小学校「3・11震災」に関する聞き取り記録』について

最も重要な資料の一つとして、まだ記憶の鮮明な震災直後に市教委主体で行った生存者、関係者へのインタビュー調査が挙げられる。この『石巻市教育委員会　大川小学校「3・11震災」に関する聞き取り記録』を以下『市教委聞き取り記録』と記載する。

ただしこの『市教委聞き取り記録』は、録音がされておらず、内容も複数の児童にコピーペーストしたかのような部分が散見されるなど、いくつかの問題点が指摘されているため、内容の精査が必要である。コピーペーストすることに関しては、当然ながら本来一人ひとり証言のニュアンスは変わるため、インタビュー調査として望ましいことではない。しかし内容を子細に検討すると、兄弟や友人など、行動を同じくした児童たちの同じような内容の証言についてコピーペーストされており、震災直後の混乱した状況下で、インタビューや調査法の訓練を受けていない人が省力化するために行った可能性が高い。したがって、コピーペースト自体は、その記載箇所の信憑性を損う問題ではないと判断し、エビデンスとして採用する。

しかしながら一方で、市教委には第2回の調査結果のメモを一斉廃棄するなど、不自然な行動も見受けられる。また聞き取り調査を受けた児童たちによると、証言したはずのことが記載されていないという指摘もある。一例を挙げると、実際に聞き取り調査を受けた当時6年生の児童は震災後早い段階での新聞記者へのインタビューに際して次のような証言をしている。

▼インタビューテクスト（6年女児A　I1：インタビュアー1　I2：インタビュアー2）

I1：それでこれ（市教委の聞き取り）のことなんだけども、今、僕たちがお聞きした、話してくれたことは、このときも……。
6年女児A：おんなじ！（強調して）
I1：おんなじ話を。
6年女児Aの母：すっかり。
I1：じゃあ教務主任の先生がそういう風に（校庭に避難するときに「山だ！」「山だ！」と言った部分を指している）言ったっていうことも、それから他の先生も……。
6年女児A：他の先生も、ここはあれだな（校庭は危険）っていうのも、全部、みんな。
I2：ここ（市教委へのインタビュー）に書いてあることで違うよっていうのはありますか？
6年女児A：いっしょですけど、あの、ちょっと削られてるかなって感じ。
I2：ここに今削られているなって思ったっていうのは、教務主任の先生が……。
6年女児A：はい。（校庭に避難するときに）「山だ！」「山だ！」と言っていたとかそういうことかな。
I2：これ読んだときの、これを見せてもらったときの印象っていうのは、自分がしゃべったこととここに書かれていることと比べると……。
6年女児A：少なくなっているじゃん、色々。削られているのかな、っていうのと、あと、無駄な部分多いんじゃないかなっていうので……。

I2：無駄な部分っていうと？
6年女児A：別に……なんていっていいのか、この「グループで固まってたー」っていうのとか、そういうのいらなかったんじゃないかなって思って。
I2：Aさんが自分で大事だと思ってたところが削られてて、あんまり大事じゃないところが残っている感じか。
6年女児A：そう！

この証言から、教務主任が校庭に避難する際に「山だ！」「山だ！」と叫んでいたこと（概念4参照）、複数の児童が先生に山に逃げようと訴えていたこと（小カテゴリー⑦）など、児童が話したにもかかわらず記載されなかった箇所があることがわかる。

こうした情報は、同時期にインタビューをしていた新聞各社も、独自の現地調査に基づいて報道しているにもかかわらず、『市教委聞き取り記録』には一切触れられていないことからも、意識的にか無意識的かはわからないが何らかの配慮（忖度《そんたく》）が働き、記載を避けた箇所があるのは確かと思われる。したがって、『市教委聞き取り記録』に記載がなくとも、他の資料に記載されている情報については特に注視する必要がある。

『市教委聞き取り記録』にはそのような不備があることから、「調査そのものも、記録そのものも、無効ではないかと思える」[5]という指摘もあるが、これについてはどう考えるべきであろうか。

証言したことが記載されていないと証言者が感じるものになっている側面があるのは確かであり、

そうした部分は他の資料やインタビュー等により補う必要がある。しかしながら、証言した内容とまったく異なることが書かれているという訴えを耳にしたことはないことから、十分ではないにせよ、そこに書かれていることを無効にすべきとは言えない。むしろ、この調査が震災後間もなくの時期に行われたことを考えれば、現在入手可能な資料の中でも、有力な情報が記載されている最重要資料として位置づけられる。

〈資料2〉生存教諭の証言、手紙、FAXについて

同時期の資料としては、生存教諭の証言や手紙、FAXも挙げられる。ただし、唯一現場にいて生き延びた教務主任の手紙やFAXについては、その他の証言と大きく異なる点も多数指摘されていることから、改竄《かいざん》されたか、校長か市教委関係者と思われる他の誰かによって加筆修正された可能性がある。しかし、他の資料における児童や保護者の証言と重なる箇所もみられることから、すべてが虚偽の報告というわけではないと思われる。

そのため、あの日の大川小学校で起きた出来事を知る唯一の教諭の証言であることから、他の資料や証言と重ね合わせて、信憑性の高い箇所が特定できれば有用な資料となり得るだろう。したがって、ここではあらかじめ分析対象から除外できるよう、虚偽の証言がなされた可能性の高い箇所を特定しておきたい。

まず、2011年6月3日の教務主任から校長宛のFAXには、「教頭先生や○○先生の実名は出してよろしかったでしょうか？　これまで、特に教頭先生とのやりとりは、亡くなった教頭先生のご

遺族を傷つけたくなかったので、あまりはっきりとは言っていませんでした」と、校長に〝お伺いを立てている〟ような文言がみられる。そのことから、教務主任は亡くなった教諭やその遺族を傷つける可能性があることは極力避けたいという関心（動機）を持っていたことがわかる。

実際、同日に教務主任から送信された保護者宛のＦＡＸでは、議論が行われたり会話を交わしたりした箇所については「（誰がいたかは記憶にありません）」「（どなたが言ったか覚えていません）」「（どなたかは、覚えていません）」といったように、人物が特定されないための〝きめこまやか〟と表現できるほどの配慮がなされている。しかし、いかに混乱していた状況とはいえ、そうした箇所だけ会話を交わした相手の記憶がないというのはかなり不自然である。

こうしたことから、人物が特定されるような記載はなるべく避けるように関係者に指示されたか、修正されたか、あるいは校長や市教委関係者の言動から暗に避けることが好ましいという空気（組織の集合関心）を読み取り、そこに忖度して行動した可能性が考えられる。つまり、こうした記載については、亡くなった人を傷つけないための配慮や忖度から生じた虚偽といえるだろう。

この「教諭やその遺族を傷つけたくない」という関心（配慮）は、組織を守る弁明にもつながってくる。市教委が行った「教務主任の聞き取り」では、「山は樹木が倒れており、さらなる倒木が懸念され、避難場所には適さないと判断した」とある。また、教務主任の手紙には、校庭にいた数人の教諭たちが話し合った結果、裏山に避難しないという決定がなされた理由として「（その理由は余震が続いていて揺れが激しくて木が倒れてくるということだったと思います）」と、やはり「（ ）」

で挿入されている。

しかし、これに対して山中に地震による倒木はなかったことが確認され、木など一本も倒れていないという遺族たちからの反論もあり、それは多くのメディアで報じられた。するとその後、教務主任から校長宛のＦＡＸにて、教頭先生が山を登るのをためらった理由として、「(錯覚だったのかもしれませんが、皆そのように見えていたと思います。私も子どもと山の中にいたとき、何度も揺れるたびに周囲の木が倒れる音を聞いていました。そのたびに場所を変えたのですから)」としてやはり「(　)」で挿入するかたちで弁明している。

これは、震災直後から、多くの遺族によって「なぜすぐに逃げられる裏山があったのに、そこに避難しなかったのか」と批判されていたことを受け、亡くなった教諭やその遺族、ひいては学校、教育委員会を守るために、山に逃げるという決定ができなかったのには正当な理由があることを示したかったのだと考えられる。そのため（　）で挿入されている箇所は、そうした関心（動機）から追記された可能性が高い。

また市教委の聞き取りの結果では、津波襲来時とその後の教務主任の行動について次のようにまとめられている。

「校地を出て、釜谷交流会館前の山沿いの小道（交流会館駐車場付近）を通っていたとき、津波がきた。教務主任は最後尾におり、「山だ！」と叫んで、山に登ることを指示した。教務主任も山に登るが倒れた木に挟まれ動けなくなった。その後動けるようになり、近くいた３年児童（Ｓ

君）を連れて、さらに上に登った。
　教務主任と3年生存児童S君は、倒れた木の間に落ち葉やススキを敷き、雪をしのごうとした。津波の音が近づいてきたので、さらに上に登ることにした。松くい虫防除用のビニルシートをはがしてくるまった。児童の体の冷えがひどかったので、山を越えて雄勝側に行けば、車道に出て助かるかもしれないと考え移動した。周辺を照らしていた車のライトが見え、近くの車の中で夜を過ごした」

　しかし、山に登ることで津波の難を逃れ、教務主任と一緒に逃げたS君に話を聞いた5年生存児童T君によると、教務主任は最初から自分（S君）より先に山の上にいて、「こっちだー！　こっちだー」と言っていたという。その話を直接聞いた生存児童T君の証言を以下に示しておく。

▼インタビューテクスト（6年生存男児T君）

T：S君は普通にみんなといて、津波きたときに、○○先生（教務主任）がもう山にいて、こっちだー！　こっちだーってやってたから。そこいって。で、山を下って千葉自動車に行って、そこで寝て。津波くるって。津波注意報でたってことで、次の日山さ登って、解除されたからってことで下がったときにちょうど俺たちと会ったっていう。

　こうした証言から、先の教務主任の証言は生存児童の証言と大きく食い違っていることがわかる。

教務主任は「最後尾におり、『山だ！』と叫んで、山に登ることを指示した」とあるが、S君は津波がきたときに教務主任はすでに山にいたと言っている。

また教務主任は「近くの車の中で夜を過ごした」とあるが、S君は山を下って千葉自動車に行き、そこで寝たと証言している。その児童の証言を裏づけるように、千葉自動車の経営者やその夫人も、教務主任が児童を連れて、夕方千葉自動車を訪れ、宿泊していったと証言している[6]（その後、この点については教育委員会の聞き取りをした担当者が聞き間違えたと訂正しているが、もしそうならばなぜその前の時点で教務主任が事実と違うところを指摘しなかったのかという疑問もなお残る）。

さらに教務主任は保護者への説明会で「波をかぶった」と証言しているが、教務主任の背広は濡れていなかったため、その背広のまま着替えなかったという複数の証言がある。

したがって、こうしたことからも、先の引用箇所にみられるような複数の証言と食い違う箇所は、虚偽の証言と判断せざるをえない。この虚偽はおそらく、児童たちを山に避難させることができずに自分だけが助かったとなれば、教務主任だけの問題では済まされず教育委員会も含めた責任問題になりかねないと考えたためであろう。この「教務主任を守ることで、教育委員会を守りたい」という関心、これが虚偽の証言をする動機になりうるもう一つのポイントといえる。

このように他の証言と食い違う箇所を精査していくと、「生き延びた教務主任、亡くなった教諭とその遺族、ひいては学校と教育委員会を守りたい」という教育委員会の関心（動機）が浮かび上がってくる。したがって、教務主任の聞き取り（証言）、手紙、ＦＡＸは、特に上述した点については、上記の関心（配慮）からなされた虚偽の証言であると考えたほうが妥当であり、資料として採用すべきではないと判断した。

しかし、それ以外の箇所については特に虚偽の証言をする理由（動機）は考えられないことから、他の人の証言と矛盾がなく（整合性がとれており）、信憑性があると判断された証言については採用することとした。教務主任の上記以外の証言箇所の採否に関する精査は「結果」のセクションで随時行っていく。

〈資料3〉新聞記事について

新聞記事は朝日新聞、読売新聞、毎日新聞といった大手新聞社に限っても、「大川小学校」に関する記載のある記事は文献の精査を行った２０１２年12月時点においても５５０本以上と、膨大な数が公刊されている。また河北新報をはじめとした地元の有力紙も、大川小学校に関する新たな動きがみられるごとに記事を掲載している。こうしたものの中には、各社独自に収集した情報に基づく記事も多い。これらは独立機関が独自のルートから得た情報であるゆえに、各紙に掲載されている情報については、各社が総合的に考えて信憑性が高いと判断したものとみなすこともできる。そのため、多角的な取材の結果を重ねあわせることで、立体的に「事実」を浮かび上がらせる資料として活用できる。

ただし、特に初期の記事については、市教委が事実と異なる発表をしたために、それが反映されるかたちで、「裏山には倒木が多かった」「迎えにきた保護者への引渡しに急に対応することになり、チェックに時間がかかった」と言った後に間違いであることが確認された情報も記載されている。したがって、当然ながら、そうした現在明らかに間違いであることが確認された記載については採用しない。

その一方で、各社が報道しているにもかかわらず、市教委の調査結果では一切触れられていない事象があれば、そこは市教委が記述を避けた部分として逆照射するかたちで浮き彫りにすることも可能になる。そのため本研究では、各社の新聞記事を、市教委の調査記録を精査、補完する資料として有効に活用するため、まず国立国会図書館の新聞記事検索システムを用いて「大川小学校」に関連する記事を検索し、その中でも信憑性が高く、本研究のリサーチクエスチョンに関連する記事を選定した。また、同検索システムには登録されていないが、地元の河北新報社の記事の中には、現地での綿密な調査に基づく記事（新聞協会賞を受賞したものも含む）があることから、それも検討資料とした。

〈資料4〉関連書籍について

専門家がまとめたものとしては、『巨大地震・巨大津波――東日本大震災の検証』の1章で人的被害の観点から大川小学校について言及したものがある。しかし、これは独自に一次調査したものではなく、新聞記事をもとに二次資料としてまとめられた1頁にも満たないものであるため、分析資料にはしなかった。なお、この専門書をはじめとして当初の誤った情報が掲載されている頃の新聞記事を情報源としているものは後に複数の証言により否定された誤情報（例「迎えにきた保護者への対応にも追われ、避難開始まで時間がかかった」）といったものが含まれているため注意が必要である。[7]

重要な資料として、ジャーナリストである池上正樹と加藤順子の手による『あのとき、大川小学校で何が起きたのか』が挙げられる。２０１２年10月に公刊されたこの本は、大きくいえば①市教委の不適切な事後対応や隠蔽行為についての検証、②遺族が置かれていた状況や心情、③大川小学校の校庭で何が起こったのか、といった3つの観点から書かれている。これは民間のジャーナリストという立場からまとめられたものであり、科学的研究を志向する本書とはスタンスを異にするが、現地での関係者への綿密なインタビュー調査と丁寧な記述により紡がれた本書は大川小学校で起きたことを知る最も重要な資料となっている。特に市教委の不適切な事後対応を明らかにしていくジャーナリストとしての手腕は見事というほかなく、同時に遺族に寄り添うからこそ語られた遺族の感情や体験も丁寧に描かれており、大川小学校について知りたいという人は避けて通れない必読の書といえよう。

違いを明確にしておくと、本書では①市教委の不適切な事後対応については第2部で扱うが、その目的は、不正を白日の下にさらすことではなく、あくまでも科学的なアプローチによる構造化とそれに基づく対策提言にある。②遺族の心情や体験については、本書の目的に含まれていないため最小限の記述にとどめた。特に第1部は、①あの日大川小学校の校庭で何が起きたのか、そしてそれはなぜ起きたのかを構造化し、大川小学校を巡る謎を解明し、構造を反転させることで今後の予測と制御につなげる再発防止案を提言することにある。

『あのとき、大川小学校で何が起きたのか』の著者らは、最終部分で次のように述べている。

「いったいなぜ、40秒ほどで登れる裏山のシイタケ栽培していた辺りに避難しようと思わなかったのか。なぜスクールバスを使おうとしなかったのか。なぜ、北上川の堤防上の三角地帯を目指すことになったのか。なぜ、県道からではなく、釜谷交流会館裏の駐車場を通って民家の裏から逃げようと思ったのか。それらの〝なぜ〟は、いまも謎のままだ[8]」

こうした記述からも、この書籍は、大川小学校の事故の謎を解き明かすには至っていないことがわかるが、逆にいえば膨大なインタビューにより大川小学校の事故に残された〝謎〟を明確に示した点にも大きな意義がある。どのような謎があるのかが明らかになれば、すなわち適切な問いが立てられれば、それを解き明かすことにリソースを集中させ、現象を明らかにしていける可能性が出てくるためだ。

いずれにしても、事故の当日そこで何が起こったのかを、現地での綿密なインタビューに基づいて明らかにしようとしたこの書籍は、重要な資料的価値を持っている。ただし本研究（本書の第１部）における基本的な構造化の作業は、この著書の公刊前に終えており、また大川小学校で起きた事象を、それぞれ独立した観点／資料／データに基づき検討することで、立体的な現象理解が可能になると考えられることからも、本研究の一次調査で得られなかった証言を補うための補完的な資料として位置づけ、適宜付録の「その他のエビデンス一覧」にて記載することとした（ただし第２部ではその後公刊された同著者らの手による『「大川小学校検証委員会」を検証する』を別途参照する）。

〈資料５〉公的資料について

大川小学校の遺族説明会の議事録、防災研修の資料、国土地理院の調査結果など、大川小学校の事故を明らかにするために必要と思われた資料はすべて検討資料とした。

上記のような精査を経て、特に本研究（本書第1部）で採用することとした主な分析資料（テクスト）は以下の通りである（複数回引用したものを中心に記載する）

・『石巻市教育委員会　大川小学校「3・11震災」に関する聞き取り記録』（『市教委聞き取り記録』）

・河北新報　2011・9・8『検証　石巻・大川小の惨事――証言でたどる51分間』（以下『証言でたどる51分間』とする）

・朝日新聞　川端俊一　三浦英之　吉田拓史　兼田徳幸　2011・9・10『なぜ山へ逃げなかった――84人死亡・不明大川小学校の悲劇』（以下『なぜ山へ逃げなかった』とする）

・朝日新聞（宮城全県）　2012・1・25『石巻市教委聞き取り調査、津波来襲までの経緯』朝刊　27ページ（以下『津波来襲までの経緯』とする）

・池上正樹・加藤順子　2012『あのとき、大川小学校で何が起きたのか』青志社（以下『あのとき何が起きたのか』とする）

・堀込智之・堀込光子　2011『海に沈んだ故郷』連合出版

なお第9章で取り扱う「大川小学校事故検証委員会の報告書」、また10章で扱う「大川小学校事故に関する裁判の判決」については第1部の研究を行った時点では実施されておらず、また各検証の独立性を確保するために第1部では触れない。

テクスト分析の対象者

第1部の本研究では、大川小学校の事故がなぜ起きたのかという問題の構造を明らかにすることが目的となるため、新聞報道等には実名で記載されている場合も含め、基本的にはアルファベットで記載する。ただし、教職員や役所の職員などの場合は、同じ言動でもどういう役職（立ち位置）の人がしたかによって、言動の意味は異なってくるため、アルファベットではなく役職で明記することとした。

なお「○年児童（男児／女児）」と記載した場合は、ある時間までは校庭にいたが保護者が迎えにきて助かった児童や、当日学校にいなかった児童、死亡した児童を指すこととする。性別が判別できた場合には○年男児／○年女児と記載することとした。また「○年生存児童（男児／女児）」と記載した場合には、避難途中、津波に飲まれて助かった児童を指す。保護者は資料から判別できる範囲で、父、母、祖父、祖母といったかたちで、関係性を表記することとした。

震災当時長面《ながつら》にいて、震災直後に大川地区の津波調査を行った堀込智之氏は、津波実験の専門家でもあり震災後に現地調査を行い津波の振る舞いを研究した結果をまとめ、いくつかの学術論文と、堀込光子と『海に沈んだ故郷』（連合出版）という共著も公刊していることから、専門家に位置づけてアルファベットでの記載はしないこととした。

彼らの証言をテクスト化するにあたっては、微妙な言い回しによりニュアンスが違ってくること、文脈や言い方といった全体的な印象から立ち現れるリアリティがあることから、そこも含めて読者が信憑性を判断できるよう、省略化したり、概要をまとめたり、標準語に直したりといったことはせずに、基本的に聞こえたまま文字に起こした。ただし、方言により意味が通りにくくなっている点、言いよどみなどが多く意味が取りにくい点については意味が変わらないように十分留意しつつ、方言がわからない人にも意味がとれるように補足した。また紙面の関係上該当部分を取り上げて提示するかたちになるため、文脈上、言葉を補ったほうが読者にとって意味がわかりやすいと判断した箇所には適宜（ ）で補足することとした。

対象者が同じ発言者の場合、発言の相互関係、文脈を考慮できるよう同じアルファベットで表記することとした。インタビュアーは「Ｉ」として表記し、複数のインタビュアーがいる場合には、違う人物であることがわかるよう「Ｉ1」「Ｉ2」と記載した。インタビューは筆者以外の人が行ったものも含まれているため、筆者がインタビュアーの場合には「筆者」と記載した。録音したインタビュー結果は、当日のラジオ放送なども含め、すべて文字に起こしてテクストデータとしてまとめた。文字数は約35万字ほどとなった。

次に、こうして得られたテクストをもとにどのように構造化していくのか、そのアウトラインを示す。

4 データに基づき「構造化」する

先に触れたように、科学の本質とは、予測と制御を可能とする構造の追究にある。本研究では、科学の本質論でもある構造構成学に基づくSCQRM「構造構成的質的研究」によって、事例の数量に依存せずに、証言の信憑性や一貫性といった「質」(Quality)を重視するという意味で質の高いエビデンスを最小単位として、あの日の大川小学校で何が起きたのか、なぜそれが起きたのかが明らかになるように、パズルのピースをはめていくように全体像(構造)を浮かび上がらせていった。

現象理解のための枠組みを、ここでは「構造」と呼んでいるのだが、その構造化の際は、具体的には、まずデータ(根拠)に基づき現象を説明するのに必要な最小単位である「概念」を作成し、次にそれらを包括するような「小カテゴリー」、さらにそれらを包摂する「中カテゴリー」、そしてそれらのカテゴリーからなる「大カテゴリー」を作成した。そして最終的に、生成された複数の「カテゴリー」を組み合わせていくことで、本研究のリサーチクエスチョン「大川小学校の事故はなぜ起きたのか」に対し、説明力の高い「構造」を浮かび上がらせた。そしてその構造を図式化することで、誰が見てもその現象を理解できるようにした(口絵「大川小学校の事故はなぜ起きたのか?」参照)。

最初にテクスト(データ)を概念化した際には、5名がリサーチクエスチョンに照らしながら重要と思われるところに印をつけて最初は各自で概念化を行い、その後、全員ですり合わせた。同じ概念として括《くく》れるものはひとつの概念としたが、特に現象理解のために重要と思われる箇所については、対象となる現象を子細に構造化するために、差異が認められるものは可能な限り異なる概念として扱った。

なお本研究の調査は２０１２年４月に開始した。資料や証言の精査、インタビューを通じての基本的な構造化は２０１２年中に完了した。後半は筆者が単独で現地での追加調査を行い、概念をより説明力の高いものにするなど精緻にしていく作業を中心に細部の修正を行ったが、構造自体に大きな変更はなかった。

本書では、『市教委聞き取り記録』や現地でのインタビューテクストといった一般に入手できない資料（データ）が多く採用されている。そのため本研究の検証可能性や再現可能性を担保し、今後第三者が本研究を吟味したり、異なる観点から構造化することを可能にするためにも、次の章の「結果」では、概念の根拠となったテクスト（エビデンス）は可能な限り掲載することにした。

ただし当初全てのエビデンスを本論に記載していたのだが、分量が膨大になるため、一般の読者の読みやすさを考慮して、一次資料（インタビューや『市教委聞き取り記録』）を中心とした一部のエビデンスのみ本論（第２章）に記載し、残りは巻末の「その他のエビデンス一覧」に記載することとした。詳しく知りたい、吟味したいという方は、参考にしてもらえたらと思う。

それでは次章からはその研究によって得られた概念・カテゴリーからなる「結果」を示していく。

あの日、大川小学校の校庭で何が起きたのか。なぜ事故は起きたのか。

第2章

あの日の校庭

——構造化による概念、カテゴリーの生成

大川小学校の事故の構造化

第1章で詳述した通り、本研究のリサーチクエスチョンである「大川小学校の事故はなぜ起きたのか」を明らかにするために、教育委員会の調査記録、関連記事が掲載されている550本以上の新聞記事や書籍、文献といった入手可能なあらゆる資料を検討し、また現地での遺族や生存児童、地域住民、市の職員、専門家等への聞き取り、そして現地調査といった多角的なアプローチによる「トライアンギュレーション」によって情報を集め、SCQRM（構造構成的質的研究法）により構造化を試みた。

その結果、63の概念から、52の小カテゴリー、10の中カテゴリー、5つの大カテゴリーが生成された。それをもとに構成していき、大川小学校の事故がなぜ起きたのかを説明するための構造図を生成した。

すべての概念、カテゴリーは、根拠（裏づけ）となる証言や資料に基づいているため、概念やカテゴリー名が妥当なものかを読者（第三者）が吟味できるよう根拠となったテクストは可能な限り公開している。これは他者が批判的に吟味できるという意味での「検証可能性」、さらに妥当な概念やカテゴリー名に更新できる「更新可能性」という学問の条件を担保していることを意味する（ただし読みやすさを考慮し、本章には一次資料を中心に記載し、その他については付録の「その他のエビデンス一覧」に記載することとした）。

構造図の読み方（本書口絵「大川小学校の事故はなぜ起きたのか？」参照）

図の上の部分の【1】〜【3】は、2011年3月11日14時46分の地震発生から大川小学校に津波が到達する15時36分過ぎまでに「大川小学校で何が起きたのか」を3つのフェイズに分けて構造化したものである。

以下文章中では【 】は大カテゴリー、《 》が中カテゴリー、「 」が小カテゴリー、（概念○）が概念を表す。基本的に「大カテゴリー＞中カテゴリー＞小カテゴリー＞概念」という包含関係になっている。また同一テクストから根拠となる具体的な情報（証言）が複数得られている場合、あるいは同一の事象について複数の人から根拠となる情報が提示されている場合には「・」で分けて提示している。カテゴリーはそれを構成する諸概念を包括するものとなっているが、小カテゴリーに関しては、限られたスペースに収めるために、いくつかの概念をまとめたものとなっている。

図のそれぞれのカテゴリーや概念は時間軸としては基本的に左から右に、上から下に流れていくように配置されている。しかしながら、震災当日の現地の時間的経過は厳密な記録はほとんど残されていないため、発災から津波が大川小学校に到達するまでの51分間に関して、第1フェイズ、第2フェイズ、第3フェイズといった大カテゴリーの時間的区分は、教育委員会の調査報告書にある証言者の発言のおよその時間をまとめた表や、現地取材による新聞記事といった入手可能な情報に基づき割り出した。

第1フェイズと第2フェイズは、個々の概念（出来事）レベルでみるとある程度重複しているところもあることから、第1フェイズの終わりは一定の幅をもたせて「【1】14時46分～15時-15分過ぎ」とすることとし、それにあわせて第2フェイズも「【2】15時-15分過ぎ～35分頃」とした。

ただし、この構造図において本質的に重要なことは、厳密な時刻を確定するのではないことを強調しておきたい。本質行動学に立脚するここでの目的は、震災時に大川小学校で起きた現象を構造化することにより当日の人々の行動や心理を把握し、「なぜ避難行動がとれなかったのか」に関する本質を明らかにすることにある。そのため、本構造図の成否はそれが達成できているかどうかで判断する必要がある。

また図の下の部分は「大川小学校の事故はなぜ起きたのか」に答えるべく、影響を与えたと考えられる要因とそれらの関連性について構造化したものである。ここは【大川小学校固有の要因】と【背景要因】といった2つの大カテゴリーからなるが、ここでは「なぜ、大川小学校だけでこのような事故が起きてしまったのか」を説明できるかどうかが、構造化の成否を判断する基準となる。

以下、図の上の部分の【1】～【3】の「50分間の主な出来事」に関する3つのフェイズの詳細を、エビデンス（証言）に基づき明らかにしていく。

大川小学校の児童やぎりぎりで助かった保護者の数々の証言は、個々は断片的ではあるものの、それらを概念ごとにまとめていき、カテゴリーに沿って読み進めていくと、当日の学校で何が起きていたかが立体感をもって立ち現れてくることから、リアリティをもって想像できるようになるはずだ。

第1フェイズ

14時46分〜(から)15時－(ないし)15時15分過ぎ。
発災後、校庭に移動。津波警報を受け話し合いをする

第1フェイズを構成する7つの小カテゴリーの生成

以下、第1フェイズとなる【14時46分〜15時－15時15分過ぎ。発災後、校庭に移動。大津波警報を受け話し合いをする】を構成する概念とそれを包括する小カテゴリー、および各概念を裏付ける根拠(エビデンス)を示す。

小カテゴリー①（概念1〜2）

［14時46分震度6弱の地震発生。その後、15時12分まで数分おきに震度5弱が6回（概念1）。教諭たちの指示で揺れがおさまるまで机の下に潜り、14時50分頃大きな揺れがおさまると校庭へ避難開始（概念2）］

概念1　14時46分震度6弱の地震発生。その後、15時12分まで数分おきに震度5弱が6回

▼気象庁の推計震度分布図に基づいた『市教委聞き取り記録』を参照。

余震は人々の行動や心理に影響を与えたと考えられるため、発生時間と事象生起時間を照らし合わせつつ、人々の行動に影響を与えたと考えられるものについては本構造図の諸カテゴリーの中に適宜挿入していく。

概念2　教諭たちの指示で揺れがおさまるまで机の下に潜り、14時50分頃大きな揺れがおさまると校庭へ避難開始

▼『市教委聞き取り記録』

・息子が体調を崩したため14時頃に迎えに行った6年保護者は次のように証言している。

「教頭が6年担任の先生を呼んでくれた。廊下で待っていて、6年担任の先生がきて、体育館のほうへ2、3歩歩いたときに地震が起きた。揺れてすぐ、6年担任の先生が『机の下に避難しろ』といい、5年生教室にも走っていった。図書室の水槽の水がはね、ガラスのこわれる音がした。教頭がハンドマイクで『机の下に避難』と繰り返していた。3年教室前に、3年担任の先生がいて、教室入り口に立って子どもたちを見ていた。まだ、揺れていた。地震中、校内では悲鳴のようなものが1階から聞こえた。2階では騒いでいる子はいなかった。津波がくると思い、外

へ出た。用があると言われていたので、学校に戻ろうとしたが、後でよいと思いなおし車に行こうとしたときに、子どもたちが並んで出てきた。3年生だけ確認した。その後、車に戻った」

・6年児童「帰りの会が終わり、『さようなら』もして、○○（○○）さんと雑談中に地震がきた。すぐに机の下に隠れて揺れがおさまるのを待っていた。少しして6年担任の先生がきた。教務主任の先生が『校庭へ避難しろ』と廊下で叫んでいた。ヘルメットをかぶって避難した。校庭には、他の学年の子どもたちがほとんど出ていた」

・5年生存男児K君「帰りの会が終わり、『さようなら』を言っている途中に地震がきた。すぐに机の下に隠れて揺れがおさまるのを待っていた。○○君が泣いていたので、5年担任の女性の先生はなだめていた。教務主任の先生が廊下から『放送が使えないので、校庭へ逃げましょう』と言っていた。5年担任の先生は『校庭へ避難しましょう』と言った。自分で判断して、ジャンパーとヘルメットを着用した。速足で階段を下りて校庭へ出た」

・4年女児「帰りの会の最中で、保護者に贈るVTR作成のため、歌『ありがとう』を録音していたときに強い揺れを感じた。先生の指示を待たずにすぐに後ろにさげていた机の下に潜った。廊下の方から6年担任の先生の『机の脚のところをしっかり持ちなさい』という声が聞こえた。担任の先生の指示を受けて、東階段から校庭へと出て整列した」

・1年生存女児Mさん「小さい地震が続いていたので怖かった。席替えの日だった。帰りの会も終わっていた。すぐに机の下に隠れて揺れがおさまるのを待っていた。1年生担任の先生が『外へ出ます』と言うので、普段使わない教室の校庭側のドアから外へ出た」

▼インタビューテクスト（6年生女児Aさん）

6年女児A：最初に友達といっしょに机の近くで、教室で、放課後だったんで、好きなように色々やっていて。私は卒業近くだったので荷物の整理していたら、最初ちっちゃなパタパタって音があって、友達といっしょに、「あ、地震だ」って、そうしたらどんどん大きくなってきて、え、みたいな。そして驚いていたら、先生が廊下から走ってきて「隠れろ！」ってなって机の下に隠れたんですね。止まんなくて、揺れがおさまらなくってどうしよどうしよってなっちゃって。ずっと揺れてたじゃないですか。そして最後のほうのちょっと弱くなったときに、いつも通り校庭に出ろって言われて、友達に手を引かれながら、校庭の西側の交流会館のほうに集まりました。

※その他のエビデンスは巻末参照

以上の数々の証言から、地震が起きると机の下に潜るなど避難行動をとり、概ね2階建ての校舎の1階だった下の学年のクラスから校庭に避難したことがわかる。ここまでは通常の避難行動といってよいだろう。

ちなみに証言をみる限り、通学用のヘルメットをかぶって出てきた児童もいれば（学年もあれば）、かぶって出てきていない児童（学年）もいた。たとえば上述した証言以外にも、6年児童は「逃げるときに、頭守るものだけもって逃げろって言われてかぶった」と証言しておりヘルメットをかぶって出てきたと考えられるが、4年生の保護者の「ヘルメットをかぶらず、上靴とジャンパーを着て出てきた」という証言もある。

小カテゴリー②（概念３～４）

［近隣の相川小学校の避難マニュアルを校舎から山への避難に変えた教務主任（概念３）が、校庭に避難する際、「山さ逃げろー！」と叫ぶ（概念４）］

概念３　近隣の相川小学校の避難マニュアルを校舎から山への避難に変えた教務主任

▼現地調査結果

生存教諭である教務主任は、２００３年まで大川小学校の対岸で北上川の下流に位置する相川小学校に勤務していた。その間に、津波の際の避難先を、校舎の中から校舎裏の山のほこらまで逃げることと避難マニュアルを変更した。さらに、その上まで逃げられるように道を舗装したほうがよいといった内容の話し合いをして山手の高台に避難することが決められており、避難訓練も定期的に行っていた。そのため震災時、相川小学校にいた児童は避難誘導に従い全員助かっている。

概念４　校庭に避難する際、「山さ逃げろー！」と叫ぶ

▼インタビューテキスト（6年女児Aさんとその母）

6年女児A：その間にもなんか『どこに逃げるの？』『山に逃げろー』って色々声あったんですけど、みんな集まってたのは交流会館のほうだったのでみんなでそこに集まって、自然に列ができたんで、列になって座ってました

（中略）

I1：あの、先生たちの中に、山に逃げようっていう話をした人がいるんですか？

6年女児Aの母：はい、はい。教務主任の先生。

I1：どんな風に言ってましたか？

6年女児A：逃げてる途中から『山に逃げろー！』って叫んでいて、だけど山にそのまま子どもたちだけで行けるわけもなく、普通に自然にいつも通り避難訓練みたいに集まったかたちになった。

I1：教務主任の先生は、じゃあそのー、みんな校舎から出てきて、集まりますよね。そのときぐらいにもうそう叫んでいたんですか？

6年女児A：もう来ている途中からもうずっと言っていたみたい。

I1：校庭に整列する前に？

6年女児A：整列する前に。

I1：それは防災無線が聞こえる前ですか。

6年女児A：前、ですね。

（中略）

I2：先生が叫んでいたって言っていたけれども、かなり切羽詰まったような感じでしたか？

6年女児A：けっこう、すごい大事っていうか……。

I2：『山に逃げろー‼』みていな感じかなあ……。

6年女児A：そんな感じ。

小カテゴリー③（概念5～6）

［かつてシイタケ栽培や肝試しをしていた裏山（概念5）に一部の児童たちが向かうが6年担任にストップをかけられ戻る（概念6）］

概念5　かつてシイタケ栽培や肝試しをしていた裏山

▼インタビューテクスト（大川小学校の震災5年前の卒業生2名AさんとBさん。亡くなったKさんの次女の高校の同級生）

筆者：Aさんたちのときまでシイタケ栽培ってしてたっけ？

Aさん・Bさん：上の学年でしてたのは覚えてる。

筆者：あそこの小道のとこあるじゃない。裏山の。あそこって登ったりしてた？
Aさん：お泊まり会かなんかで……。肝試しとかやっているときに登ったりとかしたかな。

概念6　（裏山に）一部の児童たちが向かうが6年担任にストップをかけられ戻る

▼インタビューテクスト（6年女児Aさん）

I1：教務主任の先生が、もうかなり早いときに、防災無線が鳴るより前くらいに、山だぞ、山へ逃げろって言ってという。どうして、じゃあみんな逃げなかったの？
6年女児A：私は泣いてて、友達に手を引かれていたんですけど、手を引いてくれた友達とかは、山に逃げろって言われていたので、何人かの子どもたちが校庭の端くらいに行くようなかたちになっていたのを、いや、ちょっと待てみたいな。こっちで集まっているのでこっちだけ行かせるわけにもいかないし、どうなるかわかんないからとかで、一回止めたんだと思います。
I1：じゃあ、何人かのお友達が山のほうへ近づこうとしたらば、先生がちょっと待て待てっという感じだった？
6年女児A：うん。

▼インタビューテクスト（震災後間もない時期に6年女児Aから話を聞いた亡くなった6年男児の父親SKさん）

SK：あと、まず余震揺れが一旦おさまってから、じゃ～校庭に行くよってなってから、その間

〈参考写真〉整地され段々になっている裏山が中央右側、その左側の奥まっている所がシイタケ栽培をしていた裏山。2012 年 6 月著者撮影。

〈参考写真〉以前児童たちがシイタケ栽培やお泊まり会のときに肝試しをしていた裏山の道を下から撮影したもの。写真にあるように、この裏山には小道があり、子どもでも簡単に登ることができた。2012 年 8 月 21 日の現場検証において校庭中央からこの裏山まで 45 秒程度でこられることが示されている（『大川小学校現場確認実施概要』）。2012 年 6 月著者撮影。

〈参考写真〉裏山に少し入ったところから学校側を撮影したもの。右手前の木にあるテープは津波の到達ラインを示す。大川小学校の卒業生でもある地域住民の証言によると、シイタケは日の光が当たるところでは栽培できなかったためこの上で行われていた。2012年6月著者撮撮影。

〈参考写真〉この写真からもここまで簡単に登れることがわかるだろう。震災直後、遺族の多くは、子どもたちはこの裏山に登って助かっていると思っていた。そのため遺族は「なぜ子どもたちは亡くならなければならなかったのか」「助かった命ではないのか」という思いをぬぐいきれず、再発防止のためにもその理由を明らかにすることを望んでいた。2012年6月著者撮影。

に教務主任の先生が、『みんな山だ、山に逃げろ！』って叫んで歩いてたって。そんで、教務主任の先生が、もうその段階で『山さ逃げよう、逃げろ逃げろ』って言ってたのを聞いた何人かの子がいる。あのようはあたりまえさな、連れ戻されんのは。まずはマニュアルでは、点呼でしょ。整列させて。とりあえず、『ダメダメ、勝手な行動！』って感じの連れ戻しさ。

（中略）

SK：そんでーなんか、一部低学年とかが、こう暴走したみたいな感じで、それが連れ戻された。途中で。校舎外には出てないんだけど、山めがけていったやつらが、うちの子の仲間なのかな、こう、待てっ！　つう感じで。一喝されたみたい。

筆者：それは、待てっていったのは誰なんですか？

SK：6年担任の先生。

小カテゴリー④（概念7～13）

［14時52分。河北総合支所が防災無線で大津波警報を放送（概念7）。校庭に整列後5分程度で点呼を終える（概念8）。泣いている児童が散見される中（概念9）、各学年の先生は児童を慰め（概念10）、迎えにきた保護者に引き渡しをする（概念11）。教頭と教務主任が話し合う（概念12）。教務主任は校舎を確認して回る（概念13）］

概念7　14時52分　河北総合支所が防災無線で大津波警報を放送

▼『市教委聞き取り記録』

・4年女児「無線の放送で『大津波警報が出ました。海岸沿いは危険ですので、高台に避難してください』と放送しているのが聞こえた。友達が『ここは海岸沿いになるの?』と話していた」

・3年生存男児S「学校の近くから『大津波警報。高台に避難してください』と鳴っていた。友達に『津波くるかな』と話しかけた」

・4年男児「無線のスピーカーが『グーン、グーン』と鳴っていたのを聞いたような気がする」

▼インタビューテクスト（5年生存児童T君）

筆者：防災無線は聞こえた?

5年生存児童T：最初のほう1回だけ。

※その他のエビデンスは巻末参照

防災無線については上記のように1回しか聞こえていないという人、聞こえていないという人がいたが、多くの児童の証言から少なくとも1度鳴ったのは確かと思われる。またその証言からは、明確にその内容を聞いた（証言した）児童もいれば、防災無線が鳴った程度のことを認識している児童もいることがわかる。

概念8　校庭に整列後5分程度で点呼を終える

▼**『市教委聞き取り記録』**

・6年女児A「校庭で点呼をとって、教頭へ報告。だいたい5分くらい」
・5年生存男児K「(5年生担任の) KY先生は点呼をしていた」
・4年女児「先生の指示で、校庭の真ん中あたりに整列した。午後3時ちょっと前だったと思う」

※その他のエビデンスは巻末参照

概念9　泣いている児童が散見される中

▼**『市教委聞き取り記録』**

・1年男児の母親「具合が悪くなって吐いたり、泣いたりしている子どもがいた」
・2年男児の母親「子どもはしゃがんで待機していた。泣いている子、不安そうにしている子がいた」
・4年女児「整列した後に、泣いている人がたくさんいた」「泣いている子が多かった」
・6年児童「同じ学年（6年）にも泣いている人がいた」

※その他のエビデンスは巻末参照

以上の証言から、低学年を中心としながらも様々な学年で泣いている子がいたことがわかる。

概念10　各学年の先生は児童を慰め

▼**『市教委聞き取り記録』**

・1年児童の母親「先生方は泣いている子に『頑張って』『すぐ迎えにくるよ』と面倒を見ていた」

・2年児童の保護者「『安心してね』と声をかける先生の声がしていた。（2年担任の）○○先生は、クラスの児童（○○ちゃん）が嘔吐《おうと》したので、列の後ろの方にいっしょにいた」

・4年男児「先生たちは『だいじょうぶだよ』とみんなに声をかけていた」

※その他のエビデンスは巻末参照

概念11　迎えにきた保護者に引き渡しをする

▼**『市教委聞き取り記録』**

・5年男児と1年女児の保護者「教頭先生が名簿みたいなものを持っていて、自分を認めて○かチェックを入れたようだ。傍らに娘の担任の先生がいた。先生が『○○ちゃん、大丈夫だったの』と聞いてきたので、『ちょっと泣いてたけど大丈夫だった』と答え『また来週ね』が最後の言葉になった」

・6年女児の母「6年担任の先生と挨拶をして『○○（○○）を連れて帰ります』と話し、○○と○○を乗せていく予定だったが、○○の母がきたので、『○○ちゃんを置いていきます』と言った。6年担任の先生はメモを取りながら『わかりました』と話し、『さよなら』と言った。教頭先生と思うが『誰がきたかわかるようにメモ取って』という声が聞こえた」

・2年児童の母親「こわかったので帰らずに、（すこし）子どもたちの列の後方にいてとどまっていた。その後事務の先生が名簿を持ってきて、校舎前で引き渡しの確認を始めたので、そこに並んだ。引き渡しはスムーズだった」

・4年男児の母親「6年担任の先生にチェックをしてもらう。6年担任の先生が『帰りますか？』と聞いたので『帰ります』と答えた。封筒の裏に書いた。テレビでは受け渡しまで時間がかかったといっていたが、順にきていたので時間はかかっていない」

▼インタビューテクスト（6年女児Aさん）

・6年女児A：友達に「お母さんきたよって」言われて、それで、母の車に乗って、とりあえず帰ったみたいな感じで。交流会館に止めてた車で帰ったって感じです。

※その他のエビデンスは巻末参照

以上のように、基本的にはスムーズに引き渡しが行われたといえる。初期に一時引き渡しに時間がかかったといった報道があったが、これは上記の証言にもあるように現在では否定されている。

ただし、2年生の母親の「そのあとの人は『近所の子はつれていかないで』と言われたらしい」という証言もある。

実際、「長面のほうから津波がくるのが見えたから急いで学校に向かった」という5年男児の父親のNさんは以下のように証言している。

「15時30分前後。Mを迎えに兄を学校前で降ろして迎えに行かせる。児童は歩きだしていた。『M』と呼んだら走ってきて、6年担任の先生に待てと言われたのを無視して走ってきた。(略)迎えに行った兄と二人で走ってきたので、急いで乗せて逃げた」

同じシーンについて、Nさんに乗せてもらって助かったM君の友達5年児童R君は、「M君のお父さんの車で、(M君の)お兄ちゃんが迎えにきたが、引き渡し人が親でなければいけないと先生ともめたが、お兄ちゃんでよいことになり、M君のお父さんに送られて、家まで帰った」と証言しており、何らかのかたちで「もめた」こともうかがえる。

こうしたトラブルは、「引き渡しカードの作成を中断していた」(概念53)ことから、引き渡しのルールが共有されていなかったことに起因すると考えられる。

概念12　教頭と教務主任が話し合う

▼インタビューテクスト（6年女児Aさん）

I2：Aさんが学校にいる間、教務主任の先生はその後、山へ逃げろって、言わなかったの？

6年女児A：その後はずっと教頭先生とちょっと話してた。教務主任の先生と……いや教務主任の先生と教頭先生がずっと2人で話していた。

I2：教務主任の先生と教頭先生、結構長い間しゃべってるような感じでしたか？

6年女児A：まあずっと。

▼『市教委聞き取り記録』

4年女児「教頭先生と教務主任の先生が何か相談しているのが見えた。『どこに逃げるか、山に逃げたほうがいいのか？』と話していたような気がする」

概念13　教務主任は校舎を確認して回る

▼教務主任の「保護者の皆様」宛の手紙

「避難後、教頭は本部長として指揮をとっており、担任はそれぞれのクラスの子どもたちのそばについていました。子どもたちが校庭に避難した後、私は校舎内に戻り、すべての教室、トイレを含めすべての場所を残留者がいないか一つひとつ確認しました。開かないドアがあったりして、全部回るのにはかなり時間がかかりました」

なお、「分析する資料」でも触れたように、この教務主任の手紙は信憑性そのものが疑問視されているが、この発言に関しては『市教委聞き取り記録』に下記のような複数の証言があることから、信憑性は高いと判断した。

・5年生存男児K「教務主任の先生は見回りに行った」
・5年生存男児T「3年生（○○君？）が1人足りないので、教務主任の先生が中学年トイレから連れてきた」
・2年生児童の保護者「教務主任の○○先生が2年生の靴や上着を持ってきてくれた」「○○の上着が見つからず、教務主任の○○先生が○○を呼びにきて2人で教室に入り下の上着を見つけた」

小カテゴリー⑤（概念14〜15）

［地域住民が避難してくる（概念14）。その中には地域の子どもたちも（概念15）］

概念14　地域住民が避難してくる

▼『市教委聞き取り記録』

・2年児童の母親「おばあさん方が10人くらいいいた。迎えに来た保護者もその中にいたかもしれない」
・6年女児A「地域の人たちが、校庭の入り口付近に集まっていた」
・5年児童「地域の人が少しずつ増えていった」
・5年男児と1年女児の母親「校庭の外周周辺に30～40人（？）の地域の方がいた」
・4年男児の母「地域の人は毛布を持って避難してきた。校庭に座った。カイロを持ってきた人がいた。老人に渡していた」
・5年男児「地域の方や釜谷の人が避難してきた。校庭に布団やブルーシートを持ってきた人もいた」

▼インタビューテクスト（5年生存男児T君）

筆者：地域の人たちは何人くらいきていた？
T：うーん、何人くらいきていた……結構な数。うーん、30人くらい普通にいた。
筆者：校庭に？
T：うん。ぞろぞろってきて。でそこから家もどったりして。

※その他のエビデンスは巻末参照

概念15　その中には地域の子どもたちも

▼『市教委聞き取り記録』

・2年児童の保護者「近所の人や子どもたちも学校に集まってきていた（玄関前の遊具の所に）」

▼インタビューテクスト（1・2年生児童の母Oさん）

筆者：小学校の校庭は見た？

O：車で通ったときにチラッとみて。何人かは子どもたちがいましたね。もしかしたら、地元の釜谷の人で、それこそおばあさんと手をつないでとか。センターのほうにこの通りを歩いてる人もいたんで。釜谷の人の子どもたちが校庭にいたのかもしれない。

筆者：校庭にわざわざ入ったってこと？

O：自分が校庭に子どもつれて、東屋のところにきたときに、おばちゃんから『校庭に集まれよ』って声をかけられたくらいだったから。私が校庭に行った時点で、何人かは校庭に避難していたし。集まってきてたんで。

小カテゴリー⑥（概念16～17）

［先生たちが朝礼台の上にラジオを置き大津波警報を聴く（概念16）。教頭ほか数名の教諭が輪に

なって話し合いを始める（概念17）」

概念16　先生たちが朝礼台の上にラジオを置き大津波警報を聴く

▼**インタビューテクスト（5年生存男児T君）**

筆者：ラジオ、先生たちが聴いてた様子はみた？

T：ラジオは……あー、持ってきてはいたよ。聴いてたんでねえかなあ。校長先生の台の、何だか台ってあるじゃん、あそこに……。

筆者：あのしゃべるとこ？

T：そうそう。

筆者：マイクでしゃべるとこね。

T：なんつったか忘れたけど、あそこ（朝礼台）にのっけて、けっこう先生たち全員が囲んで聴いてた。

▼**『市教委聞き取り記録』**

・2年児童の保護者「教頭先生と純二先生や他の先生数名が式台の近くに集まっていた」
・1年生存女児M「ラジオから、『津波警報』と聞こえていた」
・5年男児「教頭先生がラジオを聴いていた」

概念17　教頭ほか数名の教諭が輪になって話し合いを始める

▼『市教委聞き取り記録』

・2年男児の母親「震災前の14時40分に学校に到着していた2年生の保護者が『男性の先生が〈津波6m⁉〉と話している人がいた。1分後に〈津波10m⁉〉と言っていて、その後輪になって話し合いをしていた』と言っていた」

・5年児童「どこに避難するか先生方が話しているようだった」

▼インタビューテクスト（6年女児Aさん）

・6年女児A：それでそれ（防災無線）聞いて『どうする？』ってことになって、先生とかもなんか点呼し終わったあとなんですけど、色々先生たちどうするどうするってことになって地域の人とかも色々続々きていて、先生たちも話は、教頭先生と、あと2、3人で集まって話をしているだけで。

小カテゴリー⑦（概念18〜20）

［教務主任と前年のチリ津波の際に厳しく避難指示を出した教頭（概念18）、安全担当として防災研修にも出ていた（概念19）南三陸町出身の教諭が山への避難を訴える（概念20）］

概念18　前年のチリ津波の際に厳しく避難指示を出した教頭

▼インタビューテクスト（亡くなった6年男児の父親ＳＫさんが他の遺族から聞いた証言）

ＳＫ：○○さんていうお母さんは、なんで教頭先生がいて、逃げなかったのかなって不思議がってんですよ。え？　って言ったのね。何それ？　って。実は1年前にチリ津波、大津波警報のときにこうゆうことあったんだよって。監督とあとお母さんたち何名かで体育館でキャッチボールとかしてたときに亡くなった教頭先生が、学校に土曜日きて、大津波警報が出てっから帰りなさいって、帰ってくださいって言いにきたんだって。監督とかが、まあどうせ、到達時刻だってまだまだだから、午前中で練習は終わるんだから、やらせてくれって言ったっけ、結構厳しい口調で、ダメですってピシッて断られて、子どもたち危ないから、帰してくださいって言われたって。んで、みな解散したの。うちの子たちも、(午前) 10時前に帰ってきたの。『何したの？』っていったら、なんかね教頭先生がきて、津波警報出てっから、早く帰れって、帰されたんだーって。ほんで帰ってきたんですよ。だからあの先生がチリ津波のときこっちは揺れないのに、それだけ危機意識をもって子どもたちを帰せって言った人が、あの、なんであの3月11日にきちんとした行動とらなかったんだろうって。いまだにそのお母さんは不思議がってる」

教頭は平成20年度12月5日に実施された「防災教育指導者研修会」に、任意参加の研修会にもかかわらず参加している。さらに、震災の7カ月ほど前の平成22年8月4日に実施された「平成22年度石巻市立小・中学校 教頭・中堅教員研修会」に教務主任、5年担任とともに参加している（概念51）。

概念19 安全担当として防災研修にも出ていた

▼平成22年度 防災教育指導者要請研修会 宮城県教育委員会 生涯にわたって地震災害と向き合い、ともに生きていく力を持った人づくり――約37年おきに繰り返される宮城県沖地震

震災の10カ月ほど前になる平成22年（2010年）5月25日に文部科学省・宮城県教育委員会が主催する「平成22年度 防災教育指導者要請研修会」が開催され、南三陸町に住んでいた大川小学校の安全担当で2年生の担任だった先生が参加している。

その資料には「津波の基礎知識」のみならず、「津波から身を守るためには、『避難』する以外に方法はありません」「海岸で強い揺れを感じたり、弱い揺れでもゆっくりした長い揺れを感じたら、すぐに高台などへ避難してください」「指定避難場所と避難経路（誘導標識）の確認」といった「津波から身を守る方法」に関する記載もあり、適切な指導がなされていたことがうかがえる。

概念20 南三陸町出身の教諭が山への避難を訴える

▼インタビューテクスト（6年女児Aさん）

I1：11日の日は、教務主任の先生が「山に逃げろ！」って叫んでいたけども、結局そのー、最終的に山に逃げることにはならなかった。そのー、誰か山に逃げなくてもいいというようなことを……。

A：いや、そういうのは。「どっかに行ったほうがよい」って感じなのは言ってました。ここは、ここは危険、みたいな。

I1：あ、ここは危険みたいなことは他の人も言っていた？

A：他の人も言ってた。

I2：ここは危険という雰囲気があった、あるいはそういうことを言っていたのは、先生？

A：先生たち。

I2：他の教務主任の先生以外の先生たちも？

A：教頭先生とか、まあ、前、海のほう（南三陸町の志津川）だった先生。

I1：2年生担任の先生。

A：そうそう、その先生が、あんましここはよくないんじゃないかな、みたいな。

I2：そっかあ。それはAさんが自分の耳で聞いて覚えているんですねー。

A：うん。

ここでは「山に逃げろ！」と叫んだ教務主任の他にも、教頭、南三陸町の志津川出身の2年生担任の先生が、校庭は危険だから、どこかに行ったほうがよいといったことを言っていたと証言されている。いずれも共通して防災研修を受けていたことは着目すべきだろう。

第1フェイズのまとめ

以上、第1フェイズとなる【14時46分〜15時－15時15分過ぎ。発災後、校庭に移動。大津波警報を受け話し合いをする】を構成する概念とそれらをまとめる小カテゴリー、および各概念を裏付ける根拠を示してきた。ここで提示された概念を用いながら、第1フェイズを以下に概観していく。

- 14時46分震度6弱の地震発生。その後、15時12分まで数分おきに震度5弱が6回。教諭たちの指示で揺れが収まるまで机の下に潜り、14時50分頃大きな揺れがおさまると校庭へ避難開始。
- 校庭に避難する際、他校の避難マニュアルを校舎から山への避難に変えた教務主任は、「山さ逃げろー！」と叫ぶ。
- かつてシイタケ栽培や肝試しをしていた裏山に一部の児童達が向かうが、6年担任にストップをかけられ戻る。
- 14時52分。防災無線で大津波警報が流れる。校庭に整列後5分程度で点呼を終える。泣いている児童が散見される中、各学年の先生は児童を慰め、迎えにきた保護者に引き渡しをする。
- 教頭と教務主任が話し合う。教務主任は校舎を確認して回る。

・地域住民が避難してくる。その中には地域の子どもたちもいる。
・先生たちが朝礼台の上にラジオを置き大津波警報を聴く。教頭ほか数名の教諭が輪になって話し合いを始める。
・教務主任、前年のチリ津波の際に厳しく避難指示を出した教頭、安全担当として防災研修にも出ていた南三陸町出身の教諭の３人が山への避難を訴える。

このようにしてみると、ここまでは一般的な避難行動といってよいことがわかる。

ここで注目すべきは、唯一その場にいて生き延びた教諭である教務主任には、近隣の相川小学校の避難マニュアルを校舎から山への避難に変えた実績があり、そのおかげで相川小学校は全員が助かっているという点である。また、その教務主任は２０１０（平成22）年に津波防災の内容も含む「教頭・中堅教員研修会」を受けており、実際彼が当日「山さ逃げろー！」と叫んだのを目撃したという児童の証言もある。

さらに、朝礼台の上に置いたラジオを教頭ほか数名の教諭が囲んで聴いており、この時点で６ｍの大津波警報の情報は入っていた。そして、前述した教務主任の他にも、２０１０年２月のチリ津波の際に、学校に練習にきていた野球チームを強い口調で帰宅させた教頭も「校庭にいては危険」といった発言をしていたという証言がある。この教頭は、実際２００８（平成20）年の「防災教育指導者研修会」（任意研修）と、２０１０年８月４日に開催された「教頭・中堅教員研修会」に参加している。震災前年８月に参加した後者の研修会においては、「津波危険」に関して「強い揺れ（震度４）／揺れの長い地震を感じたら高台へ」といった内容が含まれており、実際、後でみるように、この教頭が裏山に児童たちを登らせたいと地域に詳しい住民の人たちに言っていたという証言もある。

また南三陸町から通っていた安全担当で2年生担任だった先生も、大川小学校に赴任する前の２００９年（平成21年）5月26日に開催された「防災教育指導者養成研修会」に他の小学校の教諭として参加しており、大川小学校に赴任後も２０１０年5月25日に開催された「防災教育指導者養成研修会」に出席している。震災前年5月の研修会には「津波から身を守るためには、『避難』する以外に方法はありません」「海岸で強い揺れを感じたり、弱い揺れでもゆっくりした長い揺れを感じたら、すぐに高台などへ避難してください」といった内容が含まれており、上でみてきたように「安全担当の先生もここは危ないと言っていた」という6年女児Ａの証言や、「安全担当の先生が涙ながらに必死に避難を訴えていたのをみた」という保護者の証言がある。

このように、この時点で、当時不在だった校長を除けば、教頭、教務主任、安全担当の３人、つまり危機管理を主導する立場にあった3人は、津波に関する防災研修も受けており、津波襲来に対する正しい危機意識を持っていたことがわかる。

市教委が提出した「大川小学校震災時の対応についての考察」（２０１２年1月22日付）においては、「災害対応マニュアルの不備」「大川小学校教職員の危機意識の低さ」「過去の経験から『ここに津波はきたことがない』という安全への思い込み」の３つが対応のまずさを招いたとされているが、「大川小学校教職員の危機意識の低さ」に関しては、少なくとも当日の３人の危機管理を指導する立場にあった教諭たちについていえば当てはまらないといえる。

しかしながら、危機管理を主導する立場にあった3人が津波襲来に対する正しい危機意識を持っており、校庭は危険だから山に逃げたほうがよいという意見が出ていたにもかかわらず、なぜか高台への避難という適切な意思決定がなされることはなかった。これも、大川小学校の事故を巡る一連の謎の一つといえる。

もう一点注目したいのは、一部の児童たちが裏山に向かうが、6年担任にストップをかけられ戻ったという証言である。ただしこの6年担任の行動は、結果を事後的にみれば間違いになるわけだが、ここで彼ひとりに責任を押し付けることは、問題の根本的な解明にはつながらず、ひいては今後の再発防止にもならないことに注意が必要である。

なぜなら、後に明らかになるように、大川小学校では各自バラバラに高いところへ避難するという取り決めはなされていなかったため、同担任は校庭で点呼するという取り決め通りに行動したということもできるためだ。

比喩的な表現になるが、同担任も含め、亡くなられた多くの人は、いわば大川小学校という悲劇の舞台にあがってしまったプレーヤーであり、再発防止策を考えるためには、条件さえ揃えば、全国のどこの学校でも起こりうる問題として、その悲劇の〝構造〟を明らかにしていく必要があるのだ。

第2フェイズ

15時－（ないし）15時15分過ぎ～（から）35分頃。様々な危険性が考えられる中、意思決定ができず、津波が目前に迫るまで校庭にとどまる

次に、第2フェイズとなる【15時－15時15分過ぎ～35分頃。様々な危険性が考えられる中、意思決定ができず、津波が目前に迫るまで校庭にとどまる】を構成する概念やそれを裏付ける根拠、カテゴリーを示していく。

次第に明らかになるように、この第2フェイズは、大川小学校の事故がなぜ起きてしまったのかを解明するにあたって中核部分になる。したがって、このフェイズ以降は、本リサーチクエスチョンに照らして重要と考えられる事象についてはあまり抽象化せず、具体性を保ちつつ概念化することとした。それに連動し、極力、小カテゴリーの中に複数の概念をまとめて入れることなく、概念ベースでまとめた。分析の結果、第2フェイズはおおまかに前半、中盤、後半に分けることができたため、それぞれカテゴリー化していくこととした。

第2フェイズ前半のカテゴリー生成（概念21～27）

以下、第2フェイズ前半を表すカテゴリー《津波は来ないと思い、強い揺れの方を危険視した教諭

の影響力》を構成するにいたった諸概念とその根拠を示していく。

概念21　教務主任が校内確認から戻り話し合いに加わって「山に逃げますか」と聞くと、「この揺れではダメだ」という返答がくる

▼教務主任から保護者への手紙

「（校内）確認後校庭に戻り、教頭に報告に行ったとき、教頭と○○教諭（4年担任）を中心に何人かが集まって（誰がいたかは記憶がありません）話をしていました。私が『どうしますか、山へ逃げますか？』と聞くと、この揺れの中ではダメだというような答えが返ってきました」

教務主任は「自然科学に詳しい先生だった」という証言があり、（概念3）にあるように近隣の学校の津波の際の避難場所を校舎内から裏山に変更した実績があり、また教務主任が校庭への避難時に「山さ逃げろー！」と叫んだという証言もあることから（概念4）、「山に逃げますか？」と聞くのはそれに合致する行動と判断し、この部分の証言には信憑性があると考えて採用することとした。

概念22　数名の6年生男児が担任に山に逃げようと必死に訴えるが聞き入れられず

▼インタビューテクスト（6年女児Aさん）

I2：6年生の児童が、先生に、山に逃げましょうって言ってたのは聞きましたか？

A：あんまし、覚えてないですけど、隣の男子、F子の隣に男子整列していたんで、それで先生の周りに集まって、先生に何か言っていたのは覚えてる。その何を言っているのかわかんないけど、集まって何か言っているのは、うん……。

I2：それは6年担任の先生の周り……。

A：（6年担任の先生）の周り。その先生が話し合いから戻ってきて、きたときに、「先生！」みたいなかたちで言ったのは覚えてます。

▼インタビューテクスト（亡くなった6年男児の父親SKさん）

SK：（同級生の子が）高学年になるともう名前書かないから、同級生はこれSY君だってわかるような、そういうの（学校で使っていた筆記用具などの遺品）色々探してくれたんですよ。その後に、ちょうど四十九日のとき、ふと思ったのが自分の息子の最後（どうだったんだろうと）。「うちの息子、あの日、何してたか？　ふざけてたか？　避難して校庭で」「いやー、SYくん真剣だったよ」って、「何やってたの？」って聞いたら「校庭でね、先生ここにいたら地割れで、地面が割れてみんな落っこちてしまう。だから山は根もはってるし、地割れはしなと。だから山に逃げましょう」と言ったり、「津波ここまでくるから、ここにいたらみな、全員死んでしまうから、早く山に逃げましょう」と、必死に涙ながらに、Kさんの息子のKD君と、まあ2人とも活発だから、先生に一応6年生くらいだとこう口答えするような感じでこう結構、言ってたみたいなんですよ。

筆者：相手は担任の先生ですか。

ＳＫ：うん、担任の先生。あとようは子供だと、一旦うるさいって言われるとさ、なんかこう聞こえっか聞こえないかように、ぶつぶつこう、「んな早く逃げたらいっちゃ」とか「何やってんのここにいたら俺たち死ぬとか」そうゆう話してったてゆうから。

概念23　児童たちがざわつき６年担任が「静かに！」と叫ぶ。「立っている人は危ないからしゃがめ」と指示

▼**『市教委聞き取り記録』**

・２年児童「校庭の児童は、全体的にざわついていた。６年生の担任の先生が『静かに』と叫んでいた」

・５年児童「『立っている人は危ないからしゃがめ』と６年担任の先生が言った」

※その他のエビデンスは巻末参照

こうした言動から、同担任が児童たちを必死に指示、統制しようとしている様子がうかがえる。

概念24　保護者が山をさして「大津波がくるから山に逃げて」と6年担任に言うと「お母さん落ち着いて」と言われる

▼『市教委聞き取り記録』

・6年女児Aの母親「早く娘を連れて帰りたいので、担任の先生に『10mの津波がくるとラジオで言っていた』、山を指さして『山に逃げて』と言ったら、『お母さん落ち着いて』と言われたが、恐怖心が強かった。その後、泣いていた娘を『Aちゃんを連れていってください』と言われた」

▼インタビューテクスト（6年女児Aさんの母親）

・6年女児Aの母親：あたし行ったときは、ほんとにまだお母さんたちいたんだけど、もう自分でラジオ聴いて、10mなんて聞いたもんだから、動揺して、みれば娘は泣いているし。すぐ6年担任の先生に言って、ほれ『6分後に10m』って聞いたから、最後。山に逃げなきゃないって。あんまりこう、うわーって言うもんだから、6年担任の先生が、一息ついてって感じで。みてっからとりあえず引き取ってくださいって言われて。

概念25　保護者が「津波がくるのですぐ帰ります」と話すと6年担任は「道路が危ないから落ち着くまでここにいたほうがよい」と答える

▼『市教委聞き取り記録』

・4年児童の保護者「6年担任の先生に『津波がきているからすぐ帰ります』と言ったら、『道路が危ないから落ち着くまでここにいたほうがよい』と言われた。『ラジオで大津波警報に変わったので、家にいたほうが安全』『とにかく帰りたい』と言ったら『名前を』と言われたので、二人の名前を答えた。名前をチェックして、『母』と記入した。母（私）に気がついて、二人が近づいてきた」

・「お母さんが迎えにきた（体育館のところの時計をみたら3時15分だった）ので、○○と二人で駆け寄った。母親が6年担任のところに行って帰ることを伝えた。6年担任に『今帰ると危ないで、学校にいたほうがいいですよ』と言われたが、大津波警報が出ているため、家（針岡《はりおか》）に帰ったほうが安全だと思い帰ることにした。午後3時20分頃学校を出たと思う」

概念26　複数の保護者が学校のほうが安全と思い校庭にとどまる

▼『市教委聞き取り記録』

・1年児童「学校のほうが安全なので、帰らないようにと言われて、しばらく学校へいた」

・1年児童「学校のほうが安全だから、逃げないほうがいいと話しているのを聞いた」

▼インタビューテクスト（亡くなった6年男児の父親ＳＫさん）

ＳＫ：いろんな父兄、特にお母さんたちには今移動したら危ないんですよって言われたお母さんは複数いるんですよ。その言葉を忠実に守ったお母さんは死んでいるんですよ。
筆者：この時点で複数いる？
ＳＫ：少なくともうちの近所のお母さんはそう言われたけど、余震も怖かったけどうちのことが心配で帰ってきた。そう言ってますね。
筆者：ここにいたほうがいいと。
ＳＫ：うん。

概念27　6年担任が焚き火のためと思われるドラム缶を用意する

▼インタビューテクスト（5年生存男児T君）

筆者：おっきなドラム缶があった？　イットカンも用意してたの見た？
T君の父：イットカンて白いやつ。このぐらいの。まるかった？
T：まるかった、まるくて、こうやって斜めにして転がして。
筆者：ああ、それはドラム缶に間違いないね。
T君の父：転がすんだったら間違いないね。
筆者：イットカンは。みてないか。こんぐらいの。がん！　とかってドリフとかでがんとかって頭ぶつける。
T：あーそれは、みてない。

筆者：焚火のなんか、木とか持ってきてる様子は。
T：木はみてない
T君の父：火はつけでね？
T：火もつけでないいね。持ってきてなんか。
筆者：持ってきてたのね。
T：うん。

▼『市教委聞き取り記録』
・4年男児の母親「先生方が薪を用意していた」

第2フェイズ前半のまとめとカテゴリーの根拠

以上の概念21～27までを《津波はこないと思い、強い揺れのほうを危険視した教諭の影響力》というカテゴリーでまとめた。以下、概念に基づき概説すると以下のようになるだろう。

・教務主任が校内確認から戻り話し合いに加わって『山に逃げますか』と聞くと、6年担任と思われる人から『この揺れではダメだ』という返答がくる。
・また数名の6年生が担任に山に逃げようと必死に訴えるが聞き入れられず、児童たちがざわついていると、6年担任は『静かに！』と叫び、余震で転ばないためと推測されるが、『立っている人は危ないからしゃがめ』と指示をする。
・6年担任は保護者への引き渡しも行っている。大津波警報を聞いた保護者が6年担任に、山を指さして『大津波がくると言っていた山に逃げて』と言うと『お母さん、落ち着いて』と言われる。また他の保護者が『津波がくるのですぐ帰ります』と話すと、6年担任は「道路が危ないから、落ち着くまでここにいたほうがよい」と答えている。
・そうしたこともあり、複数の保護者が学校のほうが安全と思い校庭にとどまった可能性も考えられる。また、その後6年担任が焚き火のためのドラム缶を用意している姿も目撃されている。

ここから、6年担任は、山に避難しようという児童の訴えを退け、「立っている人は危ないからしゃがめ」と指示したり、迎えにきた保護者にも「道路は危ないからここにいたほうがよい」と言ったりしていることから、大津波警報よりも強い揺れのほうを危険視していたこと、また焚き火の準備を始めていたことから津波がくるとは思っていなかったことがうかがえる。

また補足として、〈概念21〜27〉までを《津波はこないと思い、強い揺れのほうを危険視した教諭の影響力》というカテゴリー名でまとめた理由についても触れておく。

まず、〈概念22〜27〉に出てくる教諭は、6年担任をしていた1人の教諭を指していることは、いずれも上述した報告書やインタビューなどから明らかになっている。

ただし、〈概念21〉のみに関しては、その場にいて唯一生き延びた教諭、すなわち教務主任の手紙にある「教務主任が校内確認から戻り話し合いに加わって『山に逃げますか』と聞くと、『この揺れではダメだ』という返答がくる」という証言を根拠にしたものであり、その文章に「(それが誰だったかは覚えてません)」という補足がなされているように、誰が「この揺れではダメだ」と発言したのかはわからない。しかし、すでに論証したように、教務主任の手紙についてはいくつかの虚偽が含まれている。この箇所についても、聞かれてもいないのにわざわざ「(それが誰だったかは覚えてません)」と挿入されていることから、特定の教諭に対して配慮した結果、つまり「亡くなった人（教諭）やその家族を傷つけないための虚偽」の一つと考えられる。

では、「この揺れではダメだ」と発言した人は誰か。立場的に考えれば、教務主任に「この揺れではダメだ」と言い、言うことを聞かせられるのは教頭ということになるだろう。しかし、2度の防災研修を受けた教頭が、積極的に山への避難を止めていたという証言は一つも得られていないし、校庭は危険と言っていたという証言（概念20）や、後にみるように裏山に登らせたいと地域住民に打診している姿勢（概念39）をみても、教頭とは考えにくい。

それと同時に、強い揺れによる被害を警戒し、山や道路を危険視し、山や道路への避難を積極的に止めたと多数の証言があるのは6年担任だけである。また、「この揺れではダメだ」といった断定する口調は、「静かに！」「立っている人は危ないからしゃがめ」「道路が危ないから、落ち着くまでここにいたほうがよい」といった同担任の証言にみられる断定的な口調に特徴的なものであり、6年担任以外でこうした断定的な口調で何かを言ったという証言はほとんど確認できない。

以上のことから、教務主任に「この揺れではダメだ」と言ったのはこの6年担任と考えられる。そのため、ここでは（概念21）も含めてカテゴリー名を《津波はこないと思い、強い揺れのほうを危険視した一人の教諭の影響力》としている。ただし、上述した（概念21）を含めなくとも、この中カテゴリーは（概念22～27）のみで成立することも付言しておく。

なお、このカテゴリーにおいて「一人の教諭」と表記しているのは、極限の状況下において、校長、教頭、教務主任、安全主任でもない、たった一人の教諭の言動が意思決定に強い影響力を持ってしまったという事実は、今後の再発防止につなげるうえで重大な意味があると考えられるためである。

第2フェイズ中盤のカテゴリー生成（概念28～35）

次に第2フェイズ中盤を表すカテゴリー《様々な危険性の板挟みにより「意思決定の停滞」が生じ、時間が経過》を構成するに至った概念やその根拠を以下に示す。

概念28　15時15分震度6弱発生。児童たちは、各学年のグループごとに丸くなり励ましあう

▼気象庁推計震度分布図

「15時15分震度6弱発生」に関しては時間滞から茨城県沖を震源とする地震と推定される。[2]

▼『市教委聞き取り記録』

・5年男児と1年女児の保護者「列というより丸く固まって座っていた。びびっている感じで、丸くキュとなって座っていた。泣いている子が何人かいた」

・4年女児「余震が怖くて、みんな友達同士で丸くなって座っていた。自分も友人3人と手をつないで座っていた」
・4年男児「余震が怖くて、友達と抱き合うようにして座っていた」
・4年女児「教務主任の先生が『丸くなって座っていいよ』と言ったので、女子みんなで丸くなって座っていた。周りがガヤガヤしていた。整列というよりばらばらになって丸くなって座っている人が多かった」
・5年児童「みんな学年ごと男女に分かれて輪になって励ましあっている雰囲気だった」
・5年生存男児T「だんだん列が丸くなって『大丈夫だぞ』『こんなところで死んでたまるか』など話をしていた」

※その他のエビデンスは巻末参照

概念29　数名の住民や保護者が「津波がくるから逃げろ」と言うが逃げようという雰囲気にはならず

▼『市教委聞き取り記録』

・4年男児の母親「ラジオを聴いている人がいた。津波についての情報が入り、高い所に行くように指示が出る。『津波だから高い所に登れ』と聞こえた（言ったのは）釜谷の50歳、60歳台の男性。大きい声で山を指して言った。場所は自転車置場から入ったタイヤが設置してある所。逃げろという雰囲気ではなかった」

・5年生と1年生の保護者「Fさんが来て『津波がくるから逃げらいんよ』と言っているのを聞いた」

・4年男児と1年女児の母親「息子が車に乗ってから言っていた」ことによれば、「○○ちゃんのお母さんが、携帯を見せて10mの津波がくると言っていた」

※その他のエビデンスは巻末参照

概念30 スクールバス運転手が避難を訴え口論になるが「学校側の判断がわからない」ためとどまる

▼大川地区復興協議会2012年8月でのやりとり（地域住民Sさん）

地域住民S：通学バスも長面方面に向いて止まってました。で、運転手さんもなんかもめてたんだかなんだか、学校の中で、会話してましたね。あの運転手さん。

I4：どのへんでやってたの？

地域住民S：門のあのへんでね、運転手さんが話をしてました。ちょっと相手は覚えていないんですけど。ちょっと荒々しくっていうか、なんか、そういうのみたんです。バスは長面方面に向いて、止まってましたね。

▼インタビューテクスト（死亡した6年男児の祖母Oさん。スクールバスの運転手と直接話したバス会社の人

に聞いた話として）

6年男児の祖母O：あの日運転手に無線で子どもたち乗せて山さ、山ってね、あの杉道っていうのかな？

筆者：雄勝《おがつ》の？

6年男児の祖母O：そう、そっちのほうに逃げろって言ったんだってさー。そしたら、学校が出してくれないんだって言うの。そしたらギリギリ乗せろって、2台あったんだけど、運転手さんっていうのはもう退職してもうやめてたんだけど、たまたまその送迎バスの運転手さんが、あの、用事かなんかあってそれで人頼んで乗せてやって、勇ましい運転手だったんだって……。でもその彼も亡くなってんだから……。先生も渡してくれないって、こういうのきてっから乗せてよって言ったよ。学校で渡してくれなかったって……。

▼インタビューテクスト（6年児童の祖母KHさん。震災当日スクールバスの運転手と直接話したバス会社の人に聞いた話）

6年児童の祖母KH「松山観光の社長さんとうちのおじいさんが社長同士でお友達なんです。ゴルフとかに行ったり旅行とかに行ったりする仲間で。それで被災後ちょっと私、役場に用事あったもんで、役場で松山観光の社長さんと会ったんですね。そのとき私に対して、従業員、大川小学校の被災で従業員1人亡くしたんだと、小学校では何にもうちらのほうにないっていうんです。うちの運転手さんもまじめで、逃げろってバスで子どもたち乗せて逃げろって言ったんだけども、結局学校の許可出ないからっていうことで待機して待って亡くなってしまったっていうんです。（略）現に北上のほうに行っているバスとかは、子どもたちを乗せてにっこりサンパークに上がって助かっているって聞いているし、あと幼稚園バスも津波情報を得てから津波回避するようにちゃんと子ども乗せて逃げたっていうことも聞いたので、（バス会社により無線で）何かしらの情報があったんじゃないかなあって思ったんですね」

▼『市教委聞き取り記録』

・15時10分か15分頃、○○運転手が北上中を担当の同僚の運転手と無線で交信し、「学校（大川小学校）の判断がまだわからない」と回答があったという。また、○○運転手は二俣《ふたまた》小担当の運転手とも無線で交信しており、「大川小学校の判断がはっきりしない」という○○運転手に対して「自分で判断して逃げろ」と無線で伝えたということが示されている。

・6年女児Aの母親「バスは道路（県道）に止まっていたが、運転手さんが校庭脇で話していたように思える」

・また市の広報車が学校に立ち寄った際「スクールバスは、長面方面を向いて床屋さんのあたりに駐車していた」といった証言もあり、長面方面に向かった後、津波をみて引き返してきた広報車に乗っていた市の職員の「スクールバスがバックで校地内に入っていったのをみた」という証言もある。

以上の証言から総合的に推定すると、スクールバスの運転手が学校関係者にバスでの避難を「荒々しく」みえるような形で訴えており、「学校側の判断がわからない」ことからその場にとどまり、津波到達の直前になんとか子どもたちを乗せようとしたためであろうか「バックで校地内に入っていった」が津波に飲まれたと考えられる。そのため本概念は「スクールバス運転手が避難を訴え口論になるが『学校側の判断がわからない』ためとどまる」とした。

概念31　児童たち「山へ逃げたほうがいい、学校にいたほうが安心だという両方の意見が出ていた」

▼『市教委聞き取り記録』
・2年・1年児童「『山へ逃げたほうがいい』『学校にいたほうが安心だ』という両方の意見が出ていた」
・2年男児「『山へ逃げよう』と言った先生もいたが、『学校にいたほうが安全だ』という先生や地区の人もいた」

概念32　15時23分頃、市の広報車が立ち寄る。市の職員「先生が子どもたちをどうしたらよいか悩んでいた」

▼『市教委聞き取り記録』
・広報車1号車Y副参事「行くときは広報はしていない」
・市職員SY「長面、尾ノ崎方面の人を体育館に避難させることが可能かを確かめるために、大川小学校に寄った。男性教員と話をした。『揺れて物が落ちるため危険。電球落下の可能性があり避難は無理』と話をされた」

・市の広報3号車職員「名前は知らないが、先生が子どもたちをどうしたらいいのか悩んでいた」

・6年児童「放送の人、車とまっているとき出て、なんかきて先生と話してた」

《様々な危険性の板挟みにより「意思決定の停滞」が生じ、時間が経過》の検討

次に意思決定の停滞を招く板挟みの要因となった3つの危険性（概念）を以下に示す。他の概念を支える根拠（テクスト）と重複する部分もあるが、あらためてそれぞれの概念を支える根拠として提示する。

概念33　「津波がくるから校庭は危険」

▼インタビュー（6年生女児Aさん）

「（教務主任の先生が）逃げてる途中から『山に逃げろー！』って叫んでいて。（略）（他の先生も）『どっかに行ったほうがよい』って感じなのは言ってました。ここは危険、みたいな。（略）教頭先生とか、前、海のほう（南三陸町の志津川）だった先生。（略）その（安全主任の）先生が、あんましここはよくないいんじゃないかな、みたいな」

▼『市教委聞き取り記録』
・6年女児Aの母親「（地域の）○○さんが『津波がくるから逃げろ』と走ってきた」「校庭に○○さんの母が入ってきて、『津波がくるから』と言って出ていった」
・6年女児の母親「Dさんと30秒くらい話していた。『（15時）30分に津波がくるんだってよ』と言われたので、携帯をみて『あと、20分しかない』と答えた」
・4年女児「教頭先生と教務主任の先生が何か相談しているのがみえた。『どこに逃げるか、山に逃げたほうがいいのか？』と話していたような気がする」
・4年男児の母親「『津波だから高い所に登れ』と聞こえた。（言った人は）釜谷の50歳、60歳台の男性。大きい声で山を指して言った。場所は自転車置場から入ったタイヤが設置してある所」
※その他のエビデンスは巻末参照

概念34　「山は崩れるから危険」

▼『市教委聞き取り記録』
・6年女児A「（教務主任に）山に逃げろって言われていたので、何人かの子どもたちが校庭の端くらいに行くようなかたちになっていたのを、（6年担任が）いや、ちょっと待てみたいな」
・4年男児の母親「津波よりも山が崩れる心配が強かった」
・1年生存女児M「『山に登るの？』と聞いたら、S先生が『登れないんだよ。危ないからダメなんだ』と言い、『校庭にいたほうが大丈夫だよ』と言った」

・教務主任の手紙「教務主任が校内確認から戻り話し合いに加わって『山に逃げますか』と聞くと、『この揺れではダメだ』という返答がくる」

・5年男児と1年女児の母「引き取りをしている間、すぐ後ろのほうで教頭先生が、70歳以上？の地区住民（男女）4〜5人にやさしい口調で次のような確認をしていた。『裏の山はくずれるんですか』『子どもたちを登らせたいんだけど……』『無理がありますか』」

概念35　「道路＝スクールバスは危険」

▼『市教委聞き取り記録』

・4年児童の両親「6年担任の先生に『津波がきているから、すぐ帰ります』と言ったら、『道路が危ないから、落ち着くまでここにいたほうがよい』と言われた」

・4年児童の母親「電信柱がとても気になった」

・5年男児Mの父親「県道釜谷線には多くの地域の人が出ていて、余震で揺れる電信柱を見上げていた。私も『逃げろ』と言ったし、広報車も『逃げろ』と叫んでいたが、揺れに気を取られて聞こえないようだった。役場の人に『○○、逃げろよ』と言われた」

▼インタビュー

・6年児童の祖母KH「あの日運転手に無線で子どもたち乗せて山さ、山ってね。（略）（雄勝の）

そっちのほうに逃げろって言ったんだってさー。そしたら、学校が出してくれないんだって言うの」

第2フェイズ中盤のまとめとカテゴリーの根拠

第２フェイズ中盤を、それを構成する概念に基づき概観すると次のようになる。

・15時15分震度６弱発生。児童たちは、各学年のグループごとに丸くなり励ましあう。
・数名の住民や保護者が「津波がくるから逃げろ」と言うが逃げようという雰囲気にはならず。
・スクールバス運転手が避難を訴え口論になるが「学校側の判断がわからない」ためとどまる。
・児童たちによれば「山へ逃げたほうがいい、学校にいたほうが安心だという両方の意見が出ていた」。
・15時23分頃、市の広報車が立ち寄る。市の職員によれば「先生が子どもたちをどうしたらよいか悩んでいた」という。

「津波がくるから逃げろ」「スクールバスでの避難」「学校の判断がわからない」「山へ逃げたほうがいい」「学校にいたほうが安心だ」「先生が子どもたちをどうしたらよいか悩んでいた」といった様々な意見からもわかるように、あの日の校庭において、先生たちは３つの危険性により板挟みになっていた。第1に「津波がくるから校庭は危険」（概念33）、第2に強い揺れにより山は崩れる危険性があるという「山は崩れるから危険」（概念34）、第3に道路が崩れたり、電信柱が倒れてくる危険性があるためスクールバスによる避難は危険であるという「道路＝スクールバスは危険」（概念35）である。

これらのことから、ここでは《様々な危険性の板挟みにより「意思決定の停滞」が生じ、時間が経過》というカテゴリー名を採用した。こうした様々な意見が出る中で、先生たちは明確な意思決定ができずに時間だけが経過していくことになる。

第2フェイズ後半のカテゴリー生成（概念36〜）

次に第2フェイズ後半を表すカテゴリー《危険が迫っているにもかかわらずトップである教頭が住民に同意を求めた結果、三角地帯に行くことに》を構成することとなった概念とその根拠を以下に示していく。

> **概念36**　15時25分に震度4発生。「高台に逃げろー！　津波が松林を越えてきたぞー！」と叫びながら市の広報車が通過

▼『市教委聞き取り記録』

・広報車1号車Y副参事「行くときは広報はしていない。釜谷を通り谷地中《やちなか》まできたときに松原を

ぬける水と水しぶきがみえ、Uターンした。谷地中では、『松原を津波が通過した。避難してください』と広報した。時速は40キロぐらいであった。逃げるためにUターンし、拡声器を使って『長面《ながつら》の松林を津波が越えてきました』『高台に避難してください』を繰り返しながら、大川小学校前を通って橋の三角地帯にたどりつく。後ろをみると波がきていなかったので、車を止め、釜谷からくる車と橋からくる車の誘導を二人でしていた」

・（大川小学校前を通過するときの状況は？　車を止めて広報したのか。時間は？）
広報車1号車Y副参事「釜谷の入り口で、マイクを持っていたS君に高台に避難を入れて、緊迫感を出して広報をするように指示した。徐行をして釜谷の街で広報をした。学校は先生方がいるので大丈夫だと思った。スクールバスがバックで校地内に入っていくのをみた。その後、三角地帯へ行った」

他にも、以下のような証言もある。

▼インタビューテクスト（1・2年生の母親Oさん）

・1・2年生の母親O「あまりにも役場の車が速くて、なんて言ってるのかわからなかったんですよ。最初は、私と隣の家の人と、お母さんとおばあさんといたんだけど、『なんか言ってるよね、だまって』と周りに言っても、速くて聞き取れなくて。行くときも、帰りも。それで『なんかわからないけど、いっか』という感じで。この前を通ったのは、着いてからすぐですね。それですぐ車が戻ってきたけど、なんて言っているかわからなかった」

▼インタビューテクスト（5年生存男児T君）

筆者：じゃあさ、その3時半くらいにきて、広報車が津波がきたーみたいなのは聞かなかった？

T：言っているのは聞こえましたけど。

筆者：じゃあ姿をみたわけじゃなくて？

T：言ってんのを聞いたんで。

▼インタビューテクスト（5年生存男児T君の父親）

・5年生存男児Tの父親「釜谷地区の検証のとき話しているんですね。地区の皆さんが。こいつの同級生のお父さん。ギリギリで助かったんですよ、そいつも。そしたらもう、尋常じゃないスピードで叫びながら走っていったのはわかったんだけど、もう逃げろっていう罵声《ばせい》を浴びせるような感じだったって」

概念37　学校の向かいの家の住民が「津波がきたぞ！」と叫ぶ

▼『市教委聞き取り記録』

・1年生存児童M「学校の向かいの家の○○さんが『津波がきたぞ』と言っていた」

・「(同じ学年がそれぞれグループごとに固まった後) 学校の向かいの家の住民が『津波がきたぞ！』と叫んだのを児童が聞いている」

概念38　15時32分後半　NHKラジオで「宮城県に10m以上の津波」とアナウンス。それが二次避難を検討する契機に

この概念については、当日のラジオ放送についての検討が必要となる。

大川小学校周辺で聞けるラジオは、主にNHKラジオ、TBC東北放送ラジオの2つである。これは現地の人が経験上そのように証言している。また筆者も2012年12月に大川小学校跡にて携帯ラジオで検証した結果、NHKラジオ、TBC東北放送ラジオは聞こえたが、その2つ以外は雑音が多く聞き取ることができなかった。そうしたことからも、発災時大川小学校ではNHKか東北放送を聞いていたと考えられる。

しかし、いくつかの点で疑問もある。まず現地では「津波10m」という情報が入っていたという証言があるが、これは何に基づく情報なのか不明であった。

当時の放送をすべて文字に起こしたものをもとに検証したところ、校庭に避難して朝礼台の上にラジオを置いて複数の教職員が聞いたであろう時間帯には（14時53分頃）、TBCラジオでは以下のような情報が流れていた。

予想される津波の高さは6mです。予想される津波の高さは6mです。予想される津波の高さは6mとなっています。厳重な警戒が必要です。ただちに避難してください。ただちに避難が必要です。仙台港津波到達予想時間が15時40分。石巻市鮎川が15時10分。大津波が到達の恐れがあ

ります。その高さが6m。場合によってはそれ以上高くなる可能性があります。（TBCラジオ14時53分頃）

その後、気象庁では15時14分に宮城県沿岸の津波の高さを6mから10m以上に引き上げている。『市教委聞き取り記録』においても、複数の人が「10mの津波」という具体的な数字を挙げていることから、津波の高さが6mから10m以上に引き上げられた情報が何らかのルートで入っていたと考えられる。

ところが、当日のNHKラジオやNHKテレビを分析した結果、その時間、テレビには10m以上と表示されていたものの、NHKラジオでは到達する津波の高さが6mから10m以上になった情報は15時14分からの十数分間アナウンスされることはなく、「宮城県に10m以上の津波」とアナウンスしたのは15時32分後半になってからである（『市教委聞き取り記録』にNHKが寄せた「津波の予想の高さを変更した時刻とその内容」という回答も上記と同じ内容となっている）。

しかしながら、大川小学校では直接聞けなかったFMラジオでは、15時21分の時点で10m以上とアナウンスされていた。

「○○ちゃんのお母さんが、携帯を見せて10mの津波がくると言っていた」と児童が言っていたという保護者の証言や、「ラジオや携帯で地震情報を聴いた」という保護者の証言、さらに、子どもを引き取って帰った後、親戚と電話がつながり津波の情報を得たことでぎりぎり助かったという保護者の証言も確認されており、また当時タイムラグが生じることはあったにせよメールも届いていたことから、携帯やメール、保護者といった何らかのルートで教諭らのもとに「10mの津波」の情報が入っていた可能性は十分考えられる。

実際に『市教委聞き取り記録』にも、6年女児Aさんの母親の「車の中でラジオから『6mの津波』その後（6～7分後）『10mの津波がくる』と言っていた」という証言が示されており、先に触れたようにこの母親は6年担任の先生にこの情報を次のように伝えている。

「早く娘を連れて帰りたいので、担任の先生に『10mの津波がくるとラジオで言っていた』、山を指さして『山に逃げて』と言ったら、『お母さん落ち着いて』と言われたが、恐怖心が強かった。その後、泣いていた娘を『Aちゃんを連れていってください』と言われた」

このように気象庁が15時14分に発表した「津波10m」という情報を、15時21分のFMラジオなどを通して保護者は把握しており、それは教諭らに伝わっていたが、6年担任の津波に対する危機感は高まっていないことがわかる。

「ほかのほら、地域の人とかも、何mとかラジオ持ってきている人もいたんで。色々聞いて」（6年女児Aさん）といったように、校庭に集まっていた地域住民もラジオを聴いていた。そして、15時32分後半になり、大川小学校で聴いていたと考えられるNHKラジオで「宮城県に10m以上の津波」とアナウンスがあり、津波がくるから逃げろという地域住民の声が重なったことから、校庭からの二次避難を検討しはじめたと考えられる。

以上のことを総合的に勘案し、「15時32分後半　NHKラジオで『宮城県に10m以上の津波』とアナウンス。それが二次避難を検討する契機に」という概念名とした。

概念39 教務主任は教頭に「津波がきますよ。危なくても山へ逃げますか」と聞くが答えが返ってこないので、一番高い校舎の2階に入れるか確認しにいく

▼教務主任の手紙

「サイレンが鳴って、津波がくるという声がどこかから聞こえてきました。私は校庭に戻って、教頭に『津波がきますよ。どうしますか。危なくても山へ逃げますか』と聞きました。でも、何も答えが返ってきませんでした。それで、せめて、一番高い校舎の2階に安全に入れるかみてくるということで、私が一人で校舎2階をみてきました」

「分析資料」において論証したように、教務主任の手紙にはいくつかの虚偽が含まれているが、この証言には虚偽が含まれている可能性は低いと判断した。その理由は以下の通りである。

まず何度も触れたように、教務主任は「自然科学の先生」であり、相川小学校の津波避難マニュアルを校舎内から裏山に変更した実績がある人物である。実際、当初から「山だ！　山だ！」と叫んでいたという証言（概念6）もある。

また、後にみるように（概念40）、2名の児童の証言から、教頭と地域に詳しい地域住民が議論した結果、区長の提案を受け三角地帯へ行くことになるのだが、そこに教務主任の話は出てこない。

　これらのことからも、教務主任が三角地帯に行くという意思決定に直接かかわったとは考えにくい。さらに、津波の襲来を告げる広報車が学校横の県道を通過していったという他の証言とも重なり、何よりも実際に山に駆け上がって助かっているという事実から、この時点では津波襲来をほぼ確信したと考えられる。しかし、山へ避難することに反対されていた状況では「せめて一番高い校舎の2階に入れるか確認しにいく」しかなかったと思われる。

（ただしこの概念は教務主任の手紙に基づくものであり、校舎内に他の人はいなかったことから、他の証言は得られておらず、その意味での複数の他者による「客観性」が確保されているものではない）

> **概念40**　教頭は「山に上がらせたいのだけど無理はありますか」と、地域に詳しい4、5人の地域住民に同意を求めるが、地域住民から「ここまでくるはずがないから三角地帯に行こう」と言われ、三角地帯に移動することになる

▼『市教委聞き取り記録』

・5年男児ＯＳ「教頭先生は山に逃げたほうがよいと言っていたが、釜谷の人は、『ここまでこないから大丈夫』と言って、けんかみたいにもめていた」
・上記5年男児ＯＳの母は息子の証言について「ただ、（河北新報の記事にあった）『けんかみたいにもめていた』の部分は違うと話した。後で、息子はそう思ったのかもしれないと思った」と補足した上で「引き取りをしている間、すぐ後ろのほうで教頭先生が、70歳以上？の地区住民（男

女）4～5人にやさしい口調で次のような確認をしていた。『裏の山はくずれるんですか』『子どもたちを登らせたいんだけど……』『無理がありますか』と言っていた」という証言を残している。なおこの母親と一緒に逃げた5年生児童OSが「広報車が『津波がくるから高台に逃げろ』と言っていたので、横川のお墓の山に車で登った」と証言していることから、学校を出発した時間は15時30分は過ぎていたと考えられる。

・その際にぎりぎりのタイミングで引き渡されて「車に乗ったときに津波が迫ってきたので、津波から逃げるように雄勝まで行った」他の5年男児Mも「教頭先生と釜谷の地域に詳しい○○さんが言い争いをしていた。教頭先生は、山に上がらせてくれと言ったが、○○さんは、ここまでくるはずないから、三角地帯に行こうと言っていた」と証言している。

以上のことから、少なくとも子どもたちにとっては「けんかみたいにもめていた」「言い争いをしていた」と感じるような切迫したやりとりだったと考えられる。

そして、他の5年生存男児Tの「（釜谷の地区に詳しい）○○さんが三角地帯へ逃げようと言っていた」という証言もあり、「○○さんが交流会館のほうへ歩いていたので、『津波くるから』と言ったが『大丈夫だ』と会館へ入っていった」という5年男児Mの父親の証言もあることから、三角地帯に行こうと言った地域に詳しい住民は津波はこないと思っていたことがうかがえる。

概念41　教務主任が戻ってきたときには三角地帯に移動開始していた

▼教務主任の手紙

「それで、せめて、一番高い校舎の2階に安全に入れるか見てくるということで、私が一人で校舎2階を見てきました。そして戻ってくると、すでに子どもたちは移動を始めていました。近くにいた方（どなたかは、覚えていません）に『どこへ行くんですか』と聞くと『間垣の堤防の上のほうが安全だからそこへ行くことになった』ということでした。どのような経緯でそこへ行くことになったかはわかりません。地域の方々との相談があったのかもしれません」

ここの証言については、（概念40）で示したように教頭と地域住民との話し合いの結果、三角地帯へ行くことになったとの証言と重なるもので、一定の信憑性が認められる。

第2フェイズ後半のまとめとカテゴリーの根拠

以上、第2フェイズ後半を構成する概念をまとめてカテゴリーを提示する。

・15時25分に震度4の余震が発生。『高台に逃げろー！　津波が松林を越えてきたぞー！』と叫びながら市の広報車が通過。

・学校の向かいの家の住民が『津波がきたぞ！』と叫ぶ。
・教務主任は教頭に『津波がきますよ。危なくても山へ逃げますか』と聞くが答えが返ってこないので、一番高い校舎の2階に入れるか確認しにいく。
・教頭は切迫した様子で『山に上がらせたいのだけど無理はありますか』と、地域に詳しい4、5人の地域住民に同意を求めるが、『ここまでくるはずがないから三角地帯に行こう』と言われ、三角地帯に移動することになる。
・教務主任が戻ってきたときには三角地帯に移動開始していた。

したがって、これら一連の流れをカテゴリーとして《危険が迫っているにもかかわらずトップである教頭が住民に同意を求めた結果、三角地帯に行くことに》と名づけた。

なお、こうした経緯があるからといってこの事故の原因を地域住民にあるとすることは、問題のすり替えにしかならないことに注意が必要である。なぜなら、大川小学校の事故は学校管理下で起きたものであり、親は子どもを学校に預けたのであって、地域住民に預けたわけではなく、そもそも学校が命を預かるプロとして意思決定すべきであり、地域住民に子どもたちの命運をゆだねてはならないためだ。再発防止につなげるためにここで問うべきは、そうであるにもかかわらず「教頭はなぜ地域住民に同意を求めたのか？」ということになろう。

第3フェイズ

15時35分頃～（から）36分過ぎ。
三角地帯に向かうがすぐに津波に飲まれる

第3フェイズのカテゴリー生成（概念42～46）

以下、最後の第3フェイズとなる【15時35分頃～36分過ぎ。三角地帯に向かうがすぐに津波に飲まれる】を構成する概念とそれを裏付ける根拠を示した上で、このフェイズの集団心理を説明するカテゴリー《大津波が目前に迫り、合理的な判断が損なわれる「パニック」状態に》を以下に示す。

この第3フェイズについて詳しい資料としては、2012（平成24）年8月21日に大川小学校被災現場において遺族9人、地域住民3人、市議5人、大川小学校職員（調査時）6人、市教委3人他、約30人によって経路確認と距離の測定が行われた結果をまとめた「大川小学校現場確認実施概要」がある。事実的なことはこの概要にかなり正確にまとめられているため、これを基軸としつつ市教委の聞き取り調査や新聞記事、生存児童のインタビューによりその様子を明らかにしていく。

概念42　教頭や6年担任が「三角地帯に逃げるから、走らず列を作っていきましょう」と言い、民家の裏のほうへ歩きはじめる

▼『大川小学校現場確認実施概要』

・「校庭から、自転車置き場南側のフェンスの入り口（幅90㎝）を通り、釜谷交流会館の前まで列になり、歩いて出てきた」

▼『市教委聞き取り記録』

・5年生存男児K「教頭先生や6年担任が、『三角地帯に逃げるから、走らず、列を作っていきましょう』と言っていた」

・5年男児「移動時は6年担任の先生が先頭で、6、5、4、3、2、1の順だった」

▼インタビューテクスト（5年生存男児T君）

筆者：教頭先生って、じゃあその三角地帯に行きましょうってなったときに、先頭にいたわけじゃないいんだ。

T：うん。

筆者：教頭先生はさあ、川側に行ったじゃない最初に。結構先に走って確認に行ったみたいな感じ？

T：普通にこうテクテクみたいな感じで行ったみたいですよ。

筆者：あぁー。

T：で、くるときは結構走ってきたかな。

筆者：ああー。戻ってくるときは。走ってきて、急いでー！　みたいに言われたんだっけ。

T：うん。

> **概念43**　生存児童「叫ぶ人は誰もいなかった。慌てているけど慌ててないような夢をみている感じでパニックになっていた」

▼『市教委聞き取り記録』

（概念11）に出てくる「長面のほうから津波がくるのがみえたから」急いで学校に向かった5年男児Mの保護者Nは、歩きだしていた児童たちの様子を「避難したばかりだったのか、列はバラバラという感じで、全体的に落ち着きがなくパニックになっているように感じた」と証言している。

▼インタビューテクスト（5年生存男児T君とその父親へのインタビュー）

以下の津波に飲まれて助かった5年生存男児Tの証言は、どのようにパニックになっていたのかをよく示している。特に重要な箇所については後述するため傍線で示した。

筆者：途中の通路ってすごい裏道みたいな？

T：うん、なんかなんか、せまい。だったら最初っから大通りの道行ったほうがいいんでね？　って思った。

Tの父親：なんであっちいがねがったのや？　そう考えたら県道に行ってこう行くはずなんでねえのが？
T：相当、相当パニくってだみたいだよ。
Tの父親：パニくってたみたいって、だって最初は歩いて移動したんだべ？
T：なんでそっち行くんだべなって思ったけど。
筆者：やっぱりその様子は、やっぱりみんなちょっとパニックみたいな感じだったのかな？
T：うん。
筆者：パニックっていうとどんな感じだろ？
T：なんかよくわかんなかった。夢みたいな、夢みてるみたいな感じ。
Tの父親：黙ってみんな夢中になって走ってたの？
T：なんか叫ぶ人がいなかった。
Tの父親：いねがった？
T：うん。
筆者：なんかこうあわててるけど、……
T：あわててないような。んんー？　て感じ。

概念44　川側の国道のほうに川の様子をみに行った教頭が津波がきているのをみて、「津波がきているから急いで！」と叫ぶ

▼『大川小学校現場確認実施概要』

「そのとき、土手のほうを確認しに行った教頭が交流会館脇の路上から『津波がきているから、急ぎましょう』という声をかけたので、児童は走りはじめた。※走りはじめてから学年が入り乱れる」

▼インタビューテクスト（5年生存男児T君と父親）

Tの父親：大通りのほうさ行って、おめえが交流会館の前あたりんどこで、走ってきて、津波きてるから急いでくださいつって、そっから走ったんだべ？

T：うん。

ここで教頭が「津波がきているのをみて」とした根拠は以下である。

震災直後に、追波湾、北上川河口周辺における津波の動きを研究した堀込智之氏が三角地帯に避難した際の河北総合支所職員の証言をまとめた要旨[3]によれば、その途中「船が北上川を上流へ流されていくのが堤防越しに見えた。北上川の堤防から水がたらたらとあふれていた」という。その後「新北上大橋の三角地帯まで逃げた。北上川の堤防は津波で見えなくなった。三角地帯から山に逃げる途中、一瞬、首まで水につかった[4]」とある。

校庭を出ると堤防のほうに向かった教頭は、その道路の先に視野を遮る家屋がなかったことから、広報車の職員の目に映った「津波でみえなくなった」北上川の堤防の上を越流しながら進む津波がみえたと考えられる。だからこそ、列になって進んでいた70名以上の児童たちに聞こえるぐらいの声で「津波がきているから急いで！」と叫んだのだ。

> **概念45** 先頭の高学年児童は、民家の敷地を通って県道に出ようとするが、前から津波がきたため引き返して逃げてくる。凍りついて身動きが取れない児童も。「山に逃げろ！」と登ろうとしたがそこは急斜面であったため登ることができず、津波に飲まれる

▼「大川小学校現場確認実施概要」

「児童は交流会館玄関前から駐車場南西の私道を曲がり、○○さんの敷地にある書道教室と倉庫の間を通って県道のところまできたところ、津波を目撃し、引き返してきた。○○さん宅の裏手から私道の突きあたりのところに次々と走ってきた児童がたまって、そこに津波が押し寄せたと考えられる。※書道教室と倉庫の間は1ｍくらいに狭くなっている。※山沿いの私道奥で児童多数が被災」

▼『市教委聞き取り記録』

・5年生存児童K「前のほうにいたので、津波がくるのがみえたので、すぐきた道を山側へ走った。波に飲まれ、左手が何かにぶつかった。ヘルメットの中の空気が浮力になり、水面に上がり、偶

然にドアがはずれた冷蔵庫に触れたので、中に入った。舟のようになった。波が山のほうに押したので、降りたらT君が土に半分埋まっていた。右手で土を押しのけて、起き上がってきた」

・上記の証言中に登場する土に半分埋まっていた5年生存児童Tの証言が以下。

「6年生から1列で釜谷交流会館脇を通り、山沿いに歩き、○○さんの所で右折し、県道に登ろうとしたとき、前方左側から津波がきた。前のほうにいたので、津波がくるのがみえたので、すぐきた道を山側へ走った。高学年のみんな山のほうへ走って、山に登ろうとしたが、雪ですべって登れなかった。そのうちに波に飲み込まれてしまった。低学年の子たちは、なんで高学年が走って戻ってきたのかわからないようだった。波に押し上げられて、山の途中で土に埋まって動けなくなった。助けを呼ぶとK君がきて、土を掘り助けてくれた」

この証言から「凍りついて身動きが取れない児童も」としたのは以下の記事の傍線部にあるように、頭の中は真っ白になり、心も体も凍りついたように硬直してしまう「凍りつき症候群[5]」に陥った児童がいたことがみてとれたためである。

▼『証言でたどる51分間』（5年生存児童T君の証言に基づく記事。傍線部は筆者による）

「住宅地を抜けて県道を曲がったとき、新北上大橋に波しぶきがかかるのがみえた。黒い水が堤防を越えてきた。

がくがくと足が震えて動けない。『授業中に寝ちゃって、夢を見ているのかな。でも、こんな長い夢はないよな』。次の瞬間、右足が動いた。振り向き、裏山を目指して駆けだした。低学年の児童は、T君たちが走ってきた理由がわからず、きょとんとしていた。腰を抜かしたり、四つんばいになったりしている友達や先生の姿も目に入った。その中に柔道仲間の6年生の男の子がいた。「行くべ」。襟を何度も引っ張ったが、立ち上がれない。水の塊が近づいてきた。懸命に裏山をはい上がった。3mぐらい登ったところで『後ろから誰かに押されているような感じがした』。津波だった。頭から水をかぶると同時に、必死で木につかまった。土の中に押し込められるような激しい衝撃とともに、気を失った」[6]

こうした記述からまさに『災害そのとき人は何を思うのか』で突然大きな災害に遭遇したときに陥る「凍りつき症候群」の例として挙げられている「水の壁となって押し寄せてくる津波を前に呆然と立ちすくんでしまい、逃げることができないという事態」[7]になってしまったことがわかるだろう。

概念46　後方の低学年の児童は、釜谷交流会館を過ぎて、個人宅の狭路地に最後尾が入った直後、津波に飲まれる

▼大川復興協議会議事録（地域住民TKさん）

・「俺が行ったときは、津波のぎりぎりのときだったが、そのとき児童の後尾側の姿をセンター前でみたので、なんでこの時間まで逃げずにここにいたのか疑問であった。（略）俺がセンター前

でみた児童は最後尾だった。その後すぐバーンと津波がきた」

以下にあるように、ＴＫさんは震災後にも同様の証言をしている。

▼インタビューテクスト（地域住民ＴＫさん）

ＴＫ：それで交流会館のとこまで、あとで考えてみたらなんだや、交流会館の前にね。何人かみたんだ。あっちさ行くのを。裏通りをこう。なんでそっちさ行ってんだべなと思ったんだけど。（裏山のふもとに）着いて、おれリュックや何やら持ってたから、懐中電灯や何やら持ってたから、降ろすべとしたら、（津波が）ば――っときたんだでば。ばりばりばりって。すぐあとほれ、（山の上に）上がったわけ。下のほうにおとさんいたっていうけど、気づかなかったもんね。山さ上がれって言ったけど、みんな巻き込まれちまったから。

▼インタビューテクスト（亡くなった6年男児の父親ＳＫさん）

ＳＫ：一番有力な情報は、釜谷交流会館の前の山際に車を止めていた人が、孫を乗せて出発しようとしたら子どもたちが自分の車の前を走っていたので、通り過ぎるのを待つしかなかったと。それで横切ったと同時に津波に飲まれた。自分は助かったけど孫は飲み込まれた。車が出ようとしたら津波がばーんときた。

筆者：子どもたちが本当にその通路に入ろうとした直後ですね。これはかなり決定的ですね。

ＳＫ：その証言は新聞には載らなかったですよ。

筆者：その情報はどちらから？
ＳＫ：その方の息子から。つい３カ月くらい前かなあ。電話して。わかっていることあったら教えてくれって言ったら『うちのじいさんがこう言っていた』って。

１年生存児童と津波に飲まれて助かった児童の共通点

なお、津波来襲時に学校管理下にあった児童の中で助かったのは４名のみであった。フェイズ３で先ほど登場した２名（５年男児Ｔ君と同じく５年男児Ｋ君）と、第１章の「②生存教諭の証言、手紙、ＦＡＸについて」の部分で述べたように津波に飲まれる前に裏山に登って助かった３年男児Ｓ君、そして低学年で唯一生き残った１年女児Ｍちゃんのみである。これまで触れてこなかった１年生存女児Ｍちゃんの証言をもとに、彼女が助け出されるまでの経緯を以下に示しておく。

▼『市教委聞き取り記録』
・１年生存女児Ｍちゃん「風がビュウときて、津波に巻き込まれた。姉も祖父母もいなくなった」
▼インタビューテクスト（地域住民Ｓさん）
Ｓ：あのね、私浮き上がった目の前に小学生が１人浮いてたの。（１年生存女児の）Ｍちゃん。その子も木につかまってたから、絶対木につかまってたから、絶対木を離しちゃダメだよって、２人で浮きながらしゃべってたの。でも怖くて、目の前に小学生いるのに手出せないのね。こっちおいでって言えないの。２人で一生懸命つかまって。だから、流されっからつかまっ

て離すなよ、って一生懸命その子に声かけたのね。ほんで、自力で山のほうに少しこいでいって、杉の木につかまって、そしたら足がついたんで、そしたら（地域住民の）ＴＫさんがきて、その小学生をここ（首）まで浸かって引き上げてくれたの。

津波に飲まれて助かった3名の児童に共通していることは、ヘルメットをかぶっていたという点にある。Ｔ君は津波によって後方から気を失うほどの衝撃を受けるが、お母さんが「かぶっていなさい」と言ったヘルメットに頭は守られた。またＫ君もヘルメットをかぶっており、浮いてきた冷蔵庫に舟のように入って助かった。１年生のＭちゃんは、ヘルメットが水面に浮いているのを地域住民のＴＫさんがみつけて引っ張り上げたところ、女の子がいたというかたちで助かった。

第3フェイズにおける2つの謎とカテゴリーの根拠

ここまでに提示された概念を用いながら、第３フェイズを概観してみたい。

・教頭や6年担任が「三角地帯に逃げるから、走らず列を作っていきましょう」と言い、民家の裏のほうへ歩き始める。
・そのときの状況は生存児童いわく「叫ぶ人は誰もいなかった。慌てているけど慌ててないような夢をみている感じでパニックになっていた」。

・川側の国道のほうに様子をみに行った教頭が、津波がきているのをみて「津波がきているから急いで！」と叫ぶ。
・先頭の高学年児童は、民家の敷地を通って県道に出ようとするが、前から津波がきたため引き返して逃げてくる。凍りついて身動きが取れない児童もいた。「山に逃げろ！」と登ろうとしたが、そこは急斜面であったため登ることができず、津波に飲まれる。
・後方の低学年児童は、釜谷交流会館を過ぎて、個人宅の狭い路地に最後尾が入った直後、津波に飲まれる。

さらに、このフェイズには不可解な点がいくつかあるので整理したい。

〈第1の謎〉

まず三角地帯に移動するのになぜ「民家の裏のほうへ歩きはじめる」という選択をしたのか、という点である。ここでいう「民家の裏」とは民家の脇の狭い路地であり、ここは私有地であるので、当然ながら日常的に児童が通る道ではなかった。また、余震が続いており、「強い揺れに対する警戒感」があったことを考えると、民家に挟まれた狭い路地を通るのは壁が崩れたり、屋根から落下物が落ちてきたりする危険性もある。

それにもかかわらず、なぜ民家の裏のほうへ歩きはじめたのか。この点については現地をよく知る遺族や地域の人にとってもまったく不可解なものとして語られており、まさに不合理な行動といえる。

▼インタビューテクスト（亡くなった6年男児の父親ＳＫさん）

ＳＫ：山も危険、道路も危険、というわりには最終決断をしたのが……ホント滑落するようなところなんですよ。（片側は）険しい崖で、こっち側は家が倒壊してきたら終わりだよ。そこに誘導してきたんだよ。狭いところから県道に出るという。どう考えても理解できない。おれはあの小学校（出身）だけど一度もあそこに入ったことはない。大人があそこに行けって言ったのは信じられない。だとすれば（まったく道を）わかんない人が直線距離が近いから行けって言ったのかな。多分あっちにあるんじゃないかっていうような。

▼インタビューテクスト（地域住民でもある保護者Ｏさん）

Ｏ：私、地元に住んでるけど初めて聞いたルートです。私がわかるルートは、この後ろから登ってここにつながる山道のことだと思ったんですよ。でもこの根元を行ったルートというのは、初めて……。聞いたことないルート。

▼インタビューテクスト

遺族：他の人の家の前を通らせること自体、おかしいっちゃ。私は町に水が入ってきてるからそうしたのかなと思ったの。津波くる、こない、以前の問題で、民家の脇を歩かせたら、瓦が落ちてきたら、校舎の中よりも危ないっちゃ。（きっと）先頭を誘導した先生もパニックだったんだよね。追い込まれたんだよね。

〈第2の謎〉

さらに「川側の国道のほうに様子をみに行った教頭が津波がきているのをみて、『津波がきているから急いで！』と叫ぶ」に関しては、そもそも急いでとしか言っていない。またなぜここで「急いで山に登って」と避難先を山に変更しなかったのか、という謎もある。

実際、先述したように、地域住民のＴＫさんは、交流会館前で子どもたちの列の最後尾を確認した直後に津波が襲ってくるのをみて、ポンプ小屋の脇を山へ駆け上がって助かっている。このことから、教頭が津波がきているのを確認した時点で、ＴＫさんより先に交流会館前まできていた児童たちに、そのポンプ小屋の脇（写真3）から山に避難するよう指示を出せば、山に駆け上がることで多くの児童は助かったと考えられる。

この不可解さについても複数の遺族のインタビューで「教頭先生が『波きたから早く』って、なんで山じゃなくて、波がきてる町の中さ行かせるかな」「急いでください、しか言ってない」「山さ行けば、何人かは助かったよ、そのタイミングでも」といった言及がされている。

なぜ危険で普段誰も通らない民家の裏道を通ったのか、なぜ目の前に津波をみたにもかかわらず裏山に避難先の変更を指示しなかったのか——こうした不可解な点は、合理的な判断に基づく行動としては理解できないことから、（概念43）にあるように、目前に迫る津波によりパニックになったと考えるのが最も筋の通る解釈だと思われる。

ここでいう「パニック」とは、いわゆる「パニック映画」にあるように避難口に向かって人びとが殺到する状態のことではない。専門家の間ではそうした現象は映画の中以外ではほとんど起こらない

写真3　ポンプ小屋のあったあたり。一部の地域住民はここから段々に整地された裏山に駆け上がって助かっている。なお石巻市は震災後、ここから裏山に上れば助かったこの場所とかつてシイタケ栽培をしていた裏山への小道の2カ所のみにこの立入禁止の看板を立てていた。2012年6月筆者撮影。

といわれていて、むしろ、津波がきたら生き残るために必死で山を駆け上がるのと同じく、非常時に避難口に走るという行動は生存行動としては合理的な行動といえるのである。『災害そのとき人は何を思うのか』に、「当の行為者のその危機的状況への対応能力が、果たして損なわれていたか、それとも損なわれていなかったかという事実にかかっている。これを『内的基準によるパニック判定』という」[8]とあるように、この内的基準による「パニック」とは、津波がきたときに津波がくるほうに向かっていってしまうような、命を守るための合理的な判断ができなくなる状態を指す。

　大川小学校においてみられたパニックはまさにこの状態だったと考えられる。それはパニック映画にあるように、人びとが叫びながら逃げ惑うといったものではなく、生存児童T君の証言にあったように「叫ぶ人はいなかった」「バラバラと落ち着きがなく」「慌てているけど慌てていない」ようなものであった。T君の言葉によれば「なんかよくわかんなかった。夢みたいな、夢みてるみたいな感じ」「授業中に寝ちゃって、夢をみているのかな。でも、こんな長い夢はないよな」といった〝現実感のないパニック〟とでもいうべき心理状態に、児童たちも先生たちも陥っていたと考えられる。

以上、こうした証言から、第3フェイズの集団心理を言い当てるものとして《大津波が目前に迫り、合理的な判断が損なわれる「パニック」状態に》というカテゴリーを生成した。

問題解明のための本質的な問いとは？

本質行動学においては、データやエビデンスは本質（最も重要なポイント）を明らかにするための手段の一つということになる。エビデンスをあくまでも本質を明晰にする手段に自覚的に位置づけている点が、一見すると科学的に見える数値やシミュレーション結果といった「客観的なデータ」を振り回しがちな従来の（社会）科学と、立場を異にする。

こうした従来の試みとのスタンスの違いを明確にしておくためにも、本章の最後に、大川小学校を巡る議論の論点になりやすい「津波到達時間」と「避難開始時間」について簡潔に触れておきたいと思う。

写真4　大川小学校にあった時計。15時36分40秒で止まっている

〈津波到達時間と避難開始時間〉

写真4にもあるように、大川小学校にあった2つの掛け時計は、いずれも15時37分手前で止まっている。このことから大川小学校周辺への津波到達時間は15時36分台だったと考えられている。しかし大川小学校検証委員会の途中経過において、シミュレーション結果に基づき津波到達時間はもっと早かったという推計結果を出した後、何重にも間違っていることが明らかになり撤回を余儀なくされた（第2部参照）。

また2012年8月21日に行われた現場検証の結果によると、「①校庭フェンス出入り口から県道まで小走りで1分2秒」であったこと、「②校庭中央から（シイタケ栽培をしていた裏の）山に向かって走り、数m登った（ところまで）45秒」であったことが確認されている。こうしたことから、津波は児童たちが校外へと避難を開始して1分程度で大川小学校に到達したと考えられている。[9] したがって、避難を開始したのは、地震発生からおよそ50分後の15時36分過ぎと考えられる。

以上のことから、「津波到達時間」と「避難開始時間」についてはある程度正確な推測が成り立つ。ただし、津波到達時間が何時であったか、また移動開始時間が何時何分何秒であったかといったことは、なぜ大川小学校でだけこのような事故が起きたのかを解明するにあたっては、本質的には重要な問いではない。

なぜなら、目前に津波が迫るまで避難行動を取れなかった「意思決定の停滞」こそがこの惨事の本質と考えられるからである。「意思決定の停滞」とは「停滞させよう」という能動的な意思決定の結果ではない。また「意思決定の停滞を強いられた」という受動態でも表現することはできない。結果として、津波が目前に迫るまで何も決められずにいてしまったのである。

したがって、仮に大川小学校に津波が到達した時間があと5分、10分遅かったとしても、目前に津波が迫るまで何も決められずにいたという事態は変わらない以上、惨事は避けられなかった可能性は高い。

ゆえに、この事故がなぜ起きてしまったのかを解明する本質的な問いは、次の1点に集約できる。

〝なぜ津波に対する避難行動をとるための意思決定ができず、津波が目前に迫るまで校庭にとどまり続けることになったのか？〟

次章からは、この謎を明らかにするために、なぜ津波が目前に迫るまで意思決定が停滞し続けたのかを様々な観点から精査していくことになる。

第3章

事故の構造　なぜ大川小だったのか

――事故の「背景要因」「大川小固有の要因」とは

1　背景要因

あの日、大川小学校の校庭において、なぜ先生たちは適切な意思決定ができずに、津波が目前に迫るまで校庭にとどまり続けることになったのか。本章では、大津波警報を受けて話し合いをする第1フェイズでも、三角地帯に向かうがすぐに津波に飲まれた第3フェイズでもなく、様々な意見が出るなか何も決められないいまま時間が経過していく第2フェイズに焦点化しつつ、意思決定の停滞という状況をもたらした要因を精査していく。

その結果わかったのは、この事故の背景には「背景要因」と「大川小学校固有の要因」といった2つの側面があったということである。まずは大カテゴリー【事故の背景要因】について検討していこう。

背景要因1《警報の空振りと大津波の経験がないことによる「経験の逆作用」》(概念47～49)

第1の背景要因は《警報の空振りと大津波の経験がないことによる「経験の逆作用」》である。このカテゴリーを構成するに至った諸概念とその根拠を以下に示していく。

概念47　1年ほど前のチリ津波の際3mの大津波警報が出たが80cm程度

▼インタビューテクスト（5年生存児童T君とその父親）

T：何せまあチリ地震だっけ、あのとき……。

筆者：1年前？

Tの父親：あのとき学校休みだべ。

T：だから。あんときもだからあんまり津波こなかったし。

▼インタビューテクスト（地域住民TTさん）

筆者：約1年前にチリ津波があったと思いますけど、何か覚えていますか。

TT：川の潮位が上がったんですよ。すーって、川を挟んだところにいたんだけれども。

筆者：そのときは？

TT：全然逃げる様子ないの。誰も。

▼インタビューテクスト（亡くなった6年児童の父親SKさん）

SK：おれは（2010年2月の）チリ津波が大きい原因だと思うよ。あのときも大津波警報なんですよ。おれは大津波警報というのは初めて聞いたんですよ。四十何年の聞いたのは初めて。どんだけ大きいのがくるのっていう話。でも実際こなかった。だから仮にチリ津波のときに津波がきていたらもっと被害は……。大津波警報が津波警報だったら……。あのときは結構みんな逃げたんだからね。だって初めて聞くんだもん。70年前にチリ津波が大変だったっていうのは語り継がれているから。それはやっぱり未だに語り継がれている津波なんですよ。それがまさに同じチリですからね。オオカミ少年のようですけど、あのとき逃げたけど実際こなかった。

▼インタビューテクスト（地域住民・自治体職員　Hさん）

筆者：チリ津波のことって何か覚えてることってありますか？

H：あれはね、それこそ何十㎝程度の津波だったかなと思うんですけどね。あんとき大したことなかったから、その○○っていう海岸の大川の、うちの実家なんですけども、その辺の人たちみんな油断したのは確かですよね。

▼インタビューテクスト（亡くなった6年児童の祖母Oさん）

筆者：震災の1年前にもチリ津波があったと思うんですけど、そのときのご経験はどんな感じでした？

O：あのー、警報は出たのね。私らは全然津波なんて見たことがなかったから。直接。だから大丈夫だっていう……。ただ雄勝に親戚がいたもんだから大丈夫って電話したのね。そしたら、あの、網？　網がやられたってのは聞いたけど。話聞くと、あの辺に尾ノ崎ってあるでしょ？　あの辺の人たちもほら、避難しなさいっていうあれは出たみたいなんですけど……。実際逃げた人はほとんどいないって感じよって聞きました。

▼インタビューテクスト（亡くなった5年女児の父親STさん）

筆者：（1年前のチリ津波のとき）大津波警報が鳴ったけども津波は50㎝しかこなかった。それが、今回の被害につながったということはありますか？

ST：それは、かなりあったと思う。結局大津波警報という警報が出たってことは初めてだったと思う。それが、実際は50㎝の津波しかこなかったから、みんななんだ〜って思ったと思うよ。んで、そんで先走っている消防団の人もいて、それでも津波は1mか2mくらいだろうなって。1年前。大津波だから1mくらい、橋の欄干は7mくらいありますよね。だから大丈夫だろうって。ほんで、上の人たちの判断でそこで待機してたって話。

▼インタビューテクスト（大川小学校の震災5年前の卒業生2名AさんとBさん。亡くなったKさんの次女の高校の同級生）

筆者：震災の1年ぐらい前にはチリ津波ってあったの覚えてる？

A・B：名前しかわからない

筆者：名前だけはわかる？

A：ニュースで（みた）。

筆者：じゃ自分でそれを意識したりはしてない？

A・B：全然してなかった。

筆者：あのとき大津波警報が出てるんだけど、それも知らない？

B：テレビの画面の端っこにちょっと、（大津波警報と）なってんのは家ではみてました。

A：そのチリ地震のときにですか？　まったく。

概念48　2日前の地震の際、津波注意報が出たが50㎝程度

▼インタビューテクスト（地域住民TTさん）

筆者：2日前に地震があったときも、何かありましたか？

TT：全然津波の意識はなかった。

筆者：みなさんそうでしたか？

TT：そうだね、そういう雰囲気はなかったね。

筆者：うーん。なんかそういう津波がこない経験が積み重なったことで今回の被害につながったと思いますか？

TT：そうですね。それはかなりありますね。かなり大きい地震があれば、宮城沖地震とかがあれば津波がくるっていうことは頭には入れてたんだけど、3月11日のときはね、頭から抜けてたんだよね。

▼インタビューテクスト（地域住民・自治体職員Hさん）

H：（2日）前の注意報は普通だよな。おそらく、あの注意報だとほとんどの人は、まあ船、船に乗ってる人は、それなりに対策をしてるんでしょうけど。うちのほうだと、ほとんど普通の生活してって思いますね。

▼インタビューテクスト（5年生存児童T君）

T：やっぱあの前にあったからじゃないですか。2日前に。あれだけおっきい、だいたい似たよう

な感じの大きさだったから。（略）あのときも津波こなかったからやっぱり今回も大丈夫だよっていう感じだったです。

▼インタビューテクスト（大川小学校の震災5年前の卒業生2名AさんとBさん。亡くなったKさんの次女の高校の同級生）

筆者：震災の2日前にも津波注意報が出たんだけど、そんときはなんか覚えてる？
A・B：あーちょっとおっきかった。ちょっとおっきかったやつ。
筆者：5弱だった。
A：ですね。
B：でもあれも震度6とかときどきあったりしてたから。そんなに気にしてなかった。そろそろ宮城県沖とかいってっから、おっきいのくんじゃねー？　みたいなそういう程度ってゆうか。
筆者：じゃ津波みたいなのはもう全然？　お父さんとかお母さんからなんか、津波きたときはここ行こうみたいなのはあった？
B：全然うちはないです。
A：うちもないですね。そういう話題的なのは。
B：津波の話はない。

概念49　一度も津波被害にあってない地域住民の多くは警告を真に受けなかった

▼インタビューテクスト（地域住民TTさん）

筆者：（1960年の）チリ津波のときにもきたんですか？

TT：そう、でも川は氾濫《はんらん》はしなかったんだよね。やっぱり海みたいな波がきてね。蚊帳《かや》が横だおしになって、すごかったよ、ドバーッてきて。

筆者：長面のほうも？

TT：あー、長面のほうも大丈夫だったの。川に入っただけで。誰も死んだのはなかった。特徴的なのは（被害が出たのは）、雄勝、志津川。

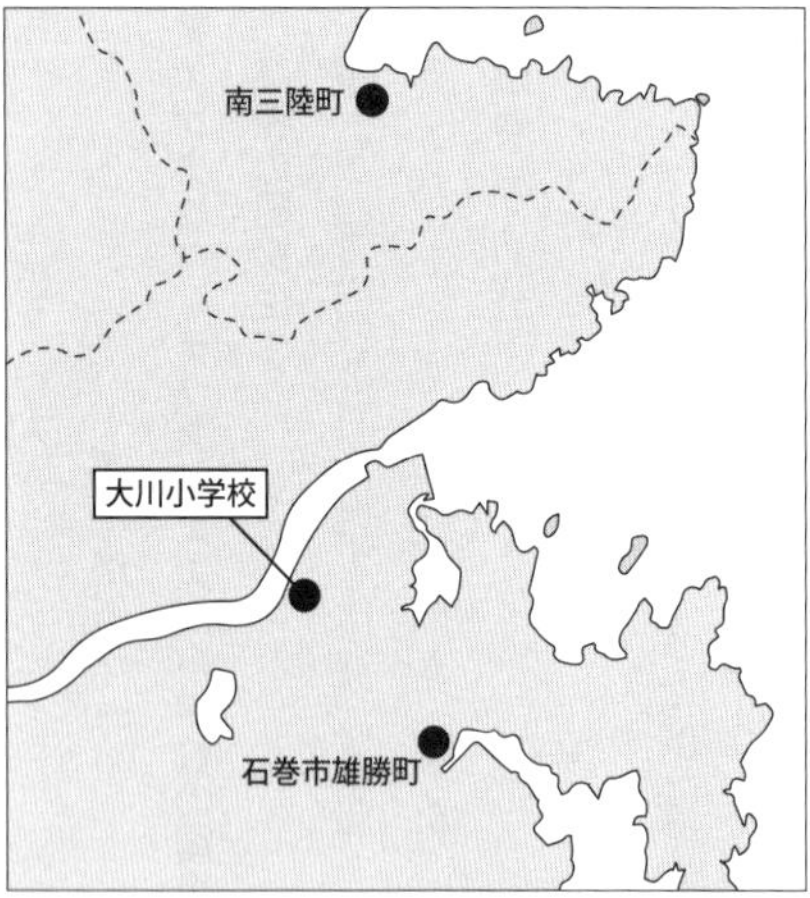

図1　大川小学校と南三陸町、雄勝町の位置関係

筆者：ちょうどこの間（雄勝と志津川の間の大川の地域）だけやられなかった？

TT：そう、ちょうどこの間だけね。（だから）こないって頭があったんだね。

筆者：富士川とか治水されて大丈夫だったんですかね。あれはどのくらいに作ったんですか？

TT：あれは明治に作った。明治になってから堤防を。

筆者：それ以来、津波の被害はなかったんですね。

TT：それまでは山沿いに家を建ててたんだけど、堤防ができてから釜谷とか長面とかの部落ができたんです。

筆者：なるほどなるほど、部落は（川の堤防を作った）そのあとにできたから津波の経験がない？

TT：そうです。（略）堤防なかったときは、（津波が）入ってきてんだね。うちの親父は明治なんですけどね。何回かあったって聞いてます。

▼インタビューテクスト（地域住民TTさん）

TT：揺れを感じて、かまえて、堤防のブロックが開いて、パンパンッて。地震終わってすぐ降りていったんだけど、民家からおばさんが飛び出してきて、うちをみてって言ったんだけど、どこも同じだからって、逃げる用意をしなさいよって。津波が頭にあったから。そのおばさんはまた台所から家に戻っていったけど。

筆者：その方は？

TT：うん。おじいさんとおばあさんで亡くなったみたいだけど。

筆者：ほかにも声をかけても、真に受けない感じですか？

TT：そうだね。声をかけたのは十何人かな……。近くにね、センターがあるんですよ。憩いの家ってね。その前に鍵をかけたまま、車を止めて、堤防の下にきて、周りの住民が7、8人いて、Kさんってうちの女の子2人、○○さん、○○さん、○○さん夫婦、また、○○さんとか3人がいたんですけど、帰宅しろって言ったんだけど、こっち見ただけで、また話をしだして。道路も陥没してたんです。一方通行の。その前に写真を撮ったんです。道路の様子を。そして下に降りて、支度しろって。

筆者：じゃあその方たちは逃げずに？
TT：そうなんですよ。何か知らないけど、逃げないで話をしてるんですよ。
筆者：それで時間がたって？
TT：そうです。すぐに逃げればいいんですけど。（私も）女房がくるかもしれないから待ってたんですよ。
筆者：そのときラジオとか防災無線とかは？
TT：全然ラジオとかは全然。女房にもよく言ってたんです。大きな地震があったときは宮城県沖地震だから雄勝の峠に逃げろってね。逃げろって何回も言ってたんですよ。年配の人は怒ってましたけど。
（中略）
TT：ここが大川中学校でこっからこう、こっちに、こっちが橋、ここが堤防。ここからみてたんだけど、橋がドバーッてきて、やばい逃げろって。ちょうど高校生２人がいたんだけど、おじいさんに車出してもらって逃げろって。うちの前に車が置いてたって。うちのとなりに○○さんって○ちゃんって呼んでる人がいるんですけど、○ちゃん逃げろーって言っても誰もついてこないんです。あとで、おかしいなーって。時間はあったんです。ここが堤防で、ここが大川小学校、雄勝がこっちで、こっちに逃げたんです。２、３分かな、車だと。私ほかに２家族見てるんですよ。途中のスタンドで。
筆者：そのときに津波がきてることにピンとこなかった様子っていうのはありますか？

ＴＴ：最初に逃げろっていってもついてこなかった人もいますしね。同じ部落の人なんですけど、こないからどうしたんだろって思ったんですけど、おそらくは津波をみに行ったんだと思うんですよ。すぐに上がれますから。

筆者：なるほど

ＴＴ：車があったから逃げれたはずなんですよ。すぐに。

▼インタビューテクスト（地域住民ＴＫさん）

ＴＫ：おれは別に裏堤防に回ったわけよ。逆にね。裏堤防って富士川の。上さ上がったら、（津波が）だ――――っときたんだでば。こりゃダメだと思って、ほれ、やっぱ交流会館だなと思って、交流会館に向かっていったの。そしたら、車で通っていたところは誰も知っている人はいねえで。あずまやのとこさ行ったっけ、こう人、いるわけ。「津波くるから逃げろ！」って言ったんだけっとも、津波こねえと思ったんだべね、みんな逃げねえから。（略）釜谷の人はみんなして死んだもんな。そういう状態なんだもの。「大丈夫だ」って、玄関に立ってるんだもの。

▼インタビューテクスト（地域住民）

地域住民：釜谷で犬連れたおじいさん、あの人も「逃げろ逃げろ」って一生懸命言ったって。あの人も、「みんなに言ったんだけど、みんな逃げないんだ」って言ってた。一生懸命言って歩いてたってよ。（略）軽トラで。言って歩いても誰も耳貸さなかったって。

▼『市教委聞き取り記録』

・5年男児M君「津波がくるということを聞き、お父さんが釜谷の人たちに逃げようと言ったが、本気にされず、お父さんはとにかく高台に逃げようと言って、雄勝のほうに行った」

・市の広報1号車のY副参事「釜谷の人は避難を呼びかけても気にかけない人がほとんどであった」

・2年男児の祖母「15時30分頃、消防の広報車が尾崎の橋周辺で『6mの津波がきています。避難してください』と叫んでいた。また、その前には『大津波警報が出ています。避難してください』と広報していたが、地域の人は動こうとする気配がなかった」

・児童の保護者「釜谷地域の路上で、地域の人は座布団や敷物を持っていたが、緊迫感がなく時間がたてばすぐ帰れるような雰囲気で、道路を隔てて笑顔で雑談していた」

以上みてきたように、実際に釜谷地区をはじめとする大川小学校周辺の地区では、「逃げろ！」と何人もの人が警告してもほとんどの人が真に受けなかったという証言が多くみられた。しかしながら、その時点で津波が来ると思った人はすでに逃げており、津波はこないと思っている人たちが残っていたということには十分に注意する必要がある。

津波を目にした人が呼びかけている段階で平地にいるということは、津波警報を真に受けず、津波がこないと思っている人だけが残っているということである。つまり「逆淘汰」(Adverse selection)がかかっている状態になっていた。そうした人たちに津波がくるから逃げろと声をかけても、必然的

表1　大川地区被害状況

行政区名	世帯数	安否確認				住家被害			非住家被害			その他
		全体	生存	不明	死亡	全壊	半壊	一部	全壊	半壊	一部	ブロック塀等
大川地区												
福　地	66	233	227	0	6	0	0	0	0	0	0	2
横　川	85	296	286	0	10	0	0	1	0	0	0	0
谷　地	44	158	149	0	9	11	15	5	0	0	0	0
針岡第一	86	325	312	0	13	14	18	54	7	9	26	0
針岡第二	40	133	129	0	4	0	0	19	0	0	2	0
間　垣	48	155	87	1	67	49	0	0	49	0	0	0
釜　谷	139	496	303	13	180	113	0	4	112	0	0	0
釜　谷	113	393	206	11	176	113	0	0	112	0	0	0
入金谷	26	103	97	2	4	0	0	4	0	0	0	0
長　面	146	504	401	23	80	151	0	0	146	0	0	0
尾の崎	58	189	177	1	11	59	0	0	58	0	0	0
地区計	712	2,489	2,071	38	380	397	33	83	372	9	28	2

※大川地区以外は2月末現在の世帯、人口数をもととし、大川地区はH23年3月11日現在の世帯、人口をもととしている。大川地区は、住民登録はあるが、未居住者は数えていない。

に「気にかけない人がほとんど」になってしまう。言い換えれば、津波がくると思った人はすでに逃げている「逆淘汰」状態では、「正常性バイアス」がかかった人たちがお互いの姿をみて安心するという「同調性バイアス」[1]が増幅され、津波はこないと確信するような「超正常性バイアス」というべき事態に陥ったと考えられる（この「超正常性バイアス」についてはこれまで指摘されてこなかったと思われるので第4章と第11章で詳述する）。

したがって、この地区住民が必ずしもみな危機意識が低かったとは言えないことにも留意する必要がある。

※その他の新聞記事、巻末エビデンス一覧参照

その上で示したいのが上の表1である。これは行政がまとめた2012年11月1日現在の大川地区の東日本大震災建物被害調査票をもとに作成したものである。大川小学校のある釜谷地区の住宅は壊滅し、半数近い人が死亡、行方不明となっており、また三角地帯を挟んでさらに上流にある間垣《まがき》でも住宅は壊滅、44％以上の人が死亡・行方不明となっている。

同じ学区でも、釜谷《かまや》より下流にある長面の人的被害が20％、もっとも海側に面している尾ノ崎が6％（うち尾の崎にいて亡くなった人は1名）であったことと対比すると、過去に津波経験のない地域の住民ほど油断する傾向にあったといってよいだろう。

以上から、第1の背景要因として、「1年ほど前のチリ津波の際3mの大津波警報が出たが80cm程度」「2日前の地震の際、津波注意報が出たが50cm程度」「一度も津波被害にあってない地域住民の多くは警告を真に受けなかった」といった3つの概念からなる《警報の空振りと大津波の経験がないことによる「経験の逆作用」》というカテゴリーが生成された。

背景要因2《学校側の先延ばしによる避難マニュアルや避難訓練の不備》（概念50〜53）

次に、第2の背景要因としてのカテゴリー《学校側の先延ばしによる避難マニュアルや避難訓練の不備》を構成するに至った諸概念について説明する。

概念50　危機管理マニュアルが見本の「近所の空き地・公園等」のままで津波避難用になっていなかった

▼第三回遺族説明会（平成24年1月22日）議事録11ページ
保護者：津波のときの、避難場所は近隣の公園か空き地というふうに示されているのをみせてもらったんですが、そこにまず逃げるんじゃないかなと思うんです。マニュアルがそうなのであれば。まず、そこに逃げて、次の2次避難、3次避難じゃないかなと思うんですが。
校長：マニュアルには、近隣の空き地というふうになっていました。避難訓練のときにですね、空き地に行くには体育館の後ろに行かなくちゃならないというところで、建物の陰を通っていくというのはどうかなというところもありましたので、実際の訓練では校庭で終わっていました。それから、どうして山に登れというふうなマニュアルを作っていなかったというところなんですが、そこまではまだ検討していませんでした。
保護者：近隣の空き地・公園というのは、具体的にどこなんでしょうか。
校長：私の考えているのは、体育館の裏のですね、児童公園だというふうに考えておりました。
保護者：先生方もそう考えていたのでしょうか。
校長：そこまではしっかりとは確認しませんでした。すみませんでした。
保護者：ということは、先生方は津波のときの避難場所はわかっていなかったということですか。
校長：実際の訓練では校庭までしか行かなかったので、そこまではもしかするとわかっていなかったのかもしれません。

▼インタビューテクスト（亡くなった5年女児の父親STさん）
筆者：危機管理マニュアルには見本の空き地のままだったっていう？

ＳＴ：それも（以前教頭をしていた）千葉先生が作った文書。確認したら、千葉先生がいたときに作ったんだけど、それは津波を想定して作ったものではないから、「近隣の空き地または公園」となってる。空き地っていうのは、釜谷交流会館の駐車場、公園というのは体育館裏にある三角の小さい公園。ただ津波については想定してなかったってことなので、津波のことについてはあとから付け加えたんでしょう。

筆者：加えたというと？

ＳＴ：そのときには明記されてなかったんですよ。（平成）19年時点では。

筆者：ということは、津波用ではないけど、「津波」という言葉だけを付け加えたってことですか？

ＳＴ：そうです。一部教育委員会に請求したんですけど、内容が空欄になっていたり、書き込みがあったりしたりおかしい部分があったんですよ。

筆者：それはどの部分ですか？

ＳＴ：一斉メール送信の部分とかが防災計画のなかでは半分消えた状態になっていたんですよ。それは、市の教育委員会でも、県の教育委員会でもそうだったんですよ。ただそれと同じ文書は19年度のＰＴＡと同じ文書をもってるんですよ。

筆者：ということは、同じ文書を丸写しして使っていた？

ＳＴ：千葉先生にこれを作ったのはあなたですよね？って聞いたんですよ。そしたら、一斉送信の部分が書かれていないものが出てきたんですよ。19年度と20年度のものが私の手元にあります。

▼インタビューテクスト（亡くなった6年男児の父親ＳＫさん）

ＳＫ：近くの空き地ってどこ？　公園ってどこって感じですよね。ただ丸写しにしてもこれはないよね。近くの高いところならまだしも。

以上のように「地震発生時の基本対応」には「津波」という言葉はあるものの、「近隣の空き地・公園等」となったままで、実質的には津波に対する避難対策はとられていなかった。また教員間でも共通理解がとられておらず、当然家庭への周知もされていなかったことがわかる。

概念51　津波防災の研修内容の報告や周知の機会がなかった

震災の7カ月ほど前の２０１０年（平成22年）８月４日に、教頭、教務主任、生徒指導主任（５年担任先生）の３名が参加した「平成22年度 石巻市立小・中学校 教頭・中堅教員研修会」においては、前年まではなかった「津波の基礎知識」「津波から身を守る方法」といった項目が加えられており、そこには「強い揺れ（震度４）／揺れの長い地震を感じたら高台へ」といった内容が含まれていた。また発災時の対応として電話が使えない恐れがあることから、「引き渡し方法、場所を事前周知」するよう指示されている（「小カテゴリー⑦」と「第１フェイズのまとめ」を参照）。

また研修の最後のパワーポイントの資料には、「プロアクティブの原則」として「①疑わしいときは行動せよ」「②最悪の事態を想定して行動（決心）せよ」「③空振りは許されるが、見逃しは許されない」と書かれている。

さらに「あるブログからの引用」として「大した災害でもないのに、学校を休校にすることがある。時には保護者から過剰対応ではないかと批判されることもある。気持ちはわかるが、命に関する危機管理において過剰な対応をして結果、大したことがなければそれでよしとするべきだと思う」という言葉で締められている。

震災後現地で泥だらけの状態で発見されたこの資料には、参加した先生の手によるものであろう、「間違いだらけの地震対策」という項目に○がつけられており、〝災害イマジネーションの重要さ〟とメモ書きがされている。さらに資料の最後にある「プロアクティブの原則」にもボールペンで○がつけられている。このように発見された資料から大川小学校から研修に参加した教員が津波や災害時の対応を学んでいた跡を確認することができる。

しかし、やはり震災後に現地で発見された資料によると、その後8月25日に学校内で行われた「第6回職員会議協議事項」、および教頭によりまとめられた「8月定例職員会議」においては「夏休みを振り返って」「2学期を迎えるにあたって」といった項目があるにもかかわらず、8月4日に実施された「平成22年度石巻市立小・中学校教頭・中堅教員研修会」のことについてはまったく触れられていない。

こうした事実を受けて遺族の一人は次のように述べている。

▼インタビューテクスト（亡くなった5年女児の父親STさん）

ST：先生の防災訓練の研修があって、教頭とか教務主任とかの研修なんだけどそれには教頭先生とか教務主任の先生とかあと5年担任の先生が参加してるんですよ。研修受けて、メモ書いて、防災に関する不備を解消するってメモ書きを書いたらしいんです。書類としてあるんです。それが22年度の8月にあるんです。実施されて研修も受けてるんです。ただ、それも職員会議にかかってない。それで議事録を請求したんですけど、そこには何もかかれてない。それで、5年担任の先生のファイルがあるんですけど、5年生のうちの娘もかかわってるんでそれをみてみると研修には参加してるんですよ。

筆者：それは市の？

ST：市のです。そういう防災についての意識を高めるための研修は行われてるんですけど、大川小学校では生かされていない。だから、意思疎通が悪いというのか……。各先生方に伝えるのが重要だから他の学校ではやってるけど、大川小学校ではやってないから、やろうというようなことがなかったんじゃないかな。

概念52　津波の避難訓練を実施してなかった

▼第二回遺族説明会（平成23年6月4日）議事録

校長「大川小学校では、地震の際は外にいるときは建物や倒れそうなものから離れ、体を低くして待機する。校舎内にいるときは近くの教室で机の下に潜り避難する。その後指示により、校庭に避難するというかたちをとっている。津波等による避難場所を近くの空き地、公園などに避難するとのことだった。ということで、校庭への避難で終了していた」

▼インタビューテクスト（5年生存男児T君）

筆者：学校にいたときは避難訓練とかしていた？

T：まあやってましたけど、まあ、津波まではやらなかったかな。

筆者：どんな感じ？

T：普通に、訓練ですって。で、机の下隠れて、揺れがおさまったあとは、すぐもう関係なくばあっとまず並んで、そっから校庭に行って、点呼とって、人数確認して足んなかったら学校の中、先生たち行って捜して、そこでまあ消防の人の話あったり、校長先生の話あったりして、んで終わり。

筆者：なるほど。

T：うん。

筆者：じゃあ基本的には……

T：地震だけ。

筆者：津波の訓練はしてなかったってことだね。

T：うん。

▼インタビューテクスト（亡くなった5年児童の父親STさん）

筆者：避難訓練について知ってることはありますか？

ST：子どもたちしかやってなかったので、避難訓練があったら、子どもたちから聞きました。亡くなった子どもに。どういう避難訓練かって聞いたら、机の下に潜ってその後校庭に出て整列したよっていうようなことを聞いたことはあるけど。

▼インタビューテクスト（大川小学校の震災5年前の卒業生2名AさんとBさん）

筆者：避難訓練みたいなのってやってた？　地震の避難訓練とかなんか覚えてる？

A・B：地震より……火災の。

筆者：机に隠れてみたいのはやってなかった？

A：あ、やったね。

B：ふざけながらやったかもしれない。隠れてから先生の指示で校庭に行って点呼みたいな感じ。

筆者：なるほど。じゃ、津波の避難訓練みたいのはなかった？　山や高台に避難した記憶ある？

A：ない。

B：全然ないよね。

概念53　保護者への引き渡し訓練や防災用児童カード作成を中断していた

▼『市教委聞き取り記録』

・1年男児の母親「幼稚園では、震度5以上で迎えに行くというきまりがある。3月11日の2日前の地震時に、小学校に何かないか問い合わせたが、特になかった」

▼第三回遺族説明会（平成24年1月22日）議事録（13～14ページ）

保護者：情報開示で「22年度大川小学校防災計画」、それについていただいたんですけれども、この最後の部分だと思うんですけども「児童の引き渡しについて」と明記になってますけど、それについて防災用児童カード、これも添付になってますけど、この活動は22年度防災としては学校ではやってたんでしょうか。

校長：やっておりませんでした。

保護者：この書類を見ると、教育委員会に大川小学校として報告書としてあがってますけど、教育委員会に嘘の報告をしてたんでしょうか。

校長：そのようなかたちになると思います。

保護者：校長先生、これは理由はなんですか。

校長：理由はありません。

保護者：保護者に対する説明、19年度、20年度と同じ記述が拡大役員会のほうでいただいて、書面でもいただいています。それがなぜ21年度、22年度となくなって……それ理由ありますか？

校長：それについては、今のところ、私のほうでも記憶がございません。

保護者：校長先生、防災用児童カード、これは19年度。20年度と私たちメールアドレスとか、子どもたち、学年ごとに毎年、書いてきちっとしていくカードを校長先生が校長室の金庫等に保管するということも明記になっているんですけども、そのカードというのはみたことがありますか？

校長：防災カードについてはみたことがございませんでした。

保護者：なかったんですか、廃棄したんですか？

校長：それは確認しておりません。

保護者：19年度に、千葉先生が大川小学校教頭の当時、私はうちで自分のうちのメールアドレス、個人のメールアドレスを確認して、渡して、それの不備があったために、2度、3度とやって覚えてるんですよ。このカードは提出して、これから一斉メール導入等に役立てるように、この防災カードは災害時の引き渡し等にも使うので、きちんと災害時にそれを持って避難する。そう明記にもなっているんですけども、そういうのもわかんないですか？

校長：それは確認していませんでした。

保護者：確認していない報告書を教育委員会のほうに提出したんですか？

校長：それは、私も今はじめて聞いたところでございます。すみません。

▼第三回遺族説明会（平成24年1月22日）議事録

校長：打ち切ったつもりはなかったんですけど、結果的にはやらないでしまったということになりますので、申し訳ございませんでした。ただ、引き渡し（訓練）については、平成23年度に地域の防災（訓練）のときに一緒に行うというようなかたちで準備しておりました。

▼インタビューテクスト（亡くなった5年児童の父親STさん）

筆者：引き渡し訓練っていうのは？

ST：それはPTAでもなかったですね。

（略）

筆者：何か校長先生が引き渡し訓練を止めていたっていう話もありますが、実際に何年か前には進んでいたものも止まったんですか？

ST：19年には防災計画も引き渡し児童カードも作ったんですよ。私たちもカード作ったし、一斉送信メールも作ったんですよ。そしたら、メールの点の位置が間違っていたかなんかで確認してくださいって戻ってきたの。そいでまた直して出して、また違ってて、そういうやりとりを2度したから覚えてんの。

筆者：当日はメールはこなかった？

ST：こないよ。それが21年度からなくなっている。児童引き渡しカードもなくなっている。私も記録があったから覚えているんだけど、もしそれがあったら今回みたいなことはなかったんだろうなと。それでどうしてなくなったのかと。ただなくなったものが22年度の報告書には児童カードの取り組みが載ってたんですよ。だから何でそれが載っているのか聞いたんですけど、わからなかったんですよね。それが校長のいう一部怠慢だったたっていうことですよね。

筆者：それが整備されていたら、もっと多くの児童が引き渡しされて助かったと。

ST：そうですね。

なお『海に沈んだ故郷』にも「津波が長面を襲ったのは、ちょうど小学生が帰ってくる時刻でした。ご両親はかわいい孫の帰りを家で待っていたのです。このように、孫が小学校で、その帰宅を待っていた祖父母が家で津波の犠牲になったという例が長面には少なくありません」（p.116）とあるように、学校で引き渡しの方針を決めていなかったことから、家で待っていて亡くなった人は、正確な数字はわからないものの確実に存在していると推定される。

以上の「危機管理マニュアルが見本の『近所の空き地・公園等』のままで津波避難用になっていなかった」「津波防災の研修内容の報告や周知がされていなかった」「津波の避難訓練を実施してなかった」「保護者への引き渡し訓練や防災用児童カード作成を中断した」といった4つの概念をもとに《学校側の先延ばしによる避難マニュアルや避難訓練の不備》というカテゴリーを生成した。

校長は遺族らに防災用児童カード作成を「打ち切ったつもりはなかったんですけど、結果的にはやらないでしまったということになりますので、申し訳ございませんでした[2]」と述べている。これは「打ち切ったつもりはない」と言っているように能動的に「打ち切ろう」という強い意思決定により打ち切ったわけではないということである。まさに「結果的にやらないでしまった」のであり、これは端的にいえば職務上の怠慢ということになるが、我が身を翻れば日常的に誰にでも起こりうる心理であることがわかる。しかし危機のマネジメントに関することを「やらないでいてしまった」ために多くの人の命が失われることにつながったのだ。

これは気が乗らない面倒なことを先延ばしにしてしまう心理である「先延ばしバイアス[3]」に該当す

ると考え、4つの概念をまとめるカテゴリー名を《学校側の先延ばしによる避難マニュアルや避難訓練の不備》とした。

背景要因3《専門家エラーと想定の欠如》（概念54〜55）

次に第3の背景要因としてカテゴリー《専門家エラーと想定の欠如》を構成するに至った概念について説明する。

概念54 巨大な河川津波の複雑な動きを想定できなかった

大川小学校を襲った津波の動きについては、あらゆる証言、津波の痕跡を矛盾なく説明する記述は存在しておらず、大川小学校事故を巡るもう一つの謎といってよい。

そこで、津波の実験を専門としており、震災後まもない段階で現地調査を行った工学博士の堀込智之氏の著書[4]『海に沈んだ故郷』と、堀込氏へのインタビューを実施し、様々な証言、津波の痕跡と照らし合わせて、矛盾点が生じないよう大川小学校を襲った津波の動きに関する独自の考察を行う。

大川地区を襲った津波は、大川小学校に津波が到達したとされる15時36分までに第1波、第2波、第3波と観測されており、大川地区の長面浦と追波湾をつなぐ水路のそばにある自宅に戻ってきた漁師の次のような証言がある。

「自宅まで戻ってきたとき、水路の対岸で松原の間を津波の第1波が流れて出てきた。それほど高くはないと感じたが、その後に第2波が樹高が10mはある松の木を飲み込む高さでやってきた[5]」

また尾ノ崎の山の中腹から目撃した人は次のように証言している。

「第1波、第2波は黒い波が波しぶきを上げてきた。海岸の松林は残っていた。（略）第3波は落差のすごく大きい青い水が、波しぶきも上げずにすごいスピードで進んできた。それまでみえた海岸の松林がみえなくなった[6]」

津波のスピードは深さに比例して速くなる。津波は第1波、第2波、第3波とやってきて、①最も深い北上川を最も速く遡上《そじょう》し、②少し遅れる形で北上川に沿って流れる富士川（北上川ほどの深度はない）を遡上していった。そして③陸上を遡上する津波は、川を遡上する津波より遡上速度が遅くなるため、さらに遅れる形で陸上を遡上していった。特に④釜谷の町裏を壊しながら遡上した陸上の津波の速度は、建物などの障害物があり、それらをなぎ倒しながら進んでいったため、最も遅くなったと考えられる。

したがって、津波の基本的な遡上速度を地形に即してまとめれば、「①最も深い北上川を遡上した津波＞②北上川に沿って流れる支流の富士川を遡上した津波＞③陸上を遡上した津波＞④釜谷の家々を壊しながら遡上した津波」ということになる。

市の広報車に乗って海岸のほうに向かっていたOさんは、20mある松林を越えてきた津波（第3波）をみてすぐに引き返してきて、まだ津波がきていなかったため川の袂の三角地帯で避難誘導をしていたところ、北上川のほうから「10mぐらいの津波がかぶさってきた」と証言している（『市教委の聞き取り調査』）。その際、一緒に三角地帯で誘導していた市の職員のうち2人が津波に飲まれて、うち1人は亡くなっている。そのことから津波の第3波は逃げる間もないほどの速度と高さで襲ってきたと考えられる。

また津波をかぶって気を失いながらも生き延びた5年生の生存男児T君は、「家の裏を通って県道に出ようとした直前に、川のほうにある家の上に水しぶきをともなう土煙がぶわっと大きく舞った様子がみえたので危ないと思い引き返した」と証言している。その土煙は、第3波が新北上大橋にぶつかり、反射するかたちで北上川を越流してきた10mほどの津波が、家々を壊したときに生じたものと考えられる（次ページ図1参照）。

なお、大川小学校の対岸側で、新北上大橋のたもとにある石巻市北上水辺センターの建物から、第3波と思われる最大の波をみた北上町の住民（男性）が、それが襲ってきたときの様子を『バリバリバリ！』。ものすごい音、衝撃が耳をつんざいた（略）頭を上げると、新北上大橋の橋桁《はしげた》の一部が消えていた」[7]と述べている。

上の生存児童の証言も踏まえれば、大川小学校の対岸側の新北上大橋の一部を破壊した第3波は、大川小学校側では橋にぶつかってせき止められるようなかたちになり（写真5にも倒木が橋をせき止めた痕跡が見受けられる）、反射して巨大な越流となったと考えられる（図2中、左方向からの津波）。

ところが、震災後まもない時期に現地調査を行った堀込智之氏は、この説に津波実験の専門家の観点からひとつの疑問を呈している。

津波は強い流れとその威力により地形を掘削する。実際、堀込氏が撮った写真5の左側にあるように、北上川の北上川側の堤防は激しい流れによって削られた痕跡がある。そして、上で述べたように第3波が橋に反射して北上川から富士川に大量に越流したならば、北上川の堤防を越えた波がその先の堤防（富士川側）も深く掘削するはずである。しかし、堀込氏によれば写真6の左側にはその痕跡はみられないため、その説は津波の痕跡と整合しないというのだ。

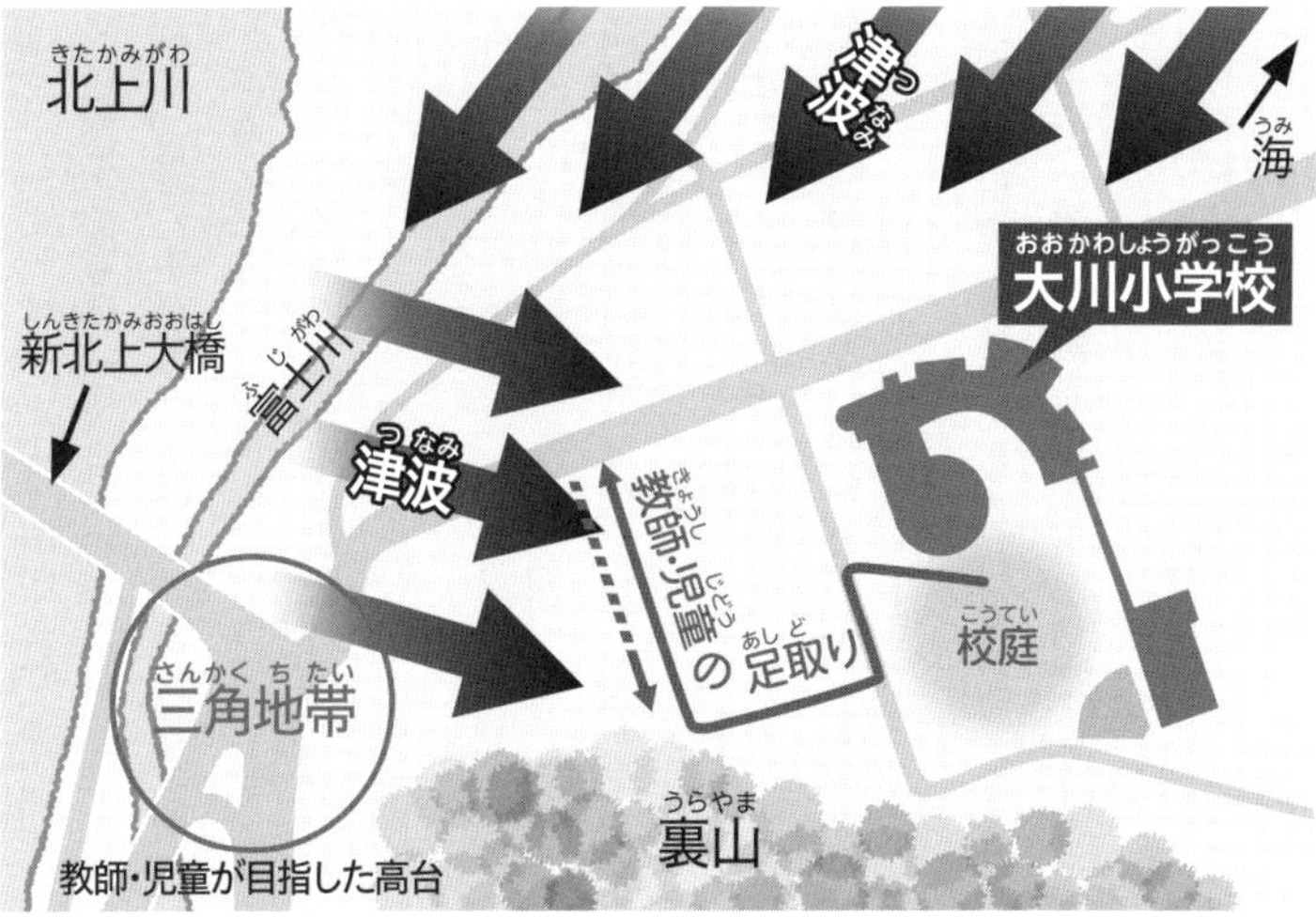

図2　当時の複数の証言から推測した大川小学校近辺の津波の動き。

では、津波により掘削された痕跡がない写真6の左側の部分が示すように北上川から富士川に大量の越流はなかったのだろうか？　一方で橋のたもとの三角地帯で避難誘導していた人の「北上川のほうから10ｍぐらいの津波がかぶさってきた」という証言や、先の生存男児T君の「家の裏を通って県道に出ようとした直前に、川のほうにある家の上に水しぶきをともなう土煙がぶわっと大きく舞った様子がみえた」という証言は、北上川側の堤防から富士川側に越流したことを裏付けている。

しかし、津波が越流した痕跡はみられない。この証言と津波の痕跡との矛盾をどのように考えればよいのだろうか？

この謎を解くために、ここからはさらに独自の現地調査や専門家の見解を交えつつ考察を進めてみる。

まず堀込氏の著書によれば、釜谷の山から津波をみた男性は「第1波は富士川からあふれてきたと後で聞いた。第2波は最初から2階に達する高い波が長面方向からきた。釜谷の町を町裏からバタバタ壊して進んだ[8]」と証言している。

実際、地元住民の目撃証言によると、第1波の津波が富士川の入り口になる甚平閘門《こうもん》（釜谷水門）に到達した時点でその水門を破壊していたことから、第1波、第2波の時点で富士川を直接遡上しやすい状況にあったと考えられる（陸上も遡上しているが）。

そして、先に触れたように第3波は最初から20ｍの松林を越えるほど巨大なものであった。陸地を遡上してきた第1波、第2波、第3波は、6～7ｍある北上川の堤防と、谷地中のせり出している山

写真5　新北上大橋から下流側に北上川と富士川の間の堤防を撮ったもの。堤防の左側（北上川側）が津波により激しく掘削されているのがわかる。2011年4月撮影。堀込智之氏提供。

写真6　新北上大橋から下流側に富士川とその両側の堤防を撮ったもの。富士川の左側面をみるとわかるように北上川から富士川に大量に越流したとしたら掘削されるはずの痕跡はみられない。2011年4月撮影。堀込智之氏提供。

に挟まれる地形によって沿岸から4㎞も離れていたにもかかわらず10mほどに高さを増し（写真7・8）、富士川を遡上する津波の速度もその高さ（深さ）に比例して速くなった可能性が考えられる。[9]

この点について、津波工学を専門とする今村文彦氏（東北大学教授）もテレビの取材に次のように答えている。

「今回、地盤沈下して、そのぶん津波にとっては侵入しやすかったと思いますね。（海岸から）3〜4㎞離れてはいますけれども、基本的にはフラットです。しかも、途中ある程度の幅があるんですけども、（大川）小学校あたりから急に狭くなる。そうしますと、どうしてもエネルギーがそこで集中してきますので、津波の高さが上がるか、または流速を増すわけなんですね。残念ながら大川小学校の場所は、いったん広がった津波が集中して破壊力を増してしまった場所になったと思います」[10]

以上をまとめればこういうことになる。第3波が新北上大橋にぶつかり反射するような形で北上川の堤防を越えて越流してきたときには、第1波、第2波に続き第3波も、6〜7mある北上川の堤防と、谷地中のせり出している山に挟まれる形で高さと速度を増して富士川を遡上していた。

橋が瓦礫で堰き止められるかたちとなり、行き場をなくした第3波は反射して富士川側に越流していくが、富士川を遡上していた津波の上に覆いかぶさるようなかたちになったため、北上川堤防の釜谷に面する外側は富士川を遡上していた津波に保護されるかたちになり、強く掘削されることがなく、

写真７　谷地中の山が堤防に向かってせり出している箇所。十数ｍほど上まで津波の痕が確認でき、この部分だけ木が真横になぎ倒されている。この部分で津波は巨大化し、またそこで威力を増した津波は、富士川と陸上を遡上していき、その後、町裏を壊しながら釜谷の街を進んでいったと考えられる。2013 年 1 月 3 日筆者撮影。

写真８　谷地の山が堤防に向かってせり出している箇所を釜谷側から海側に向かって撮影したもの。写真左側に堤防がある。地図でみると急角度でせり出しているのがわかり、この時点で山と北上川の堤防との距離は 200 ｍほどまで狭くなっている。2013 年 1 月 3 日筆者撮影。

大きな越流痕も残らなかった。このように考えれば、証言と地形が示す津波の痕跡との矛盾の謎は解ける。

先に挙げたように5年生存男児T君が、「川のほうにある家の上に水しぶきをともなう土煙がぶわっと大きく舞った様子がみえた」と証言していることからも、橋にぶつかり北上川から越流した津波が富士川を遡上していた第1波、第2波の津波に覆いかぶさるようなかたちになり川のほうの家々を破壊して、三角地帯に向かおうと県道に向かって走っている児童たちの正面から襲いかかるかたちになった。それにやや遅れる形で、陸上を遡上し山が堤防に向かってせり出している谷地中で高さを増した津波が、町裏と呼ばれる川沿いの家々から釜谷の街を破壊しながら遡上したと考えられる。

「子どもたちの遺体はほとんど損傷しておらず綺麗だった」という自ら遺体捜索をした遺族らの証言も、この「巨大な第3波が新北上大橋の欄干にぶつかり反射してきたものが富士川を遡上していた津波に覆いかぶさるかたちで大川小学校の児童たちを襲った」という仮説を支持している。というのも、町裏から陸上を遡上してきた津波は松林や建物の残骸などの大量の瓦礫《がれき》を含んでおり、それが直撃したならば遺体の損傷は激しくなったと考えられるためである。

また校舎と体育館をつなぐ渡り廊下が下流側に倒されており（写真9）、段々になっている裏山のフェンスの中央から右側も下流側に倒れていることから（写真10）、位置的にみても児童たちを襲ったのは「陸上から遡上した津波」ではなく、新北上大橋（三角地帯）により反射し越流してきた津波であることを裏付けている。

ただし、写真11をよくみるとわかるように、段々に整地された山のところにある柵（フェンス）は、

写真 9　校舎と体育館をつなぐ渡り廊下。下流側に倒れている。2012 年 6 月筆者撮影。

写真 10　段々に整地されている裏山のフェンスの右側は下流側（左）に傾いている。2012 年 6 月筆者撮影。

写真 11　段々となっている裏山のフェンス。右側 2 ／ 3 ほどは下流側（左）に傾いているが、左端だけは下流側から強い圧力を受けてフェンスが見えなくなるほど山側にねじ曲がるように倒れている。このことから、ちょうどこのあたりで新北上大橋の欄干にぶつかり反射してきた津波と、陸上を遡上してきた津波が合流したと考えられる。現在フェンスは修理されてこの津波の痕跡を確認することはできない。2014 年 5 月筆者撮影。

真ん中から右側（上流側）にかけては下流側（左）に倒れているのに対して、左側（下流側）の端だけは逆側から山側に押しつぶされるように倒れていることから、ちょうどそのあたりで新北上大橋の欄干にぶつかり反射してきた津波と、陸上を遡上してきた津波が合流したと考えられる。このことから、双方の津波は異なる経路をたどりながら結果としてほとんど時間差なく大川小学校に到達したと考えられる。

以上、震災後まもない段階で津波の痕跡や証言をたどった堀込智之氏の著書や論文（以下参照）、そして氏へのインタビューをアウトラインとしつつ、さらにその他の証言や現地調査をもとに大川小学校の児童たちを襲った津波の動きを推定してきた。

ここで再発防止のために重要なことは、大川小学校の事故は、巨大河川津波の災害でもあるということだ。

ここまでの検証から明らかになったことを踏まえて、河川津波に関して専門家にとっても想定されていなかったと思われる事実を確認していこう。①河川を遡上した津波は橋にせき止められる形になった場合、反射して越流していく可能性があること。②津波は人工物である川の堤防と山に挟まれて陸上で巨大化し、威力を増す可能性があること。③津波は地震により地盤沈下した場合に、陸上を直接遡上しやすくなること。すなわち④海抜何ｍという津波ハザードマップ作成の起点となる基準そのものが地震にともなう地盤沈下により変わる可能性があること。事実、大川小学校ではそうした諸要因が重ねあわさるかたちで、沿岸から４㎞離れた地点にもかかわらず10ｍにも達する津波が襲った。

その津波は北上川を遡上し、49㎞地点にまで津波が到達し、川を氾濫し被害を出している。

こうした巨大津波の複雑な動きは、研究知見も乏しく、専門家も含め想定を遥かに超えるものであったと思われる。したがってここの概念54は「巨大な河川津波の複雑な動きを想定できなかった」とした。この点は再発防止という観点で非常に重要になることから、考察で踏み込んだ提言をしていきたい。

▼堀込智之・堀込光子『海に沈んだ故郷　北上川河口を襲った巨大津波――避難者の心・科学者の目』連合出版　2011

▼堀込智之『平野とV字谷を襲う津波のメカニズムについての一考察　実践と東日本大震災大津波東松島市、女川町の調査を通して』物理教育　第60巻　第3号　2012

概念55　ハザードマップで津波想定外の避難所に指定されていた

この概念は以下の当時のハザードマップや津波浸水予測図に基づき作成した。

▼河北地区　防災ガイド・ハザードマップ　石巻市　平成21年3月

▼津波浸水予測図　断層：宮城県沖（連動）範囲：5741634　製作：宮城県総務部危機対策課（http://www.pref.miyagi.jp/uploaded/attachment/95893.pdf）

以上、「巨大な河川津波の複雑な動きを想定できなかった」と「ハザードマップで津波想定外の避難

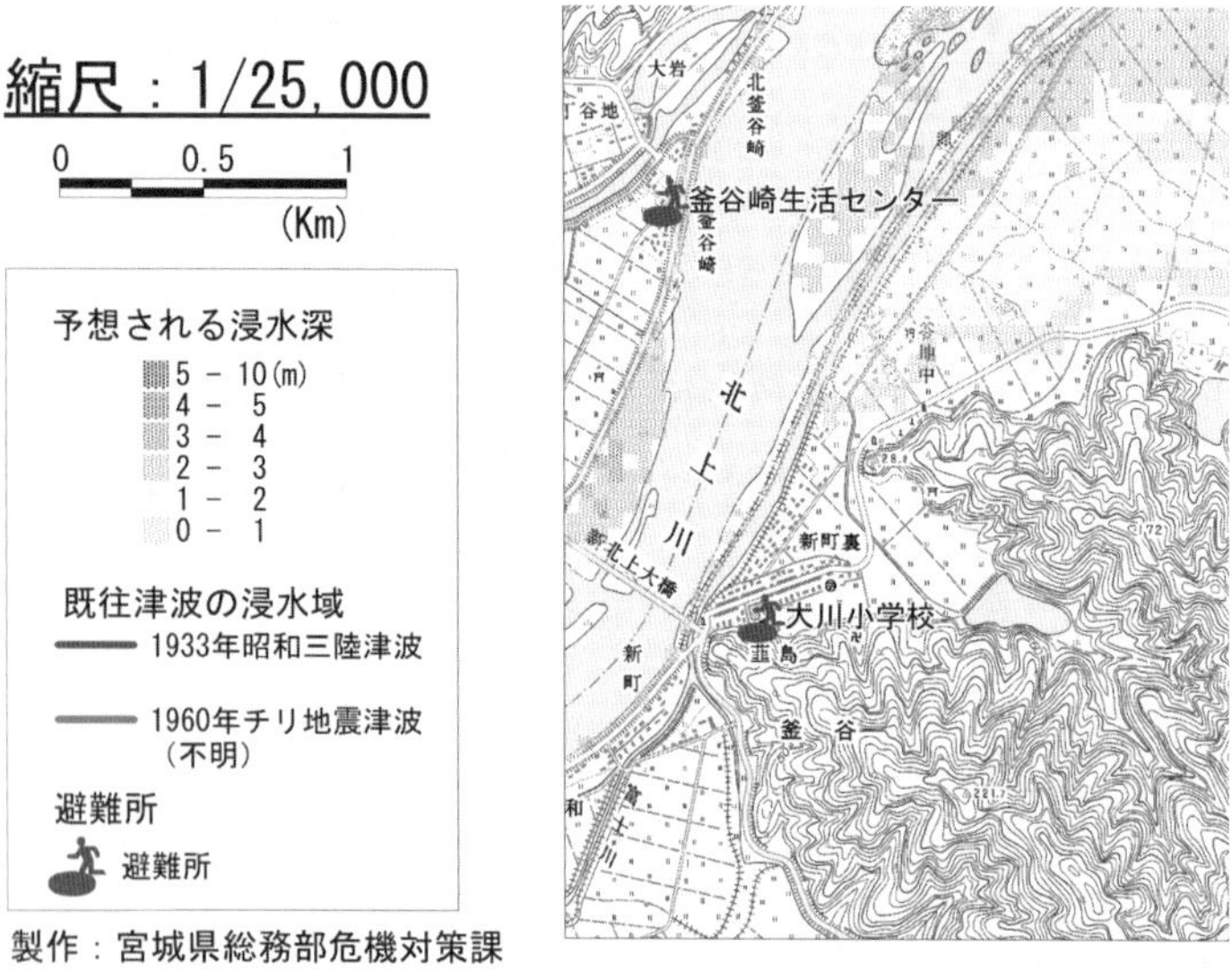

図3　津波浸水予測図。宮城県公式 HP より
(https://www.pref.miyagi.jp/uploaded/attachment/95893.pdf)

所に指定されていた」という2つの概念をまとめて《専門家エラー》と「想定外の想定」の欠如》というカテゴリーを作成した。

「専門家エラー」とは専門家でも間違うことがある、という意味もあるが、専門家だからこそ間違えることがあるという意味も含む。そもそも科学的な予測とは過去のデータに基づく推測であるため、データの範囲内のことはある程度正確に予測できるが、過去に例のない事象が起きた場合、その前提から崩されてしまうため、過去のデータに基づき想定された予測が逆に作用することもあるのだ。

こうしたことから、可能な限り厳しい想定をしつつも、常に想定外のことが起こるということを前提に備えなければならないともいえる。これを踏まえた再発防止案もまた重要になるため第1部の最終章となる5章で考察していく。

【背景要因】のまとめ

以上のように、大川小学校の事故の【背景要因】として《警報の空振りと大津波の経験がないことによる「経験の逆作用」》《学校側の先延ばしによる避難マニュアルや避難訓練の不備》《専門家エラーと「想定外の想定」の欠如》といったカテゴリーが生成された。

しかし、津波の際の避難場所を決めていなかったり、避難訓練をしていなかったりするケースが当てはまる学校は、大川小学校以外にも数多くあった。[11] これらの【背景要因】だけでは、大川小学校だけなぜこうした悲劇が起きてしまったのかを説明することはできない。

したがって、これら【背景要因】を前提としつつも、今度は【大川小学校固有の要因】にまで踏み込んで検討していく必要がある。

2　大川小学校固有の要因

ここからは【大川小学校固有の要因】を検討していく。検討にあたっては、さらに証言の精査やインタビューや現地調査を重ねた。その結果、いくつかの固有要因が明らかになってきた。

固有要因1《河川津波への危機意識の希薄さと強い揺れへの危機感》（概念56～58）

まず、大川小学校固有の要因として考えられたカテゴリー《河川津波への危機意識の希薄さと強い揺れに対する危機感》を構成するに至った概念とその根拠を説明する。

概念56　海からは遠いという意識と河川津波に対する警戒心の希薄さ

▼インタビューテクスト（大川小学校の震災5年前の卒業生2名AさんとBさん。亡くなったKさんの次女の高校の同級生）

筆者：大川小学校から海に行くってどういう感覚？

卒業生A：自転車で行ってたね。かなりこいだ20分行ったようなところ。すっごい遠く……。

筆者：すっごい遠くって感覚なんだ。じゃああの辺（大川小学校のあたり）は海の近くみたいな感覚はまったくない？

卒業生A・B：まったく。川か山か田んぼだよね。山系な感じ。

こうした証言もあるように、住民たちには、大川小学校のあった釜谷地区が海や河口付近といった感覚は希薄だったと考えられる。実際、大川小学校から海はまったくみえず、川の堤防や河川脇の道路、三角地帯に行かない限り、目に飛び込んでくるのは山である。大川小学校は海から4㎞離れており、教員も含め、川や山のたもとという認識はあったが、海や河口付近といった意識は持っていなかったと考えられる。

ここで当時大川小学校で聞くことのできたNHKラジオやTBS東北放送ラジオに注目したい。大川小学校に津波が到達するまでの時間帯に、TBS東北放送ラジオでは「海岸にいる方はただちに避難してください」「河口、海岸には絶対近づかないでください。河口、海岸から離れてください。河口、海岸から離れてください。そして指定された避難所に避難してください。ただちに避難することが大事です。ただちに避難してください」といったように、海岸や河口付近からの避難は呼びかけているものの、河川付近からの避難を呼びかけていない（そして大川小学校は避難所にも指定されていた）。

NHKテレビでもやはり、海岸や河口付近からの避難しか呼びかけていない。NHKテレビで河川付近の人への避難を呼びかけはじめたのは、実際に名取《なとり》川を遡上した津波が氾濫した映像が流れてからである。

写真12　裏山の段々に整地されたところからみた震災前の大川小学校の風景。当時の校長による撮影。遺族提供。

このように大川地区は海岸や河口付近という意識がなく、そこで主な情報源となっていたラジオにおいて河川付近の人に対して避難を呼びかけがなかったことは、大川小学校でラジオを聴いていた教職員や保護者、地域住民の「津波襲来への警戒心の希薄さ」につながった可能性が考えられる。

概念57　過去の山崩れを連想した可能性

▼インタビューテクスト（間垣に住んでいた地域住民TTさんと自治体職員AさんとBさん）

TT：（山の段々になっているところは）もう（宮城県沖地震の）前からすぐに崩れている。

筆者：大川小学校からシイタケ栽培をしていた裏山に行くところにある小道は崩れたことはあるんですか？

TT：あそこは崩れたことはないですね。

筆者：段々みたいになってるあそこだけが崩れた？
自治体職員Ａ：急だったのを工事して今のあういうふうに段々にしてるんだよね。
自治体職員Ｂ：用地は町で買って、工事は県でやって。県も早くやれって。学校は子どもたちが遊ぶところだからね。だから買いあげたんだ。

▼インタビューテクスト（大川小学校の震災5年前の卒業生2名AさんとBさん。亡くなったKさんの次女の高校の同級生）

筆者：市の職員が、山の段々になっているところはしょっちゅう崩れてて、それで今みたいに工事したと言ってたけど、そういうの覚えている？
卒業生Ａ・Ｂ：なんかブルドーザーみたいな。崩れたのは見てた気がする。

（概念5）で説明したシイタケ栽培をしていた裏山の右側には、段々に整地されている裏山がある。ここはかつて山崩れしたことがあり、行政により崩れないよう現在の形に整地されたものである。そのため東日本大震災でも崩れることはなかったが（写真13）、震災の5年前の卒業生でも記憶にあることから、唯一大川小学校の勤務歴が6年と長く、川向かいの地元住民でもあった6年担任はこの部分の山が崩れて整地されたことを記憶しており、それを連想して「山は危ない」と考えた可能性は考えられる。

一方で、震災の前に撮られた写真14～15をみるとわかるように、この場所も日頃低学年の児童に登らせることもあったことから、整地後は学校側も安全と認識していたことがうかがえる。

写真 13　大川小学校の裏山。2014 年 5 月筆者撮影。

写真 14　段々の整地されていた裏山。2012 年 6 月筆者撮影。

写真 15　段々の整地されていた裏山に登っている児童。震災前、当時の校長による撮影。遺族提供。

写真 16　上の［写真 15］の児童たちがいた裏山の段々に整地されているところからみた大川小学校。シイタケ栽培をしていた裏山を登ったところからここまですぐ上がることができる。2018 年 10 月大川伝承の会撮影。

概念58　余震が続くなか木や電柱が倒れたり山や道が崩れることを危惧

▼『市教委聞き取り記録』

・2年児童の保護者「トイレから戻った児童が釜谷交流会館の道路が割れていたと言っていた」

・1年男児の母「(大川中学校前の)堤防上の道路はS字状に崩れたが、なんとか通ることができた」

・4年男児の保護者「津波よりも山が崩れる心配が強かった。電信柱がとても気になった」

・4年女児の保護者「三角地帯を過ぎると、間垣の堤防の道路がぐにゃぐにゃになっていて怖かった。道路がとても危ない状態だった」

・地域住民「県道釜谷線には多くの地域の人が出ていて、余震で揺れる電信柱を見上げていた。私も『逃げろ』と言ったし、広報車も『逃げろ』と叫んだが、揺れに気を取られて聞こえないようだった」

・1年生存女児Mの「校庭では、6年生から順番に並んだが、途中で真ん中へ移動させられた。2年生も1年生の後から移動させられ、真ん中へんにきた」という証言もあり、これは揺れによる倒壊当の被害を警戒して校庭の真ん中に寄せられたものと思われる。

これらの証言から「余震が続くなか木や電柱が倒れたり山や道が崩れることを危惧」という概念を生成した。

以上、「海からは遠いという意識と河川津波に対する警戒心の希薄さ」「過去の山崩れを連想」「余震が続くなか木や電柱が倒れたり山や道が崩れることを危惧」といった3つの概念が生成されたことから、それらを《河川津波の危機意識の希薄さと強い揺れへの危機感》というカテゴリーとしてまとめた。

固有要因2《特定教諭の意見の重みづけとなる要因》（概念59～60）

次にカテゴリー《特定教諭の意見の重みづけとなる経験要因》を構成するに至った概念とその根拠を説明する。

概念59　唯一学校に6年間おり川向かいに住む地域住民でもあった教諭

▼現地調査結果

先にも触れたように、教諭Aは唯一大川小学校に6年間勤務しており、勤務歴が1、2年の教諭が13人中9人を占めるなかで勤務歴が長い最古参の教諭であった。また、川向かいの北上町に住む地域住民でもあった。

表2　震災時の大川小学校教職員の状況

役職	勤続年数	防災研修受講歴	震災当日の状況
1年担任	2年目		死亡
2年担任（安全担当）	1年目	前年度★	死亡
3年担任	4年目		死亡
4年担任	1年目		死亡
5年担任	1年目	前年度	死亡
6年担任	6年目		死亡
教務主任	2年目	前年度★	生存
校長	2年目	前年度	生存（不在）
教頭	3年目	20年度・前年度★	死亡
保健室（養護教諭）			死亡
用務員			生存（不在）

★は津波襲来前に裏山への避難を主張していたことが確認できる教諭

概念60　6年担任以外の先生のほとんどが赴任して1、2年だった

▼現地調査結果

以上の「6年担任は唯一学校に6年間おり、川向かいに住む地域住民でもあった」「6年担任以外の先生のほとんどが赴任して1、2年だった」といった2つの概念をもとに《特定の教諭の意見の重みづけとなる要因》というカテゴリーを生成した。

ここでいう経験要因とは、一人だけ他の教員よりも赴任歴も長く、また川向かいに住む地域住民であったことは、その発言力の大きさにつながった可能性があるということである。逆にいえば、赴任して間もない教諭や他の地域からきている教諭は、思ったことを強く主張しにくい状況にあったとも考えられる。

ただしこの《特定教諭の意見の重みづけとなる要因》があったからといって、必ずしも特定の教諭の意見が通るということにはならない。ここは客観的に影響を与えたと考えられる要因からこのカテゴリーを作成したが、この点については組織論の観点から後ほどさらに踏み込んだ考察を行っていく必要がある

（第2部第6章・第7章参照）。

固有要因3《意思決定に慎重にならざるをえなかった前例要因》（概念61〜63）

次に第3の要因としてカテゴリー《意思決定に慎重にならざるをえなかった前例要因》を構成するに至った概念とその根拠を説明する。

概念61　2日前の地震で倒れた児童がおり救急車がきた

▼インタビューテクスト（5年生存児童T君とその父親）

筆者：そのときにけがした、頭をぶつけてけがをした子がいるみたいな話は聞かなかった？
T：うちのクラスに倒れた子がいた。
筆者：あ、倒れた？
T：ぜんそくだったのかなあ。ぜんそくだったのかな、わかんねえな。
T君の父：誰？
T：転校生。東日本大震災のとき、仙台の病院に検査に行ってたから助かったんだけど。
筆者：なるほど。その子が倒れちゃったんだ。
T：うん。

筆者：校庭で？
T：いや、教室で倒れて。
筆者：地震の後？
T：うん。……そうすると、あのー、うちの同級生の女の子が連れていこうとしたけど無理で、それで先生がつれてきたんですよ。救急車で運ばれたんじゃなかったかな。
T君の父：持久走大会のときも1回あるじゃん。あんとき大騒ぎになったもんな。
T：持久走大会のときも救急車で運ばれた。
筆者：救急車が9日にも来たのかな？
T：うん、地震のときもきたっちゃ。ぜんそくだったっけかな、なんだったか、心臓が悪かったのか。

概念62　2日前津波注意報が鳴るが校長は高台への避難行動はとらなかった

▼インタビューテクスト（生存男児5年生T君と父親）

筆者：震災の2日前に前震があったと思うんだけど、そのときはどんな感じだった？
T：まあちょっと慌ただしい感じ。結構デカかったよね、みたいな感じで。まあ結構みんなびっくりしていた。
筆者：震度5弱ぐらいだったよね。
T：うん、でもあのときは何だったかな。何か、地震になって机に隠れて、外行って点呼とって、津波注意報が出て。でその間、なんか普通に「ぎょうかん」みたいな感じになってたかな。
筆者：ぎょうかん？
T：だからその、休み時間。
T君の父：休み時間のこと「ぎょうかん」って言うんですよ。
筆者：ああ、なるほど。
T：休み時間みたいになって、なんかしばらくしていたっけ、なんか、寒い人走ってて。校庭で、普通にみんな遊んで。で、その津波注意報がおさまって、戻りますってなったから。あんま緊張感がなかったっていう。

（略）

T：多分……もしかしたら、あれなかったら、もしかしたらもうちょっと変わってたかも。

▼インタビューテクスト（6年女児Aさん）

I1：じゃあ、（震災直後）何人かのお友達が山のほうに近づこうとしたらば、先生がちょっと待て待てっという感じだった？
6年女児A：うん。2日前の地震、9日の地震のときのほうが、かなりパニックみたいになって。あのときがみんな初めてあんな大きな地震だったと思うんで、学校でね。でどうすればいいかわかんなくて、みんなパニックになってて、そのときもみんなどこに行っていいかわかんなくて、先生の指示に従うしかないから、多分今回も、逃げろって言われて、一旦行こうと思ったけど、どこに行っていいかわかんなくて帰ってきたのかもしれないいんじゃないかなって。私も2日前の地震のときもどうしていいかわかんなかったから。
I1：2日前の地震のときも山に逃げるって話は出た？
6年児童A：まあ、そういう話はなかったですけど。最初からなかった。津波がくるって放送あったじゃないですか、いやあったんですね。警報みたいな。9日の日に。そういう大きな地震がありました、念のため注意してくださいみたいな放送があって……。そんときも、どこに逃げたらいいんだろうってみたいな、そういうのはありました。
I1：結局どこに逃げました？　校庭に？
6年女児A：結局、校庭に。
I1：そのときも、9日の日も、山に逃げるっていう話は出たの？
6年女児A：山に逃げようかってはなったんですけど、ここは大丈夫でしょうって感じでした。
I1：9日の日に。それは誰が言ったか覚えている？
6年女児A：はっきり覚えてないです。先生たちの中なのか、ほら、そのときも地域の人たちが色々集まってきていたからその人たちなのかもしれない。
I1：そっかそっか。また、11日のときと同じように校庭にみんながいて、先生、地域の人たちがきて、そこでなんか色々話しているのが聞こえてきたのかな。9日と11日は、大体そのおんなじような、地震直後とおんなじような感じだった？
6年女児A：おんなじ感じ。
I1：で、結局9日の日も山には逃げなかった？

6年女児A：（9日）は、逃げなかった。（略）2日前の地震のときは、そのー、一応津波に注意してくださいっていうのはあったけど、すぐに解除になったんですよ。津波注意報が解除されましたみたいな。それがあったから、多分そのときは安心したのかな。だから11日も、そういうのが、そういう報告待ちというか、警報（解除）待ちみたいなのもあったのかもしれない。

▼インタビューテクスト（亡くなった6年男児の父親SKさん）

SK：（震災の2日前）この日は校長先生がいて、他の学校は津波注意報でも高台。でも大川小学校は1mも高いところに行かなかった。

概念63　震災時校長が不在

▼第一回遺族説明会（平成23年4月9日）議事録

校長は大川中学校の卒業式に来賓として参列し、「11日午後は私の娘が卒業式だったので帰っていた」と答えており、当日は大川小学校では不在であった。

以上、「2日前の地震で倒れた児童がおり救急車がきた」こと、「2日前津波注意報が鳴るが校長は高台への避難行動をとらなかった」こと、「震災時校長が不在」だったこと、といった3つの概念から《意思決定に慎重にならざるをえなかった前例要因》というカテゴリーを生成した。

震災の2日前、震度5弱の地震が発生。津波注意報が鳴るが、大川小学校では高台への避難行動はとらず、生存男児T君の証言によると「校庭で自然と休み時間のようになった」後、津波注意報は解除されたという。津波注意報が発令された際の学校のトップである校長の判断は「校庭までの避難」だったわけだが、その日倒れた児童が出て、救急車が呼ばれるというアクシデントもあった。そして、2日後の震災当日、校長が不在の中、震度6の巨大地震が起こり、津波警報が発令された。

津波警報発令時の避難方針がない中、学校のトップである校長先生が「校庭から動かなかった」という2日前の意思決定（正確にいえば高台への避難という意思決定をしないまま終わった）は、結果として大川小学校の「前例」となった。このトップが行動として残した避難判断の前例は、2日後に校長不在の中、津波警報が発令された際の教頭先生の意思決定に大きな障害となったことは想像に難くない。

先に確認したように前年に津波の研修を受けていた教頭先生は「裏山への避難をさせたい」と言っていた。しかし、6年担任から「山は危ない」という意見が出る中、校庭待機という前例を覆して100名ほどの児童教員を裏山に避難させたら誰かが転んでけがをすることも十分考えられる。もともと公的機関や行政は一般的に「リスク回避バイアス」「責任回避バイアス」が強い傾向があり、前例に倣《なら》う前例主義に陥りやすい。なぜなら前例に倣ったならば自分の意思決定のせいではない、と自らの意思決定の根拠を過去の判断に委ねることができるため責任をとるリスクを回避できるからだ。

逆に、前例を覆すということは、自らその責任を取ることを意味する。2日前の校長の判断が前例となる中で、その前例に倣わずに、危険性が指摘されている中、裏山に登らせて、子どもたちがけがでもしたら責任問題になってしまう。こうした要素が輻輳《ふくそう》したことが、震災前年のチリ地震の際に津波警報を受けて、校庭で野球の練習をしていた児童たちを強制的に帰宅させた教頭にとっても、意思決定に慎重にならざるをえなかった要因になったと考えられる。そのため、ここでは《意思決定に慎重にならざるをえなかった前例要因》というカテゴリー名をつけた。

【大川小学校固有の要因】のまとめ

以上のことから、【大川小学校固有の要因】として《河川津波への危機意識の希薄さと強い揺れに対する危機感》《特定の教諭の意見の重みづけとなる経験要因》《意思決定に慎重にならざるをえなかった前例要因》といった3つのカテゴリーが浮かび上がってきた。

ここまできて、やっと大川小学校の悲劇を巡る様々な謎を解き明かすための材料が揃ったといえる。次章からはいよいよ、謎の解明である。

第4章

10の謎の解明

——構造から導き出される「なぜ」への回答

この章では、大川小学校の事故を巡る謎を解き明かすために、これまで論じてきたことと重複する部分も含め、改めて総論していく。焦点を当てるのは、主に前章で論じた【背景要因】と【大川小学校固有の要因】である。これまで同様、大カテゴリーは【 】で、中カテゴリーは《 》としながら、概念は通常の（ ）と区別するために〈 〉で表記することとする。

また、この章で解明すべき謎を最初に列挙しておく。


〈謎1〉なぜ大川小学校の事故は起きたのか？

〈謎2〉なぜ避難マニュアルや防災用児童カードの作成は中断されたのか？

〈謎3〉なぜ6m、10mの津波警報の情報が入っていたにもかかわらず、ここは大丈夫と思ったのか？

〈謎4〉なぜ山やスクールバスによる避難をためらったのか？

〈謎5〉なぜ特定の教諭が影響力を持ったのか？

〈謎6〉なぜ早期に避難を決断できなかったのか？

〈謎7〉なぜ川の袂にある三角地帯へ向かったのか？

〈謎8〉なぜ教頭は地域住民に同意を求めたのか？

〈謎9〉なぜ民家裏の狭い私有地を通るといった不可解な避難経路をとったのか？

〈謎10〉なぜ津波を目撃しながら避難先を山に変更しなかったのか？


これら10の謎を、ここまでに生成してきた概念やカテゴリーを用いて解き明かすことができれば、本書が目指した大川小学校の事故の構造化は成功したということができ、またそれを反転させることにより構造に基づく再発防止案の提言が可能になる。

〈謎1〉なぜ大川小学校の事故は起きたのか?

まず、本研究のリサーチクエスチョン「なぜ大川小学校の事故は起きたのか?」を明らかにする。学校管理下にあった94・4％の人が亡くなるという未曾有の惨事はなぜ起きてしまったのだろう。

それは本研究によって明らかになった構造図から、《警報の空振りと大津波の経験がないことよる「経験の逆作用」》や《学校側の先延ばしによる避難マニュアルや避難訓練の不備》《専門家エラーと「想定外の想定」の欠如》といった【背景要因】に、【大川小学校固有の要因】が重なりあい、集団の意思決定が困難になる中、《様々な危険性の板挟みにより「意思決定の停滞」が生じ、時間が経過してしまったことで、目前に迫る津波によりパニックとなり合理的な判断が失われたから、ということができる。そのために、直前回避もかなわず、襲来した巨大津波に飲まれるという惨事が起きてしまったのである。

大川小学校の事故は、もしこれがなかったらこうした悲劇は避けられたであろうという要素がいくつも輻輳した結果起きている。つまり、いくつかの不運が重なって起きた側面がある。

そして深刻に考えなければならないのは、他の助かった学校であっても《警報の空振りと大津波の経験がないことよる「経験の逆作用」》や《学校側の先延ばしによる避難マニュアルや避難訓練の不備》、《専門家エラーと「想定外の想定」の欠如》といったような、大川小学校と同じ背景要因を有していた学校が多数あったという現実である。これは逆に考えると、それらの学校は幸運にも悲劇を免れたものの、不運が重なれば、第2、第3の悲劇が起きてもおかしくはなかったということでもある。

近隣には、大川小学校より1・5㎞ほど上流に大川中学校があった。同校は震災当日卒業式だったため、卒業生、在校生ともその時間には下校しており、残った教職員は学校で事務処理などの仕事に追われていた。そのときの様子を当時の校長は次のように述懐している。ほぼ同時刻に大川小学校の近くの学校でどのようなことが起きていたかに関する貴重な証言であるため少し長めに引用する。

「校舎全体が激しく揺れた。誰ともなく『逃げろ』『外に出ましょう』の声が上がり、走って校庭に避難した。校庭の一部には亀裂が走り、校舎前の階段と校庭の間にはすき間もできていた。

揺れがおさまったが『余震がくるかもしれない』と、しばらく校庭で様子をみた。地震情報を得るため、駐車場でカーラジオをつけたが、詳しい状況はわからない。

（中略）

私と教頭、教員1人と事務職員の4人で体育館に向かい、災害電話で市教委に連絡を取ろうとしたが、『調整中』のコール。回線が混んでいたのだろう。諦めて、体育館を出ようとしたときだった。

『ゴォー』と地鳴りがした。教頭が体育館のドアを開けると、4～5mもある目の前の堤防を津波が越えて押し寄せてきた。教頭は「水だ」と大声で叫び、逃げるように叫んだ。階段を上がり、連絡通路から校舎2階に向かった。

残る教員たちはすでに2階に避難していた。2階から外を見ると、信じられない光景が目に飛び込んできた。校庭側は水田地帯が広がっていたが、東側の小高い山を一つ隔てた堤防が決壊し、山を巻き込むようにどす黒い波が家屋を押し流してこちらに向かってきた。

校庭は川と化し、教員たちの車も軽々と浮き上がり、あっという間に流された。校舎は両側から津波に挟まれる格好になり、校舎ごと持っていかれてしまうのではないか、と思えるほどすさまじかった。『これが現実の出来事か』。あっけにとられ、ただぼうぜんと立ちつくすばかりだった」（『津波からの生還』[1] p.269）

大川中学校では、地震が起きた後、教職員は高台への避難行動はとっていなかった。しかし、運がよかった。幸い、中学校の下流にある小さな山が津波の直撃を遮るかたちになったこと、目の前に堤防がみえる位置に学校があったために、同校の教職員らは津波が堤防を越えてくるのをみて、校舎の2階に駆け上がることで助かったのだ。そして教職員たちはその後、流されてきた女性の救出作業にあたって命を救った。

しかし、もしこの学校の位置するのが、堤防がみえず、津波の直撃を受けるようなところであり、当日、学校に生徒たちも大勢残っていたとしたら、大川小学校同様に学校管理下で多くの生徒が亡くなっていてもおかしくなかっただろう。他にも東北でそうした幸運にも難を逃れた学校は少なくなかったと考えられる。

ここでさらに考えなければならないのは、あの日、津波警報は、全国の沿岸に発令されていたということである。津波警報が出ていたにもかかわらず、たとえば神奈川県の湘南や鎌倉といった太平洋沿岸地域にある学校で、警報を受けて速やかに高台に避難した学校はどれほどあったのだろうか。少なくともすべての学校が高台に避難したという話は聞いたことがない。これは、あの日、もし関東やその他の地域にも東北と同じような巨大津波が襲来していたならば、大川小学校のような悲劇は数校〜数十校で起きて、さらに何百人、何千人もの命が失われていたであろうことを意味する。

そのような惨事が起きなかったのは、巨大津波が東北沿岸のみを襲い、他の地域にはこなかったという、ただそれだけのことでしかない。要するに、避難しなかった学校が助かったのは、運がよかっただけということもできる。

大川小学校の事故は私たちに、「運に左右されることなく、子どもたちの命を必ず守るためにはどうすればよいのだろうか」という極めて本質的な問いを投げかけている。

では、大川小学校の事故において確実に言えること、大川小学校の事故の本質とは何だろうか。それは、《学校側の先延ばしによる避難マニュアルや避難訓練の不備》がなければ、こうした悲劇は起きなかったということである。津波の想定がされていなくとも、予見できていなくとも、「津波警報が出たときには高台に避難する」ということを決めて、一度でもよいから高台への避難訓練をしていれば、子どもたちや教職員はその後の人生をまっとうすることができたはずである。

これこそが、この事故を生んだ根本的な要因（本質）であり、私たちが考えていかなければならない新たな課題でもある。再発防止案については最終章で述べるとして、ここからは大川小学校の事故を巡る個々の謎を明らかにしていく。

〈謎2〉なぜ避難マニュアルや防災用児童カードの作成は中断されたのか?

すでに論証したとおり、大川小学校では《学校側の先延ばしによる避難マニュアルや避難訓練の不備》があったことが明らかになっており、この不備がなければ、「山は危ない」という意見が出ても、では他の高台に避難しましょうと三角地帯にいち早く向かい、そこからは富士川、北上側を遡上してくる第1波、第2波の津波の様子はみてとれたことから、さらに高度の高い雄勝峠のほうに向かうか、さらなる高台に上ることで、この事故は起きなかったと考えられる。

では、なぜ実質的に避難マニュアルの作成や防災用児童カードの作成が中断されることになってしまったのだろうか?

これについては、先述したように、遺族説明会の中で校長が「結果的にはやらないでしまったということになりますので、申し訳ございませんでした」「(怠慢と)そう思われても仕方のないことです」と謝罪していることから、学校の責任者の「職務上の怠慢」に起因するものと言うことはできる。

ただし、その背景に〈巨大な河川津波の複雑な動きを想定できなかった〉ために〈ハザードマップで津波想定外の避難所に指定されていた〉という《専門家エラーと「想定外の想定」の欠如》があったことや、《警報の空振りと大津波の経験がないことよる「経験の逆作用」》があったことを忘れてはいけないだろう。これらの【背景要因】が、危機意識を持たず津波防災教育に取り組まないでいてしまう「先延ばしバイアス」を促進し、結果として「職務上の怠慢」となってしまった可能性は考えられる。学校トップの危機意識の低さが学校全体の防災能力、危機管理体制に及ぼした影響は計り知れないことに加えて、本研究を通して、そうした危機意識の低下を招きやすい条件が明らかになったといえよう。

〈謎3〉なぜ6m、10mの津波警報の情報が入っていたにもかかわらず、ここは大丈夫と思ったのか？

この謎に対しては、《警報の空振りと大津波の経験がないことによる「経験の逆作用」》がその主な理由としてあげることができる。

1960年のチリ地震津波の際に、北の志津川（南三陸町）、南の雄勝町に大きな被害があったときも、釜谷地区は、洪水対策のための堤防に守られて被害にあうことはなかった。そのため、長くこの地域に住んでいた人ほど大丈夫だと油断してしまった可能性がある。これを「経験の逆作用」という。つまり、前例のないことが起きたときには、これまでの経験が逆に作用しマイナスに働いてしまうのだ。

（概念49）でも少し触れたとおり、大川小学校では、津波がくると思っていた人たちはすでに避難し、津波がこないと思っていた人たちが校庭にとどまるといった「逆淘汰」（Adverse Selection）がかかっていた。つまり、当時の大川小学校の校庭に残っていた人たちは「大丈夫だ」と思っていた人たちが中心に構成されていたために「同調性バイアス」により校庭にいる人たちが互いに「正常性バイアス」（自分にとって都合の悪い情報を過小評価すること）を強化しあい、ここは安全と確信してしまう「超正常化バイアス」というべき状態になっていたのである。そのために、一部の人が「津波がくるから逃げろ！」と訴えても、集団として避難するほどの危機意識を持つことはできなかったのだ（先にも触れたようにこの「超正常性バイアス」については、11章であらためて論じる）。

さて、このように【背景要因】を明らかにすることにより、謎2・3については解けたが、すでに何度も触れたように、これらの【背景要因】が当てはまった学校は他にも数多くあり、それだけでは大川小学校だけがなぜその場にいたほとんどの児童が亡くなる事故になってしまったのかを説明することはできない。

したがって次からは、これまで明らかにしてきた【背景要因】と、それを前提とした【大川小学校固有の要因】をもとに考察を深めていくことで、「なぜ山やスクールバスによる避難をためらったのか？」「なぜ特定の教諭が影響力を持ったのか？」「なぜ早期に避難を決断できなかったのか？」「なぜ川の袂にある三角地帯へ向かったのか？」「なぜ教頭は地域住民に同意を求めたのか？」「なぜ不可解な避難経路をとったのか？」「なぜ津波を目撃しながら避難先を山に変更しなかったのか？」といった一連の謎を解き明かしていく。

〈謎4〉なぜ山やスクールバスによる避難をためらったのか？

大川小学校には、1分足らずで駆け上がれる小道のある裏山があった。また当日はスクールバスも待機しており、運転手はバスでの避難を主張していた。しかし、裏山への避難もスクールバスによる避難も行われることなく、ほとんどの児童、教職員、そしてバスの運転手を含む関係者が命を落とした。

ではなぜ、山への避難やスクールバスによる避難をためらったのだろうか？

それは震災時、大川小学校では〈海から遠いという意識と河川津波に対する警戒心の希薄さ〉がある一方で、〈余震が続くなか、山や木や電柱が倒れたり道が崩れることを危惧〉したり、〈過去の山崩れを連想〉する人がいるといった、河川津波への危機意識が低かった一方で揺れに対する強い危機感があったためと考えることができる。

〈謎5〉なぜ特定の教諭が影響力を持ったのか？

第3章でもみてきたように、一人の教諭が、〈裏山に向かった児童たちにストップ〉をかけ、〈山は危ないからダメだ〉と言ったことは、《意思決定の停滞》を招く一因になった。

ではなぜ、教頭でも教務主任でも安全主任でもない意思決定権を持たない一教諭の発言が、意思決定の停滞を招くほどの影響力を持ってしまったのだろうか？

その教諭は〈唯一学校に6年間おり、川向かいに住む地域住民〉であった。そのため、先に挙げた《河川津波への危機意識の希薄さに対する強い揺れへの危機感》が顕著だったと考えられ、それが《特定教諭の意見の重みづけとなる要因》と重なって《津波はこないと思い、強い揺れのほうを危険視した教諭の影響力》につながったと考えられる。さらにこの教諭は最古参であるだけでなく、卒業を間近に控える最上級生の唯一の担任であった。そうしたことも、この教諭の発言力につながった可能性はある。

しかし、やはりこうしたことは、どこの学校でも起こりうることであり、一教諭に帰因させることは、問題を矮小化することにしかならず、再発防止にはつながらない。

そもそもこの教諭は、津波防災の研修を受けたことはなく、また先に述べたように大川小学校では〈津波防災の研修内容の報告や周知の機会がなかった〉ため、彼は津波に対する知識を持っていなかった。もちろん彼の行動は、結果だけをみれば間違っていたわけだが、彼は彼なりに懸命に児童の命を守ろうとしたのは確かだろう。知識やバイアスも含め、彼とまったく同じ条件下に置かれたら、私も含め、誰でも同様のことをする可能性はある。

もしこの教諭が津波防災の研修を受けていたならば、あるいは研修を受けた人がその知識を教職員間で共有したりする機会があったなら、あるいは津波の際は高台に避難すると防災マニュアルで決められていたなら、そして一度でもよいから津波に対する高台への避難訓練を行っていたならば、この教諭が先頭に立って高台に児童たちを導いた可能性も十分考えられる。

つまり、ここでもやはり、《学校側の先延ばしによる避難マニュアルや避難訓練の不備》がなければ、この事故は起きなかったといえるのである。

ちなみに、大川小学校では、なぜ〈6年担任以外の先生のほとんどが赴任して1、2年だった〉という偏った教員人事になったのか？ という疑問は残る。そうした偏った人事は、【大川小学校固有の要因】であると同時に、この悲劇の背景要因になった側面があるため、今後、学校防災の観点から全国の教育人事を見直す必要もあるだろう。この点については組織論の観点から重要になるため、第2部の第7章で考察を深めていく。

〈謎6〉なぜ早期に避難を決断できなかったのか？

「意思決定の停滞」が致命的な事態を引き起こすことになったことは、これまで述べてきたとおりである。では、なぜその場の最高責任者であった教頭は早期に高台への避難を決断できなかったのだろうか？ 先にも触れたがあらためて考察していく。

まず、《学校側の先延ばしによる避難マニュアルや避難訓練の不備》があった中で、当日学校のトップである〈校長が不在〉であったこと、そして〈2日前に津波注意報が鳴るが校長は高台への避難行動をとらなかった〉ことが《意思決定に慎重にならざるをえなかった前例要因》になり、2次避難が行いにくい状況となっていたと考えられる。

加えて《津波はこないと思い強い揺れのほうを危険視した教諭の影響力》が働く中、〈津波がくるから校庭は危険〉〈道路＝スクールバスは危険〉〈山は崩れるから危険〉といった《様々な危険性の板挟みにより「意思決定の停滞」が生じ、時間が経過》してしまった。

教頭は、1年弱前のチリ津波の際には、上から「念のために帰らせるように」とお達しがあったため、野球の練習をしていた児童たちを毅然とした態度で帰宅させることができた。しかし、震災当日に上からの指示はなく、余震が続く中、赴任歴の長い地元に住む教諭の反対もあった。児童が転んでけがをする危険性も考えられる中で2日前の校長のとった前例となる行動（校庭待機）を覆して、山をのぼらせるという意思決定をしにくい状況要因が重なっていた。

先にも触れたように、学校現場のような公的機関は「リスク回避バイアス」「責任回避バイアス」が強くなりがちであり、前例に沿った意思決定は行いやすいが、リスクがある中で前例を覆す意思決定をすることは難しい。前例に沿ったものであれば結果が悪かったとしても自分は前例に沿っただけなのでと自らの意思決定の根拠を過去の判断に委ねることができるが、リスクがあるなかで前例を覆すことは、何かあった場合に自らその意思決定の責任を取ることを意味する。

1年前に適切な避難指示を出せた教頭が、なぜこのとき適切な避難行動がとれなかったのかという謎は、こうした状況の違いと考察に基づいて説明することができる。

こうしてみると、前例と協調性を重んじる日本において、このような意思決定の停滞は、いくつかの要因が重ねればどのような組織であっても起こりうることがわかるだろう。

そしてここからも、「津波の二次避難先は高台」という取り決めがあり、それを教職員間で共有し、一度でも避難訓練がされていれば、教頭はすぐに裏山に避難するよう児童に指示したことは容易に想像できる。やはり、《学校側の先延ばしによる避難マニュアルや避難訓練の不備》がなければ大川小学校の事故は起こらなかったといえる。

〈謎7〉なぜ川の袂にある三角地帯へ向かったのか?

では、津波が迫る中、なぜ川の袂にある三角地帯へ向かうことになったのだろうか?

まず事実的な流れを再度確認しよう。地域住民や広報車から、津波がくるぞ!という津波の襲来を知らせる声が入ってきた。教頭は危機感を募らせ、地域に詳しい7、8人の地域住民に「裏の山はくずれるんですか? 子どもたちを登らせたいんだけど無理がありますか」と切迫した様子で同意を求めてしまった。しかし、同意は得られず「ここまでくるはずないから、三角地帯に行こう」という提案がなされたことで、それに乗るかたちで三角地帯に移動することになったのだった。

教頭は児童を山に登らせたかった。それが教頭が思うベストな避難行動であった。しかしそれは地域住民に支持されることはなかったため、地域住民の提案に乗ることになった。つまりこれは、学校の意思決定責任者である教頭の意思によりなされたベストの選択ではなかったのだ。

このことから学ぶべきことの一つは、危険が迫っている状況でリーダー(この場合のトップは教頭)が、組織の責任を持っていない多くの人に「同意を求める」というのは危険な行為になる、ということである。意見は聞くが最終的にはリーダーが決定するという覚悟があれば、非常時においても他者に「意見を求めること」は悪いことではない。しかし、意思決定の〝同意を求める〟と、イニシアチブ（主導権）を半ば他者に委ねることになり、背反する様々な意見が出たり、同意を得られなかった場合に、意思決定の停滞を招くことになる。

「同意を求める」ことと「意見を求める」ことはまったく異なる。「同意を求める」といった合意形成のための行動は、平時であれば周囲と軋轢《あつれき》を生まずに物事を進めるための方法として一定有効だが、有事というまったく限られた時間の中で最悪を想定した状況では、意思決定の停滞を招く危険な行為となってくるのである。この謎に関連して次の〈謎8〉でもう一歩踏み込んだ説明をしていく。

〈謎8〉なぜ教頭は地域住民に同意を求めたのか？

では、なぜ教頭は地域住民に同意を求めたのだろうか？

先にも触れたように、いわゆる公務員的なコミュニティでは、「失敗回避バイアス」や「責任回避バイアス」が増長しやすい傾向にある。最高責任者である〈校長の不在〉という状況において、教頭が震災2日前の前例と異なる意思決定をした結果、児童がけがをしたりした場合には、その責任はすべて教頭にあるということになりかねない。その責任を回避するためには、何らかの権威のある人にその意思決定の妥当性を担保してもらう必要があると考えた可能性は十分に考えられる。だからこそ教頭は、長年そこに住む地域に詳しい住民に同意を求めたのだろう。

とはいえ、教頭はあの日の校庭において最高責任者だった。反対意見を押し切ってでも強引に「山に逃げる」という意思決定をすることは可能だったはずだ。

しかし、それでもし津波がこなかったらどうするのか。強引に裏山に避難をさせた場合に、実際に津波がこなかったとしたらそれまで積み上げてきた信頼、実績、評価が埋没してしまう。こうした心理を新制度派経済学（行動経済学）では「埋没コスト」[2]という。埋没コストとは、それまで時間・お金・労力など既に投下したコストが埋没してしまうと考える心理的なコストであり、そのような心理が働いたとしてもおかしくはない。

さらに、津波などくるわけないと思い込んでいる最古参である教諭に対して、意見を翻すよう説得することにも膨大なコストがかかることは容易に想像できる。このような他人を説得するコストのことを新制度派経済学の「取引コスト理論」においては「取引コスト」[3]と呼ばれるが、筆者は「調整コスト」とも呼んでいる。それがうまくいかなければ、これまで培ってきた関係性は埋没することから、説得の見込みもなさそうな状況で、そうした「埋没コスト」を増大させることは避けたかったであろう。

また、余震が続く中、１００名近い人数で裏山に登ればかなりの確率で誰かが転び、けがをする可能性もある。山へ避難したほうがよいと思いつつも、かつて一度も津波などきたことはない地域に本当に津波はくるのだろうかと確信を持ちきれない中で、上記のような津波がこなかったときに生じる埋没コストのリスクが頭をよぎったことは十分考えられる。

こうした事態を、時間を止めた状態で事後的に冷静にみるならば、適切な意思決定をすることは容易である。しかし、その当時の刻々と進行する未曾有の危機の渦中に突如放り込まれたならば、と自分の身に起きたこととして考えてみてほしい。山への避難マニュアルもない中、裏山に避難させようとした際に、その地域に詳しい実質的な有力者に「そんなことをして山が崩れたり、子どもたちが転んでけがをしたら、あなたは責任とれるんですか」と言われたときに、避難を強行できるかだろうか。決して、容易なことではないだろう（とはいえ津波がくるという情報が入っており教頭も津波がくるのではと思っていたことを考えれば、「失敗回避バイアス」「責任回避バイアス」の過剰さには違和感を拭えないため、７章で平時の小学校の運営がどのような理念のもとになされていたのか検討する）。

リーダーたるもの断固たる意思決定をしなければならないという正論に意味がないとはいわないが、世の中そうしたリーダーばかりではないというのが現実である。これは今後、危機管理マニュアルのあり方そのものを、変えていかなければならないことを意味するが、この点については次の５章で詳述する。

〈謎９〉なぜ民家裏の狭い私有地を通るといった不可解な避難経路をとったのか？

地域住民たちの意見を取り入れるようなかたちで、一行は最終的に三角地帯に向かうことになり校庭を出発するのだが、ここに一つの謎が浮かびあがる。なぜ民家の裏の私有地といった不可解な避難経路をとったのか、である。

ここでいう「民家の裏」とは民家の脇の狭い小道であり、私有地であることから当然、日常的に児童が通る道ではなかった。また余震が続いており、「強い揺れに対する警戒感」があったことを考えると、民家に挟まれた狭い小道を通るのは壁が崩れたり、屋根からものが落ちたりする危険性もある。それにもかかわらず、なぜ民家の裏のほうへ歩きはじめたのか。この点については、先に触れたように現地をよく知る地域の人びとも「私、地元に住んでるけど初めて聞いたルートです」「おれはあの小学校（出身）だけど一度もあそこに入ったことはない」と、まったく不可解なものとして語られている。

なぜ、普段誰も通らない民家の裏道を通ったのだろうか？

大川小学校より上流の地域で、〝ゴゴゴゴー〟といった津波が遡上したと思われる音を聞いたという証言がある。また生存男児のT君による、津波に飲まれる直前「友達が口をパクパクさせて何かを言っていたが聞こえなかった」という証言もある。このように、当時は津波の遡上にともない、川のほうからかなり大きな音が聞こえていたと考えられる。一行はその音によって津波が迫っていることを感じとり、できるだけ川から離れたところから三角地帯に行こうとしたとしても不思議ではない。

その結果、川に近い大通りではなく、山際にあった民家の裏を通ることになったというのが、考えられる合理的な理由といえるだろう。

〈謎10〉なぜ津波を目撃しながら避難先を山に変更しなかったのか？

しかし、それでもなお、最後の謎が残る。それは〈川側の国道のほうに様子を見に行った教頭が津波がきているのをみて、「津波がきているから急いで！」と叫ぶ〉に関して、なぜ教頭はその時点で「急いで山に登って」と避難先を山へと変更しなかったのだろうか？

この不可解さについては、先にみてきたように複数の遺族からも「教頭先生が『津波きたから早く』って、なんで山じゃなくて、波がきてる町の中さ行かせるかな」「急いでください、しか言ってない」「山さ行けば、何人かは助かったよ、そのタイミングでも」といった言及がなされている。我が子を失った遺族の無念さを思えば、教頭がせめてこの時点で避難先を変更してくれればと思わずにはいられないだろう。

実際、その時点で山に登ることを指示すれば、校庭を出てすぐにある交流会館のそばのポンプ小屋の脇（次頁に再掲）に山に駆け上がれる場所があり、次々に登っていくことで児童は全員助かったと考えられる。というのも、地域住民ＴＫさんは、交流会館前で子どもたちの列の最後尾を確認した直後に津波が襲ってくるのをみて、そばの小屋の脇から山へ駆け上がって助かっている。その人が助かっているのだから、その前を歩いていた児童たちがまっすぐ山に向かっていたならば助かったはずなのだ。そうすればこの大川小学校の悲劇は避けることができた。

なぜ津波を目撃しながらも、避難先を三角地帯から目の前の山へと変更しなかったのだろうか？

私たちは結果をわかっているだけに「川の袂にある三角地帯に向かっても全滅するだけなので、避難先を山に変更すべきだった」と言うことができるし、なぜそうしなかったのかと思わずにはおれない。

しかし私たちは、今、当時の大川小学校周辺の地図を俯瞰《ふかん》する視座（外的視点）から時間を止めて考えている、という自らの立ち位置を忘れてはならない。それはやはり外的視点からの事後的な言及なのだ。

（再掲）写真3　ポンプ小屋のあったあたり。一部の地域住民はここから段々に整地された裏山に駆け上がって助かっている。

教頭は校庭で地域住民に山への避難を訴えるが受け入れられず、その時点で山への避難という選択肢はなくなり、仕方なく三角地帯に向かうことになる。教頭は津波が気になったのだろう、校庭を出るとすぐ堤防のほうに向かうと、その道路の先には視野を遮る家屋がなかったことから、堤防を越流しながら遡上する津波がその目に映った。三角地帯に向かっている子どもたちに向かって「津波がきているから急いで！」と叫んだが、その瞬間、彼には避難先を山に変えようと合理的に考える余地はもはやなかった。

繰り返しになるが、あとから冷静に考えればこの状況なら山に逃げれば助かるというのは誰にでもわかる。しかし、その時点のその状況に置かれた人（この場合であれば教頭）の視点に移し、その体験の内側からみれば、すでにそうした合理的な判断をする余地はなくなっていたことがわかる。第3フェイズで確認した通り、《大津波が目前に迫り合理的な判断が損なわれる「パニック」状態に》なっていたのだ。

ここでいう「パニック」とは、いわゆる「パニック映画」にあるように人びとが避難口に向かって殺到することではない。防災システム研究所所長の山村武彦氏が『新・人は皆「自分だけは死なない」と思っている』で述べているように、専門家の間ではそうした意味でのパニックはほとんど起こらないといわれている（「パニック過大評価バイアス」）[4]。第1フェイズにおいて一部の子どもたちが校舎から出てから山に向かって一斉に駆け出したのはむしろ合理的な行動だったのだ。内的基準による「パニック」とは、命を守るための合理的な判断ができなくなることを指すのであり[5]、ここではそうした状態に陥ってしまったのだ。

だからこそ、そうしたパニック状態に陥る前に意思決定をする必要があり、そのためにも、いざというときの避難方針を決めておき、日頃から訓練していなければならないのである。やはり《学校側の先延ばしによる避難マニュアルや避難訓練の不備》さえなかったならば、大川小学校の惨事は避けることができたのであり、失われた命は皆救える命だったのだ。

こうして本研究のリサーチクエスチョンを含めた大川小学校の事故を巡る10の謎が明らかになった。

子どもの命を守ることは、大人の使命である。その使命を果たすために、私たちは大川小学校の事故から何を学ぶべきなのか。どうすればこのような事故を防ぎ、未来の命を救うことができるのか。

第1部の最終章となる5章では、この事故を未来の命を救うための教訓に変えるため、ここまでに得られた知見をもとに、再発防止案を提示していきたい。

第5章

あの日、何を最優先にすべきだったか

——未来の命を守るための10の提言

二度と、大川小学校で起きた悲劇を繰り返してはならない。

そのために、私たちはこの事故から何を学び、どのように生かしていくべきだろうか。

本章では、本研究で示された構造図における〈概念〉や《カテゴリー》に基づき10の再発防止案を提案していく。

〈提言1〉認識を変える——津波被害にあったことがない場所ほど危険

学校管理下にある94・4％の人びとが一度に命を落とした大川小学校の悲劇と対照的なのは、99・8％の小・中学生が助かった「釜石の奇跡」である。

これは、数十年おきに津波被害にあっている津波頻発地域に、防災教育の第一人者である片田敏孝氏が入り、「津波三原則」という実効性の高い行動原則を徹底して教育したことによりもたらされたものだ。これは世界で最も効果をあげた「津波防災教育の成功事例」であるため、全国の学校で「津波三原則」を学ぶことで、児童、生徒の津波に対する生存率は飛躍的に向上すると考えられる。

しかしながら、それを実現するためには、「そんなものは自分には関係ない」と思っている人が圧倒的多数である現実をクリアする必要がある。本質行動学（構造構成学）の「価値の原理」によれば、すべての価値認識は欲望、関心といったものに相関的に（応じて）なされる（そしてこのことには例外がない）。つまり、のどが渇いていない人にとって、目の前の水に何の価値も見出せないのと同じで、津波防災教育自体に関心がない人は、いかに有効性の高い知見にも価値を見出すことはないのである。

しかし、大川小学校から得られた教訓は、そうした事態を打開する可能性を秘めている。なぜなら、大川小学校は〈一度も津波被害にあっていない地域〉で〈ハザードマップで津波想定外の避難所に指定〉されていたのであり、この条件は全国のかなりの割合の学校に当てはまるためだ。

つまり、全国的にみれば、大川小学校の置かれた条件こそが一般的なものなのだ。これは、ひとつ間違えば、大川小学校のような惨事があなたの子どもや孫、児童、生徒にも起こりうるということであり、そこで初めて、自分のこととして「我が子の命を守るにはどうしたらよいか」「児童や生徒の命を守るためにはどうすべきか」と考えはじめることができる。

そう思わせる力が大川小学校の教訓にはある。

したがって、大川小学校の教訓を実際の津波防災教育に役立ててもらうために、本研究で得られた知見をもとに、Q&A形式で小学校高学年でも理解できるよう、イラスト入りでわかりやすく解説した冊子をつくった。それが『津波から命を守るために――大川小学校の教訓に学ぶQ&A』である。[1]

（本書の提言とそのQ&Aの対応については注で示した）

その冊子では（この5章でも）、大川小学校の研究から得られた教訓をもとに、人びとの〝認識を変えること〟に力点を置いている。認識を変えるとはどういうことか。

たとえば、上述したことと関連するが、一般的に私たちは「津波被害にあったことがない場所は安全だ」と思っている。過去に津波が到達したことがないから、これからも大丈夫だろうと思うわけだ。ところが、実際の被害状況を調べると、これまで津波被害にあったことのなかった大川小学校のあった釜谷集落では、4割近くの人が死亡・行方不明となった。

このように、被害にあったことのない場所ほど《津波の経験がないことによる油断》が生じやすく被害は甚大だったのである。こうしたことから、むしろ「津波被害にあったことがない場所ほど、危険」と認識を変える必要がある。[2]

沿岸地域以外の人は「自分には関係ない」「ここは大丈夫」と思っている人も少なくないが、先述したように大川地区でも内陸の「ここは大丈夫」と思っていた人ほど避難が遅れ、津波に飲まれた。[3]また現在、海のある県に住んでいなくても、将来海の近くに住む可能性もあるし、沿岸地域に旅行に行ったときに巨大地震が起きることもありえる。実際、震災時、東北に旅行に訪れて被災した人も数多くいた。昨今では津波のみならず、台風や豪雨による甚大な被害も毎年のように起きており、そうしたことも想定に入れたならば、「自分には関係ない」とは容易にはいえないことがわかる。

巨大津波はいつか必ずくる。想定以上の津波がきても本当に大丈夫なのか、沿岸近くに行ったときに津波がきても命を守ることができるのか。津波に限らず、経験したことがない豪雨により近くの川が決壊しても命に危険はないのか。

常に想定外のことが起こる可能性を踏まえて、子どもや大切な人の命を守るのは自分自身だと深く認識することが、大川小学校で起こったことを教訓として生かし、災害から身を守る正しい知識を身につけるための第一歩になる。

〈提言2〉ハザードマップは参考資料に過ぎず安全を保障するものではないと認識すべき

科学的な予測とは基本的に〝過去のデータに基づく推測〟である。そのため、過去に前例のない事象に対して極めて脆弱《ぜいじゃく》な側面がある。阪神淡路大震災で多くの建物が倒壊したのも、東日本大震災で津波による甚大な被害が出たのも、想定以上のことが起きたためである。

過去と未来は異なる。「これまできたことがない」ことは「これからもこない」ことを保証しない。[4]宮城県が作成したハザードマップでは、津波は大川小学校の手前で止まるとされており、避難所に指定されていた。大川小学校に限らず、他の地域でも、指定避難所に避難して亡くなった人は相当な数に上る。ハザードマップも過去のデータに基づき人間が作成した参考資料に過ぎず、絶対に安全であることを保証するものではまったくない、ということを深く認識しておく必要がある。[5]

南海トラフ巨大地震は、過去、この地域で定期的に巨大地震が連動して起きていることから、遠くない将来に起こる可能性が高いとされている。[6]当初この津波による死者数は最大で32万人に達すると予測されていたが、内閣府が2019年5月に最新のデータをもとに公表した推計では、23万人に達する予測とされており、迅速な避難により、5分の1の4万6000人に減ると推計されている。

しかし、南海トラフ巨大地震の想定外地域だからといって安全というわけではない。海があるところには津波がくると思っておいたほうがよく、南海トラフの想定地域はもとより、日本海側も注意と訓練が必要だ。[7]これは片田氏が提唱した津波三原則でいえば、「想定にとらわれるな」[8]に該当する。参考にしても、鵜《う》呑《の》みにするなということだ。東日本大震災では、大川小学校以外でも、ハザードマップ（災害予測図）を過信したために避難所に避難してきた多くの人が亡くなったことを今一度胸に刻む必要がある。

〈提言3〉津波にとって川は海と同じであると認識せよ

一般に、津波は沿岸にくるものと思われている。それは間違いではないが、正確ではない。東日本大震災において、津波は内陸まで遡上しており、陸前高田市では、海から6㎞の内陸まで津波が押し寄せた。[9]この沿岸から6㎞という距離がいかに〝想定外〟だったたか。東京で高度などを考慮せず単純に距離だけを当てはめれば、沿岸から代々木公園ほど離れていることを意味する（なお東京駅は東京湾から3㎞も離れていない）。そして、津波は沿岸にだけくるものと思っていた多くの人が、あの日、命を落とした。

特に、海と川はダイレクトにつながっている。そのため、川を越流しながら遡上することで、内陸深くまで達した津波が甚大な被害を出したケースも各地でみられた。しかし、東日本大震災の際には、メディアも含めて、津波が川を遡上してくるということを明確に認識できていた人はほとんどいなかったように思われる。

震災当日に大川小学校で聴くことができたTBS東北放送ラジオでは、「河口、海岸から離れてください。河口、海岸から離れてください。そして指定された避難所に避難してください」といったように、海岸や河口付近からの避難を呼びかけているものの、「河川付近」の人へは避難を呼びかけていない。また同様に、大川小学校で聞くことができたＮＨＫラジオはＮＨＫテレビの内容をそのまま流しており、テレビ（ラジオ）で河川付近の人への避難を呼びかけはじめたのは、実際に名取川を遡上した津波が氾濫した映像が流れてからである。そのときすでに大川小学校には津波は到達しており、大川小学校に津波が到達するまでの時間帯は、河川から離れるようにといった呼びかけはしていなかったことになる。

ところが津波は、流域面積が日本3位ともされる北上川を遡《さかのぼ》っていった。そして（1）新北上大橋の欄干にぶつかって反射してきた津波と、（2）陸上を遡上しながら北上川の堤防とせり出してきている山際に挟まれることにより高度と威力を増した津波が、大川小学校のあたりで合流した（概念54）。その結果、沿岸から4㎞離れている大川小学校を10ｍにも達する津波が襲い、大川小学校はもとより、児童たちが避難先として向かっていた川沿いの三角地帯といわれる場所も津波に飲まれたのである。

大川小学校を襲ったその津波は、地震で一部崩れかけていた三角地帯の横にある間垣の堤防を道路ごと決壊させ、その集落一帯を壊滅させた。さらに、国土地理院の調査によれば、津波は北上川に沿って遡上し続け、49㎞地点にまで到達している。[10]こうした「巨大な河川津波の複雑な動き」を、専門家も含めて当時、誰も想定できていなかったのである。これはほとんど指摘されてこなかったことだが、大川小学校の悲劇とは「河川津波の悲劇」でもあるのだ。

津波は海だけにくるものではなく、内陸にもやってくる。特に、川を遡上して内陸深くまで達し、ここまで津波がくるかどうかという発想すら持たず「くるわけがない」と思い込んでいた多くの人びとの命を奪った。そのため、「津波にとって川は海と同じ」と認識を変えなければならない。[11]

なお、川が危険なのは津波に限らない。昨今頻発している台風や集中豪雨の際も堤防が決壊、氾濫する危険性はある。2019年、令和元年台風19号（アジア名：ハギビス／*Hagibis*）は観測史上過去最大クラスの台風が関東地方、甲信地方、東北地方などで記録的な豪雨災害となり、堤防決壊が71河川140カ所、土砂災害20都県で661件となり、88人死亡、7人行方不明という甚大な被害をもたらした。[12]

しかし、気象庁をはじめ多くのメディアが台風到達の3日前から繰り返し、最大級の注意をするなど呼びかけており、特にリアルタイムでの河川の氾濫危険水位の情報によって事前に多くの人が避難していたことで被害はかなり抑えられたのだ。もしそれがなければ、被害は何十倍にもなっていた可能性がある。

現在、津波警報が発令されるとテレビでは津波到達が予想される沿岸のみが点滅するが、これでは河川を遡上してきた津波によって多くの被害が出た東日本大震災の教訓が活かされているとはいえない。上述した台風19号のときにニュースで流れていたリアルタイムでの河川の氾濫危険水位の情報の伝え方は津波警報の際にも適用すべきであり、沿岸のみならず、津波が遡上する可能性のある河川には危険度ごとに色別で表示して周囲の津波が到達した場合の浸水想定区域も提示するといったバージョンアップを今すぐにでもすることを強く提言しておきたい。

〈提言4〉「津波のみえる化」こそが津波防災におけるハード面の本質である

「大きな防波堤があるから安全」という認識も危険である。[13] 東日本大震災では、巨大な防波堤や防潮堤がことごとく破壊されており、岩手県宮古市田老《たろう》地区では「田老万里の長城」といわれる世界一の防潮堤も破壊され、１９６０年に起こったチリ津波を防いだこの防潮堤があるから大丈夫と思っていた多くの人が亡くなった。[14]

巨大な防潮堤があったことによって命を落とした人が、たくさんいるのである。巨大な津波の威力は、１㎡あたり40ｔもの力があり、防潮堤はそうした巨大津波は止められないと思っていたほうがよい。[15] たとえ決壊しなかったとしても、津波が乗り越えてきたら、一気になだれ込んでくる。

現地で調査を重ねているうちに、興味深い事実に気づいた。それは言ってみれば当たり前なのだが、「津波がきた！」と言われても逃げなかった人は数え切れないほどいる一方で、津波がきたのを見て逃げようとしなかった人は一人もいなかったという事実だ（「凍りつき症候群」[16] でフリーズして動けなかった人はいたであろうが）。

つまり、これまでに一度も津波の経験がなかろうが、こんなところまでくるわけないと思っていようが、どんなに油断していようが、津波がくるのを見たら、その存在を信じない人はいないのである。「百聞は一見にしかず」ではないが、人間は自分のそれまでの経験を大きく超えるような文字通り「信じ難い」ことは、自分で直接経験しない限り信じることは難しいのだ。

大川小学校は北上川沿いに7〜8ｍもの大きな堤防があり、また川側に面していた校舎に対して避難した校庭は山側にあったため、第1波、第2波と接近してきた津波はみえなかった。教頭は堤防をあふれながら遡上している津波をみて初めて、「津波がきているから急いで！」と叫んだ。三角地帯に向かうため県道に出ようとしたT君は、（越流してくる津波によると思われる）砂煙をみて津波がそこまできていることを知り、引き返してきている。

大川小学校の校庭にいて助かった中学1年生が「津波がきたので、フェンスを乗り越え山を駆け上がった」と証言しているように、彼も津波をみたことで逃げて助かっている（『市教委聞き取り記録』）。また先に触れたが、大川小学校より1・5㎞上流にある大川中学校は、校舎が堤防に面していたことから、教職員も津波が堤防を越えてやってくるのをみることができて、校舎の上に駆け上がり助かっている。[17]

「自分の目で見る」ということは、いかなる思い込みも、油断も、慢心も即座に打ち砕くほとんど唯一のものなのだ。

津波ではないが、先に挙げた2019年の台風19号の際、ケーブルテレビで多摩川の水位上昇をリアルタイムで中継しており、[18]それが非常に役立ったという報告はSNSなどを中心に多くみられた（その後NHKもリアルタイムで放映しはじめた）。人はまさかと思ったときには自分の目で確かめたくなる生きものである。テレビやSNSで確認できれば直接見に行く人は少なくなるだろう。

一例として、平成30年7月の豪雨を踏まえて、国土交通省関東地方整備局の利根川上流・渡良瀬川・下館河川事務所と、ケーブルテレビ株式会社が洪水時の切迫した河川の映像情報や水位や雨量などの河川情報をケーブルテレビを通して提供するための協定を締結した。具体的には「地域防災コラボチャンネル」を開設し、ケーブルテレビの地域密着性というメディア特性を生かして洪水時の切迫した映像情報や河川情報を届け、住民の的確な避難行動につなげていくなど、ケーブルテレビを使った「見える化」の試みを始めている。[19]

今後こうした災害の「みえる化」の試みは各種ＳＮＳやＡｍａｚｏｎプライムビデオといったライフラインになりつつあるメディアを通して様々な形で拡張されていくことが期待される。

そしてこの「みえる化」は津波にも応用可能なはずである。河川のみならず、防潮堤でみえなくなった沿岸、さらに海上にも観測点を設けて直接津波の映像を届けることができれば、何ｍの津波予想という情報に対してまさかと信じない人にも、携帯（スマートフォン）でそれをみせれば適切な避難行動に導くことができる。

「津波のみえる化」。これが、我々がこの世を去った頃に、つまり東日本大震災が未来の人々にとって我々にとっての関東大震災のような「歴史上の出来事」と化したときに、多くの人の命を救う津波防災のハード面における本質となるだろう。

〈提言5〉危機管理マニュアルの本質的な目的はアリバイ作りのためではなく、危機に際して迅速かつ的確に対応することにある

現在〝マニュアル主義〟が日本を席巻している。そこでの「マニュアル」とは、何かあったときの

保身材料として形を整えておくことが実質的な目的のいってみれば〝アリバイ作りのためのマニュアル〟であり、実効性を高めるためのものではない。それは、マニュアル作成を求める「上」も含めて、暗黙のうちに了解されている事柄といえる。

大川小学校において〈危機管理マニュアルが見本の『近所の空き地・公園等』のままで津波避難用になっていなかった〉のも、〈津波防災の研修内容の報告や周知がされていなかった〉のも、〈津波の避難訓練を実施してなかった〉のも、実質的に〈保護者への引き渡し訓練や防災用児童カード作成を中断した〉のも、そうした形式だけのマニュアル主義が蔓延《まんえん》する中で起こった。

しかし逆説的だが、こうした事実が、大川小学校の惨事は危機管理マニュアルの本当の意味での存在意義、万が一のために訓練をしておくことの必要性を教えてくれる。[20]

避難方針が共有されていない中で対立する意見が出た場合には、反対者を説得する「取引コスト」[21]（調整コスト）は大きなものとなる。またリーダーシップを発揮して半ば強引に物事を進めようとするならば、周囲との関係性が損なわれる可能性もあるし、もしそれで津波がこなかったら、営々と築いてきた信頼と実績も失われるかもしれない（「埋没コスト」[22]）。つまり、指針がないために取引コストと埋没コストが増大してしまい、組織におけるスムーズな意思決定ができなくなってしまうのである。

では、そうした取引コストと埋没コストをなくすためにはどうすればよいのだろうか？

実は、それに必要なのは本質的な意味で意思決定の指針となるための〝マニュアル〟だ。決めごととなる基本的な方針をチームで事前に共有し、理解しておく必要があるのだ。避難方針が共有されていれば、反対する人を説得する際にもそうした調整コストを最小化することができる。たとえ、その方針に沿って運営して、裏山に避難して一部の児童が怪我をしたとしても、それも方針に沿った避難行動である以上、それによって自分が積み上げてきた評価が埋没することはない（埋没コストが生じない）。たとえば、明らかに近くの山が崩れそうで危ないと判断した場合でも、次なる高台の候補を目指せばよいと意思決定することができる。先に述べたように、大川小学校の場合でも、高台への避難という方針が共有されていれば、裏山が危ないとなったとしても次の高台の候補となる三角地帯に早い段階で移動すれば、そこからは川が見えていたため津波の第1波がきた時点でさらなる高台へ向かうことで助かっていた。

このように、避難マニュアルの本質的な目的とは、取引コストや埋没コストを生じさせることなく、パニックが生じる前に、迅速かつ適切な意思決定を行うことにあることがわかる。それがなければ、いざというときに意思決定の停滞を招き、助かる命を助けられない。そうならないためにも、これまでのマニュアル主義を脱して、〝マニュアル2・0〟とでもいうべき新たなマニュアル観を構築し、広めていく必要があるのだ。

〈提言6〉方法の原理に基づく「マニュアル2・0」を広く共有せよ

本質的な危機管理マニュアルは信号機と同じである。赤信号では渡ってはいけません、青信号になったら渡ってもよいです、というのはマニュアルだ。避難マニュアルも同様で、基本的には、津波警報が出たら高台に移動しましょう、警報が解除されたら戻ってもよいといった取り決めであり、このマニュアルに沿って行動することが命を守ることにつながる。[23]

このように災害時、生き延びるためにマニュアルは重要なツールとなるが、それは必ずしもどんなときもそのマニュアルを遵守せよということではない。どういうことか。

そもそも、信号機とは何のためにあるのだろう。「命を守るため」である。しかし、青信号であっても、自動車が信号を無視して走ってくることは現実にある。そういう場合は、その場の「状況」をみて、渡ることをストップしたり、場合によっては回避しなければならないだろう。事実、青信号は道路交通法では「進め」の合図ではなく、「安全が確認されれば進んでもよい」という意味のものである。「青信号、右見て、左見て」と言われるのは、「マニュアルに沿いつつも、状況をみて判断しましょう」ということに他ならない。これと同じことが地震や津波、台風などの災害時にもいえる。

したがって、マニュアルで指定されている避難所に行ったとしても、その場の状況をみながら、危険性があるならさらに高いところにまで逃げる必要がある。[24]

しかし、「遵守すべきマニュアル」という旧来のマニュアル観は、こうした柔軟な運用を妨げる。というのも、「マニュアルを遵守すること」と「マニュアルに書いてないことを臨機応変に実施すること」は矛盾するためだ。実は、こうした問題の根底には、臨機応変に運用することの「正当性」を担保できないという問題がある。正当性を担保できなければ、責任の重い（責任回避バイアスの強い）組織ほど「そんなことをして何かあったらどう責任とるつもりだ」ということになり、柔軟に物事を進めることは難しくなる。

　では、どうすればよいのか？　結論をいえば、マニュアルには書いてないことを、＋αで対応したほうがよいこと、つまりその＋αの対応に正当性があることを示せればよいということになる。そのためには「方法の方法」とでもいうべき「方法の原理」が必要となる。

「方法の原理」によれば、あらゆる方法とは「特定の状況で何らかの目的を達成するための手段」である。つまり、どういう状況で何をしたいのか（目的）を抜きに、どうしたらよいか（方法）が決まることはない。したがって、方法の有効性や正当性は、状況と目的に応じて臨機応変に決まる、ということになる。このことには例外がない。つまりこれは場所や文化を超えて普遍的に洞察できる原理なのである。この考え方を共有していれば、次のような正当性を担保した提案の仕方が可能になる。

「避難マニュアルとは、遵守すべきものではなく、あくまでも命を守るためのツールです。今の状況だと津波はこの避難所にも達する可能性があるため、生き残るためにも、この避難所にとどまるのではなく、念のためさらに高台に移動したほうがよいと思います」

　このように、「方法の原理」によって、正当性を担保しながらマニュアルを柔軟に運用していくことが可能になるのだ。[25]

　日本人は基本的に真面目ゆえに、特に行政や学校現場のような責任の重い組織ほど、臨機応変に対応することは難しくなっている。そうした状況を勘案すれば、これからのマニュアル（ルール）には、状況と目的を見定めて臨機応変に対応できるメタルールを組み込んでゆき、しなやかに運用できるようにする必要があるのだ。

具体的には、マニュアルに「この危機管理マニュアルは、命を守るためのツールであり、いかなる状況下でも絶対に遵守すべきものではない。これを指針に状況と目的を見定めながら、命を守るために適切と思われる方法を柔軟に採用、選択、実施していく必要がある」と明記することだ。避難訓練のときも、そのつど状況の設定を変えて、臨機応変に動けるよう訓練する、ということが考えられる。

〈提言7〉想定外の状況に適切に対応するために〈地震の大きさと被害の大きさは相関する〉という法則を共有せよ

東日本大震災とそれ以後の熊本地震や集中豪雨、たび重なる記録的な台風等によって明らかになったことは、「想定外のことは常に起こりうる」ということである。これは「想定外の原理」といってよい。東日本大震災では、避難所に指定されていた場所に避難して亡くなった人が多数いたことからも、単にそれに従えばよいという固定的なマニュアルのみでは、想定を超えた際に、甚大な被害がもたらされるということが明らかになった。

危機管理マニュアルもそのためのルールも「命を守るためのツール（方法）」として捉える必要がある。もちろん、それは極めて重要なツールであるため、軽視するようなことはあってはならないが、絶対視するようなことがあると、想定外の事態が起きた場合に命を失うことにもなりかねない。

だからこそ、先ほど述べた通りルールやマニュアル自体を一つの方法として使いこなすための一段上位の（メタ）方法論として「方法の原理」が必要になるのだが、では具体的には何を手がかりに状況を判断すればよいのだろうか。ここで、もう一歩踏み込んだ〝考え方の指針〟が必要になる。

東日本大震災において、人びとの生死を分けた判断は、大きくいって次の2つに大別することができるだろう。すなわち「いままで津波がきたことはないから、今回も津波はこない」と判断した人と、「いままでにない強くて長い揺れだから、いままでにこなかった津波がくる」と判断した人である。自然、前者の人は「逃げない」という行動を選択することになり、後者は「逃げる」という行動を選択することになる。こうした判断を自覚的にするためには、筆者が『人を助けるすんごい仕組み』で論じたように、〝地震の大きさと被害の大きさは相関する〟という法則を知っておくことが重要となる。[26]

「相関」とは、「因果関係」を示すものではない。たとえば、身長と体重は相関があるが、長身で細身の人もいるし、身長が低くても太っている人もいる。しかし全体をみれば、身長が高い人は体重が重い傾向にある、ということはできる。これを災害に当てはめ、わかりやすく言い直すとすれば、「被害の大きさは、地震の大きさに応じて大きくなる傾向がある」と考えておけばよいということになる。

この当たり前すぎる法則（命題）は、わかっている人にとっては自明すぎるせいか、教育現場でも明示的には教えられていないように思われる。こうした知識が大川小学校でも共有されていれば、「いままで津波はこなかったから、今回も津波はこない」ではなく、「いままでにない強くて長い揺れだから、いままではこなかった津波がくる可能性があるからと考え念のために裏山に逃げておこう」という意思決定はしやすかったと思われる。

繰り返しになるが、固定的なマニュアルには一定の有効性はあるし、必要なものでもある。しかしそれのみでは、想定外の事態が起きたときには、致命的な結果をもたらすこともある。そのようなときに「方法の原理」と「地震の大きさと被害の大きさは相関する」という知識を持っていれば、仮に今回の東日本大震災以上の大きな地震がきた場合にも、「前回はぎりぎり持ちこたえた建物や、津波がぎりぎり到達しなかった避難所であっても、今回はやられてしまうかもしれない」と洞察しやすくなる。

ラジオやテレビの扱いも同様である。それらの情報は参考にしつつも、海岸や河川近くにいる人は、海や川の水が引いたり、また水が引かなくとも揺れが強かったり、強くなくとも揺れが長いような場合には、生じている地震のエネルギーが大きいため津波がくる可能性があると判断して高台に避難するといったように、状況をみて柔軟に対応を決めねばならない。[27]

ただし、津波は大川小学校のように地震発生から50分後にやってくることもあれば、1960年のチリ津波のように、1日後にやってくることもある。また1波、2波、3波と繰り返しやってきて、次第に大きくなることもある。一度避難したら完全に安全が確認できるまでは戻ってはならない。[28]

そして、震度が小さければ大きな津波はこないと考えてよいかといえば、震度が小さくとも大きな大きな津波をもたらす「津波地震」というものもあるため油断は禁物である。先ほど「被害の大きさは地震の大きさに応じて大きくなる傾向がある」とわかりやすくリフレイズしたが、正確にはその前に述べた通り「相関」であり、地盤や地形などによっては、震度が小さくても大きな被害が出る場合もある。[29]

1896年（明治29年）に起きた明治三陸地震津波では、震度2～3であったにもかかわらず巨大な津波が押し寄せ、2万2000人近い人が死亡・行方不明となった。[30] 多くの町で半数以上の人が死亡し、旧田老村では住民2248名中生存者はわずか381名と8割以上の人が亡くなった。揺れが小さいときに津波はこないと思い込んでいたために、甚大な被害が出たのである。

震度が小さくともラジオや防災無線で津波警報が出ているならば、沿岸や河川の近くであっても避難が必要なのは、こうした理由による。

最後に、想定以上の高さの津波が、想定よりも早く到達することも想定しておく必要がある。地震発生から3～5分で津波が到達し、津波警報が間に合わずに大きな被害が出た1993年（平成5年）の北海道南西沖地震の奥尻島のようなケースもある。安全なところまで避難するための十分な時間がない場所や状況によっては、避難塔の建設を進めるとともに、万が一の場合にも助かる可能性を高めるために、避難時にヘルメットとライフジャケットや防災服を準備するといったことも視野に入れて検討することも求められるだろう。[31]

〈提言8〉安全を守る＝命を守るではないことを深く認識せよ

では、想定外の事態に対応するには具体的にどうすればよいだろうか？

まず「今の状況で命を守るために最もよい方法は何か？」と考えて動くことが原則になる。[32] 災害時には混乱して冷静な判断ができなくなるため「夜、家にいた場合は懐中電灯を持って近所の山に逃げる」「学校や会社にいるときはそれぞれが近くの高台に逃げる」など、あらゆる状況を想定して、避難方法を決めておかなければならない。

それでも想定外の事態が起きた場合には、先述したように、マニュアルに沿いながらも「①その場の状況をみて②命を守るためにはどうすればよいか?」と考えることが命を守るための原則となる。

大川小学校では、50分間で震度6、5弱といった大きな地震が9回も起きていたことが、《強い揺れへの危機感》となり、山への避難をためらう要因となっていた。繰り返し論じてきたように、《学校側の先延ばしによる避難マニュアルや避難訓練の不備》がなく、「津波のときは高台に避難する」と事前に学校全体で決めていたならば、裏山は危険と判断したとしてもスクールバスで高度のある雄勝峠を目指して移動することで全員助かっていたと考えられる。[33] また、道が崩れているためスクールバスでの移動は危険と判断した場合でも、徒歩で早い段階で三角地帯に向かっていれば、そこから川を遡上してくる津波は目視できたため、1分もあればさらに高いところに避難することはできた。

命を最優先することは、あまりに当然のことのように思われる。しかし、大川小学校の事故を検証することによって明らかになったのは、子どもたちにけがをさせてはならない、という安全性を重視するあまりに、妥当な判断ができなくなることがあるということだ。

人間は「けがするリスク」と「死亡する危機」といった異なる次元の問題を混同して、同じ天秤にかけてしまう。実際に、『大川小学校検証委員会の最終報告書案』では、「子どもの安全を最優先にする」とされていたものに対して、遺族のひとりが「子どもの安全を最優先すると山には登らせられないということが起こる。『子どもの命を最優先にする』に変えるべきだ」と主張し、文言の変更がなされたということがあった。このことは、優先順位の錯誤がいかに無自覚に我々を蝕《むしば》んでいるかを象徴している。

命を最優先にするということは、どういうことか。それはすなわち、「子どもたちの命を守るためには、必要とあればけがをするリスクがあっても避難する」ということに他ならない。そして、そのような思い切った判断を誰もが実行できるようにしておくためにも、こうした行動指針（原則）を事前に共有しておく必要があるのだ。そうすることによって、「責任回避バイアス」が働きやすい組織においても、「子どもたちがけがをしたら、誰が責任をとるのか」といった発想による意思決定の停滞が起きることなく、「命を守ることが最優先」という原則に沿った迅速かつ柔軟な行動が可能になる。安全が損なわれるリスクと命の危機（クライシス）を混同して、優先順位が入れ替わったときに不条理は起こるということを忘れてはならない。

また今回の津波では、財布や通帳を取りに戻って亡くなった人もたくさんいる。ひとりでならすぐに逃げられる人であっても、集団でいると集団心理である「同調性バイアス[34]」が働くので、周囲の人が逃げる様子がないと、それにあわせてしまい避難行動をとれずに命を落とすことがある。「反対されても避難するよう強く主張する」「誰も逃げなくても自分だけは勇気をもって逃げる」と心に決め、実行することが、「命を最優先すること」に他ならない[35]。

これは片田氏の提唱した津波三原則[36]の中の「率先避難者たれ」「その状況化において最善を尽くせ」とも重なる。大川小学校では児童の引き渡しのルールが共有されていなかったことから、家でこどもたちの帰りを待っていた家族も亡くなった。一方の釜石では、「自分と同じく他の人も逃げているはずだから心配しなくていい」といったように、家族の中でおのおのがちゃんと逃げているという信頼があったからこそ、家族を心配して家に戻って亡くなるということがなかったのである。特に下校後に、家族や教師の目が届かない状況にある子どもたちが助かるためには、こうしたシンプルな教えを徹底することが非常に有効となる。[37]

〈提言9〉文部科学省は命を守る〝生存〟科目を第一科目として公教育のカリキュラムに加えるべし

最後に『子どもの命は守られたのか』[38]を参照して、大川小学校の悲劇を保育現場と対照させつつ、学校カリキュラムの観点から考察していく。

上記の著書では、被災した学校を調査しつつ、保育現場の被災状況も取り上げ比較している。そこではまず、岩手、宮城、福島3県の保育協議会のまとめを踏まえ、「3県722施設の内、保育施設内で預かっている最中の園児の人的被害は3名だけで、保護者に引き渡した後と当日休んでいた園児が、111名犠牲になっている（河北新報・10月4日付）」という報告がなされている（表3）。

この事実は、大川小学校以外でもぎりぎりで助かったものの、一歩間違えば危うかった学校が散見されたこととは対照的である。この著者らがいうように「保育時では避難訓練を徹底していることが功を奏した」[39]わけだが、そもそもなぜ、こうした対応の違いが生まれるのだろうか。

「子守」とは「子どもを守る」と書く。就学前の保育園、幼稚園では「命（子ども）を守り、育む」

表3　保育所の被災状況（数見、2011）

	被災施設数			保育園児の死者数（行方不明者数）	
		全壊	半壊	保育中	保育外
岩手	168	13	4	0(0)	25(16)
宮城	306	27	22	3(0)	53(15)
福島	248	3	9	0(0)	2(0)
3県計	722	43	35	3(0)	80(31)

意識が強いのに対して、就学後は「教えること（教育）」に力点が置かれる。その意識の差が、この結果に影響していると考えられる。

就学後の組織では、「教育」に気を取られ、子どもの命を守るという意識が希薄になってしまうのだろう。同書でも「保育段階の子どもでは命や生活を大事にし、こうした訓練をし、具体的にどう逃げるかの経験がものをいうのであろう」「学校に上がると、子どものこうした命や生活のことが二の次にされてしまう現状こそ見直されなければならない」と主張している[40]。

もちろん個人レベルでは、命を守ることを大事にしている教職員は数多くいるに違いない。しかしながら、公教育のカリキュラムには、命を守るための知識や技術を教えるための授業が組み込まれていない。このことから何が言えるか。つまり文部科学省は、命を守ることが必須科目とは考えていないか、あるいは学校で教えるべきことと思っておらず、軽視しているといわれても仕方がない状況にあるのだ。その結果、学校現場では、個々の教員が防災教育を行おうとしたならば、ただでさえ様々な事務処理に忙殺されている中で、総合の時間等を使い、それぞれが工夫しながら教える他ない現状となっているのである。

では、保育園ではなぜ避難訓練を徹底できたのであろうか。実は、管轄となる省庁が違うのである。就学後は文科省の管轄となるのに対し、「0～5歳児を預かる保育所では、厚生労働省の基準に基づいて、火事や地震を想定して、少なくとも月1回以上避難訓練することが義務づけられている」[41]のだ。

こうしたことを勘案すると、大川小学校の事故を引き起こした背景にはもう一つ、「命を守るカリキュラムの欠如」が要因としてあったと指摘することもできる。仮に学校でも厚生労働省と同じ基準が設けられていたならば、あるいは、1年に1時間でも「釜石の奇跡」をもたらした片田敏孝氏の「津波三原則」をビデオで教えるなどしておいたならば、大川小学校でも全員が裏山に逃げて、助かったに違いない。

言い換えるなら、厚生労働省と文部科学省の違いである徹底した防災教育と訓練の有無が、明暗を分けたのである。

『子どもの命は守られたのか』でも取り上げられている唯一3名の犠牲者を出した山元町の保育園（海岸まで1・5㎞）では、「1カ月に一度は避難訓練をしていたようであるが、津波を想定した訓練（高台避難）はしていなかった」ため、「津波が間近に迫るまで園庭に待機し、保護者の車数台で逃げようとしたが、最後の車に乗っていた園児3人が被災」したことが示されている。

大川小学校ほど犠牲者の数が多くないため、マスコミにも大きく取り上げられてはいないが、唯一管理課でまとまった犠牲を出した保育園が、「津波を想定した避難訓練をしておらず」「津波が間近に迫るまで園庭に待機」したという点で、大川小学校と共通していたことは看過すべきではない。このことからもやはり徹底した訓練が必須といえる。

そもそも「教育」とは誰のために何のためにするのだろうか？　文部科学省のためでも、教育者のためでもない。教育とは子どもが将来、社会でよりよく生きていけるように、知識や技術やコミュニケーションスキルを育むための営みといえる。

しかし、死んでしまったら、どんな知識も技術も生かされることはない。すべての教育は「命あっての物種」である。まず命を守り生き抜くための「生存教育」という第一科目あってこその「一般教育」であり「学力」であろう。

このまま大川小学校の教訓を生かさなければ、また同じ悲劇が繰り返されることになる。大人のクライシスマネジメントの不備のために、多くの子どもたちが犠牲になることになる。そんなことは、二度とあってはならないはずだ。

逆にいえばいかなる省庁であっても行政であっても、今のままではまた繰り返されるとわかっている事象に対して適切な対策をとらなければ、それは大川小学校の校長と等しく「職務上の怠慢」ということになる。

既存のシステムを変えることが簡単でないのは重々承知している。だがそれでも志ある人にはどのような形でもよいから、「生存授業」が学校教育のカリキュラムに組み込まれるよう、それぞれの立場で働きかけていってもらえたらと願わずにはおれない。

それこそが、あの日、大川小学校で失われたかけがえのない命に対して、我々ができるせめてものことだからだ。ただし、それを実現するためには、今の教育現場を取り巻く環境自体を見直していく必要があるため、この問題については第3部の10章でさらに掘り下げて議論したい。

〈提言10〉「避難行動」から「生存行動」へ用語を変更せよ――警報の空振りによる狼少年効果をなくすために

大川地区の住民の中には、ラジオで当初気象庁から発表された津波の高さを真に受けて、「ラジオで報じていた津波の予想は6m。そうであれば、大潮の最干潮で2mくらいは引いていたから、差し引きで4mくらいか。自宅の高さならば少々水に漬かったとしても『何とか大丈夫』と考えて自宅に戻り、津波が「首元まで届いた」がなんとか助かったという人がいた。[42] あくまでラジオやテレビの津波警報は「予想」であり、地形等によっては「予想」よりも大きな津波がくることはありうる。

ただし、東日本大震災後は、そこでの反省と教訓を生かして、気象庁は「推定した気象庁マグニチュードの過小評価の可能性を速やかに認識できる監視・判定手法を導入し、過小評価の可能性がある場合には、地震が発生した海域で想定される最大マグニチュードを適用、ないしは同手法で得られるマグニチュードの概算値を用いて、安全サイドに立った津波警報の第一報を発表」することとした。[43] そのため、基本的に警報以上の津波がくる可能性は低くなったといえる。

しかし、その副作用として、「警報の空振りによる狼少年効果」が強まる可能性がある。大川小学校では、背景要因として〈1年ほど前のチリ津波の際3mの津波警報が出たが80㎝程度〉〈2日前の地震の際、津波注意報が出たが50㎝程度〉といった《警報の空振り》が《経験の逆作用》につながり、

「津波警報の情報が入っていたにもかかわらず大丈夫」と思う心理につながった。

ここには、高めの予測値に基づく警報を頻繁に出すほど、警報の空振りによる狼少年効果は高くなるというジレンマがある。では、我々は、一体どうすればよいのだろうか？

まず、最も重要なポイントとして、「避難行動」という用語を〝生存行動〟に変える必要がある。[44] 基本的に、「想定される最大マグニチュードを適用」する場合、津波警報が出てもその通りの津波がくる可能性は高くない。そのため、避難行動として考えると、津波警報が出て避難したものの、難（津波）自体がこなかったとなるケースが多くなる。結果、避難行動をとって避難する必要がなかった＝避難行動は無駄だったと思うことになる。人間は、このように無駄だったと思う経験が重なると、そうした行動をとらなくなる（強化理論でいう「行動の消去」が起こる）。

だからこそ、「避難行動」ではなく、「生存行動」として捉えなおす必要があるのだ。

わかりやすく、また信号で喩えてみよう。たとえば、車通りのあまりない交差点で信号を無視してもすぐに事故にあうことはないだろう。しかし、ずっと信号を無視して走り続けていたらどうなるか。いつか対向車がやってきたときに衝突し命を落とすことになる。

それと同様に、津波警報を無視し続ければ、いつか津波がきたときに、命を失うことになる。信号を守ることも、津波警報が出たら避難することも、いずれも私たちが生き続けるための「生存行動」なのだ。そのように捉えることで初めて、津波警報が出て、津波がこなかったとしても、「こうして避難していればいつか津波がきたときに助かることができる」と、その行動に意味を感じることができる。

「警報の空振りによる狼少年効果」による悲劇を二度と繰り返さないためには、一過性の「避難行動」から、いつか起きる大きな災害時に生き延びるための〝生存行動〟へと「用語」を変更する必要がある。言葉は物事に対する認識を変える。それが行動を変えていくことになる。専門家や国や行政には、ぜひ「生存行動」という概念を広めていただき、「警報の空振りによる狼少年効果」が起きない社会環境を作っていってもらいたい。

また上記のように、生存行動（避難行動）を積極的に習慣づけるためには、「それをしてよかった」と思えるような工夫をすることが大切となる。[45] 先にも触れたように、人間は意味があると思った行動は繰り返し、無意味だったと思う行動は次第にしなくなっていく生き物である。したがって、避難訓練や、津波警報が出たときに「生存行動」をとった際には、それをできるだけ意味があるものにしていくことが重要となる。

たとえば、高台に避難した際に、備蓄していた非常食を食べながら、震災や訓練について話しあうことにしてもよいだろう。単純に避難警報が出て避難した後、何も起きなかったとしても「よく避難した、次もこうしよう」と話して家族で食事に行ってもよい。避難した際には、その行動を強化して、「生存行動」が習慣づけられるような工夫をしていく必要がある。また正しいものより、愉しいもののほうが継続的に多くの人が集まるため、ゲーム化したり（ゲーミフィケーション）、地域のお祭りと連動させるといった工夫も有効となるだろう。

人間は関心に応じて価値を見出す（「価値の原理」）。これには例外がない。ゆえに関心がないことには価値を見出すことはない。自分の命にはあまり関心がない高齢者に、命を大切にと諭しても響くことはない。しかしそうした高齢者でも、息子や娘、孫の命に関心のない人はまずいないはずだ。そういうときには、片田敏孝氏の津波防災教育において実践されているように、「あなたが逃げないとお子さんやお孫さんが助けにきて道連れになってしまいますが、それでもよいんですか？」という言葉を投げかけることで、彼らも逃げることに価値を見出す可能性が出てくる。あるいは子どもに、「君が必ず逃げていると親御さんが信じることができなければ、お父さんやお母さんが君を助けにきて死んでしまうんだよ」と諭すことで、生存行動に強い関心をもって避難訓練などに取り組んでもらえるようになるだろう。

このように、その人にとって関心のあることは何かを洞察しながら教育していくことで、実質的な生存率をあげていくことができると考えられる。

第2部

大川小学校事故の「事後対応」マネジメントの研究

――遺族たちはなぜ、司法による真相解明を求めざるをえなかったのか

第6章

大川小学校の校庭を支配した「超正常性バイアス」

——意思決定の停滞を招いた心理的要因に焦点化した構造化

大川小学校の惨事はなぜ起きたのか

なぜ大川小学校だけが、その場にいて生き延びたのはわずか児童4名と教員1名のみという惨事に遭遇してしまったのか。東日本大震災では、他の地域も甚大な被害があった。だが、学校管理下においては同じ石巻市で他に死亡した児童生徒はおらず、宮城県内でも逃げ遅れた戸倉中学校の1名と、ほとんどの子どもたちの命は守られたのだ。

第1部で詳細をみてきたように、当日は防災無線やラジオなど様々な情報を得た保護者から、津波がくるという情報は伝わっていた。しかし時折やってくる激しい余震の中で、教諭たちは山も危ない、道路も危ないと様々な意見に板挟みになり、どうするか決められないまま50分が経ってしまい、意思決定が停滞し、津波が目前に迫るまで移動開始できなかったのである。

これまでの研究（第1部）により、大川小学校の事故の【背景要因】には、《警報の空振りと大津波の経験がないことによる『経験の逆作用』》《学校側の先延ばしによる避難マニュアルや避難訓練の不備》《専門家エラーと「想定外の想定」の欠如》といったカテゴリーがあることを明らかにしてきた。

大川小学校の事故は、津波被害を経験したことがない地域に想定外の巨大津波がきたこと、ハザードマップ（災害を想定して、被害がおよぶ範囲を予測した地図）で避難所に指定されていたこと、津波に対する避難マニュアルが整備されておらず、避難訓練や、保護者への引き渡し訓練がなされていなかったことなど、複数の背景要因が重なる中で起きた事故ということもできる。しかし、これらの背景要因は他の多くの学校にも当てはまる。なぜ大川小学校だけがこのような惨事になってしまったのか、大川小学校固有の要因に迫る必要があった。

それについては「河川津波に対する情報と警戒心の希薄さ」「過去の山崩れを連想」「余震が続くなか、木や電柱が倒れたり、山や道が崩れることを危惧」といった3つの概念からなる《河川津波の危機意識の希薄さと強い揺れへの危機感》というカテゴリーにまとめた。

大川小学校が北上川という日本4位の流域面積の大河のほとりにあり、そこは河口から4㎞離れていることから河口付近、海岸付近という意識はなく、だいぶ前になるが校庭裏の山が崩れて整地されたことがあったことや、発災後には近くの間垣の堤防上の道路の一部が崩れるなど、強い揺れにより木や電柱が倒れたり、多くの人が山や道が崩れることを強く危惧する環境にあった。こうした環境的要因も大川小学校固有のものといえるが、これらも意思決定の停滞を招いた「背景要因」にすぎない。

意思決定とはあくまでも人間が行うものである。本章では、あらためて意思決定に関与した人々の行動を概観し、あの日の大川小学校の校庭を支配した心理に焦点化して検討していく。

まず、意思決定にかかわった人々について整理してみたい。当時、校庭にいた中で意思決定権があったのは教頭である。その次が教務主任である。そして有事下であることを考えれば、その次が安全担当の教員ということができる。彼らは津波防災を含む研修を受けており、3人とも校庭は危険で、山に避難したほうがよいと言っていたという証言がある。

ところが、意思決定にかかわるような話し合いに安全担当の教員はほとんど登場しない（その理由はあらためて後述する）。その代わり、山の危険性を訴えた6年担任の教員について多くの証言がある。

ここでは、校長不在の中、その場の最高意思決定者であった教頭、唯一の生存教員でもある教務主任、そして各所で山の危険性を強く訴え、実質的に意思決定に影響した6年担任の3名にフォーカスしながら、50分間の学校で何が起きたのかを再検討していく。

あの日のあの時間

2011年3月11日14時46分、多くのクラスで帰りの会を終えようとしていたとき、大きな揺れが大川小学校を襲った。ガラスが割れる音が聞こえ、低学年の教室がある1階では子どもの泣く声が響いた。14時50分頃、大きな揺れがおさまってから順次、校庭に避難を開始した。

すぐ裏には避難できる山がある。教務主任が、校舎から避難する時点で「山だ！　山だ！　山に逃げろー！」と叫んでいたという、児童の証言がある。この教務主任は自然科学を専門としていた。2003年まで北上川の下流にある相川小学校に勤務しており、津波の際の避難先を、校舎裏の山の祠《ほこら》にすべきだとして避難マニュアルを変更した実績がある。そのおかげで、相川小学校にいた児童はあの震災で迷わず高台に避難して全員助かっている。

他にも同様の証言があり、この時点で教務主任は積極的に山への避難を訴えていたことがわかる（教務主任に「山に逃げろって言われていたので、何人かの子どもたちが校庭の端くらいに行くようなかたちになっていた」との証言もある）。

そのため何名かの6年児童が山に登ろうと校庭の端まで行っていたが、6年担任は「いや、ちょっと待て」といった形で止めた。その様子を証言した6年児童は、「こっちで集まっているのでこっちだけ行かせるわけにもいかないし、どうなるかわかんないから、とかで、一回止めたんだと思います」と述懐している。

同担任は、川向かいに住む地域住民でもあった。1年前の大津波警報（チリ津波）のときに50㎝程度の津波しかこなかったことや、2日前の地震による津波注意報でも数十㎝程度であったこと、また赴任前になるがかつて裏山の一部が崩れたことで段々に整地する工事が行われたことを知っていた同担任が、津波よりも揺れのほうを危険視したとしても不思議ではない。

ここでは、山に逃げろと叫んだ教務主任と、山に行こうとした児童を止めた6年担任の避難方針が背反しており、結果として6年担任の主張が通っていることに注目してもらいたい。組織上は教務主任が立場は上であったものの、実質的なパワーバランスは同担任のほうが教務主任よりも強かったことがみてとれる。また複数の遺族の証言によると、相川小学校時代の教務主任は活発なタイプで、保護者との飲み会にも積極的に参加するなどしていたが、なぜか大川小学校にきてからはそうした雰囲気がみられなくなったという。

自身の指示に従った児童らの避難行動が阻止されたことで、教務主任は出鼻を挫かれるかたちになり萎縮してしまったのだろう。教務主任とは、本来教頭とともに情報を集約し、現場での重要な意思決定にかかわるポジションであるはずだが、その後は校舎の見回りや確認など、周辺的な作業に従事するようになる。

その後14時52分、児童が校庭に避難してからほどなくして防災無線が鳴った。無線のスピーカーが

「グーン、グーン」と鳴っていたという複数の児童の証言がある。「大津波警報が出ました。海岸沿いは危険ですので、高台に避難してください」と放送しているのが聞こえたという児童は、「友達が『ここは海岸沿いになるの？』と話していた」と証言している。また3年生存男児Sは「学校の近くから『大津波警報。高台に避難してください』と鳴っていた」ため「友達に『津波くるかな』と話しかけた」という。その時点で津波の襲来が頭をよぎっていたのだろうか、この児童は、その45分後に襲来する津波に飲まれる直前に山に登って助かった、唯一の児童となる。

この防災無線の大津波警報を受けた後の様子を、6年女児Aは次のように証言している。

「それでそれ（防災無線）聞いて『どうする？』ってことになって、先生とかもなんか点呼し終わったあとなんですけど、色々先生たちどうするどうするってことになって地域の人とかも色々続々きていて、先生たちも話は、教頭先生と、あと2、3人で集まって話をしているだけで」

地域の人たちが校庭の隅に集まってくる中、校庭での点呼を終えた後、防災無線を聞いた教頭を含め数名の教諭が輪になって話し合いを始めた。このときの話の内容は、唯一の生存教諭となった教務主任がのちに保護者へ宛てた手紙から把握できる。

「（校内）確認後校庭に戻り、教頭に報告に行ったとき、教頭と4年担任を中心に何人かが集まって（誰がいたかは記憶がありません）話をしていました。私が『どうしますか、山へ逃げますか？』と聞くと、この揺れの中ではダメだというような答えが返ってきました」

実は、この教務主任の手紙には虚偽の証言が混在している。たとえば文中の「(誰がいたかは記憶がありません)」は、いくら災害時といえそこにいた人物を誰も覚えていないとは考えにくい。聞かれてもいないのに（誰がいたかは記憶がありません）とあえて各所に挿入していることから、これらは人物の特定を防ぐ配慮による虚偽と考えられる。

ただ既述したように自然科学に詳しく、過去に赴任した学校で津波の際の避難場所を校舎内から裏山に変更した実績に加え、当初裏山への避難を呼びかけたという証言なども総合すると、教務主任がここで「山に逃げますか？」と聞いた事実には整合性がある。また他の「教頭先生と教務主任や他の先生数名が式台の近くに集まっていた」という証言とも重なるため、この部分の記述には信憑性がある。

ではここで「この揺れの中ではダメだ」と言ったのが誰かといえば、山に向かった児童たちを制止し、その後も揺れへの警戒を怠らなかった6年担任以外には考えにくい。他のあらゆる証言を精査しても、山への避難に積極的に反対した人は同担任以外には見当たらないためだ。

その際「あそこ（朝礼台）にのっけて、けっこう先生たち全員が囲んで聴いてた」（5年生存男児T君）といった複数の証言から、朝礼台の上にラジオを置いての話し合いだったと考えられる。

防災無線やラジオからは相次いで大津波警報が流れていた。ここでポイントになるのは、6年担任が山に逃げようとした児童にストップをかけた〝後に〟防災無線が聞こえはじめ、教師らによる話し合いがもたれたという点である。同担任のクラスにいた娘を亡くし、自らも女川の中学校の教諭をしていた佐藤敏郎氏（以下敏郎氏）は、「もしこの警報が最初に出ていて、そのあとに教務主任の『山だ』という発言があったら……変わっただろうか」と述べている。

安全担当も校庭は危険、避難したほうがよいと主張していた

次いで、当時の意思決定にかかわった安全担当の教諭について検討する。この教諭も、「ここは危険」「どっかに行ったほうがよい」と言っていたという6年児童の証言もあることから、防災無線で津波警報が鳴った後、「ラジオを囲んで教頭をはじめ数人の先生たちが話している」この場面に参加し、校庭は危険だからどこかに行ったほうがよいと主張していたと考えられる。

同教諭は、震災の10カ月ほど前の２０１０年5月に行われた「平成22年度 防災教育指導者要請研修会」（文部科学省・宮城県教育委員会が主催）に参加している。

そこでの「生涯にわたって地震災害と向き合い、ともに生きていく力を持った人づくり――約37年おきに繰り返される宮城県沖地震」という資料には「津波の基礎知識」の他、「津波から身を守るためには、『避難』する以外に方法はありません」「海岸で強い揺れを感じたり、弱い揺れでもゆっくりした長い揺れを感じたら、すぐに高台などへ避難してください」「指定避難場所と避難経路（誘導標識）の確認」といった「津波から身を守る方法」に関する記述がある。安全担当はその内容を学んでいたのだが、高台への避難という意思決定につながることはなかった。その後、この安全担当が担任

の2年生の児童を慰めていたといった複数の証言があるように児童のケアをしており、意思決定にかかわるシーンには登場しなくなる。

強い揺れを警戒し、津波がくると思っていなかった教諭の影響力

先生たちの話し合いから戻ってきた6年担任に視点を戻そう。

6年女児Aさんは「6年担任の先生が話し合いから戻ってきて、来たときに、『先生！』みたいなかたちで言ったのは覚えてます」と証言しており、児童たちが同担任に訴えかけていたという。

「隣の男子、まあF子の隣に男子整列していたんで、それで先生の周りに集まって、先生に何か言っていたのは覚えてる。その何を言っているのかわかんないけど、集まって何か言っているのは、うん」（6年女児A）

先生の周りに集まった児童たちは、どんなことを訴えかけていたのだろうか。6年児童だった息子を亡くした大川小学校遺族SKさんの証言によると、四十九日のとき、息子の筆記用具などの遺品を探してくれた同級生に「うちの息子、あの日何してた？　ふざけていたか？　避難して校庭で」と尋ねたところ、次のように話してくれたという。

「『いやー、SYくん真剣だったよ』って、『何やってたの？』って言ったら『校庭でね、先生ここにいたら地割れで、地面が割れてみんな落っこちてしまう。だから山は根もはってるし、地割れはしないと。だから山に逃げましょう』と言ったり、『津波ここまでくるから、ここにいたらみな、全員死んでしまうから、早く山に逃げましょう』と、必死に涙ながらに、Kさんの息子のKD君と、まあ2人とも活発だから、先生に一応6年生くらいだとこう口答えするような感じでこう結構、言ってたみたいなんですよ。

子供だと、一旦うるさいって言われるとさ、なんかこう聞こえっか聞こえないかのように、ぶつぶつこう、『んな早く逃げたらいっちゃ』とか『何やってんのここにいたら俺たち死ぬとか』そうゆう話してったってゆうから」

内容や子どもらしい訴え方など、リアリティが感じられるこの証言から、子どもたちの間でも山へ逃げようという声が上がっていたことがわかる。「校庭の児童は、全体的にざわついていた。6年生の担任の先生が『静かに』と叫んでいた」（2年児童）という証言や、5年児童の『立っている人は危ないからしゃがめ』と6年担任の先生が言った」という複数の証言があり、断続的に余震が続く中で同担任が児童たちを必死に指示、統制しようとしている様子がうかがえる。

その後、迎えにきた保護者に対して児童の引き渡しが始まるが、その際も同担任の言動は一貫しており、「市教委聞き取り記録」には、次のような証言がある（傍線部は強い揺れを危険視し校庭のほうが安全と思っていた同担任の言葉を示している）。

「6年担任の先生に『津波がきているから、すぐ帰ります』と言ったら、『道路が危ないから、落ち着くまでここにいたほうがよい』と言われた。『ラジオで大津波警報に変わったので、家にいたほうが安全』『とにかく帰りたい』と言ったら『名前を』と言われたので、2人の子どもの名前を答えた。名前をチェックして、『母』と記入した。母（私）に気がついて、2人が近づいてきた」（2名の児童の両親）

「早く娘を連れて帰りたいので、担任の先生に『10ｍの津波がくるとラジオで言っていた』、山を指さして『山に逃げて』と言ったら、『お母さん落ち着いて』と言われたが、恐怖心が強かった。その後、泣いていた娘を『Aちゃんを連れていってください』と言われた」（6年女児Aさんの母親）

「お母さんが迎えにきた（体育館のところの時計を見たら3時15分だった）ので、○○と二人で駆け寄った。母親が6年担任のところに行って帰ることを伝えた。6年担任に『今帰ると危ないで、学校にいたほうがいいですよ』と言われたが、大津波警報が出ているため、家に帰ったほうが安全だと思い帰ることにした」

実際「学校のほうが安全だから、逃げないほうがいいと話しているのを聞いた」（1年児童）という証言や、「学校のほうが安全なので、帰らないようにと言われて、しばらく学校へいた」（1年児童）という証言もある。

その後6年担任は引き渡しから外れ、「まるくて、こうやって斜めにして転がして」焚き火のためのドラム缶を用意している姿も目撃されている。「先生方が薪を用意していた」（4年男児の母親）という保護者の証言もある。同担任は、迎えにきた保護者にも「道路は危ないからここにいたほうがよい」と言っていることから、大津波警報よりも強い揺れのほうを危険視していたこと、また焚き火の準備を始めていたことから校庭にとどまるべきと判断していたことがうかがえる。

それ以降に同担任が意思決定にかかわった様子を示す証言はないが、5年生存男児K君の「教頭先生や6年担任が、『三角地帯に逃げるから、走らず、列を作っていきましょう』と言っていた」という証言もあることから、教頭が区長と話した結果、三角地帯に避難することになったという方針には従ったことがわかる。

6年担任が「唯一学校に6年間おり、川向かいに住む地域住民でもあった」こと、「それ以外の先生のほとんどが赴任して1、2年だった」という客観的な事実から、第1部では《特定教諭の意見の重みづけとなる要因》というカテゴリーにまとめた。この時点の大川小学校には、他の地域からきており赴任して間もない教諭が多かった。安全担当は1年目、教務主任は2年目、教頭は3年目であった。地域の事情をよく知らないことから、自らの意見を強く主張しにくい状況にあったとも考えられる。

しかし様々な証言から、山への避難に積極的に反対した教諭は6年担任の一人しか確認できない（同担任以外には唯一、1年生存女児Mちゃんが『山に登るの？』と聞いたら、S先生が『登れないんだよ。危ないからダメなんだ』と言い、『校庭にいたほうが大丈夫だよ』と言った」という証言があるが、これは文脈上、意思決定を受けて児童に説明したと受け取るべきであろう）。

健全な組織であれば、この《特定教諭の意見の重みづけとなる要因》があったとしても意思決定権のあるリーダー（この場合では教頭）が最終的に意思決定するだけである。

なぜここでは、リーダーによる積極的な意思決定がなされなかったのか？

この点を、さらに掘り下げて検討する必要がある。

なぜ教頭は山に避難させたいと思っていたにもかかわらず意思決定ができなかったのか？

次に、当時の大川小学校の意思決定権をもっていた教頭に注目しながら、あらためて事態がどのように推移したかみてみよう。

この教頭は、津波も含む防災に関する研修も受けており、震災前年のチリ地震の際に津波警報が発令されたあと、到来までかなりの時間があったにもかかわらず、校庭で野球の練習をしていた児童たちを強制的に帰宅させた実績がある。そのことを知る親からは、「その教頭がいたのになぜ」という疑問が呈されていた。

先に確認したように、揺れがおさまって校庭に避難する際、教務主任は「津波がくるから山に逃げろ！」と言い、一部の児童は椎茸栽培をしていた裏山に逃げようとするが6年担任から「勝手なことをするな」と呼び止められ戻ってきている。その後、防災無線により大津波警報が発令され、「教頭先生と教務主任や他の先生数名が式台の近くに集まっていた」。証言から朝礼台に載せたラジオを囲んでの教諭らの話し合いは、当初教頭、6年担任、安全主任という構成であったと考えられる。

山に逃げたほうがよいと言っていたという証言の中に「教頭先生とか、前海のほう（南三陸町の志津川）だった先生（安全主任）」が挙がっていることから、少なくとも教頭と安全主任は、山に避難したほうがよいのではといった趣旨の発言をしていたことがわかる。

そして校舎の見回りを終えて合流した教務主任が「どうしますか？ 山に逃げますか？」と確認するが、6年担任は「この揺れではダメだ」と断じる。その後しばらくは山への避難を訴えたという証言はないため、それをみていた教頭、安全担当先生も、最終的にその意見に同調したと考えるべきであろう。

この後、同担任は引き渡し作業に回り、安全主任は引き渡しや児童のケアをするなど、バラバラに行動しており、情報を集約し意思決定する「本部」がないまま教頭は孤立し、意思決定は教頭一人に委ねられることになる。

第1部の研究では、「2日前の地震で倒れた児童がおり救急車がきた」こと、「2日前津波注意報が鳴るが校長は高台への避難行動をとらなかった」こと、「震災時校長が不在」だったこと、といった3つの概念に基づき《意思決定に慎重にならざるをえなかった前例要因》というカテゴリーを示した。

つまり、震災の2日前、震度5弱の地震が発生し津波注意報が鳴るが、大川小学校では高台への避難行動はとらず、「校庭で自然と休憩時間のようになった」後に津波注意報は解除された。学校のトップである校長の判断は「校庭までの避難」であり、津波警報発令時の避難方針やマニュアルがない中で、これが津波警報発令時における前例となったのだ。

そうして2日後、校長が不在の中であの3・11を迎えることとなる。トップが行動として残した避難判断の前例は、震災当日の教頭の意思決定に大きな影響を与えたと考えられる。

保護者への児童の引き渡しをしながら、孤立して自分で意思決定しなければならなくなった教頭は、どうするべきかと頭を悩ませていたことだろう。市の広報3号車職員が学校に立ち寄った際に「先生が子どもたちをどうしたらいいのか悩んでいた」と証言している。

このとき教頭の頭の中には、津波への対応と、山や道路も危ないかもしれないという通常の地震への対応のどちらを優先させるべきなのか、板挟みになっていたのだろう。またこの時点では、経験したことがない津波に対しては正常性バイアスが働く一方で、余震が続く中、山を登らせるリスクのほうがリアリティを持っていた可能性も考えられる。

津波警報が出されているのだから児童を裏山へ避難させたほうがよい気がする。しかし、100名ほどの児童、教員を裏山に避難させたら誰かが転んでケガをすることも十分考えられる。前例を覆すという意思決定をして、もし津波がこなかったらどうするか？　地元住民でもある6年担任から「この揺れではダメだ」と危険性が指摘されている中、裏山に登らせて、子どもたちがケガでもしたら自分の責任になる。

15時32分になり、大川小学校で聞いていたと考えられるNHKラジオで「宮城県に10m以上の津波」と6mから10mに引き上げられた。またその前後に、津波を目撃した市の広報車が「高台に逃げろー！　津波が松林を越えてきたぞー！」と叫びながら通過していく。1年生存児童も「学校の向かいの家の○○さんが『津波がきたぞ』と言っていた」と証言している。

この後の様子が教務主任の手紙（前出）に記されている。

「サイレンが鳴って、津波がくるという声がどこかから聞こえてきました。私は校庭に戻って、教頭に『津波がきますよ。どうしますか。危なくても山へ逃げますか』と聞きました。でも、何も答えが返ってきませんでした。それで、せめて、一番高い校舎の2階に安全に入れるか見てくるということで、私が一人で校舎2階を見てきました。そして戻ってくると、すでに子どもたちは移動を始めていました。近くにいた方（どなたかは、覚えていません）に『どこへ行くんですか』と聞くと『間垣の堤防の上のほうが安全だからそこへ行くことになった』ということでした。どのような経緯でそこへ行くことになったかはわかりません。地域の方々との相談があったのかもしれません」

間垣の堤防の上とは「三角地帯」と呼ばれていた川の袂の5ｍほど高くなっている橋沿いの堤防道路の上をさすが、どのような経緯でその三角地帯を避難先として目ざすことになったのかみていきたい。

「宮城県に10ｍ以上の津波」というラジオ放送に、「津波がきたぞ！」という声が相まって、このとき教頭の中では津波がくる可能性はリアリティをもって立ち現れたと思われる。地域の人々に「裏の山はくずれるんですか、子どもたちを登らせたいんだけど……、無理がありますか」と聞いている。

このように津波がきたという声がある中での切迫した状況下で、教頭と地域住民の緊張感をはらんだやりとりだったと思われることからも、教頭は確証はなくとも津波がくる危険性があると感じたのだろう。だから「山に逃げたほうがよい」「山に上がらせてくれ」と訴えた。しかし同意を得られず、「ここまでくるはずないから、三角地帯に行こう」というその地域に詳しい住民の言葉に従い、川の袂のちょっとした高台となっている「三角地帯」に避難することになった。

この時点で大川小学校の校庭に残っていた地域住民は、津波はこないと思った人たちだけで構成されており（これを「逆淘汰」という）、この逆淘汰により残った人々の正常性バイアスは互いに支えられ高まっている状態になっていた（これを「逆淘汰による正常性バイアスの強化」として概念化しておく）。そうした人たちに対して伺いを立てたことで、教頭が考えた最善の策であろう「山へ避難させる」という提案は棄却されてしまった。

とはいえ、遺族が「私たちは地域にではなく学校に子どもたちを預けたのです」と述べているように、児童を守る責任はあくまでも学校にある。このときは教頭が大川小学校の意思決定を担うリーダーであった。地元住民に確認することなく山に登らせると決断し実行すれば児童は全員助かったし、たとえ地域の人に相談して賛成されなかったとしても、いや反対されたとしてもこの時点でも自らの判断で山に登らせることにすると決めて「津波がきているので児童は全員急いで裏山に逃げてください！」と叫び先頭に立って走り出せばまったく違った結果になったはずだ。

このとき、すでに津波はそこまで迫ってきていた。実際に5年児童M君は「三角地帯に移動しようということになったため、みんなが立ち上がり、移動しようとしたときに、お父さんが戻ってきて、土手の上に車を止めて、お兄ちゃんが校庭まで迎えにきた。走って、車まで行くと北上川の水が土手と同じ高さくらいになっていたため、お父さんは車で雄勝へ行った。車に乗ったときに、津波が迫ってきたので、津波から逃げるように雄勝まで行った」と証言している。

またこの児童の父親は「地域に詳しい住民が交流会館のほうへ歩いていたので、『津波くるから』と言ったが『大丈夫だ』と会館へ入っていった」と証言している。ここから一度も津波被害にあったことがないため長年そこに住んでいた人ほど「津波はくるわけない」と思い込んでいたことがわかる。そしてこの「経験の逆作用」も正常性バイアスを強化する要因となった。

図1　2013年当時のCRAVA inc. Co-Founderの三上昌也氏（現岩手大学特任教授）らが作成したVRから引用。段々に整地されている裏山からみた大川小学校の校庭の様子。

その後、教頭先生や6年担任が「三角地帯に逃げるから、走らず、列を作っていきましょう」（5年生存児童）といって、「6年担任の先生が先導で、6、5、4、3、2、1の順」（5年男児K君）で移動を始める。

教頭と同担任を先頭に、上級生から順に落ち着きのない様子でバラバラと「自転車置き場南側のフェンスの入り口（幅90㎝）を通り」校庭から道路に出て、釜谷交流会館の前まで向かう。

先に挙げた「長面のほうから津波がくるのが見えたから」急いで学校に向かい5年男児M君を迎えにいった保護者Nさんは、そのときの歩き出している児童たちの様子を「避難したばかりだったのか、列はバラバラという感じで、全体的に落ち着きがなくパニックになっているように感じた」と述べている。

5年生存児童T君は筆者のインタビューで、そのときの様子を「なんかよくわかんなかった。夢みたいな、夢見てるみたいな感じ」「なんか叫ぶ人がいなかった」「あわてているけど、あわててないような」感じと表現している。

教頭は校庭を出ると、津波を自分の目で確かめれば確証を得られると思ったためか、あるいは川のほうから響いてくる轟音が気になったのか、児童の先頭を外れ、交流会館に向かった児童たちとは真逆の川がある県道側に向かって歩き出す。

ほどなく川を遡上する津波を目撃して、教頭はようやく津波がきていることを確信し、児童の列の先頭が釜谷交流会館にさしかかったあたりで「津波がきているから急いで！」と叫び、児童の列のほうに走った。それが教頭の行動を示す証言の最後となる。その「教頭の声をきっかけに、みんな小走りになった」が、向かっていた先は川の袂であった。橋にぶつかり越流してきた津波は川側の県道に向かう正面から砂煙を上げて襲ってきた。

5年生存児童T君は、その様子を次のように語っている。

「大通りに行ったっけ、津波がだーって家を壊すときの煙が見えたから、やばい！って思って。おれは先頭だったんですけど、山に戻って。

ゴーッと、人がうなっているような、津波の音がそういう音なんですよ。ゴォー、ゴ、ゴ、ゴ、みたいな。水の音じゃない。火山でも噴火するのかっていうような。オオオオオっていうような音で、『こりゃまずいんじゃない？』って思いながら、おいは必死で走って、ここの山を登ったんですよ。雪も積もっていて、すべったんですけど、土に指突っ込んでガスガス登っていって、自分でもすごいと思うくらい、火事場のバカ力っていうか」（『大川小学校事故「検証委員会」を検証する』p.17）

こうして生存児童T君は「火事場のバカ力」で登るものの、不運なことにそこは山の斜面の中でも最も険しい崖のように切り立った場所であった。登っている途中、津波が後ろから衝突してきて気を失う。その後、身体半分ぐらい埋まっている状態で目が覚めて、流れてきた冷蔵庫に乗って助かった同級生が掘り出してくれた。

２０１１年４月９日の読売新聞は、現場に居合わせた男性の証言に基づき以下のように記述している。

「現場に居合わせた男性（70）は、児童らが列を作って校庭から歩き出すのを目撃した。教諭に先導され、おびえた様子で目の前を通り過ぎた」

その直後だった。「ゴーッ」とすさまじい音がした。男性は児童らとは逆方向に走り出した。堤防を乗り越えて北上川からあふれ出した巨大な波が、学校を含む地区全体に襲いかかった。住民や男性の証言を総合すると、津波は児童の列を前方からのみ込んでいったという。列の後方にいた教諭と数人の児童は向きを変えて男性と同様に裏山を駆け上がるなどし、一部は助かった」

ここで「一部助かった列の後方にいた教諭」とは、ただ一人の生存教員である教務主任しか該当する人はいない。教務主任は、この男性と同様に向きを変えて裏山を必死で登った。そして、下には津波から逃れようと山を必死に登ってきているS君を見つけて「こっちだー！　こっちだー」と叫んだ。この際に、子どもたちを飲み込んだ津波の様子が[2]、第2回保護者説明会で配られた資料には記載されている。

「津波はすごい勢いで子どもたちを飲み込んだり水圧でとばしたりした。後ろのほうで手をつないだりしていた低学年の子どもたちも津波に飲み込まれた。ほとんど同時に学校側からも津波がきて、学校前は波と波がぶつかるように渦を巻いていた」（第2回保護者説明会資料）

津波に襲われたときの様子を、上から目撃した人でなければ語りえないものであることがわかるだろう。こうして教務主任以外の教員は全員死亡、また奇跡的に助かった4名の児童以外、その場にいた69名の児童が死亡（早退した児童を含めれば70名が死亡）、4名が行方不明となった。

大川小学校の事故の本質となる意思決定の停滞を招いた心理とは？

ここまで、教頭、6年担任、教務主任といった意思決定にかかわった3人のキーパーソンに焦点化しながら、どのように意思決定の停滞が生じ、最悪の結末を迎えたのかをみてきた。ここであらためて意思決定を招いた心理的要因に焦点化して、構造化していきたい（口絵参照）。

大川小学校で形成された超正常性バイアス

まず大川小学校は〈危機管理マニュアルの不備により津波の際の避難方針や避難場所が決まっておらず避難訓練もしていなかった〉ことに加えて、〈2日前の津波注意報のときに校庭待機が前例となり校長が不在〉であった。そんな中、最初の教員間の話し合いで〈教頭、安全担当の教諭が山への避難を訴え〉、また〈教務主任が校内確認から戻り話し合いに加わって「山に逃げますか」と聞く〉が、地元住民でもある6年担任が「この揺れではダメだ」と裏山への避難に反対した。

その場にいたトップ3が裏山への避難を挙げたにもかかわらず、地元住民でもある6年担任の主張が通った背景としては、大川小学校があった釜谷地域は〈一度も津波被害にあっていない〉こと、そして〈2度の津波警報の空振りを契機とした狼少年効果による油断〉といったことが【経験の逆作用】として、地域住民の【正常性バイアス】を強化する形で働いていたと考えられる。

さらに小学校が〈ハザードマップで避難所に指定されていた〉ことから、実際に〈地域住民が高齢者や地域の子どもたちも含めて避難〉してきており、そんな中で【断続的に続く余震という他の脅威への危機感】（他の脅威への危機感）が、津波に対する【正常性バイアス】を相対的に強化することになり、それに同調する雰囲気となる【同調性バイアス】を強めたと考えられる。つまり、強い余震が断続的に続く中で、山や道路が崩れるのではないか、木や電信柱が倒れるのではないかという強い揺れに対する危機感のほうがリアリティがあり、津波の情報は入っていたものの一度も経験したことがない津波には【超正常性バイアス】というべき集団心理が形成されており、津波襲来はリアリティをもちきれなかったと考えられる。

津波がくるから山に逃げるよう訴えた保護者や地域住民は複数いたが、この【超正常性バイアスの壁】にはね返されることで「逃げよう」という雰囲気になることはなく、津波への危機感をリアリティをもって感じた人は高台に避難したために、校庭には【正常性バイアス】がかかった人だけが残るという【逆淘汰】状態に陥った。その結果、【正常性バイアス】がかかった人たちの【多数派同調性バイアス】により「ここにいれば大丈夫と思いたい気持ち」を高め合い、【超正常性バイアス】をさらに強めることになった。

こうして【正常性バイアス】に、【経験の逆作用】【逆淘汰】【他の脅威への危機感】【同調性バイアス】がかけ合わさり、校庭にいたほうが安全だという、津波に対する【超正常性バイアス】というべき集団心理の状態が形成されていった。

この「超正常性バイアス」については、これまで指摘されてこなかったと思われるので、ここであらためて論じておきたい。

広瀬弘忠・中嶋励子著『災害そのとき人は何を思うのか』において、ホテル火災を例に、「煙が食堂に流れ込んできたら、ただちに避難すべきだと思うのが自然だ」が、「過去に経験したことがない出来事に遭遇したとき、人は周囲の他人がとる行動に左右されてしまう」として、これは「同調性バイアス」と「正常性バイアス」によって日常に呪縛されてしまった結果であると、「同調性バイアス」と「正常性バイアス」がかけ合わさる集団心理について指摘している（なお、この同調性バイアスは、多数派同調性バイアス（majority synching bias）といわれることもある）。

それに対してここで提起した【超正常性バイアス】を公式的に書くならば、

［正常性バイアス×経験の逆作用×逆淘汰×他の脅威への危機感×同調性バイアス＝超正常性バイアス］

となる。

数式的に表現すれば、

Super Normalcy bias=f(N,P,A,O,S)

N:Normalcy bias, P:Prejudice of experience, A:Adverse selection, O:other threat, S:syncing bias

となり、かけ合わさる要因が多くなるほど、【超正常性バイアス】は強くなると考えることができる。

つまり、大川小学校では、こうした条件が重なることで、「ここにいれば大丈夫なはずと思いたい」【正常性バイアス】は、「ここにいれば大丈夫」という【超正常性バイアス】というべき集団的確信となり、情報や「津波がくるから山に逃げて！」という避難を訴える声もその【超正常性バイアスの壁】に阻まれ、危機が目前に迫るまで意思決定することができずに多くの命が失われる事故につながってしまったのだ。

意思決定の停滞を生んだ【リスク天秤バイアス】

大川小学校では【超正常性バイアス】に支配される状況にあったが、15時30分を過ぎると、ラジオ放送により津波の高さが10m以上と引き上げられ、「津波がきたぞ！」と津波襲来を告げる声が聞こえる中で、津波襲来のリアリティは高まり、教頭の「本当にここにいて大丈夫なのだろうか」「ここにいては危険なのではないか」と津波に対する危機感は増大していったと考えられる。

しかし、教頭は教務主任から「津波がきますよ。危なくても山へ逃げますか」と聞かれるが、答えられずにいた。裏山への避難は地元教諭により反対されており、実際余震が続く中で裏山を登らせたらケガする児童が出る可能性はあり、その場合津波がこなかった場合には責任問題になる。そうして、津波がこなかった場合のリスクと津波が襲来した場合の命の危機を天秤にかける【リスク天秤バイアス】という心理状態に陥り、意思決定しかねていたと考えられる。

そんな中でも地元の権威の同意が得られれば裏山に登らせることができると考えたのだろう、教頭は「山に上がらせたいのだけど無理はありますか」と、地域に詳しい4、5人の地域住民に同意を求めるが、この地区は津波被害にあったことがなかったことから【経験の逆作用】が強く働いており、またその時点で危機を察知した人はすでに高台に避難していたことから（逆淘汰）、同意は得られなかった。

その時点で、教頭の中にあったベストの選択肢である裏山への避難という選択肢はなくなったのだろう。地域に詳しい住民の「ここまでくるはずがないから三角地帯に行こう」という提案を受けて移動を開始してすぐに北上川の堤防を越流しながら流れる津波を目撃するが、「津波がきているから急いで！」としか言うことができず、大川小学校の事故は起きてしまった。

以上、【超正常性バイアス】と【リスク天秤バイアス】という意思決定の停滞を招いた心理的要因に焦点化して、なぜ大川小学校の事故が起きてしまったのかをみてきた。

〈危機管理マニュアルの不備により、津波の際の避難方針や避難場所が決まっておらず、避難訓練もしていなかった〉大川小学校において、このように何重にも意思決定の停滞を招く心理に支配された場に、仮に津波の知識も経験もない3・11前のあなたが放り込まれて、教頭や教諭の立場で意思決定しなければならなくなったらどうかとリアルに想像してみてほしい。【超正常性バイアスの壁】を打ち破って必ず裏山に避難させたと言い切れる人が、いったいどれだけいるだろうか。

これは、だから仕方がなかったのだと言いたいのではない。そうではなく、だからこそ、事前に津波の際の避難方針を定めておく必要があったし、一度でも避難訓練をしておけば、意思決定の停滞が起きる余地はなく、全員助かったのだ。第1部では、大川小学校では「危機管理マニュアルが見本の『近所の空き地・公園等』のままで津波避難用になっていなかった」こと、「津波防災の研修内容の報告や周知がされていなかった」こと、そして「津波の避難訓練を実施してなかった」こと、「保護者への引き渡し訓練や防災用児童カード作成を中断した」ことが明らかになっており、これをカテゴリー《学校側の先延ばしによる避難マニュアルや避難訓練の不備》としてまとめたことを思い出してほしい。

《学校側の先延ばしによる避難マニュアルや避難訓練の不備》があったがために、【正常性バイアス】【経験の逆作用】【他の脅威への危機感】【逆淘汰】【同調性バイアス】といった心理（事象）に支配される余地が生まれ、【超正常性バイアス】というべき集団心理が形成され、事故が起きてしまったのだ。

繰り返して指摘してきたように、限られた知識、経験、時間の中で、これだけの意思決定に不利な条件が重なった場に置かれて迅速かつ的確な意思決定をすることは、極めて困難になる。教頭も教諭たちも、そして避難所指定されていた校庭に避難してきた地元住民も、こうした超正常性バイアスというべき集団心理が支配する極めて不利な「舞台」に立たされた被害者でもあるのだ。もし津波研修の内容が共有されていて、津波の際は高台に避難するとマニュアルが決められていて、一度でも高台への避難訓練が行われていたならば、教頭も迷わず高台への避難を決め、6年担任も先頭に立って子どもたちを高台に導き、地域住民もそれに続いたに違いない。いわば大川小学校の舞台設定（条件）が悪かったのであり、だからこそ、舞台にあがった人の中で誰が悪かったのかと犯人捜しをしても、再発防止につながることはないのだ。

このように、大川小学校の校庭で生じたと考えられる人々の心理を概念化し、構造化していくことで、人ではなく、現象にフォーカスして、なぜそうした事故が起きてしまったのかを明らかにしていくことができる。そして事前の避難方針を決めておくことや避難訓練がいかに大事なのかをはじめとして、予測可能性と制御可能性を備えた再発防止につなげていくことが可能になるのだ。

第7章

教員組織のクライシスマネジメント

——組織的過失の土壌「事なかれ主義」の学校経営

大川小学校の組織運営のあり方を検証する

組織のマネジメントという観点からみれば、この事故を引き起こす本質となる《学校側の先延ばしによる避難マニュアルや避難訓練の不備》は日頃の組織運営の結果である。では、大川小学校はどのように経営されていたのだろうか。本章では再発防止のために、大川小学校の日頃の組織運営のあり方を検証する。

まずその鏑矢として、大川小学校の日頃の組織運営とはいったいどのような方針のもとで経営されていたのか？ という問いから考えてみよう。

大川小学校はどのような理念で経営されていたのか？

組織のマネジメントを考える際に、その組織がどのような理念に基づき運営されてきたのかが、最も重要なポイントになる。なぜなら理念とはその組織の最高関心であり、その組織が最も重視すべき指針であり、価値判断の起点になるべきものだからだ。

この点について、大川小学校に通っていた6年生の次女を亡くし、女川中学校防災担当主幹教諭も務めていた敏郎氏は、遺族でもあり学校の教諭でもあるという独自の立ち位置から、次のような想いのもと「大川小学校事故検証『事実情報に関するとりまとめ』に基づく意見書」を提出している。

「先生方を責めるのではありません。事実を隠し、そっとしておくことが先生方を守ることではないのです。教育委員会・遺族の立場を超えて、それ以外の方々とも一緒になって『命』について、考え、話し合い、伝えていきたいと思います。

あの日まで、大川小学校の教室で、校庭で光り輝いていた命の話をしたいのです。『行ってらっしゃい』と笑顔で送り出された命。恐怖の中黒い波に飲まれてしまった命。それは、守られたかもしれない命です。私たちはその命に真剣に向き合わなければならないと思っています。目指す方向は対立でも暴露でもありません」（p.1）

そして、「大川小学校だけ、なぜそういった組織になったのか」を掘り下げる必要があるとして同意見書において、大川小学校という組織について、最も深く本質的な考察を行っている。したがって、ここではその文献を参照しつつ、また氏への独自のインタビューに基づき大川小学校の学校経営について検討していく。

佐藤氏は「大川小学校における備えの杜撰さ、当日の意思決定の体制と、校長先生がどのような理論で学校作りをしていたかは密接な関係がある」として、その一例に、まず校長が就任した後の大川小学校の「学校教育目標」を挙げている。

まず大川小学校の校長に就任した年（平成21年度）の学校教育目標は次のようなものであった。

21年度の学校教育目標
「自ら学ぶ意欲と、思考力・表現力をそなえた豊かな心を持ち、正しい判断力のもとに行動できる、たくましく生きる力に満ちた子どもの育成を図る」
目指す児童像は「よく考える子ども」「思いやりのある子ども」「たくましい子ども」

ではその前年度である平成20年度の学校教育目標とはどのような違いがあったのだろうか。この校長が就任する前の、その学校教育目標は以下であったという。

20年度の学校教育目標
「自ら学ぶ意欲と、思考力・表現力をそなえた豊かな心を持ち、正しい判断力のもとに行動できる、たくましく生きる力に満ちた子どもの育成を図る」
目指す児童像は「よく考える子ども」「思いやりのある子ども」「たくましい子ども」

この比較から、校長は前任者の学校教育目標と目指すべき児童像をそのまま使っただけであることがわかる。しかし、就任直後は前任者の教育目標を継承することは珍しいことではない。では就任2年目の「校長自ら考案した」という22年度の教育目標はどのようなものだったか。

校長が自ら考案したという22年度の学校教育目標
「学ぶ意欲と思いやりのある豊かな心を持ち、正しい判断力のもとに行動できる、たくましく生き抜く児童の育成」
目指す児童像は「よく考える子ども」「思いやりのある子ども」「たくましい子ども」

比較してみれば、前年度に少し手を入れただけでほとんど変わっていないことがわかるだろう。敏郎氏はこれをして「校長先生が自分で考えたというのはどの部分のことでしょうか」と疑問を呈した上で、「ところが説明会では、自分で考えたはずの教育目標は『忘れた』と言って」いたことを指摘している。このことは、この校長が教育目標に関心がなかったことを示しているといえよう。

理想なき校長の「余計なことは一切するな」という裏の理念

ここから、表向きはこうした教育目標を掲げていたが、建前として掲げたにすぎなかったと推察できる。では、大川小学校の経営理念は実質的にも存在していなかったのだろうか。

理念とはその組織の最高関心であり、その組織が最も重視すべき価値判断の指針となるものであった。組織の成員は基本的にその指針に照らして価値判断し行動するため、実際に行っていた行動を重ね合わせることによって、どのような関心（価値観）にしたがって組織運営されていたか、その「裏の理念」というべきものを浮き彫りにしていくことはできる。この方法は、本質行動学における「本質観取」という方法を応用した「関心特定アプローチ」というべき新たな方法論である。この方法論については、まず実例を示した上で詳しく論じていく。

ではその校長が大川小学校で実際に行ってきた数々の施策から、裏の理念（本当の関心）を明らかにしていこう。ある遺族は著書の中で、大川小学校は校長が就任して以来、「ガラリと変わってしまった」と次のように証言している。

「何をやるにも縛りをかけられて、自由がなかった。子どもたちはみんな、わかってたんだね。学年ＰＴＡでも、これまで行われていた餅つき大会やキャンプ、肝試しなどが、火を使って危ないからと中止された。ＰＴＡバレーの学校対抗戦や反省会、育成会主催のスキー教室にも、先生方が参加しなくなった。余計なことは一切するなという態度」（『あのとき、大川小学校で何が起きたのか』p.２２４）

これまで行われていた「餅つき大会」「キャンプ」「肝試し」といった学校行事を「火を使って危ないから」という理由でことごとく中止したのは、まさに「余計なことは一切するなという態度」であり、ここからこの校長は「事なかれ主義」というべき裏の理念を持っていたことがわかる。

「ＰＴＡバレーの学校対抗戦や反省会」「育成会主催のスキー教室」に先生方が参加しなくなったのも、この「余計なことは一切するな」という校長の関心を忖度したか、具体的な指導があったかは別として、「事なかれ主義」が組織に実質的な理念として敷かれた結果と考えるほうが自然である。敏郎氏も「そうした風潮はこのときに始まったのではなく、ふだんの学校運営の中で、すでにありました。特に、平成21年度からは、様々な局面で『何かあったらめんどうなので、余計なことはしない』ということが多くありました。このことは震災以前から保護者や卒業生の話題になっています」と同様のことを指摘している。

さらにいえばこの「事なかれ主義」というべき裏の理念を置くことで、校長の「独自の学校経営理念をもたない」「学校教育目標をもたない」という行動すら、この「余計なことは一切しない」という理念のもとで一貫した理解が可能になる。

そして、今回の事故の要因となった《学校側の先延ばしによる避難マニュアルや避難訓練の不備》の具体的内容となる「危機管理マニュアルが見本の『近所の空き地・公園等』のままで津波避難用になっていなかった」ことも、スムーズな引き渡しのために進められていた防災用児童カード作成を「打ち切ったつもりはなかったんですけど、結果的にはやらないでしまった」（第3回説明会 平成24年1月22日 議事録）ことも、災害時の避難に関する研修も含む「平成22年度石巻市立小・中学校教頭・中堅教員研修会」の内容を職員間で共有することがなかったことも、すべてこの「余計なことは一切しない」という理念から起こるべくして起きたと考えれば筋は通る。

また震災の2日前、校長がいる中で震度5の地震があり、津波注意報が発令された際に、結果として注意報が解除されるまで校庭待機となり、「自然と休み時間のようになっていた」ことも、「余計なことは一切しない」という学校経営の理念に沿っていることがわかる。

このように真実は行動に表れる。より正確にいえば、行動が重なったところに現れる。人間は、関心に応じて価値を見いだし、行動することから、様々な行動の重なり合ったところに真の関心があるとみなすことができる。

コンプライアンスが大事だと言っている経営者は世の中にたくさんいる。しかし言葉ではなんとでも言える。真実はその人の行動に表れる。経営者が、コンプライアンスが大事だと言いながらも、実際にはコンプライアンスを軽んじて成果を上げている部下を重宝し、出世させて、逆にコンプライアンスを重視する言動をとる部下を煙たがり、左遷したりしていたならば、そうした一連の行動の中心にある本質は、コンプライアンスではなく、成果（利益）を上げることである。そのように本質を観て取ったならば（本質観取）、優秀な人ほどその関心にかなう行動をとるようになる。こうして周囲の人はその経営者の本当の関心（価値判断の起点）を的確に把握する。

この本当の関心をみて取り、それにかなう行動をすることを「忖度」というのだ。こうして組織は誰も命じることなくとも、トップの関心が忖度されることにより、その関心に照らした価値が実現されていくことになる。これは、一連の行動から本当の関心を逆算し、浮き彫りにしていくことができることを意味する。

組織の理念とは、組織の最高関心のことである。それは明文化されているものと一致していることはあるが、そうではないことも少なくない。その場合は、書いてある形式ではなく、一連の行動に本質――本当の関心が表れている。繰り返すが、人間が行動するのは価値を見いだすからであり、その価値判断の起点には関心があるからだ。これは「本質観取」という現象学の方法論を応用した組織の本質（関心）を観て取る「関心特定アプローチ」という新たな方法論なのである。

　さてこの関心特定アプローチによって大川小学校の校長の様々な行動の中心にどのような関心が浮かび上がってくるかみてみよう。「餅つき大会を中止」「キャンプを中止」「肝試しを中止」といったように学校行事を「火を使って危ないから」という理由でことごとく中止したこと、「ＰＴＡバレーの学校対抗戦や反省会」「育成会主催のスキー教室」に先生たちが参加しないようにしたこと、「前任者の経営理念や危機管理マニュアルの見本をコピー＆ペースト」したこと、「防災用児童カード作成を中止」したこと、「教育委員会に対してはマニュアルの形式だけ整えてやったことにして報告し

餅つき大会を
中止した
キャンプを
中止した
育成会主催の
スキー教室に
先生たちが
参加しないようにした
防災用児童カード
作成を中止した
教育委員会に
対しては
形式だけ整えて
やったことにして
報告した
前任者の経営理念や
危機管理マニュアルの
見本を
コピー＆ペースト
PTA バレーの
学校対抗戦や反省会に
先生たちが
参加しないようにした
肝試しを
中止した
校長の関心
・「何かあったらめんどうなの
で余計なことはしない」
という、事なかれ主義

図２　関心特定アプローチによる校長の関心の同定

た」といった一連の行動から、この校長の学校経営に関する最大の関心、すなわち大川小学校に敷かれていた実質的な経営理念は、「何かあったらめんどうなので余計なことはしない」「余計なことは一切してほしくない」という「事なかれ主義」にあったといえる。

このことを踏まえると、この「事なかれ主義」というべき平時の組織運営のあり方が、《学校側の先延ばしによる避難マニュアルや避難訓練の不備》をもたらし、またあの日の校庭の意思決定を停滞させ、2日前の前例を覆す「裏山への避難」という新たな意思決定を阻害する遠因となったことがわかる。遺族であり同じ教諭でもあった佐藤敏郎氏の「大川小学校における備えの杜撰さ、当日の意思決定の体制と、校長先生がどのような理論で学校作りをしていたかは密接な関係がある」という指摘は、極めて的を射たものと言わねばならない。

組織のリスクマネジメントのあり方を精査するアセスメントシート

以下では、ここまで明らかにしてきた大川小学校の日頃の組織運営のあり方を、クライシスマネジメントの失敗の典型事例に位置づけ、それを反転させる形で、他の学校経営のみならず、組織経営全般のリスクマネジメントのあり方を精査可能なアセスメントシートを提示する。

このアセスメントシートは、その組織の成員、およびその関係者が「そのように感じる」かどうかで直観的にチェック（✓）を入れていくものだ。

以下各項目を解説する。

組織のクライシスマネジメントに関するアセスメントシート

	チェック項目	該当（✓）
1	理念が形骸化している	
2	組織が掲げている理念に反する行動をトップやメンバーがとっている	
3	実質的に表に掲げられている理念に反する裏の理念のもとで運営されている	
4	事なかれ主義に支配されており、不都合なことは「なかったこと」にしている	
5	リーダーとして適性のない人がトップをやっている	
6	メンバーに理念が共有されておらず、足並みが揃っていない	
7	このままではまずいのではと思っても言えない雰囲気がある	
8	率直に思っていることを話し合うことができない	
9	本質が見失われており、形式だけ整えることに終始している	
10	トップやメンバーが理念への貢献ではなく自分の利益にばかり関心をもっている	

組織の理念とは、その組織の最高関心であり、存在理由でもある。「理念が形骸化している」組織は、その存在理由を果たせなくなっているという意味で本質的に危険な状態にある。

またそれは「組織が掲げている理念に背反する行動をトップやメンバーがとる」ことに現れ、またそれは「実質的に表に掲げられている理念に反する裏の理念のもとで運営されている」状態でもある。

「事なかれ主義に支配されており、不都合なことは〝なかったこと〟にしている」組織は、現実を見据えたマネジメントできない危険な状態にある。なかったことにしても、あるものはあるからだ。

「リーダーとして適性のない人がトップをやっている」こと自体も大きなリスクである。トップの関心により組織は左右されるし、リーダーとしての適性がなければ組織は機能不全に陥るためである。

「メンバー間で組織が公的に掲げている理念が共有されておらず、足並みが揃っていない」ならば、組織が理念のもとで一つになり、その理念を実現していくことはできないため、やはり本質的に危機的な状況にあるといってよい。

「このままではまずいのではと思っても言えない雰囲気がある」ようだと、まずい方向に向かうことを阻止できないため、やはり非常に危険な状況にあるといってよい。組織の状態を間近で感じている成員がこのままだとまずいことになると感じているのだから、遠からず失敗することになる。

「率直に思っていることを話し合うことができない」ということは、やはりリスクやその回避方法についてもフラットに話し合えないということであり、非常にリスキーな状態にある。

また「本質が見失われており、形式だけと整えることに終始している」以上、組織の本質的な役割を果たすことはできない。本質に沿っていれば必ず成功するわけではないが、本質から外れたものは必ず失敗する。

「トップやメンバーが理念への貢献ではなく自分の利益にばかり関心をもっている」場合、本当に大事なものを見失い、それぞれが自己保身、自己利益の最大化に走ることになるため、適切な危機回避やコンプライアンスの維持ができなくなる。

「組織のクライシスアセスメントシート」使い方の留意点

以上が大川小学校の平時のマネジメントを失敗事例に位置づけ、その失敗の本質（構造）を踏まえた、「組織のクライシスアセスメントシート」である。

これは「できていると言い張ればよい」という形式主義のもとで濫用してはならない。そのような使い方をしてもまったく意味はない。また実際にできていることが重要であり、「できているつもり」でも意味はない。

現状を正しく認識するためには、余計な忖度が働きにくくなるよう、記入者がブラインドされる形で、完全に匿名性を保った上で、様々な立場の関係者（ステークホルダー）にアンケートをとるのがよいだろう。

基本的にはいずれの項目も密接に関連しているので、問題があるときは多くの項目に✓が入ることが多いはずだ。もっとも、組織との相性が悪く、気にくわないという感情のもとですべての項目に悪くつける人もいる可能性はある。その際にはその割合が5％以内であれば、それほど気にしなくてもよいかもしれない。しかし、特定の項目について、それなりの割合の人たちが✓を入れている項目があれば、そこにはリスクがあると考えて真摯に対応したほうがよい。各自、状況と目的に応じて項目をアレンジしてもよいだろう。健全な組織作りに活用してもらいたい。

このクライシスアセスメントシートで問題があるとみなされた組織は、津波、地震や水害、火災といった災害時のリスクのみならず、いじめや自殺、不正、コンプライアンス、機能不全といった点でもリスクが高いと予測し（予測可能性）、予測したことに対して介入したり対策を講じ（制御可能性）、再発防止につなげることが可能になる（再現可能性の逆使用）。

これは予測可能性と制御可能性、再現可能性といった科学の本質を踏まえた組織のサイエンスであり、本質に沿って望ましい状態に変えていく「本質行動学」（Essential Management Science）の組織行動における実践に他ならない。

第8章

事故対応のクライシスマネジメント

――石巻市教育委員会の事後対応を検証する

石巻市教育委員会の事後対応による二次被害

大川小学校の事故が「大川小学校の悲劇」と呼ばれるとき、あの日の校庭で起きたことだけを指すのではない。その後の石巻市教育委員会（以下、市教委）の不都合な事実をなかったことにする不誠実な事後対応は、子どもや家族を亡くした遺族をさらなる絶望に追い込んでいくこととなった。そのため、大川小学校の事故の「二次被害」という側面をもっている。

今後、このような二次被害を防止するためには、事故後、学校や市教委はどのような対応をしたのかを概観していき、またその一連の行動をもたらすことになる構造（中心となる関心）を把握していく必要がある。その前に、その事後対応が遺族にとってどのような意味をもっていたかを理解するため、津波到達後に遺族が体験した惨事の一端を確認する。

大川小学校の事故については、市教委の事後対応も含め、遺族がどのような経験をしたかについては、新聞、雑誌をはじめとして多数の記事が出ているが、中でも池上正樹と加藤順子がインタビューや現地調査に基づいてまとめた『あのとき、大川小学校で何が起きたのか』（以下『あのとき』）が最も詳しい。またそこに記述されている内容は、他の新聞記事や筆者が遺族から直接聞いた話とも重なることから信憑性も高く、この本は一般の人もアクセス可能な一次資料に基づく文献となるため、事後対応については適宜この書籍を参照する。

事故後大川小学校の「遺族」となるということ

２０１１年3月11日15時37分、津波が大川小学校に到達。

翌日から「大川小学校はダメだった」という情報が広まり、次々と遺体が上がり始める。

女川の中学校で生徒を安全に高台へと導き、避難所となった学校を運営していた佐藤敏郎氏（以下、敏郎氏）は、震災後の2日後の13日午後、2時か3時頃、石巻からの道路がつながり、「先生方も帰っていい」と言われたが、帰る気はなかったという。そんな敏郎氏のところに、妻が長男とともに瓦礫を越えて尋ねてきたことを次のように述懐している。

「私は、3月11日、12日は中学生と一緒に女川に泊まっていました。13日の午後に瓦礫だらけの中、歩いてうちのかみさんが会いにきてくれました。佐藤家で一番つらい思いをしているのは、女川にいる私だと思っていましたので、笑って迎えました。そのときは。「いやいや、お母さん、何しにきたの。大丈夫だよ」って言ったら、うちのかあちゃん、私の顔見るなり、「みずほの遺体が上がった」と言いました。娘の名前のその後に、「遺体」「上がる」という言葉。全く想像していなかったです。私は涙も出ませんでした。うちのかあちゃん、私にその言葉を言った途端に、わーっと泣き崩れました。きっと瓦礫の中を何㎞も歩きながら、「お父さんに何て言おう」と思いながらきたんだなと思いました。で、その日の夜、3月13日の夜に家にたどり着き、14日の朝、夜明けとともに車で向かったんです。堤防は消えていました。橋もなくなっていたので、もう船で、小さな船で行きました。子どもたちがこの脇にずらっと並べられていました。小さい子どもたちが。うちの娘はその中にいたんですけれども、忘れられないですよね。自分の子とか近所の子、みんな顔を拭いてあげて。眠っているような子もいれば、苦しそうにしている子もいれば、服が脱げた子もいれば、言葉では言えないような状況でした。みんなで顔を拭いてあげて、名前を変えてあげて、トラックに積んで、運んでもらいました」

こうして「学校だから大丈夫だろう」と安心していた遺族たちは、最悪の事態に直面することとなる。

遺族の一人、KHさんは、大川小学校がある地区とは山を挟んで南側に位置する雄勝地区の医療機関で仕事をしており、津波襲来後は患者を全員帰宅させた。車でラジオを聴いていた医薬品会社社員がきて「高いところへ逃げたほうがいい」と言うので、着の身着のまま、みんなで車に乗り合って雄勝峠に向かい、「余震が続いて、トンネルがくずれるんじゃないかと怖いながら」も峠に上った。その後、大川小学校の近くに位置する雄勝峠に避難して、車中で一晩を過ごした。

翌日に峠を下ると、自分の集落は家が一軒も見当たらないほどの惨状だった。裏山を越えたところにある工場で大川小学校の教務主任を見つけ、「先生、学校、どうなってんですか?」と尋ねたが、「何がなんだか、さっぱり……」としか言わなかったという。

その後、そこで出会った大川小学校の生存児童から息子の様子を聞いた。

「C君から〝◯◯ちゃん転んだんだ〟って言われて……。一緒に走っていたら、転んで、ジャンパーの首根っこをつかんで立たせようとしたけど、◯◯ちゃん、立てなかったんだって。後からきたD君も〝逃げるとき俺が前になっていて、◯◯ちゃんが後ろになっていた。流れるとき、◯◯ちゃんに押された〟って言うの。〝うちのは？〟って聞いたっけ、D君は〝浮いてた〟って」（『あのとき』p.２２７　同書には実名（実際の呼び名）で記載されているが、ここでは伏せた）

その瞬間、「ああ亡くなったんだな」という、「あきらめともいえる覚悟を決めた」という。KHさんは次のように語っている。

「だから最後に、走って立てなくなったって聞いて、波を見て、おっかなかったんでねえかって。腰を抜かしたと思うのね。腰を抜かして立てなくなったという状況を考えると、本当に、なんぼおっかなくて恐怖だったんだろうって。（中略）◯◯なんか、棺に入れても、血の涙をダラダラ流して、拭いても拭いても、目から血の涙が出てくるの。何回拭いても、次の日また、血の涙を流して……（涙）、なんぼ死にたくなかったんだろうって……。誕生日に買ってきたジャンパー着てて、綿だから水を含んで、重たくて重たくて。そんなの着せないで、もっと身軽にしてあげれば、動きやすい格好させてあげればよかったってさ、いろんなことを考えるの」（『あのとき』p.２３１）

ＫＨさんは、大川小学校6年生だった息子と、その帰りを家で待っていたと思われる高校3年生の長女、高校2年生の次女の子ども3人全員と、夫の両親、合わせて家族5人を亡くし、自宅も津波に流された。

石巻市教育委員会の事後対応の経緯

遺族らがこうした筆舌に尽くしがたい現実に直面する中、震災後の大川小学校の校長、および石巻市教委はどのような動きをしていたのだろうか。ここでは引き続き遺族であり当時教員でもあった敏郎氏の「大川小学校事故検証『事実情報に関するとりまとめ』に基づく意見書」にあるタイムライン表を参照し、適宜、事後対応について詳しい『あのとき』『石巻市立大川小学校「事故検証委員会」を検証する』（以下『検証』）から引用しながら市教委の行動を概観していく。

3・11以後の石巻市教育委員会の事後対応のタイムライン

【3月11日】大川小学校に津波到達。翌12日から多くの児童や教員、および地域住民の遺体が上がりはじめる。

【3月15日】唯一の生存教員である教務主任が校長にメールで大川小学校の状況を報告したが、後に校長がこのメールを削除したことが判明。その内容は、後日立ち上げられた石巻市立大川小学校「事

故検証委員会」において「1名しか助けられず、大川小学校は壊滅状態。生存児童20名程度」というものであり、後日復元を試みたが復元できなかったと校長が証言している。

【3月16日】校長が「校庭避難、引き渡し中に津波」「油断」と状況を報告していた。実際一人の職員が校庭に残って亡くなっており、これは学校側が津波到達まで避難できなかったことを認識していたことを意味する。しかし、この記録は2012年6月に指摘されるまで一切公開されなかった。

【3月17日】校長は遺族からの批判を受けてはじめて報道陣とともに大川小学校に行く。筆者は、その際に校長と同行したという新聞記者と他の取材を受ける中で話す機会があり、そのときの校長の様子は「落胆し呆然とした様子だった」ということであった。

後日立ち上げられる大川小学校の「事故検証委員会」では、学校管理責任者である校長の初期対応のまずさについて、「校長はなぜ、生存児童の確認に行かなかったのか?」、「校長は震災時、速やかに学校に復帰するのが当然の職務。災害時の校長の行動が、学校の意思決定に大きな役目を果たしていくことをどのように思っているのか?」といった質問が相次ぎ、調査担当の佐藤健宗委員は、「当時、校長は教育委員会と連絡がつかなかったとしても、自分が責任者である小学校の現状を確認に行くべきだったのではないか。少なくとも、震災

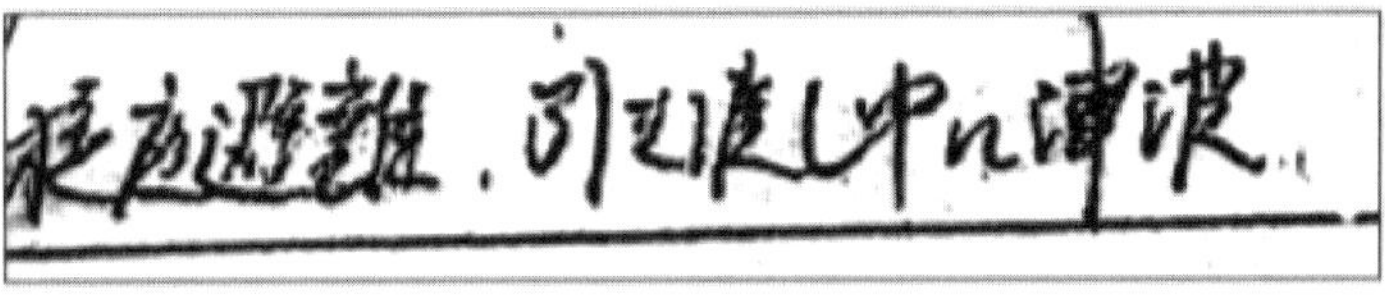

この画像は『小さな命の意味を考える――第二集石巻市立大川小学校から未来へ』p. 12より引用

の翌日朝には、大川小学校に行ける可能性は高かった」と述べている（『検証』p.187）。

【3月25日】教務主任と校長が市教委に報告する。4月9日の市教委による第1回説明会での教務主任の説明はこのときの報告に基づいているが、後に確認するように、教育委員会により添削、加筆された部分が散見される。またこのときのメモ等はすべて廃棄された。

【3月29日】遺族への説明がないまま、生存児童の登校式を実施する。校長は生徒に「お友達少なくなったね」と呼びかけ、その様子がテレビで報道される。


「3月29日に当時の校長が（残った生徒）で登校式を行ったという話は、その頃住んでいた自宅が停電だったため、テレビがつかず、全然知らずにいた。

しかし、たまたま避難していた先で、テレビをみていた人から、「まだ捜索しているときに登校式だってよ。校長先生がテレビに映って、〝笑顔で明るい小学校を〟とか言っていたぞ。何考えているんだ！という連絡が入った」（『あのとき』p.236）

この引用にあるように、当時、まだ行方不明者の捜索をしている中で、「お友達少なくなったね」「笑顔で明るい小学校を」と校長が呼びかけたという報道を目にした遺族の多くは、その内容に強い違和感を覚えたことがわかる。

【4月9日】報道関係者をいっさい入れず、遺族向けの第1回説明会が実施される。校長はこのとき、津波避難先が「高台」となっていたものの、どこの高台かは決めていなかったと説明したが、第2回

の説明会時にそれが嘘だったことが判明。この第1回説明会が、唯一生き残った教務主任が出席した最初で最後の回となる。教務主任が経緯を遺族に説明したが、他の複数の証言者の証言との矛盾点があまりに多く、その後虚偽の証言箇所が明らかになっていく。[2]

【5月初旬〜中旬】教育委員会が保護者が迎えにきて助かった児童やその保護者、津波に飲まれて助かった生存児童らに聞き取り調査を行う。しかし、後日情報開示によって、簡単な記録しか残されておらず、メモもすべて廃棄されたことが明らかとなり問題となる。また、教務主任が校庭に避難する際に、「山だ！　山！」と叫んでいたことや、山に逃げようと訴えていた児童がいたことについては、証言したという児童がいるにもかかわらず、教育委員会の聞き取り記録にはいっさい証言が載っておらず、これも後々まで問題となった。[3]

【6月4日】教育委員会による遺族への第2回説明会が開催される。前回同様、報道関係者の取材は許されなかった。この回には石巻市の亀山紘市長が初めて出席し、「自然災害の宿命」と、さも不可避だったといわんばかりの発言をしたことで、遺族の心にさらなる傷を負わせることになる。また第1回で「倒木があった」としていたが、倒木は一本もなかったという遺族の指摘を受け、「倒木があったように見えた」に訂正した。また前回、校長が「津波避難時は『高台』とされていたが、どこの高台かは決めていなかった」と説明した件につき、実際の避難マニュアルには、地震時のマニュアルの見本である「近隣の空き地・公園」のままになっていたことが明らかとなる（大川小学校の近くに児童全員が集合できる「空き地・公園」はない[4]）。

この第2回説明会は、冒頭で「今日の説明会は1時間程度」という宣言があり、質疑の途中で「時間なので」と一方的に打ち切られた。1時間半ほどで終了して、遺族が納得していないにもかかわらず、説明会はこれが最後と遺族に伝えられた。終了後、取材陣の質問に対して市教委の山田教育課長は次のように答えた。

記者「説明会はこれで終わりなんですか?」
教育課長「終わりです。はい」
記者「3回目はない?」
教育課長「ありません」
記者「参加者の方はそれで納得したのですか?」
教育課長「まあ、そのあと、何もなかったですね、えええ」(繰り返しきょろきょろと周囲に目を泳がせながらさも納得が得られたように示唆する)
(TBC報道番組より)[5]

このように市教委側が一方的に説明会を打ち切っておきながら、さも「遺族は納得した」かのように答えたことは、遺族をさらに傷つけるものになり、このときに「とどめを刺された」と評した遺族もいる。[6]

【6月25日】様々なメディアが市教委の不誠実な対応を批判したことを受け、境直彦教育長は就任記者会見の中で、再調査と遺族との対話継続、遺族の全家庭を訪問することを明言。

【8月21日】報道によって、教育委員会が加藤主事が中心となり5月の聞き取り調査のメモをすべて廃棄するよう指示していたことが明らかになる。その報道を受けて市教委は再調査実施を決める。
【10月】市教委は迎えに行った保護者などに聞き取り調査を実施。教育長の遺族訪問は途中で中断。あの日校庭にいた唯一の生存教諭である教務主任はドクターストップにより連絡がとれない状況にあると説明（これについては後述）。

２０１２年（平成24年）
【1月22日】半年ぶりに第3回説明会が行われる。第2回説明会（前年6月）の内容に、以後11月までに関係者から聞き取った内容を加えた時系列の表を提示して説明し、避難開始は津波到達7分前の15時30分頃に変更。またこの場で教務主任が第2回説明会の前日の２０１１年6月3日に学校にファックスしたという校長宛、保護者宛の2通の手紙が公開される。このことを知っていたのは市教委指導主事の2名のみであり、他の職員は1月の説明会の打ち合わせまでその存在は知らなかったという。第2回説明会後、「説明会は行わない」と言っていたことから、このファックスの存在は「なかったこと」にしようとしていたことが白日の下となる。
またこの日、マニュアルの不備だけでなく、年度当初活用するとしていた防災用児童カードを全く活用せず、また引き渡し訓練を一度も行っていない等、事前の杜撰な防災体制が明らかとなり、一部人災の面もあったことを教育長が認めた。
【3月18日】第4回説明会を開催。避難開始時間について、震災から1年すぎたこの日、ようやく避

難開始から津波到達までの時間は1分もなかったことを教育委員会が認めた。他方で、第2回説明会での報道陣向けの説明資料では、『ここって海沿いなの』という女の子や『山さ逃げよう』という男子がいた」と説明していたにもかかわらず、児童の聞き取り調査の報告書にその記載はなく、またこの説明会で「山に逃げよう」という子どもがいたことを市教委としては「おさえていない」としたため、この後も再三問題視されることになる。またバス運転手がバスでの避難を訴えたことも市教委側は「確認できない」として否定した。

【4月〜5月】市教委の大川小学校担当者だった指導主事2名が、ともに市内の小学校の校長に異動となった。メモを廃棄するなど隠蔽工作を重ねた指導主事が校長に出世し、新たに教育委員会に入ったばかりの何も知らない2人が後任となり、継続的な対話の条件が絶たれたことについては遺族からも問題提起され、加藤指導主事と境直彦教育長との次のようなやりとりが記録されている。

SK　通常業務の中のメモじゃないんですよね。（児童が）74人死んでいる報告—調査書ですよね。それを捨てるというのは、公務員としてはどうなんですか？

加藤　それに対しては、大変申し訳なかったと思っています。この前も謝りました。本当に申し訳ありません。

SK　こういったことをやっている人が、教育委員会から校長になって、何らおとがめもなしに、処分もされず、石巻市の教育長としては、どうお考えですか？

境直彦教育長　本当にメモを捨ててしまったことは、前にも、私のほうからもお詫び申し上げましたが、今後こういうことがないように、教育委員会内でも、文書管理を、全力を挙げて徹底していきたいと考えております。(『あのとき』p.108)

調査メモを廃棄したり、唯一の生存教員である教務主任からのファックスをなかったことにしようとしていた加藤主事がその後校長に昇進したことは、その一連の行為が石巻市教育委員会という組織にとって「望ましい状態を実現すべく尽力した」と評価されたということに他ならない。つまり加藤主事の行動には石巻市教委の意思が反映されていると考えてよい。

【6月初旬】市教委が「第三者に検証を委託するという事業に2000万円の予算を計上」と報道が出る。遺族への事前の相談はいっさいなく、第三者は市教委が契約するコンサル会社を選び、遺族も市教委も検証には入らないとのこと。また震災5日後の2011年3月16日に、校長が市教委に報告したときの報告書が明らかになる。「引き渡し中に津波」「油断」等の記載があり、市教委は回答書と記者会見でこの報告は校長が避難所等で側聞した内容なので真実ではないと説明したが、校庭にいた人はほとんど逃げていなかった可能性を震災直後に把握していたことが判明した。つまり「津波が目前に迫るまでほとんど避難行動をとらなかった」という事実を把握していたにもかかわらず、「なかったこと」にしていたことが明らかになった。

【7月8日】第5回説明会が開催される。震災4日後の3月15日に教務主任が校長にメールで状況報告した内容について、「曖昧だったためメールデータは削除した」という事実が判明。[7] 教務主任からファックスが届いた状況や、なぜ半年も公表されなかったのかについての質問が出るが、市教委側は

明確には答えていない。校長からファックスを受け取った加藤主事は「個人ファイルに綴じて」新しい担当者への引き継ぎもしていなかったと釈明した。

また第2回説明会では加藤主事が「『山さ逃げよう』とかいう男子がいたが、そのまま引き渡しを続けた」と経過説明していたにもかかわらず、加藤主事がとりまとめた2011年5月の「聞き取り調査記録」の中には記載されていなかった。そう証言したのに載っていないという複数の児童がいることを遺族側から指摘されるが、加藤主事は「いま、おっしゃったことは、はっきりいってわかんないですね」と認めなかった。他方、山田教育長は「先ほど『山さ逃げよう』と言った男子がいたということは、間違いなく説明会で説明しておりますので、その当時は、当然認識していたと思います」とした。この点について、7月の後日、児童への聞き取り調査などを行った加藤主事は取材に対して、「『ここって海沿いなの』という女子」と書くと「『山さ逃げよう』という男子」とつい書きたくなると「『山さ逃げよう』という男子」と書いた理由を答えた。

【8月21日】市教委が震災後1年5カ月経って初めて現地での調査を実施。逃げた距離は先頭の子で180m程度であったことが明らかになる。またキノコ栽培をしていた裏山には1分程度で避難できることが確認された。

【8月26日】第6回説明会。同月21日に実施した現地調査の報告と、第三者による検証委員会について市教委が説明。亀山市長が市議会での質問に答え「私自身のとらえ方として、自然災害のやむを得ない事情があったということで『宿命』という言葉を使った。言葉が足りなかったところはある」と陳謝していた[8]が、1年2カ月ぶりに出席したこの説明会では一転、「謝罪するのはおかしい」と発言

した。しかし敏郎氏に「学校管理下で子どもを亡くした遺族の前で使うべき言葉として適切ではない」と指摘され、最終的に「憤りを覚えたのであればお詫びする」と述べた。

また教務主任からのファックスは学校に届いた後、校長は市教委に持参したと述べ、7月の説明会で、ファックスで送られてきた手紙をさらにファックスしたと言ったのは「記憶違い」であったとした。2011年5月の聞き取り調査で証言した「山へ逃げようという児童がいた」という児童について引き続き議論になったときのこと。聞き取り調査を行った加藤主事が「具体的には誰なんですか？」と質問した際、もう一人の指導主事が口の前で人さし指を立てるしぐさをしたことから、口止めではないかと物議をかもすこととなったが、この指導主事は河北新報の取材に「私は考えをするとき口に指をあてる癖がある」と答えた。

後日、この指導主事は議会で「個人名を出さないように、という意味だった」と釈明したが、他にも個人名が頻繁に出ていた中で、なぜそこだけ口止めしたのかの説明にはなっておらず、ある遺族は「何かを隠そうとしているのは確か」と述べている。

また、生存児童T君の父親が、「自分の息子が、山に逃げようっていう男の子がいたっていうけどどうなの？　って（加藤主事に）聞かれた」と証言したが、それに対して、千葉指導主事は「子どもたちが嘘を言っているとか、言っていないとか、いうことは全然思っていません」としながらも「ただ、記憶は変わるものだという風に思っていますけど」と発言し、証言した児童の記憶違いであることを示唆した。なお、この生存児童T君は、ジャーナリストの取材に対して「ほら、『六年生が山に行こうって言ってたけど、ほんとですか？』って聞かれて、『はい、そうです』って言ったからよく覚えている」と述べている（『検証』p.39）。このように生存児童の発言は当初から一貫しており、最初の証言は2011年の5月であり、記憶が変わるような時期のものではなく、実際に、第2回説明会の市教委の資料でも「『山さ逃げよう』とかいう男子がいた」ことは報告書に明記してある。

【9月2日】大川復興協議会の協力で震災当時の様子を知る地域の人の証言を、遺族と市教委が一緒に聞く機会を設け、逃げた距離、時間などの情報を共有。当時は、すでに側溝から水が噴き出していたことなどがわかった。

【9月5日】文科省が「津波により児童生徒等が犠牲となった事例の検証」として「東日本大震災の教訓を今後の防災教育・防災管理に生かすため、学校管理下で津波により児童生徒や教職員が犠牲となった事例に関し、関係自治体が実施する児童生徒等の避難行動等の検証に関する取組について、国として技術的・専門的観点から支援する」という方針を発表した。

【10月28日】第7回説明会が開催。遺族有志がこれまで調べた事実と見解を発表した。検証のポイントとして①なぜ意思決定が遅れたか（救うための十分な条件がありながら逃げた時間と距離はほんのわずかであった）②なぜ川の袂の堤防道路である「三角地帯」に向かったのか、の2点を示した。また話し合いの中で、校長は面会できないはずの教務主任に23年の11月に会っていたことが判明。市教委は慌てて「知らなかった」と弁明。この後検証委員会がスタートしたことを理由に、説明会は約1年後の2013年10月まで開催しなかった。

ここまでが石巻市教育委員会の事後対応の経緯である（これ以降は文科省主導の検証委員会に実質的に巻き取られることになるため、それについては次章で論じる）。

不都合な事実を「なかったこと」にする教育委員会

　聞き取り報告書の内容に疑義が呈されたら、当然だがそのもとになった聞き取り時のメモや、関係者から提供されたメールなどの一次資料に当たって再確認しなければならない。ところがメモは全部廃棄され、メールも削除して残っていないというのである。遺族への説明会も当初は2回で終わりでいいと考え、マスコミに「遺族は納得した」と話したその市教委の姿勢は遺族側の反発を生み、その後も様々な矛盾点を指摘されるたびに説明を翻すなどのちぐはぐな対応が、遺族らの不信感を増幅させ続ける結果となった。

　敏郎氏は「石巻市教育委員会の姿勢がよく表れている一例を紹介します」として裏山の例を挙げて説明している。[9]

　体育館裏の山は傾斜が緩やか（傾斜9度、写真1）で、毎年シイタケ栽培の体験学習が行われていました（写真2）。時期は3月。あの日も当然のように子どもたちがここへの避難を訴えました。ところが、石巻市教委がこの場所の説明に用意した写真はこれです（写真3）。

　なんと7月11日の写真。3月に草はほとんど生えていないのに。

　必死になって何を守ろうとしているのでしょう？　子どもの命ではないのでしょうか。

こうしてみると、そもそも第1回の説明会で「倒木があった」としたことも、簡単に逃げることができた裏山の存在をなかったことにするためのものであることがわかる。こうしたことに、石巻市教育委員会が逃げられる裏山があったことも「なかったこと」にすることで身内をかばい、責任を回避せんとする姿勢が顕著に表れている。

教務主任の存在を隠蔽することに

こうして様々な矛盾が明らかになる中で、市教委は様々な矛盾が露呈し、責任を追及されることを恐れ、唯一の生存教員である教務主任にアクセスできないようにした。その様は『検証する』でも、次のように指摘されている（以下の引用にあるAとは教務主任を指す）。

写真1　体育館の裏山は傾斜が9度ほどと緩やかで、冬でも簡単に上ることができる。2018年1月。撮影佐藤敏郎。

写真2　子どもたちが裏山を上ったところで冬にシイタケ栽培をしている様子。2009年3月。遺族提供。

写真3　市教委が提出した、真夏の裏山で草が生い茂って小道がみえなくなっているときの写真。2014年7月。遺族提供。

「A教諭は、4月9日の説明会で保護者の前で証言して以降、公の場に出てきたことはない。A教諭の証言は遺族から矛盾点を指摘され、市教委の説明も二転三転していた。遺族はA先生に直接話を聞きたいと市教委に要請し続けているものの、市教委は病気療養中を理由に、「主治医の許可が下りない」と応じていない。その状況は、本稿執筆時も同じである。たとえそれが本当にドクターストップであったとしても、遺族がA教諭宛に質問をしたためた手紙を「主治医」が手渡さなかったことは、少なくとも通常の医療的配慮を超えた異常さだ。

（略）

市教委が指示を出して、A教諭を隠し続けているのではないか――。遺族たちの疑念が解消されることはなく、むしろ市教委への疑惑は、日を追うごとに深まっていった」（p.41）

このように身内をかばい、責任を回避しようとするほど、矛盾が生まれ、それを繕うためにさらにおかしなことをすることで、市教委への不信は募っていき、大川小学校の問題はメディアで取り上げられ、さらに大きな社会的問題になっていった。

宮城県教育委員会は報告書で「大川小学校の事故」の箇所だけを削除した

こうした市教委の対応は、宮城県の教育委員会にも顕著にみられる。2012年に宮城県教職員組合の執行委員長となった高橋達郎氏は、文科省と宮城県の2つの報告書を見比べて大きな違和感をもったという[10]。

2つの報告書とは、まず文科省が2012年1月に被災3県（岩手・宮城・福島）の幼稚園と小・中・高校、特別支援校に行ったアンケート調査の報告書『平成23年度東日本大震災における学校等の対応等に関する調査』である。これは2012年3月に公表されたものであり、以下『文科省報告書』と呼ぶこととする。もう一つは文科省調査の宮城県分のデータ（政令指定都市・仙台市分を除く）を提供されたものをもとに宮城県教育委員会がまとめた報告書である。これを以下『宮城県報告書』と呼ぶこととする。

高橋氏はこの『文科省報告書』とその宮城県分のデータに基づく『宮城県報告書』を読み、2つの報告書は「津波による人的被害」についての記述は200字ほどの説明で終わっており具体的な分析はほとんどなかったという。しかも双方比べて読むと「調査のまとめの文章は、数字の違いを除いて同じ文言だった」が、ただし『宮城県報告書』は一カ所だけ違っており、『文科省報告書』にある以下の傍線部（筆者による）の部分が『宮城県報告書』では削除されていたというのだ。

> 下校中に津波に巻き込まれたとする回答が最も多く、保護者とともに自家用車で下校中に津波に巻き込まれ死亡した、保護者と下校中に巻き込まれて行方不明になった、降園中のスクールバスが津波に巻き込まれたなどが挙げられている。また、学校から小高い丘への避難中に被災し死亡・行方不明となったケースや、身を寄せていた避難所の施設が津波にあったケースなどの報告

もある。

また学校管理下外ではあるが、下校後、自宅にいて避難する際に津波に巻き込まれたというケースも多数報告されている。

（『文科省報告書』p.16）


つまり、宮城県教委は『宮城県報告書』において、「大川小学校の災害を示した文言を削除した」のである。

高橋氏は、まずアンケート回答の記述の「小学校」の中に、「近くの小高い国道への避難途中、学校を出てすぐのところで津波にのまれた。学校近辺での死者が多いが、外洋まで流された児童もいる。不明者もいる」とあったのをみて、「この状況は大川小学校であると思った」という。そしてその予想通り、石巻市教委が開示した大川小学校の回答票に、その一文が書かれていたのだ。

高橋氏は「このケースが岩手か福島のケースであれば、宮城県分で削除したことは理解できる」が、「宮城県内の学校についての震災被害を調査した唯一の『宮城県報告書』から、大川小学校の災害の記述をわざわざ削除して発表した」として、「これで大川小学校の災害、震災と向き合っているといえるだろうか」と疑問を呈し、「これは、絶対に許されない」と指弾している。

こうしたことから石巻市教委のみならず、宮城県教委も身内をかばい、責任追及されないように大川小学校の事故を「なかったこと」にしようとしていることがわかる。

このように教育委員会の対応は「二次被害」といわれる事態になり、事後対応は失敗したのである。

石巻市および宮城県教育委員会の本質的な関心はどこにあるのか？
――本質行動学による関心特定アプローチ

さて、ここに至って読者の多くはこう思ったのではないだろうか？

「いったい、教育委員会は何をしたかったのだろう？」と。

そうなのだ。教育委員会の本当の関心はどこにあったのだろうか？

虚偽の証言をしているであろう人に「虚偽の証言をしていますよね？」と聞いても「していません」と虚偽の証言をするに決まっており、「はい、虚偽の証言をしています」と認めることはまずありえない。これは逃げている泥棒に「待て」といったところで、「はい、待ちます」と立ち止まることがないのと同じである。

だからこそ、他者が様々な言動（エビデンス）を積み重ねることにより、その中心にある関心を浮き彫りにすることが可能な「関心特定アプローチ」が有効になる。また組織メンバーが真の関心を暗黙裏に忖度している場合も多く、また明晰に自覚していない場合もある。関心特定アプローチは明示化されていない組織の関心を様々な言動（エビデンス）を積み重ね論証し、誰もが「確かにこの組織はそうした関心を中心に動いていると考えざるをえない」というかたちで了解できるアセスメント法として活用することができる。

以下、この関心特定アプローチにより、教育委員会の真の関心がどこにあるのかを特定していこう。

教育委員会の関心を象徴するキーマンの選定

関心特定アプローチにより組織の関心を特定する場合には、もっともその組織の関心をかなえるような行動をとってきたキーマンにフォーカスすることが有効となる。前章では大川小学校のトップだった校長だったが、今回の場合は、石巻市教委の事後対応の中心にいる人物である2人の指導主事だ。実際、市教委の一連の聞き取り、その調査結果の改竄、メモの廃棄、ファックスや報告の隠蔽、教務主任の隠蔽といった一連の行動の真ん中には、常にこの2人の指導主事がいた。そしてこの2人の指導主事は、市教委にその貢献が評価され、翌年の4月に揃って市内の小学校の校長になるという形で出世を果たした。つまりこの2人の行動は教育委員会の意思を体現したものを考えられるため、彼らの一連の行動を分析することで組織の関心を同定することが可能になる。

一連の言動の真ん中に浮かび上がってきた教育委員会の関心

これまでの経緯を踏まえて、関心特定アプローチにより様々な行動を重ね合わせて、その真ん中に浮かび上がってきた教育委員会の関心は次のようなものだ（図）。

この結果、影絵のように浮かび上がってきた教育委員会の関心は、「避難できなかったことを仕方がなかったことにしたい」「亡くなった教員や教育委員会が責任を負わないで済むようにしたい」といったものであった。

そのため「山に逃げようと訴えた児童たちがいたことをなかったことに」しなければならなかった。「複数の教員が山への避難を訴えたという証言」、教務主任が「山だ！　山だ！」と山への避難を訴えたことすら、逃げられることができた要因となるため「なかったこと」にした。また南三陸町出身の防災担当の教員が校庭は危ないから高台に避難したほうがよいと言っていた証言も調査記録に取り上げずになかったことにした。

震災から5日後につかんでいた津波到達直前まで校庭にとどまって避難行動がとれなかったという報告もなかったことにした（当初避難開始時間は津波到達の15分前とされていたが、その後事実確認が進むにつれて5分前、1分前であったことが明らかになった）。「倒木があった」ことにしたり、7月に草でぼうぼうになった写真をもってきたりすることで、「1

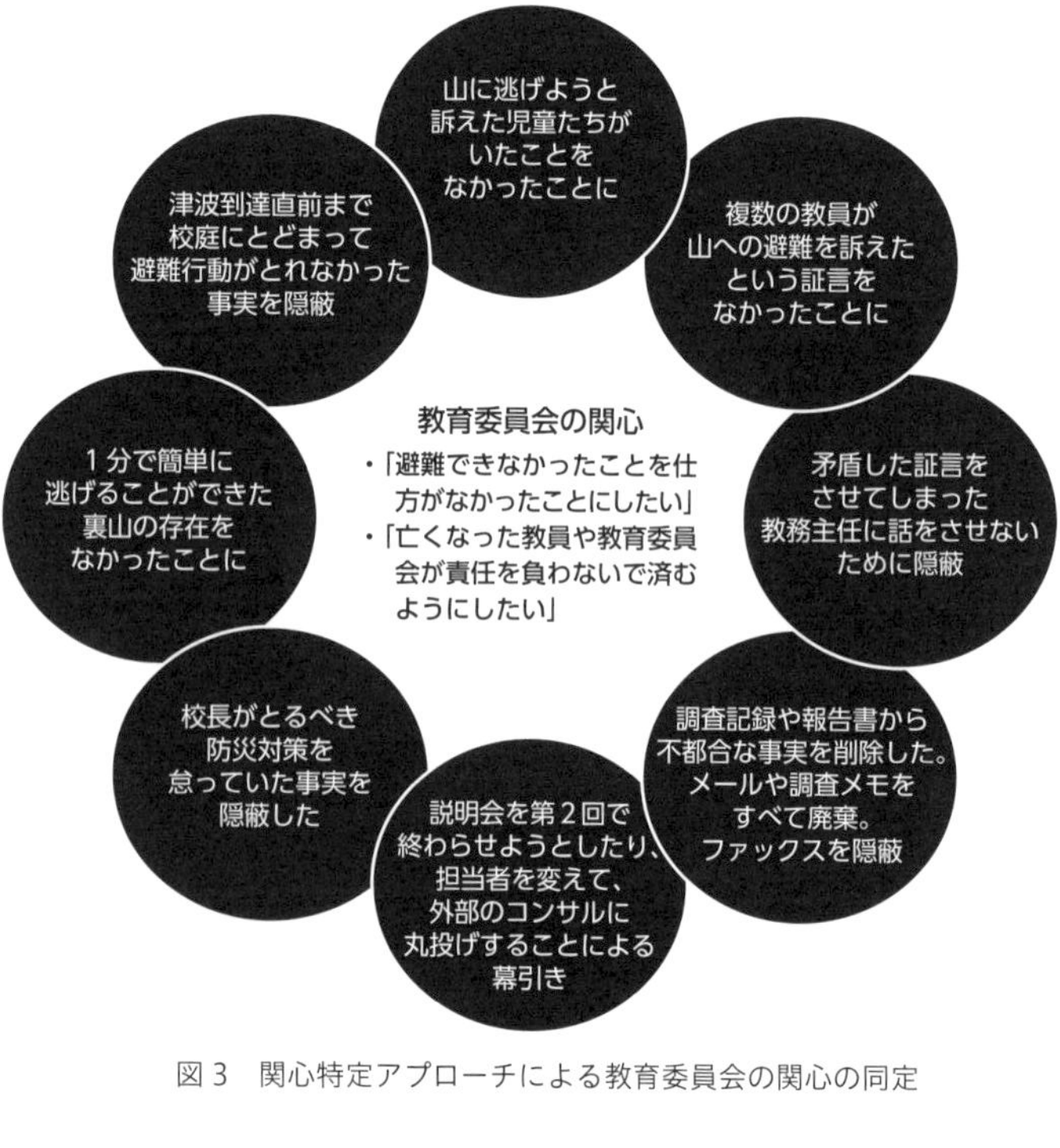
山に逃げようと訴えた児童たちがいたことをなかったことに
複数の教員が山への避難を訴えたという証言をなかったことに
矛盾した証言をさせてしまった教務主任に話をさせないために隠蔽
調査記録や報告書から不都合な事実を削除した。メールや調査メモをすべて廃棄。ファックスを隠蔽
説明会を第2回で終わらせようとしたり、担当者を変えて、外部のコンサルに丸投げすることによる幕引き
校長がとるべき防災対策を怠っていた事実を隠蔽した
1分で簡単に逃げることができた裏山の存在をなかったことに
津波到達直前まで校庭にとどまって避難行動がとれなかった事実を隠蔽
教育委員会の関心
・「避難できなかったことを仕方がなかったことにしたい」
・「亡くなった教員や教育委員会が責任を負わないで済むようにしたい」

図3　関心特定アプローチによる教育委員会の関心の同定

分で簡単に逃げることができた裏山の存在をなかったこと」にしようとした。

初期に、矛盾した証言をさせてしまった教務主任が公の場で話すことで、それが露呈するのを恐れ、ドクターストップを理由に「教務主任に誰もアクセスできないようにした」。さらに矛盾が露呈しないよう「調査記録や報告書から不都合な事実を削除」し、また「メールや調査メモをすべて廃棄」し、「ファックスを隠蔽」してなかったことにした。

このように教育委員会の関心を置くことにより、一連の行動がすべてこれらの組織防衛の関心「避難できなかったのは仕方がなかったことにしたい」「亡くなった教員や教育委員会が責任を負わないで済むようにしたい」に貫かれていることが理解できるだろう。

では、市教委はなぜこのような関心を持ったのだろうか。菊澤研宗は著書『組織は合理的に失敗する』[11]の中で「不条理な組織的隠蔽をもたらす連帯責任制度」について次のように論じている。少し長くなるが引用する。

「この制度は、もしメンバーの誰か一人が悪しき行動をとり、それが発覚したならば、その人間の責任が問われるだけでなく、何も悪いことをしていない他のメンバーも罰せられるというマイナスの外部性を生み出すあいまいな所有権構造の一種なのである。

とくに、このような連帯責任制度的な状況に置かれているのは、公務員や有名な大企業の従業員である。というのも、もし一人の公務員あるいは一人の従業員が不祥事を起こしたならば、日本ではその批判は当人だけではなく、その所属省庁あるいはその所属有名企業全体がマスコミを通して世間から批判されるような状況に置かれているからである。

（中略）

ここで、もし連帯責任制度のもとでメンバーが自らの失敗を合法的にあるいは良心に従って公表すれば、組織全員に迷惑がかかることになり、組織にとってコストは最大となる。これに対して、違法であれ不正であれ、世間の人々の不備につけ込んで失敗を隠蔽できれば、組織にとってコストは最小となる。したがって、当該のメンバーにとってはたとえ不正で非効率であろうと、失敗を隠し続けたほうが合理的となるといった不条理に導かれるのである」（p. 50）

これはまさに市教委のメンバーが置かれている状況であり、市教委がしてきたことそのものといえる。菊澤は上記の引用に続き、次のように続ける。

「同様に、メンバーが失敗を組織のリーダーに相談したとしよう。すると彼もまた同じ不条理に導かれることになるだろう。もし部下の失敗を公表すれば、自らの地位が危うくなるとともに組織全体の存在も危うくなるだろう」（同書 p. 52）

大川小学校事故の唯一の生存教員である教務主任は、そこで起きたことを校長や市教委の指導主事に話したが、市教委はまさに「部下の失敗を公表すれば、自らの地位が危うくなるとともに組織全体の存在も危うくなる」という考えから様々な虚偽の証言を重ねたと考えれば筋は通る。

そうした教育委員会の対応が遺族の不信感を高めていき、事後対応に当たってきた2人の指導主事は校長となり転出。そのタイミングで、石巻市の外部のコンサル会社に委託するために2000万円を予算に計上したという報道が流れる。こうして文科省主導の検証委員会として立ち上げられることで、大川小学校の事故は「市教委の対応が二次被害なら、検証委員会が三次被害」（『検証』p.107）と遺族が言う新たなステージに入っていく。

事故の事後対応アセスメントシート

次章では、大川小学校事故「検証委員会」がどのようなものであったかを確認していくが、本章の最後に、大川小学校の事故で愛する子どもを失った遺族をさらに傷つける「二次被害」をもたらした石巻市教育委員会の事後対応を、失敗の典型事例に位置づけ、その失敗の本質（構造）を踏まえた「事後対応アセスメントシート」を提示する。

このアセスメントシートは、事故の被害者およびその関係者が「そのように感じる」かどうかをもとにチェック（✓）して活用していけばよい。客観性とは複数の主観が重なることを指すことから、複数の人がこのアセスメントシートを独立してつけたときに重なるポイントが現れたならば、特にそうした傾向が強いことを客観的に観て取ることができる。

以下、それぞれのチェック項目に関して説明していく。

事後対応アセスメントシート

	チェック項目	該当（✓）
1	事故や事件を「仕方なかったこと」にしようとしている	
2	組織のメンバーが不祥事をなかったことにしている	
3	組織が責任をとらないで済む方向にもっていこうとする	
4	責任回避のために形式や体裁を整えることに終始している	
5	不都合な証言や事実は認めなかったり、削除している	
6	メールや調査メモといった証拠となる記録を廃棄している	
7	不都合な証言をしそうな人に話を聞けないようアクセスできないようにしている	
8	責任追及されないよう説明会を早々と終わらせようとしている	
9	組織で証拠の隠蔽といった不正行為にかかわった人を罰せずに優遇している	
10	担当者が単独で行ったことだと責任を押しつけて組織はいっさい責任を負わずに終わらせようとしている	

まず「事故や事件を『仕方なかったこと』にしよう」という関心や「組織のメンバーが不祥事をなかったことにしている」といった関心、さらに「組織が責任をとらないで済む方向にもっていこうとする」関心をもっているならば、そのような配慮のもとであらゆる言動がなされる。その関心は言動から透けてみえるため、被害者は納得することなく、さらなる紛糾を招くことになる。

またそうした関心のもとでなされる事後対応には、石巻市教育委員会がそうしたように、「責任回避のために形式や体裁を整えることに終始」したり、「不都合な証言や事実は削除」したり、「メールや調査メモといった証拠となる記録を廃棄」したり、さらには「不都合な証言をしそうな人に話を聞けないようアクセスできないようにする」といった隠蔽工作が散見されることになる。事後対応として「責任追及されないよう早々と説明会を終わらせようとしている」姿勢では、遺族を納得させることはできない。

こうした行動を取ったならば、そこに知られたくない

（責任追及されるべき）「不都合な事実」があるということである。
「組織で証拠の隠蔽といった不正行為にかかわった人を罰せずに優遇」するというのは、石巻市の教育委員会にみられた行動であり（メモを削除したり隠蔽工作をした2人の指導主事は翌年度市内の校長になった）、大川小学校の事後対応の労を労うといった意味があったと推察できる。いずれにしても上述したような隠蔽工作をした人が出世や栄転を果たすということは、組織の意思を体現したからと考えるのが自然だろう。

ただし、この点についていえば、不都合な事実はその担当者だけの責任にして「トカゲのしっぽ切り」をするよりあくどい組織もあるので、これは大川小学校の事後対応ではみられなかったが「担当者が単独で行ったことだと責任を押しつけて組織はいっさい責任を負わずに終わらせようとしている」も加えた。

この事後対応アセスメントシートによって、災害や事故の事後対応のみならず、いじめや自殺、パワハラ、セクハラといった事案に対するリスクを予測することが可能になり（予測可能性）、適切な事後対応をとりやすくなり（制御可能性）、二次被害の防止につなげることができるだろう（再現可能性の逆利用）。

以上が、大川小学校の事故後の石巻市の対応を「失敗の本質」に位置づけて作ったアセスメントシートになる。事後対応のリスクマネジメントのチェックシートとして適宜活用してもらいたい。

第9章

大川小学校検証委員会のあり方を検証する

——報告書の科学性と公共性、第三者委員会のリスクアセスメント

2013年2月、文部科学省主導のもと、「大川小学校事故検証委員会」（以下、「検証委」）が立ち上げられた。ハザードマップの作成にも無関係ではない東北大学の関係者を入れないでほしいという遺族の要望は聞き入れられず、東北大学名誉教授である首藤伸夫氏をはじめ多くの関係者が委員に任命された。また首藤教授の娘である首藤由紀氏のコンサルティング会社に2000万円（後に5700万円に増額）で検証を委託したことも、第三者性について遺族らから疑問の声が上がった。なぜそのようなかたちになったのか不可解ではあったものの、教育委員会の事後対応のまずさによってここまで紛糾したことを文科省も認識しているであろうから、それなりに正当な検証をするものと筆者は期待を込めて考えていた。

しかし、それが希望的観測に過ぎなかったことが次第に明らかになり、ついに疑いのないものになったのは、筆者も傍聴した、最終報告に向けて実施した『大川小学校事故検証「事実情報に関するとりまとめ」の報告』においてだった。その報告書では、事故の核心に迫る解明がいっさいされていないだけでなく、明らかに間違った推論によって津波到達時間が算出されていた。さらには市教委の説明会でも問題になった、山に逃げようといった教員や児童の証言は取り上げられることなく、あろうことか校庭での子どもたちは危機感をもたず遊んでいたように描写されていた。そして決定的なことに、事実情報に関するとりまとめの方向性として示された紙面には、「逃げられなかった要因」だけが書き込めるチャート図となっており、「早期に避難できた要因」は書き込めないかたちになっていたのである。

このままでは検証委は間違った検証結果を世に残すことになる。検証委の行方を見守っていた遺族やメディア関係者にも戦慄が走った。

検証委は最終報告に向けて、大川小学校事故検証「事実情報に関するとりまとめ」[1]に基づく意見募集を開始した。そのため、そこには大学教員や教育者など大川小学校の事故に関心を寄せる60人以上の識者から意見が提出された。

筆者も強い危機感をもったことから以下の論文を提出した。本章では、まずこの論文を提示することで「事実情報に関するとりまとめ」がどのような問題をはらんでいたか、そしてどのように改善すべきだったかを明らかにする。細かな表現、文脈上伝わりにくい点などは読みやすくなるよう一部補足、修正したが内容はほぼそのとき提出した意見論文のままである。

その後、大川小学校事故検証委員会の最終報告書が、どのようなものになったか検証することとする。

「大川小学校事故検証『事実情報に関するとりまとめ』を検証する
——先行研究と科学性・公共性の観点から」

（当時の所属）早稲田大学大学院商学研究科ビジネス専攻　専任講師
西條剛央

問題

２０１１年3月11日、宮城県石巻市立大川小学校では、児童・教職員84人が津波で死亡・行方不明になるという戦後教育史上最悪の悲劇が起きた。これに対して石巻市教育委員会による調査も行われたが、なぜこうした悲劇（事故）が起きたのかを明らかにできずにいたため、２０１３年2月、文部科学省主導のもと大川小学校事故検証委員会が立ち上がった。検証委員会は、現地での調査など、幾度かの検証委員会を開催し、２０１３年10月25日には、最終報告に向けて、以下のように大川小学校事故検証「事実情報に関するとりまとめ」[2]に基づく意見募集を開始した。

大川小学校事故検証委員会では、第5回会合（２０１３年10月20日開催）までの調査・検証を踏まえ、このたび、現時点で判明している主な事実情報を整理した「事実情報に関するとりまとめ」を作成・公表しました。

今後、委員会設置要綱第9条2項に基づき、学識経験者からご意見を伺うための公聴会（有識者公開ヒアリング）を実施しますが、これと並行して、関係者及び一般の皆様からのご意見を募集します。

ご意見のある方は、次の要領に従い、期日までに文書にてお寄せください。[3]

我々は、2012年大川小学校で亡くなった児童のご遺族の要望をうけて早稲田大学の研究チームを立ち上げ、構造構成主義[4]を基軸としたSCQRMという最新の質的研究法[5]を用いて、石巻市教育委員会の調査記録、関連記事が掲載されている550本以上の新聞や書籍、関連文献を精査し、現地で遺族や地域住民、市の職員、専門家への聞き取り調査を重ね、大川小学校の〝事故〟はなぜ起きたのかを構造化する研究を行った。したがって、我々の研究において構造化はすでに終えていたが、それぞれが独立した立場から多角的にこの事故にアプローチすることは、現象の立体的な理解に役立つと考えたため、これまではあえて検証委員会に意見を述べることを控えてきた。[6]
しかし最終報告を前にした「事実情報に関するとりまとめ」において、エビデンスレベルでの明らかな過誤がみられる点や、報告書作成の基点となる関心の偏り、さらにそれが科学的報告書として構造的な欠陥があることが確認されたため、2013年の11月3日の第6回検証委員会において室崎委員長と対話する中で直接「ぜひとも意見をもらいたい」と要望いただいたこともあり、最終報告書をより妥当なものにするための建設的提言を行うべく本論をまとめることとした（以下「事実情報に関するとりまとめ」のことを「とりまとめ案」と略記する）。

目的

本論は、「事実情報に関するとりまとめ」を受け、最終報告書作成の一助となるよう以下の観点から検証し、より妥当な報告書にするための提言を行うことを目的とする。第一に、大川小学校の悲劇はなぜ起きたのかを質的研究法（ＳＣＱＲＭ）により構造化した研究者として、一次資料に基づく内容の吟味と改善点の提案を行う。第二に、科学的研究の原理論（科学論）でもある構造構成主義[7]を創唱した立場から、「とりまとめ案」が科学性が担保されているか、また他者が批判的吟味可能な公共性が担保されている報告書になっているかを検証する。

概要

本論に入る前にその補助線として、この「とりまとめ案」を概観しておく。

それは「大川地区・北上地区住民に対するアンケート調査（速報）」「大川小学校付近へ来襲した津波の挙動について（第2版）」といった「第4回委員会以降に判明した主な事実情報」「大川小学校における災害への備え」「地域における災害への備え」「学校および地域の歴史」といったように、その内容は基本的に、大川小学校を取り巻く〝背景要因〟の検討に終止しているといえる。

実際、最も重要な「事故当日の状況に関する情報」についてはほとんど掘り下げられていない。「地域住民の動き」「学校内における動き」といった項目はあるが、学校管理下の事故を調べる上で最も重要となる教員同士のやりとりや会話についてはほとんどまったくといってよいほど触れられていない。また避難の選択肢の一つであったスクールバスに関しても「どのように動いたかの詳細はわからない」とされており詳細な吟味がなされていない。さらに後ほど詳しく検証するが、児童の行動については、根拠に基づかない〝憶測〟によって多くの証言に反するとりまとめがされている点など、明らかな過誤が認められる。

さらにそのセクションは一連の記述がどのような根拠に基づきそのようなとりまとめがされているかまったくわからない形になっており、科学的研究の条件や、公共性を備えた報告書として最低条件が満たされていない。

したがって、一次資料を持たない第三者は、この「とりまとめ案」を鵜呑みにするしかなく、第三者が批判的に吟味できない閉じられた検証結果となっているのである。結論からいえば、検証の最も核となるべき部分に過誤が存在するのみならず、調査報告書として構造的な欠陥を有しているのだ。それを改善することなしに最終報告書が提示されるならば、それは権威による独断論に陥ってしまい、真の意味で大川小学校の事故を踏まえた防災対策につながっていくことはないだろう。

また我々の行った研究と突き合わせることで、この事故の本質をより立体的に理解するためにも第三者の検証に開かれた報告書にしてもらう必要がある。以下、上記の概要で述べた内容を論証すべく、詳細に検討していく。

本論

アンケート調査の意義と限界：背景要因の裏づけ

「大川地区・北上地区住民に対するアンケート調査（速報）」「大川小学校における災害への備え」「地域における災害への備え」「学校および地域の歴史」といった背景要因に関する調査は、我々の行った研究よりも詳細に検討されている点があり、これについては同じテーマで研究を行った研究者としてはいくつか参考になる点はあったものの、それは新たな発見があったというよりも、アンケート調査などにより我々の研究における「背景要因」が数量的に裏づけられたといったものであった。実際に、たとえば、地域住民の津波に対する意識が低かったといった知見も、一般の人にとってもそれはそうだろうという感想以上のものはないと思われる。

先ほども触れたように、やはりこれは背景要因でしかなく、こうした背景要因（外堀）をいくら広げても、他の学校では起きなかったのに、なぜ大川小学校だけでこのような事故が起きてしまったのかとこの事故の本質を明らかにすることはできない。本質を外している限り、決してまっとうな成果が出ることはないのだ。

このことをしっかり踏まえなければ、いくら労力と費用と時間をかけても大川小学校の事故がなぜ起きたのかを明らかにする検証委員会の役割は果たせないということに、十分自覚的であるべきといえよう。

大川小学校付近へ来襲した津波の挙動について（第2版）に関する反証

大川小学校付近へ来襲した津波の振る舞いに関しては２０１３年7月18日の「中間とりまとめ[8]」では「津波の到達時刻」に関して次のように記載された。

> 北上川に設置されていた3箇所の水位計（福地、飯野川上流、北上大堰）の水位記録から津波の河川遡上速度を計算し、河口からの距離をもとに、大川小学校付近における津波の到達時刻を推算した（有識者からの情報提供による）。これによると、北上川河口付近及び付近の海岸に津波の第1波が到達したのは、15時22〜23分頃と考えられる。

これについては、大川小学校の時計の止まった時刻やぎりぎり助かった地域住民の証言を根拠に遺族が反論したこともあり、「大川小学校付近へ来襲した津波の挙動について（第2版）」では到達時間は15時37分と訂正された[9]。その訂正された第2版の概要は以下となる。

> 大川小学校付近へ来襲した津波は、北上川の堤防の陸側を主として陸上を遡上した津波と、北上川の河道を遡上して新北上大橋直下の右岸から越流した津波の、大きく2つに分けられる。一般に陸上を遡上する津波は、河道を遡上する津波に比較して遡上速度が遅いことから、これら2つの津波の大川小学校付近への到達時刻も、北上川からの越流が先で陸上を遡上した津波が後であると考えられる。

さらに次のように述べている。

第4回検証委員会の後に行った聴き取り調査において、家々と同じくらいの高さの津波が県道を三角地帯の方向に遡上していったという証言や、越流津波を見て山に駆け上った後、少しして津波に巻き込まれたという証言が得られた。これらは、陸上を遡上してきた津波が、北上川から越流した津波にわずかに遅れて大川小学校付近に到達した可能性を示す。すなわち、これまで考えられていなかった「主として陸上を遡上した津波が児童や教職員、地域住民の命を奪った」可能性である。

そして、この「主として陸上を遡上した津波が児童や教職員、地域住民の命を奪った」という仮説を裏づけようと陸上を遡上する津波の速度を計算している。

しかしながら、我々は津波の実験を専門としており震災後まもない段階で現地調査を行った堀込智之氏（工学博士）の著書と、堀込氏へのインタビューに基づき、それを参考にしながら様々な証言と照らし合わせ、津波の痕跡や多数の証言を矛盾することなく説明した。それによればこの第2版の津波の挙動に関するこの新たな仮説は棄却されることになるだろう。

⇩※大川小学校を襲った津波の動きについては、本書第1部第3章で論じたため、ここでは省略するが、結果として最終報告書では上の「主として陸上を遡上した津波が児童や教職員、地域住民の命を奪った」という仮説は取り下げられた。

専門家の人選と担当の振り分け、先行研究の軽視

また今後も委員会が継続することもありうると思うので、ここで調査担当、チーム編成についても付言しておくと、津波が専門ではなく心理学者の大橋調査員に津波の調査をさせたのは、いかに懸命に取り組んだとしても限界があるのではないだろうか（実際第1版の津波到達時間は遺族等の指摘により覆っており、また第2版でも富士川の存在が完全に見落とされている）。それぞれの専門を活かした適材適所のチームをつくらなければ、そもそもチームを組んで調査をする意味がないように思われる。

またなぜ人選の段階で、津波実験の専門家でもあり、震災当日長面で九死に一生を得て、震災間もない段階で現地調査を行い、それについてまとめた著書も公刊している堀込博士を調査チームに入れなかったのかという疑問も依然として残る。専門外の人が調査するならば、せめてその著書をひもとくなり、堀込氏へのインタビューを行うべきであった。

さらにいえば、たとえ津波工学の第一人者だったとしても、2年が経過してから調査を行ったところで、津波の痕跡すら残っていない段階ではせいぜい「机上の計算」ぐらいしかできることはない。「シミュレーション」と聞くと科学的なイメージがあるのかもしれないが、それは現実の津波の痕跡に比べれば、科学的エビデンスとしての価値は遥かに低い。それは現実を調べようがない場

合に行う苦肉の策であり、ましてや富士川のような最も考慮すべき要因を見落としていてはまったく意味をなさない。

それよりも、堀込氏の著書を精査した上で、氏へのインタビューを行うことで、大川小学校の現地の地形や津波の情報については何も知らない「有識者」に不要な費用をかけることなく、我々の研究と同じ津波の痕跡や証言に適合する結論に達することはできたと思われる。一般的な意味での専門家であることも重要だが、こと大川小学校の件については、〝大川小学校やこの地区についての専門家であること〟が最も優先的に考慮すべきであることを忘れてはならない。[11]

そして、「ゼロベース」で検証するということの意味は、先行知見を無視するということではない。あらゆる先行知見を踏まえて、先験的な思い込みに囚われることなく、より信憑性の高い知見を得ていくことが本質的に重要なのであって、先行知見を尊重する謙虚な姿勢は、科学的研究を行うにあたって必要不可欠となる。

「事故当日の状況に関する情報」について

先に触れたように、大川小学校の事故を明らかにする上で「事故当日の状況に関する情報」が重要になるが、この「とりまとめ案」においてはこのセクションが最も大きな問題を孕んでいると言わねばならない。

教員同士のやりとりや会話に関する情報が欠如している点、スクールバスに関する検証不足といった点は指摘するに留め、ここでは我々の論文と対比させつつ、次のポイントに限定してより根本的な問題について論じる。
主に2点、（1）児童の行動に関して証言に基づかない憶測によって間違ったまとめがされている点と、（2）さらにそれが第三者が検証できない形になっていること、すなわち科学的研究としての条件を満たしておらず、他者が批判的に吟味可能な公共性を備えた報告書になっていない、という調査報告書としての構造的欠陥についてである。

（1）児童の行動に関して憶測によって明らかな過誤が認められる点

典型的な記述としては、以下の点が挙げられる。

「校庭では、教職員から特に指示がなかったこともあり、次第に児童が列を崩しはじめ、輪になって会話を始める集団もあった。防災無線子局の広報を聞いたことなどで、津波が学校まで到達するのかどうかも話題にのぼったが、『もし来てもたいしたことはないだろう』といった危機感のない様子だったようである。ほとんどの会話は、ゲームやマンガのこと、次週の時間割のことなど、児童が日常的に行う会話だったと考えられる[12]」

まず1文目の「校庭では、教職員から特に指示がなかったこともあり、次第に児童が列を崩しはじめ、輪になって会話を始める集団もあった」については、この記述では、児童が勝手に列を崩し始めたといった意味に受け取れる。

しかしまず「石巻市教育委員会　大川小学校『3．11震災』に関する聞き取り記録」[13]によれば、4年児童が「教務主任の先生が『丸くなって座っていいよ』と言ったので、女子みんなで丸くなって座っていた。周りがガヤガヤしていた。整列というよりばらばらになって丸くなって座っている人が多かった」と証言しているように、教務主任の指示が出ていることがわかる。

また、「余震が怖くて、みんな友達同士で丸くなって座っていた。自分も友人3人と手をつないで座っていた」（4年児童）、「余震が怖くて、友達と抱き合うようにして座っていた」（4年児童）、「私は友達と抱き合って、丸くなって座っていた」（6年児童）といった証言もあり、また「列というより丸く固まって座っていた。びびっている感じで、丸くキュとなって座っていた。泣いている子が何人かいた」（5年保護者）という保護者の証言もあることから、怖くて丸くなっていたということがわかる。

また、「友達と円陣を組んでいた」「みんな学年ごと男女に分かれて輪になって励ましあっている雰囲気だった」「だんだん列が丸くなって『大丈夫だぞ』『こんなところで死んでたまるか』など話をしていた」（5年児童）といった証言からもみんなで励ましあっていたことも伺える。

こうした証言の数々からは、児童が怖がっている様子を察知して「丸くなって座っていいよ」という教員の指示を受けて、丸くなり抱き合っていたり、励まし合っている児童たちの姿が浮かび上がってくる。

「とりまとめ案」の「校庭では、教職員から特に指示がなかったこともあり、次第に児童が列を崩しはじめ、輪になって会話を始める集団もあった」という記述は、児童が勝手に列を崩し始めたというニュアンスを帯びており、まったく実態をとらえられていない。

そして2文目で「防災無線子局の広報を聞いたことなどで、津波が学校まで到達するのかどうかも話題にのぼったが、『もし来てもたいしたことはないだろう』といった危機感のない様子だったようである」と記述されており、さらに「ほとんどの会話は、ゲームやマンガのこと、次週の時間割のことなど、児童が日常的に行う会話だったと考えられる」と記載されている。しかし、これは何を根拠にこのような〝憶測〟に基づく描写をしたのだろうか。

先にも触れたように、児童たちは明らかに怖がっていた。以下にあるように石巻市教育委員会による大川小学校の聞き取り記録[14]にも多くの証言が掲載されている。

□1年保護者「2、3人が泣いていた。静かに整列していて、点呼を取り終わっている様子だった」

□1年保護者（祖母）「不安そうな子や泣いている子がいた」

□1年児童「泣いている子どもが数人いた」

□1年児童「同じ1年生で泣いている子が数人いた」

□1年児童「同じ学年に泣いている子どもが数人いた」

□1年児童「具合が悪くなって吐いたり、泣いたりしている子どもがいた」

□2年児童「子どもはしゃがんで待機していた。泣いている子、不安そうにしている子がいた」

□4年保護者「低学年で泣いている子、抱き合っている子がいた」

□4年児童「泣いている人がいた」
□4年児童「整列した後に、泣いている人がたくさんいた」「泣いている子が多かった」
□5年生存児童「2・3年の女子が泣いていた」
□5年生存児童「「地震酔い」なのか、吐いている低学年の子がいた。泣いている女子が多くいたように思う」
□6年児童「同じ学年（6年）にも泣いている人がいた」

こうした証言からも児童らは明らかに怖がっており、これらを踏まえていれば「ほとんどの会話は、ゲームやマンガのこと、次週の時間割のことなど、児童が日常的に行う会話だったと考えられる」という児童たちに危機意識がまったく欠落していたかのような描写になるのは不可解という他ない。

市教委の調査記録にも唯一「同級生の男子は、『家のゲーム大丈夫かな』とゲームの話をしていた」（6年児童）という証言はあるが、子どもにとってゲームとは大事なものであり、「大事なゲームの心配をしていた」と考えるのが妥当と思われる。それ以前に、常識的に考えても、強い余震が続いている中で、まったく危機感をもたずに「ほとんどの会話は、ゲームやマンガのこと、次週の時間割のことなど、児童が日常的に行う会話」をしていたとは考えられないであろう（検証した委員の中で震災直後にこのような日常的に行う会話をしていた人はいるのだろうか）。

「ゼロベース」というのは、すでにある多くの証言を無視して、調査員の「正常性バイアスが働いたためこうなったのではないか、こうだったに違いない」といった思い込みに基づき〝恣意的に編集〟することではない。こうした軽率な〝憶測〟に基づく記述は、必死に生きたいと願っていた児童たちの尊厳を傷つけ、残された遺族をさらに傷つける危険性があるため、検証過程における「三次災害」とならないよう厳に慎むべきであることを付言しておく。

（2）方法の明記がなされていないことによる科学的研究としての欠陥、批判的に吟味できる可能性が担保されていないことによる公共性の欠如

そしてさらに問題なのが、上に挙げたような記述はすべて一次資料をもたない一般の人（第三者）が検証できない形になっている、という点にある。中間報告を傍聴していた地震学者の大木聖子氏（慶応大准教授）も、「報告案の書式が、情報源があいまいな書き方をしていておどろいた[15]」と言っているように、どのような観点からどのようにまとめた結果、このような記述になったのかその過程も条件も方法もまったく明記されていないため、科学的研究としての条件をみたしていないのである。[16]

したがって、少し長くなるが、我々の研究論文から根拠を示しながらどのようにまとめれば検証可能性に開かれた科学的な報告書になるのか例を示すこととする。

⇩※ここでは本書の小カテゴリー⑦（概念18〜20）を例として挙げたため、第1部第2章を参照。

上に挙げた例では3つの概念を小カテゴリーとしてまとめているが、必ずしもそのようにする必要はなく、要するに一つ一つの文章の根拠を示しながら記述を提示していく、ということが肝要なのである。

「事故当日の状況に関する情報」のセクションでは、科学性を担保した上で質的記述を行っていくためには、すべての記述においてこうした工夫が必要となる。もちろん実名は出す必要はなく匿名にすればよいが、どのような発話（証言）をもとにした記述なのかその根拠を示さなければ、検証委員会が提示したものが真実であるとなってしまう。繰り返すが、それでは科学的研究ではなく、権威に基づく閉じられた独断論にしかならないためくれぐれも注意が必要である。

なお、「事故当日の状況に関する情報」のセクションには、上記のように根拠を示しながら記述している箇所が一カ所だけある。

15時20分頃までに、引き渡しの教職員が変わったと考えられる。すなわち、当初から主として一人で引き渡しに対応していた教職員Dから、他の教職員が代わる代わる担当するようになった。[7)]

と本文があり、7)の脚注として以下のような記載がある。

7) 引渡しを受けた教職員を特定できる児童13名のうち、ここまでの時間帯では、教職員Dが

7名、教職員Eが2名、教職員Fが1名だった。これ以降の時間帯においては、教職員Dが0名、教職員Eが1名、教職員Gが1名、教職員Hが1名だった。

これは我々の調査では得られていなかった新たな情報である。調査記録から、当初主に引き渡しを行っていた6年担任が、三角地帯に移動しはじめる前には、ドラム缶を回しながら運んでくる姿を、津波に飲まれて奇跡的に助かった5年生存児童がみていたことから、その時間帯は他の教員が引き渡ししていたであろうと推測していたのだが、それを裏づけるものになっていた。このようにすべての箇所についてできるだけ詳細な根拠を示すことで、この事象の立体的な理解につながっていくのである。

これは担当者に「おそらく詳しく書かなければ了解が得られない新事実であるため、根拠を示す必要がある」という認識があったからこそ、このような記述を行ったのであろう。まさにこのようにあらゆる資料に基づき根拠を示しながらすべての記述を裏づけていくことが（その記述に反する証言も含めて）、当日の行動を記述していく上で求められることなのである。

また、そうした記述をしていく際には、匿名であっても教頭、教務主任、安全主任、6年担任といったようにキーマンになる人は少なくともその役職がわかるように報告書の内部での一貫した形で提示しなければ、現象を正しく理解し、その場で何が起きたのか適切に解釈することはできなくなる。

したがって大川小学校の事故がなぜ起きたのかを明らかにするという目的に照らせば、そうした記述の工夫をすることは必要不可欠といえよう。

一人の証言も積極的に扱ったほうがよい理由

先に挙げた（本書では第1部第2章に記載）、南三陸町出身の安全担当の先生が、校庭は危険だから、どこかに行ったほうがよいといったことを言っていたという6年児童の証言は、検証委員会も同じ情報を得ているはずなのだが、この証言は「とりまとめ案」にまったく記載されていない。第6回検証委員会の休み時間中に室崎委員長と対話する中で、「一人の証言では取り上げるのが難しい」といった旨の発言をされており、そのためかもしれないが、もしそうだとすれば、その方針は修正したほうがよいと考えられる。多数の目撃者がいて、多くの証言をとれる状況ならともかく、そもそもごく限られた生存者（目撃者）しかおらず、さらに証言するにあたって「自分の発言が残ることになり他の人に悪い影響を与えるのではないか」という心理的負荷から、最初から証言しない、あるいは最初は証言したが次第に証言しなくなるといったことがあるのが大川小学校の事故を巡る現状なのである。

さらにより根本的な問題として震災から2年以上が経過した後に得られた証言のほうが、震災間もなく行われた一人の証言よりもより確かであることを保証する根拠はまったくない、ということも忘れてはならない。

そして読み手が確からしさ（信憑性）を確認するためには、一人が言った、という表面的な記述ではなく、先の例のように発言したテクストをその文脈込みで掲載する必要がある。そもそも児童はわざわざそのような嘘をつく動機も理由もないのであって、先の6年児童の証言をみれば、児童が率直に語っていることは伝わるだろう。

震災間もない段階でこのように明確に語っている証言を、児童の記憶は曖昧だからとか一人しか語っていないから、間接的な証言だからといった理由で報告書に盛り込むこともせずに捨象することは、重要な証言を排除することにつながり、偏った検証結果を生み出すことにしかならない（他方で憶測に基づく記述をしているのだからなおのことである）。

目的や状況抜きで正しい方法といったものは存在しない。[17] どのような調査方法、分析方法を採用すべきかは、すべて目的と状況に応じて決まる。[18] したがって、生存者、目撃者が限られており、震災から2年以上が経過している現状と、大川小学校の事故がなぜ起きたのかを明らかにするという目的に照らせば、嘘をつく理由も動機もない以上、一人の証言であっても、貴重な証言として取り上げなければならない、といえよう。

そうした例はいくつもみられるが、たとえば、データとして持っているはずの以下の記述（概念）についても「とりまとめ案」では精査中としてまったく触れられていない。

⇩※ここでは本書の（概念22）を例として挙げたため、第1部第2章を参照。

このように一つ一つは断片的な情報でも、それらを組み合わせ、総合的に捉えることで、信憑性のある証言として裏付けられるということはある。特に今回のような重要かつ繊細な案件についてはこのようなアプローチは現象を理解するために必須となると考えられる。

検証委員会の「関心」はどこにあるのか？

「とりまとめ案」では、「ほとんどの会話は、ゲームやマンガのこと、次週の時間割のことなど、児童が日常的に行う会話だったと考えられる」といったように危機意識が低かったといった内容については、データに基づかない憶測が書かれる一方で、なぜ、児童が逃げたがっていたという証言についてはは精査中としていっさい取り上げられなかったのであろうか？

その理由として、直接的な証言が少なかったから、という可能性も考えられるが、おそらくそうではない。実際「ほとんどの会話は、ゲームやマンガのこと、次週の時間割のことなど、児童が日常的に行う会話だったと考えられる」といった洞察は、石巻市教育委員会による大川小学校の聞き取り記録[19]からは導くことができず、ましてや複数の証言に支えられたものではない。これは、証言の多寡によって記述に盛り込むかどうかが判断されていないことを傍証している。

では、何を基準に記述に盛り込むか判断されているのであろうか？　それは明示的、非明示的に措定されているこの記述をまとめた調査員の「関心」である。すべての価値判断は関心を基点としてなされる[20]。研究も完全に客観的な研究などというものは原理的にはありえず、関心相関的に、つまり研究関心や目的に応じて、分析方法や記述の選択などが行われ、その結果構成されたものとして結果（構造）が提示されることになる。

それでは検証委員会の「関心」はどこにあるのだろうか？　それは第6回検証委員会で示された

資料2[21]から読み取ることができる。そこでは【早期に避難行動を開始できなかった要因】のみが書き込めるフォーマット（チャート図）となっており、具体的に「津波襲来の可能性が高いとは考えず（地震直後は）」「地域住民等による強い進言なし」「積極的ではない（受け身の）情報収集」「津波の来襲状況が見えず」「マニュアルにある避難先は利用できず」「裏山を避難先とできず」「2階建て校舎、屋上なし」「校長（最高責任者）の不在」「話し合いで緊急決断が下せず」「集まってきた地域住民の存在（避難者への対応）」を挙げている。

　このフォーマットには【早期に避難行動を開始できた要因】が書き込める箇所が最初からない点に注目してもらいたい。ここから【早期に避難行動を開始できなかった要因】を探すことに主な「関心」があることがわかる（もし【早期に避難行動を開始できた要因】にも関心があれば、【早期に避難行動を開始できなかった要因】のみで構成される表を作成することはありえないためだ）。

　資料2で示されているこの【早期に避難行動を開始できなかった要因】をひっくりかえせば、【今後の再発防止対策】につなげていくことができるため、今後の学校防災に提言することを目的に盛り込んでいる検証委員会がこのような関心を持つことは一定理解できる。

　しかしながら、これでは大川小学校で起きた事実を歪曲し、過度に単純化することになってしまう。なぜなら、実際、【早期に避難行動を開始できた要因】に関心を設定すれば、「津波襲来の可能性が高いとは考えた人もいる」「地域住民等による強い避難の進言があった」「ラジオなどによる積極的な情報収集」「裏山を避難先に進言した教員の存在」といったように実際の証言から反対の要因を導き出すことも可能であり、そうした【早期に避難行動を開始できた要因】があったにもかかわらずなぜ逃げることができなかったのかという問いこそが、大川小学校の事故の本質に迫るものになるためだ。

【早期に避難行動を開始できなかった要因】だけに関心を限定してしまうと、そうした側面をすべて捨象して、そうした要因があったから避難できなかったという極めて短絡的な現象理解にしかならず、大川小学校の事故の本質的な構造に迫るものではないため、真の再発防止にはつながらない。

繰り返すが、大川小学校で起きた悲劇は「早期に避難行動を開始できない要因がたくさんあったから避難できなかった」といえるほど単純なものではないのだ。もし本当に避難できない要因ばかりだったならばこれほどまでに問題にはなっていない。

【早期に避難行動を開始できた要因】に着目すれば、すぐ裏に逃げることができる裏山があり、津波来襲までに50分という時間があり、山への避難を訴えた教員、保護者、地域住民もいたにもかかわらず、なぜ避難することができなかったのかと疑問に思うのは自然なことであり、それこそが遺族が当初から訴えていた真相究明にほかならない。

今後の検証委員会としては、こうした自らの関心の偏りを自覚した上で、それを捨て、フラットにデータを洗い直し、一つ一つの理路と構造をボトムアップに組み立てていくことが理想ではあるが、時間が限られていることからもそれは現実的ではないかもしれない。だとするならば、【早期に避難行動を開始できなかった要因】のみならず、【早期に避難行動を開始できた要因】にも「関心」を持って、そうした観点から、一名の証言、間接的な証言も含めてデータを洗い直してみることをお勧めしたい。そうすることによって、大川小学校で起きた事象を立体的に理解し、【早期に避難行動を開始できた要因】に関心のある遺族や関係者も含めてより多くの人が納得できる結果を提示できる可能性が生まれるだろう。

現象を有機的に理解する必要性

また「とりまとめ案」は情報が断片的に提示されており、それぞれのセクション間の有機的なつながりや、それに基づく現象の立体的把握、構造化に至っていない。先に示した例のように、その場にいた教員の背景などと有機的に結びつけて解釈しなければ、大川小学校だけでなぜこのような悲劇が起きてしまったのかを理解することはできない。

セクションごとに担当者がいると思われるが、最終報告書に向けては、部分的な情報を扱うのではなく、全体を把握してすべてを有機的に結びつけ統合し、現象を立体的に理解していく必要がある。

報告書としての公共性の不備

またこれに関連して、他者が批判的に吟味可能な公共性を備えた報告書になっていない、という調査報告書として構造的な欠陥が認められる。以下の表は公共性を担保した報告書として必要なポイントを示したチェックリストである（表1）[22]。

「とりまとめ案」の段階であることを考慮して、あえて✓はつけなかったが、現段階ではほとんどの項目が満たされていない（×）ように思われる。以下いくつか重要なポイントを指摘しておく。

「事故検証の経過」のセクションには「大川小学校事故検証委員会」が設置された目的が次のように書かれている。

大川小学校の児童・教職員が、津波の来襲前に安全な場所へ避難することができずに被災したことを受け、この事故を公正中立かつ客観的に検証し、その原因を究明するとともに今後の学校防災に関する提言を行うため、大川小学校事故検証委員会（以下、「当委員会」とする）が設置された。

細かい点だがいくつか指摘しておくと、「公正中立かつ客観的に」というのはどのような意味なのか曖昧である。石巻市から調査費用を出してもらっている時点で完全に「中立」ということはありえず、またい

表1　論文の公共性評価法チェックリスト

	評価視点
問題	□読み手が研究関心の妥当性が理解できるよう
	□（1）関連する先行研究に位置づけながら
	□（2）研究を行う意義を論じているか
目的	□研究目的が明記してあるか
	□（1）その研究の成否が判断できるほど明確に書いてあるか
	□（2）結果からみて整合性のある（過大ではない）目的設定となっているか
方法	□（1）目的を達成するために有効と考えられる方法を採用しているか
	□（2）その選択理由の妥当性を含めて検討できるように論じてあるか
結果	□「結果」が研究の目的を達成できているか
	□方法と照らして整合性のある結果となっているか
	□根拠を示した上で結果が提示されているか
考察	□関連する先行研究に位置づけながら
	□（1）得られた知見の学術的意義・実践的意義・社会的意義を論じているか
	□（2）知見の有効な範囲と限界について論じているか
文献	□引用先が辿れるよう（各種雑誌のフォーマットに沿った形で）正確に明記してあるか

かなる科学的研究も原理的には必ず特定の関心から行われるのであって「客観的」ということはありえない。「公正中立かつ客観的に」とあるが、少なくとも現段階で科学性、公共性が担保されてない限りは、「公正」とはいえないし、むしろ「客観的」な第三者の検討ができない構造になっている。「公正中立かつ客観的」な検証を謳うのであれば改善しなければならない。

とはいえ、委員会設置の目的はさしあたり明記されている点は評価すべき点である。しかし、これは「大川小学校事故検証委員会」が設置された目的であって、調査目的や報告書の目的は明記されていないことには注意が必要である。「大川地区・北上地区住民に対するアンケート調査（速報）」や「大川小学校付近へ来襲した津波の挙動について（第2版）」に典型的に表れているが、それぞれの調査が、そもそも何を目的としてそのような調査を行ったか調査目的が明記されていないのである。そのため全体の目的（委員会の目的）に照らしてどのような意味があるのかを第三者が判断することができないし、またその調査結果に照らしてその調査目的が達成できているのかどうかも判断することができない構造になっている。

調査というのは闇雲に行えばよいというものではなく、目的を実現するための手段として意義があると確認した上で、戦略的に行う必要がある。さもなければ、たとえば、津波のシミュレーションにいくらお金をかけても貴重な予算を無駄遣いすることにしかならず、予算は上積みされたが全体の目的に貢献することはできないということになる。

そして目的が明記されていなければ、検証委員会が描いたシナリオ、つまり【早期に避難行動を開始できなかった要因がたくさんあったから避難できなかった】に当てはまる記述のみを恣意的に採用しているのではないかといった疑念が生じることになるのである。これは「恣意性問題」といわれる質的（定性的な）研究によくみられる問題であり、[23]これは第6回検証委員会の有識者としてコメントした柳田国男氏が、地区住民や過去勤務した教職員へのアンケートを行うにあたって、「なぜその問題を取り上げたのかをわかるように記述する必要がある。さもなければ（恣意的に調査が行われているという）憶測を生む」といった指摘と重なるものである。

また先ほど論証したように「事故当日の状況に関する情報」に関しては、どのような観点からどのような分析枠組みを用いて、どのような根拠をもって記述していったのか、その方法が明らかにされていない点において、科学的研究とはいえないものとなっている。当然（1）目的を達成するために有効と考えられる方法枠組みを採用しているかどうかも判断できなければ、また（2）その選択理由の妥当性を第三者が吟味できるような記載もない。

引用文献に関しても、出典先の具体的な記述（直接引用）も含めて、読み手が何を根拠にそのような記述をしているのかがわかるように明記しなければならない。巻末資料として「収集資料一覧」が添付されているが、どの文章がどの文献に紐付いているのか示されていないため、これではよくある大学生のレポートの「参考文献」と同じで、どこの証言（データ）が何の資料に基づき論じられているのかを読み手が判断することはできない（少なくとも大学院の修士論文レベルでは認められない形式である）。他者が批判的に吟味できる公共性を備えた検証報告書にするためには、どの資料がどの文章のどの部分を裏付ける資料なのかをわかるように「引用文献欄」として文章と紐付けながら明記しなければならない。

研究論文と報告書は異なると思われるかもしれないが、科学的研究であり、他者が批判的に吟味することが可能な公共性を備えていなければならない、という点では原理上同じである。最終報告書を科学的研究として作成する意思があるならば、ぜひすべてのポイントに○がつくようチェックした上で提示していただければと思う。

まとめと今後について

以上のことから、この「とりまとめ案」の段階では、大川小学校の事故がなぜ起きたのかを明らかにするものになっておらず、また検証の要となる当日の動きに関しては記述をまとめる方法が記載されていないことから科学的検証にはなっておらず、また報告書として他者が批判的に吟味できる公共性を備えたものにもなっていない。そのため一次資料を持たない第三者（有識者を含む）の検証を受け付けない〝権威に基づく独断論〟になっており、この点については抜本的な改善が必要であることを論じてきた。

また定められた手続きにのっとり、こうしたパブリックコメントを公募するのはよいことだが、これが「パブリックコメントを集めました」という体裁を整えるためだけのポーズならば意味はない。募集した意見はもとより、大川小学校の事故に関する先行研究、関連する書籍、新聞等を精査し、具体的に誰のどの意見をどのように参照して修正したのか、あるいは修正しないならば、そのほうが妥当な理由を脚注ででも論証する必要がある。

万が一、近年よくみられるような一応パブリックコメントは受け付けておき、精査させていただきますとして、一応さまざまな意見を考慮に入れたという形式だけを整えて、さしさわりのない範囲で記述を加え、結論は変えずに提示する、といった方法をとるならば、誠実な対応を望んでいる遺族の納得は得られないだろう。

石巻市の教育委員会の不適切な事後対応により我が子を失った遺族は深い傷を負っている。大丈夫と信じたいが、検証委員会がさらなる三次被害の加害者にならないためにも、そうした「お手盛り」の対応をすることだけは厳に慎み、遺族が納得できる誠実な対応をしてもらいたいと願っている。

私は、現象のより立体的な理解につなげるべく、最終報告があがってき次第、我々の行った調査と突き合わせる予定である。また本意見論文等を踏まえて、どのような最終報告案が出てくるのかをさらに検証していく必要があると考えている。

なお、我々の研究成果に基づく再発防止のための知見については、群馬大学大学院教授の片田敏孝氏にも寄稿いただき冊子[24]としてまとめてあるため本論文の参考資料として本稿に添付する。こちらもあわせて公表してもらえればと思う。

⇩※このように要望したがこれについてはパブリックコメント集に掲載されることもなかった。

最後に、本論では結果的に厳しい提言を重ねてきたが、すべては亡くなった子どもたちの命を無駄にしないためにも、ご遺族や地域の方々を含めて多くの人が納得できるよう開かれた検証を行ってもらいたい、という思いからであることを付言しておきたい。このような悲劇的な事故の解明に取り組むことは想像を超えた大変な重責と思うが、ぜひ現象解明に力を尽くして頂ければと思う。

関心特定アプローチによる検証委の関心の同定

以上が、パブリックコメントとして検証委事務局に提出した論文である。そしてこれをもとに前章と同じく関心特定アプローチによって、検証委の一連の言動から関心を同定したものが以下の図になる。

一連の言動を列挙すれば、「山に逃げようと訴えた児童たちがいたことをなかったことに」「複数の教員が山への避難を訴えたという証言をなかったことに」「あの日の校庭で児童たちは危機感がなかったと憶測を述べて、怖くて怯えていた児童の存在をなかったことに」「避難できなかった要因のみを書き込めるフォーマットにした」「1分で簡単に逃げることができた傾斜の緩やかな裏山の存在をなかったことに」（後述）、「適性のない人を校長にしたり、赴任歴の短い先生ばかりになった理由を調査せず」（後述）、「有識者やパブリックコメントをもらうことにより体裁を整えて無難な幕引きを図ろうとした」「根拠となる調査記録や報告書、エビデンスを吟味できないように根拠や引用文献とのつながりを絶ち隠蔽」となる。

そしてこうした言動から浮き上がる検証委員会の「関心」は、

・「避難できなかったのは仕方がなかったことにしたい」
・「亡くなった教員や教育委員会が責任を負わないで済むようにしたい」

といったものとなり、組織やそのメンバーを守りたいという関心は「石巻市教育委員会の関心」と重なっていることがわかる（第8章参照）。

では、なぜ「第三者」委員会であるはずの、検証委員会が、石巻市教育委員会の意思を引き継ぐようなものになってしまったのであろうか？

ここからは、『石巻市立大川小学校「事故検証委員会」を検証する』（以下『検証』）をひもときながら検討していく。

検証委員会の立ち上げの経緯から確認すると、すでに述べたように大川小学校の問題を担当してきた2人の指導主事が市内の小学校

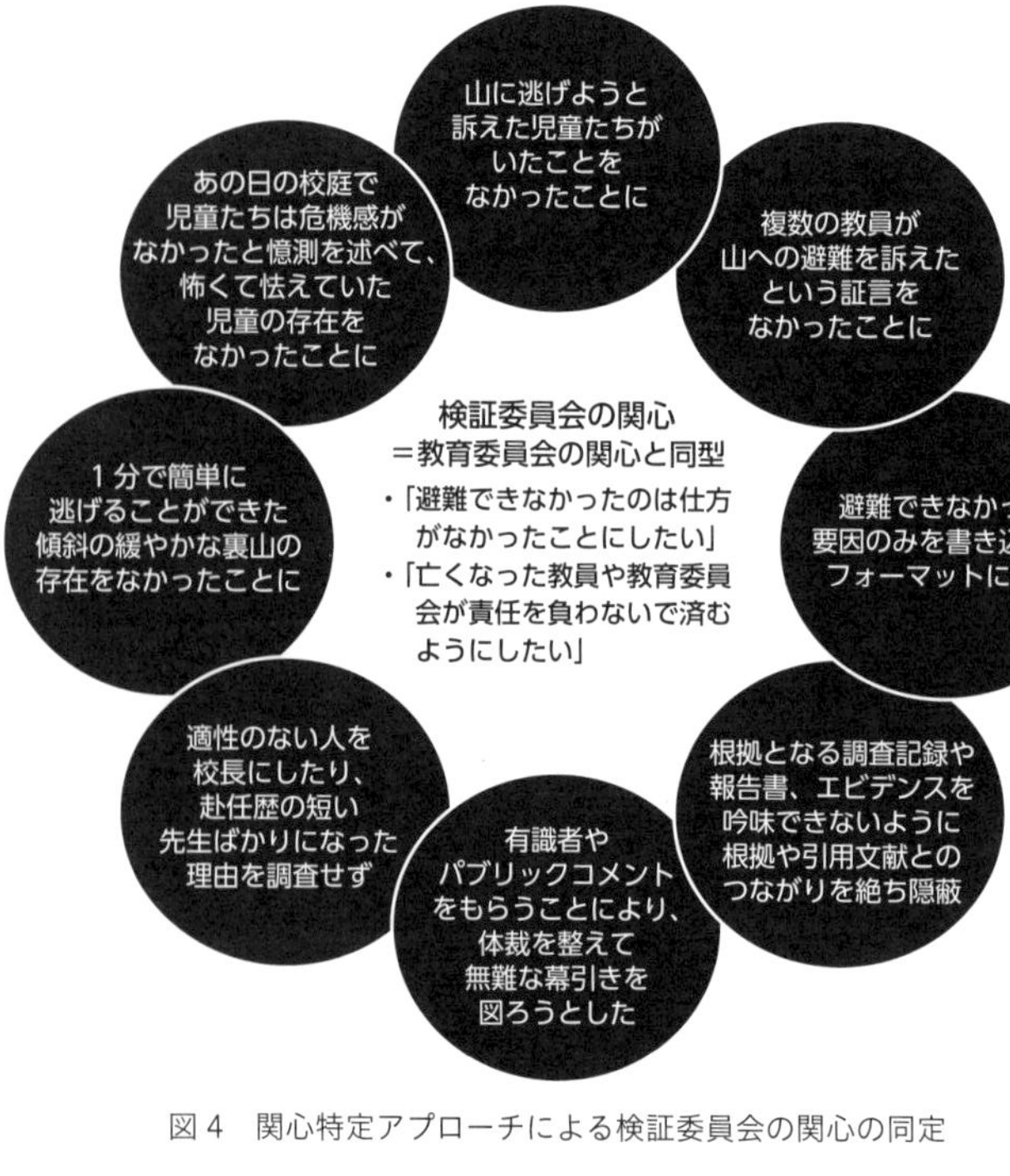

山に逃げようと
訴えた児童たちが
いたことを
なかったことに
複数の教員が
山への避難を訴えた
という証言を
なかったことに
避難できなかった
要因のみを書き込める
フォーマットにした
根拠となる調査記録や
報告書、エビデンスを
吟味できないように
根拠や引用文献との
つながりを絶ち隠蔽
有識者や
パブリックコメント
をもらうことにより、
体裁を整えて
無難な幕引きを
図ろうとした
適性のない人を
校長にしたり、
赴任歴の短い
先生ばかりになった
理由を調査せず
1分で簡単に
逃げることができた
傾斜の緩やかな裏山の
存在をなかったことに
あの日の校庭で
児童たちは危機感が
なかったと憶測を述べて、
怖くて怯えていた
児童の存在を
なかったことに
検証委員会の関心
＝教育委員会の関心と同型
・「避難できなかったのは仕方
がなかったことにしたい」
・「亡くなった教員や教育委員
会が責任を負わないで済む
ようにしたい」

図4　関心特定アプローチによる検証委員会の関心の同定

長として転出した後、石巻市教委の「第三者による検証」にかかる費用２０００万円を盛り込んだ一般会計補正予算案が石巻市議会に計上された。事前に遺族たちへの説明はなかった。

震災から１年半近く経った２０１２年８月19日、平野博文文科相（当時）が大臣として初めて大川小学校を慰霊に訪れたことをきっかけに、文科省が事後対応を引き取るかたちとなって検証委員会が立ち上げられることになる。

検証委メンバーの構成

次に、検証委メンバーの人選についてみてみたい。本書冒頭でも触れたが、最終的に５７００万円に増額された予算で委託契約を結んだのが、防災や都市計画の民間コンサルティング会社「株式会社社会安全研究所」であった。この社会安全研究所が大川小学校事故検証委事務局となり、その設置要綱に基づいて検証委を立ち上げたのだが、選定された委員の一人、首藤信夫東北大学名誉教授と社会安全研究所代表を務める首藤由紀所長が、親子関係だったことが判明する。遺族の一人は、この首藤伸夫氏が検証委員会の候補に入っていることについて「ふさわしくない」と述べた。その理由は以下である。

首藤氏は、水工学や津波工学の日本を代表する研究者として知られる。首藤氏をはじめとする東北大の防災・災害研究者は、長年、東日本大震災で大きな津波被害を出した東北地方の太平洋側の自治体の防災計画に関わってきた。いわば、遺族から見れば、「当事者」だ。

宮城県で2004年から使用されている宮城県第三次被害想定の津波ハザードマップは、この首藤氏の門下の研究者が作成を牽引した。このことから、県の津波ハザードマップの被害想定外のエリアにあって、多くの犠牲者が出てしまった被災地域には、同大の防災・災害研究者に対する強い不信感を持つ人は少なくない。大川小学校の場所も、津波ハザードマップでは津波の浸水想定外とされていたエリアだった。

このような立場の首藤氏を遺族が検証委員として「ふさわしくない」としたのは、遺族や被災者としての自然な感情といえる。

また、遺族は教育評論家の尾木直樹氏がアドバイスしたように、客観性や公正中立性の観点からも、宮城県以外の他地域の専門家による検証を望んでいた。日頃から行政とつながりが深くなりがちな地元の大学関係者は、利害関係にあることも多く、中立で客観的とは言い難い。（『検証』p.62）

このとき、もう一人の自然災害科学等を専門とする東北大学災害科学国際研究所教授の佐藤健氏は、遺族から異論が出て外されている。佐藤氏は、「石巻市教委から委嘱を受け、2012年度の石巻市の学校防災の副読本の作成」にかかわり、「この副読本は、東日本大震災で前例のない惨劇となった大川小学校のことに触れておらず、遺族たちが反発していた」ためである。佐藤氏はスポンサーである石巻市教委から大川小学校については触れないでほしいと依頼されたか、その要望を忖度したのであろう。遺族が反発するのは自然なことといえる。

ここで重要なことは、この人物を選んだのは石巻市教委であったということだ。ここから考えても、首藤伸夫氏も石巻市教委が選んだのであろう。しかし違う点がある。委員になることに反対した遺族がいたにもかかわらず、首藤伸夫氏は外されなかったという点だ。当時の文科省前川喜平官房長は、「津波で起きた事故だから津波工学の専門家が必要」という理由で、純粋な検証が行われなくなるのではないかという遺族の懸念を無視する発言を繰り返した。つまり、佐藤氏は外したのに対して、首藤氏は候補から外すかどうか検討されることすらなかった。

なぜか？　それは首藤氏がこの委員会の実質的な中核を為していたからだ。その証拠に石巻市教委は、「たまたま」首藤氏の娘が代表を務めるコンサル会社に最終的に５７００万円になる予算をもとに外注することにした。こうした通常起こりようもない強引な「たまたま」は何らかの必然性がなければ起こらない。

首藤由紀所長は、会議への出席を認められ、自己紹介の際に委員候補の首藤伸夫氏の実の娘であることを告白した。そして、まだ委託先の候補の段階にすぎないにもかかわらず、会議の後半は遺族からの質疑に応答する役目を果たしたのも、結論ありきの既定路線だったことを傍証している（そして実際検証委員会が進むにつれて、事務局長である首藤氏が調査を行い、質疑応答の中心を担うなど、事務局が実質的な調査主体であることが明らかになっていった）。

会議終了後、報道陣に囲まれた遺族たちは、口々に「最大の疑念は親子関係」「親子関係なんて、どう考えてもおかしい」と述べ、一人は「ありえない。ただでさえ東北大関係者を入れるなと伝えてあったのに、無視した上に親子だなんて」と思ったという。

さらに『検証』では次のように述べられている。


「さらに私たちが調べてみると、問題は、首藤氏自身の当時者性や、親子問題だけではないこともわかった。

佐藤健氏を筆頭に、数見氏と南氏の3名が共同研究者として名を連ねている東北大学の研究費補助型の現在進行形のプロジェクトが見つかった。委員候補を選んでいたまさにその当時に、金銭的なつながりのある利害関係者がいっしょに委員候補となっていたのである。

いうまでもなく、血縁や金銭的なつながりは、委員会の公正性や中立性を損なう。ましてや、行政とのつながりの深い地元大学の防災や災害の研究者も入っている。この検証委員会は少なくとも、遺族が公正中立だと思える人選になっていないのは明らかだった」(同書 p. 65)

こうして金銭的なつながりも含めると、候補者となった検証委員6人と作業チーム5人事務局長1名の計12中、遺族が入れないでほしいと要望していた地元の大学の関係者は7名に及んだ（最終的には佐藤健氏が外されたため11名中6名が首藤氏を中心とする地元大学関係者）。

さらに、この委員会には弁護士が3名含まれている点も注目すべき点である。日弁連の第三者委員会のガイドラインでも、事実認定のプロフェッショナルである弁護士を入れることが推奨されているため、弁護士が入ること自体は普通のことだが、なぜ災害の専門家でもない弁護士が3名も入っているのだろうか？

それは検証委員会が立ち上げられる際の、9月28日に市役所で実施された、石巻市の亀山市長、市教委、文科省の前川喜平官房長、県教委の伊藤昭代教育次長の話し合いにそのヒントはあるように思われる。

『検証』によれば、次のような会話が交わされていたという。

> 席上、前川官房長は、「学校管理下でこれだけの命を失ったのは他にはなく、国としても大川小学校の件を見過ごして、この東日本大震災の総括はできないと思っている」「検証により明らかになった事実関係を踏まえて法律上、行政上の責任が当事者間で問題になる可能性は否定できないが、市においてもその点は理解していただきたい」と発言。さらに前川官房長が「その先の責任問題については別のステージの問題だが、検証後に責任問題等について批判が出た場合における説明責任は、それぞれの当局に果たしてもらうしかないと思う」と話すと、亀山市長は「わかった」と応じている。（同書 p. 48）

ここに示されているように「検証により明らかになった事実関係を踏まえて法律上、行政上の責任が当事者間で問題になる可能性は否定できない」「検証後に責任問題等について批判が出た場合における説明責任は、それぞれの当局に果たしてもらう」という前川官房長の発言は、法律上行政上の責任問題、すなわち裁判になった場合そちらで責任を負ってもらうほかないですよと言っているのである。それに対して、亀山市長が「わかった」と応じたわけだが、この「わかった」は、裁判になることを前提に検証委員会を組みますという言外の意味を含んでいたと解釈することができる。事実、検証委員会のチームは、日頃から行政とつながりが深くなりがちな地元の大学関係者と3名の弁護士を中心に構成されている。

遺族から反対があった首藤委員をさすがに委員長にするのはどうかという異論があったのであろう、既にできあがっていたチームに最後に添えられるように室崎益輝関西学院大学教授（当時）が委員長として入ることになったと推測される（実際、後にみるように室崎氏はその後の委員会と遺族の間に立つような振る舞いをしていた）。

こうして責任を回避し組織を守りたい「石巻市教育委員会の関心」と同型の関心を持つ「第三者検証委員会」が組織されることになったのだ。

「第三者検証委員会」の失敗の本質はどこにあったのか?

結論から言えば、検証委員会は責任追及することを目的としたものではないというのはわかるのだが、それが責任が問われかねないような要素についてはできるだけ触れないようにするというスタンスにすり替わったことで、本質的な検証からも遠ざかってしまったのだ。

「失敗学」を提唱している畑村洋太郎は『「想定外」を想定せよ！——失敗学からの提言』（以下『想定外』）において、次のように述べている。

「失敗すると、人はとかくその失敗の『責任』を追及したくなるものです。それは確かに避けては通れないことですが、そこばかりに目を向けていては、失敗から学び、真の科学的理解を得ることはできません。**『責任追及』ではなく『原因究明』を目的に失敗を見つめ、再発防止につなげることこそが『失敗学』の大きな役割**なのです」（『想定外』p. 44）

ここでは畑村は「責任追及」ではなく「原因究明」に焦点化することで再発防止につなげる重要性を解いているが、一方で「責任追及」についても「それは確かに避けて通れないこと」とも述べている。一切の責任追及につながる要素を排除するというのでは、そもそもそこでなにをが起きたのかを明らかにすることもできず、再発防止につなげることはできないのだ。

これは検証委員会が「責任追及を目的とするものではない」ということをエクスキューズに用いてしまったと解することも可能であり、これもまた全国の教育委員会の上に立つ文部科学省主導の第三者検証委員会が、連帯責任的組織としての身内をかばいたい、組織の責任を問われないようにしたいという関心から導かれたと考えることもできる。

だがしかし、こうしたことだけでは、第三者検証委員会が校庭の子どもたちの様子について「危機感のない様子だったようである。ほとんどの会話は、ゲームやマンガのこと、次週の時間割のことなど、児童が日常的に行う会話だったと考えられる」とまで偏った記述をする理由は説明がつかない。

ここまで偏った記述になったのは、「平常性バイアス」に還元して説明しようとしたためではないか。

実際、現象を虚心にみることなく、自分の持つ理論や仮説に当てはめて現象を演繹的に解釈しようとする研究者は少なくないし、そこでまとめられた描写からはそうした演繹的思考がみてとれる。

また「新規性のある知見を提示したい」という研究者の関心から、これまで誰も指摘していないこうした記述をした可能性も考えられる。大学院生が修士論文を書く際には、まず「新規性がない」といった指導がされるし、実際、新規性が認められないと学会誌に掲載されず、そうした実績がなければ、研究者として就職したり、出世することはできない。著名な研究者の中にも「役立つかどうかはどうでもいい、面白ければいい」と公言してはばからない人もいるほどである。

アカデミズムの研究者は「客観的な方法」により「新規性のある知見」を出すことにアイデンティティを持っている人は少なくないのだが、実際、関心特定アプローチを視点とすると、作業チームの中でも最も問題視された大橋智樹（宮城学院女子大学教授　当時）氏の一連の調査結果の中心には、シミュレーションや量的な調査に基づく「科学的な方法」によって、これまでに指摘されてこなかった新規性のある知見を出そうという関心があることがみて取れる。

たとえば、２０１３年7月20日になされた「中間とりまとめ」の報告会で、大橋氏は「各消防等の無線交信の記録」の中で「15時34分に長面地区防波堤を越えて長面地区全域に津波が押し寄せています」という交信記録と水位計といった「客観的なデータ」に基づいて、それまで15時37分とされていた津波の到達時間を「15時30分～32分」に変更した。

しかし、遺族により、長面地区に防波堤はなく、大川小学校付近とはどこなのかが曖昧であり、防波堤の高さも考慮されていないことが指摘され、「持ち帰って検討致します」と答えることになった。

池上と加藤は、「検証委員はなぜこの数分の差にこだわるのだろうか」と疑問を呈し、その理由を「津波到達時刻が早まれば、それだけ校庭に待機していた時間が短かったことになり、教師たちが大津波警報が10ｍに引き上げられたラジオ放送も聞けなかった可能性があるなど、そういう方向に誘導したいのではないか」と推察している。

２０１３年8月24日、第4回検証委員会で、前回の「中間とりまとめ」に引き続き大橋調査委員の「大川小学校付近における津波の挙動について」が議論を呼ぶことになる。

そのときの様子は、『検証』において「前回以降、さんざん遺族から津波到達時刻の『根拠が曖昧』などと追及された大橋調査員は、今回、新北上川に設置された『水位計による津波到達時刻の推定が可能であるということなどから、この遡上の状況はかなり正確に把握できます』と胸を張った」と描写されている。

分析に使ったという水位計は、「河口から8・57㎞上流の福地、同14・94㎞上流の飯野川上流、同17・20㎞上流の大堰下流の三カ所のデータ」であった。大橋調査委員は、これらをもとに、河口からおよそ3・7㎞の新北上大橋に津波が到達した時間をy=ax+bといった形の「直線回帰式」によって推定したとして、「最もこぼれやすいのはどこかということを考えれば当然おわかりいただけると思います。ピークのときです。ピークが新北上川大橋に到着した時刻と、大川小学校付近に津波が越流して到達した時刻の間に、それほど大きなズレがあるとは思っていません」と述べた。「客観的なデータ」に基づく「科学的アプローチ」により、前回示した15時30分～32分頃に到達したという推定の根拠を示した、というわけだ。

一見するといかにも客観的な知見のように思える。実際、大川小学校の周辺の地理について知らない学会で発表したならばそれなりに通用するだろう。ところが、大川小学校に長年かかわってきた記者たちにより反駁される。以下『検証』からその様相をみてみよう。

この計算式には、肝心な事実が抜け落ちていた。

当日、新北上大橋に松の木や舟などの瓦礫が堰き止められ、ダムのような状況が作り出されていたのだ。

記者C「新北上大橋に堰き止め効果が起こっていたことは、すごく重要ではないでしょうか？ピークがスーッと通過するのではなく、どんどん滞留して山のようになるわけですよね？」

首藤委員「橋にひっかかって水が通れなくなる断面の大きさと、水が通れる断面の大きさがどれくらいあると思いますか？　多少堰き止め効果があっても、本体はかなりの量が大きい断面で通り過ぎていきます」

記者C「32分に到達しても、堰き止められて集められたのは32分よりずっと後でもいいということではないですか？」

首藤委員「ずっと後というのはどういうことで証明できますか？　きちんとやろうとすると、本当はシミュレーションしないとできないんです」

記者C「シミュレーションは必要ない。地方の方の証言で、37分くらいに一気にあふれてきたことは、説明つくと思います」

この質問に対する答えはなかった。（『検証』p.123）

遺族からも様々な異論が出て、たとえば敏郎氏は「（大川小学校前を通って津波からギリギリ逃れた住民が）15時35分に家を出たという証言がある。（釜谷町裏住民・携帯電話が示した時刻）」と指摘したり、「福地に到達するまで、様々な影響を受けて遡上している。それを十分ふまえず、福地〜飯野川のピークと同じ直線のグラフにはならない。ましてや、川下のほうが流れが速いとすれば、釜谷への到達はもっと遅くなるはず。いずれにしても、遠く川上の福地以降の水位計で釜谷付近の津波を推測するのは無理がある」と反論している。

さらに決定的なことに「検証委員がグラフを逆から読んでいたという初歩的なミス」が明らかになった。検証委員会はこうした数々の反論や指摘に答えることができず、最終的に津波到達時間は大川小学校の複数の時計の止まった時間や証言を根拠とした、これまでの15時37分に戻され、確定した。

また検証委員会は、大川小学校の耐火金庫に残されていたとされる備品台帳に「ラジオ」がなかったという報告もしているが、ここからも「客観的データ」に依拠することによりラジオは実は聴いていなかった可能性を示唆したい、という関心がみて取れる。これについては「カセットプレーヤー」など別の名称であったのではないかという指摘もあったとして、池上と加藤は次のように述べている。

「ラジオがなかったことになれば、学校側は津波の予見ができなかったことになる。だが、校庭でラジオを聴いていたという証言はいくつもある。それに、そもそも子どもを守る学校にラジオがなかったとすれば、そのこと自体が防災意識のなさを露呈する問題だ。実際には備品台帳には載せていないラジオがあったわけで、このことで検証委員会が遺族に突っ込まれることは、二重のバカバカしさがある」（同書p．113）

池上と加藤は、2013年12月22日の第8回大川小学校事故検証委員会では、弁護士の佐藤美砂調査委員が報告した『事前対策及び当日の避難行動に関する事実情報』における『前回以降の主な加筆・修正箇所』について、「指揮台の付近では、教職員がラジオを聴いていたとの証言がある」という記述の後、「一方で、少なくとも職員室にあったCDプレーヤー付きラジオは、地震の揺れで落下して使えない状態だったため持ち出されていなかったとして、ラジオは聴いていなかったとする証言もある」と紹介されているとして、次のように指摘している（筆者注・A教諭とは教務主任のこと）。

これはA教諭の証言であると推測できるが、指揮台付近でラジオを聴く教職員の姿が目撃されているのに、いったい、どういう状況で「ラジオを聴いていなかった」と言い切れるのか。言うまでもなく、防災情報を知っていたかどうかが、責任につながる大きな焦点にもなるわけで、責任回避のための布石を打っているようにしかみえない。（同書p．194）

なぜ複数の児童が震災直後に「ラジオを聴いていた」と証言をしていることと、実際矛盾する多数の虚偽と思われる証言をしている一人の意見を同列に併記するのだろうか。その理由としてはやはり文科省の身内である教育委員会や学校組織のメンバーを守りたいという関心をもっていたこと、また「ゼロベース」で「客観的なデータ」を用いて「新規性のある知見を残したい」という検証委員会独自の関心もあると考えられる。震災直後の複数の児童の証言とはいえ、委員が直接聞いたものではないが、教務主任の証言は直接聞いたものであり、検証委員会にとっては独自に手に入れた一次情報であるから「客観的なエビデンス」に基づいて新規性のある知見を残したいという関心から検証を行ったと考えられるのである。

また同書は、検証委員会が最終報告書案では、「学校の裏山の平均斜度が20度を超え、最大斜度が30度を超える」と説明していたが、遺族たちは「これがかなり広い範囲をひとくくりにした数値であることを問題視」し、これを指摘したことによって、「平均斜度は、調査委員たちが単純に地形地図上で算出した、現実感の薄いデータであることが判明した」ことを明らかにしている（p.222）。

このように検証委員会が裏山はあたかも急な斜面であったことを印象づける数字を出そうとしていることから、「早期に避難できた裏山の存在をなかったことにしたい」という教育委員会の関心と重なることがわかる。これに対して遺族たちは「体育館の裏手の最もなだらかな斜面で実測した測量データ」を提示し（写真4参照）、「実際には、山裾から数十mにわたって10度前後の角度が続いていることを明記すべき」だとした。さらに「津波に飲まれて助かった生存児童が必死によじ登った斜面は、最大斜度の場所であったことも加えるべき」とした（写真5参照）。

写真４　大川小学校の裏山。円で囲ってあるあたりがかつてシイタケ栽培をしていたところで、体育館裏の最もなだらかな斜面とはここをさしている。津波が到達したラインの上まで簡単に上ることができる。2012 年 6 月筆者撮影。

写真５　結果として児童たちが追い込まれることになった「津波に飲まれて助かった生存児たちが必死によじ登った斜面」というのは、このあたりで最も急な崖のような斜面で、大人でも登れる人は限られるであろうし、登れたとしてもかなりの時間を要するような場所であった。2012 年 9 月筆者撮影。

外注された組織は必ずお金を出しているスポンサーに配慮する

池上と加藤が、いったい誰の「知りたい」に答えるための検証委員会なのかを、前川官房長に会見で尋ねると、「第一義的には、石巻市のご委託を受けているので、石巻市に対して行っているものです」と返答があったという。

結局のところ石巻市が検証委員会のスポンサーなのである。優秀な人ほど、指示など出されなくとも、スポンサーの言動からその「関心」を忖度し、その関心にかなった行動をとる。弁護士や御用学者ならなおさらである。このこと自体が悪いということはない。スポンサーの関心が本当に遺族のために真実を明らかにしたいというものであれば、その関心が忖度されることになるため、まっとうに検証されることになるからだ。

第三者検証委員会を機能させるために踏まえなければならないのは、意識的、無意識的にかかわらず、依頼主（クライアント）の関心に配慮してしまうということなのだ。

最近の組織行動論（社会心理学）の研究領域においては、「客観的な態度で、公平を期そうというときですら、欲求は情報を解釈する方法に強力な影響を及ぼす」という「自己奉仕的バイアス」(self-serving bias)[25]や、誰にでも分け隔てなく接する人でも無意識下における人種や性別の固定観念に従って評価してしまう「潜在的偏見」[26]等について多くの研究が積み重ねられている。

ベイザーマン（Bazerman. M. H.）らはハーバード・ビジネス・レビューに掲載された「善意の会

計士が不正監査を犯す理由」という論文[27]において、「バカ正直で、いかに几帳面な会計士であろうと、会計にはしばしば主観が入り込んでしまうこと、また監査法人とクライアントの関係が親密であるゆえに本当の財務状況を隠し、投資家や規制当局、時には経営者をもあざむく粉飾を無意識のうちにやってしまうことがある」と根本的な問題提起をした上で、「ベテランの監査人でもバイアスから逃れることは難しく、自分自身の考えに従って数値を出すのではなく、クライアントのバイアスの影響を受けた会計数値を受け入れやすいこと」を実証する実験結果をはじめとした数々の研究を紹介している。

ベイザーマンらも「バイアスを排除することに関しては、本人がバイアスを排除しようと意識的に努力しても限界がある」ため、「肝心なことは、自己奉仕的バイアスを生み出す誘因を排除すること」としている。

バイアスと表現されているが、「価値の原理」からすれば、クライアントの関心を忖度するのは自然なことなのだ。したがって、重要なことは、大川小学校の検証委員会の関心の所在にあることになる。

そして、委員メンバーの言動や調査のあり方から浮き上がる検証委員会の中心にある関心は、

・「避難できなかったのは仕方がなかったことにしたい」
・「亡くなった教員や教育委員会が責任を負わないで済むようにしたい」

といったものであり、この身内を守りたいという関心は石巻市教育委員会の関心と同型のものとなっていることは先に確認した通りである。

検証委員会はチームの中核メンバーが、石巻市や市教委の関心と同型の関心のもとに組織された時点で失敗は運命づけられていたといってもよいだろう。「避難できなかった要因」は憶測も交えて積極的に掲載しようとする一方で、「早期に避難できた要因」については確認できていないとして掲載しないというひどく偏ったことをしたのだ。そして「責任追及を目的としたものではない」「ゼロベースで検証する」という台詞は、責任が問われるような不都合な事実はできるだけ「なかったことにする」ためのマジックワードとして乱用されることになった。

2013年11月30日の検証委員会では、こうした一連の危機感をもった敏郎氏は、「今声をあげなければ、津波がくると思っていても強く言えなかったあの日の校庭と同じことを繰り返してしまう」と考え、その前日に「小さな命の意味を考える会」を立ち上げた。

そして、室崎委員長に渡す公開質問状をもとに、「これまで検証の進め方をずっと見ていたが、色々な疑問点を持っていた。室崎委員長と話をしたところ、委員長本人も、このままの進め方では正しくない方向に行くと、非常に危惧されていた。委員長も委員も少なからず疑問を持っている中で、何も誰も言わないでこの検証を進めていいのかと思った」と話した。

公開質問状で、検証委員会に改善を求めたのは、室崎委員長が佐藤氏ら一部の遺族に対して検証の方向性の改善点を事前に約束した内容に沿った以下の点である。

①　学校管理下という責任の所在を前提とした議論を行う
②　事実情報の根拠を明らかにし、事実と違う点は訂正するか取り下げる

③　遺族心情を繰り返し逆なでする委員の扱いを遺族と協議する
④　コーディネーターを設置し、遺族が検証に参画できる体制にする
⑤　①～④を直ちに改善できない場合は、今すぐ検証を停止して、遺族と検証の方向性を話し合う

こうした「正しくない方向」進んでいた検証委員会に対して遺族が声をあげたこと、「事実情報のとりまとめ案」に対して大学教員や教育関係者などが60を超えるパブリックコメントを寄せて改善を求めたこと、その後の最終報告案についても遺族が指摘したことなどによって、「事実情報のとりまとめ案」にあったようなあまりに偏った記述は部分的に是正されていくことになる。

最終報告書はどうなったのか？

大川小学校事故検証委員会の最終報告書は、結局どのような形になったのか？

市教委の関心を受け継いだ残余として、教務主任の証言をそのまま鵜呑みにした他の証言と矛盾する記述は残っていたものの、逃げられなかった要因ばかりが記述されているような偏った記述は幾分か減っており、その意味では多少の改善がみられた。

しかし、遺族が知りたがっていた、大川小学校だけなぜ、という問いに対しては、核心に迫る結果はいっさいなく、「避難開始に関する意思決定の時期が遅かったこと、及びその時期の避難であるにもかかわらず避難先として同校より標高は高いものの河川堤防に近い三角地帯を選択したことが、最

大の直接的な要因であると結論づけられる」（『最終報告書』p.１０４）とした。

遺族は２０１２年の10月28日の第７回説明会の時点で、遺族有志がこれまで調べた事実と見解を発表し、ポイントは①なぜ意思決定が遅れたか（救うための十分な条件がありながら逃げた時間と距離はほんのわずかであった）、②なぜ川の袂の堤防道路である三角地帯に向かったのかにあることを明確に示していた。検証委員会の結論は、そのポイントをリフレーズするにとどまっており、「だからなぜそうなったのかを明らかにしてほしい」という遺族の要請していた検証にはいっさい踏み込む考察はみられなかった。

また災害対応計画、マニュアル、防災訓練、避難路、避難方法などが、いかに杜撰だったか説明はあったが、なぜそうした杜撰な状況になったのか、なぜ校長に適性のない人が任命されたのか、平時の学校経営や教育委員会にかかわる内容についての調査はいっさいなかった。そして調査の大半は、「大川地区・北上地区住民に対するアンケート調査」「大川小学校における災害への備え」「地域における災害への備え」「学校および地域の歴史」といった周辺的な要因の分析に終始していた。

さらに筆者がパブリックコメントで指摘した以下のポイントについては、いっさい改善されることはなかった。

「事故当日の状況に関する情報」に関しては、どのような観点からどのような分析枠組みを用いて、どのような根拠をもって記述していったのか、その方法が明らかにされていない点において、科学的研究とはいえないものとなっている。当然（1）目的を達成するために有効と考えられる方法枠組みを採用しているかどうかも判断できなければ、また（2）その選択理由の妥当性を第三者が吟味できるような記述も認められない。

引用文献に関しても、出典先の具体的な記述（直接引用）も含めて、何を根拠にそのような記述をしているのかを読み手がわかるように明記しなければならない。巻末資料として「収集資料一覧」が添付されているが、これではよくある大学生のレポートの「参考文献」と同じで、どの証言（データ）が何の資料に基づき論じられているのかを読み手が判断することができない（少なくとも大学院の修士論文レベルでも認められない形式である）。他者が批判的に吟味できる公共性を備えた検証報告書にするためには、どの文章のどの部分を裏付ける資料なのかをわかるように「引用文献欄」として明記しなければならない。

研究論文と報告書は異なると思われるかもしれないが、科学的研究であり、他者が批判的に吟味することが可能な公共性を備えていなければならない、という点では原理上同じである。最終報告書を科学的研究として作成する意思があるならば、ぜひすべてのポイントに◯がつくようチェックした上で提示していただければと思う。

むしろ、唯一根拠を示しながら記述している箇所が一カ所だけあるとして公共性の観点から高く評価した部分（p. 63）が削除されていた。逆に根拠を示さないことを徹底し、報告書を他者が批判的に吟味できない〝権威に基づく独断論〟という閉じられた形式に揃えたのである。

そして調査結果に基づかない24の提言がなされたが、検証委員会を検証し続けてきた池上と加藤は、

「これらの提言が1年間の調査を必要とするものなのだろうか」「大川小学校の事故を検証するまでもない、ごく一般的な内容にとどまっているように思える」と感想を述べているように、これは大川小学校の事故を調査したからこそ得られた構造に基づく対策や提言になっていない。そのため「大川小学校の悲劇を繰り返さないためにしっかり備えなければ」と人びとを動かす説得力を備えた提言にもならなかったのだ。

こうして5700万円をかけた検証委員会は遺族の真相解明を求める切なる願いに応えることはできず、偏った情報選択やまとめによりいたずらに混乱を招き、ときに遺族を傷つけ、すでにわかりきっていた無意味な結論を出して終わった。

こうして検証委員会が真相を明らかにできなかったことで、一部の遺族は裁判に出る決心を固めることになる。

大川小学校から「第三者検証委員会」の未来を拓く

本章の最後に、この大川小学校事故検証委員会の典型的な失敗事例として捉え、その失敗の構造を逆転することにより、健全に機能する第三者検証員会を立ち上げるためのアセスメント・チェックリストを提示していきたい。

その前に、『大川小学校事故「検証委員会」を検証する』を参考に、「第三者委員会」なるものがどのような問題をはらんでいるのかをあらためて確認する。

まず「第三者委員会」はなぜ作られるのか。我が子の死を知った遺族は、なぜそんなことになったのか、いったい何が起きたのかを知りたいと願うが、当事者では真相を明らかにできないためだ。もともと第三者委員会は、真実を知りたいと願う遺族や被害者の要望から立ち上げられていたのだ。

だが、いじめ自殺や指導死、暴行死といった問題が生じた際に、責任を負いたくない組織が「事なかれ」で終わらせたいという関心から第三者委員会が組織されたとき、さらなる被害の拡大につながる。様々な学校事件、事故、いじめ自殺等の遺族検証に通底する問題を扱ってきた京都精華大学の住友剛准教授が「スタート時点でズレがあった検証は、結局うまくいかないんですよね[28]」と述べているのは、被害者と組織の関心のズレのことをさしていると考えてよいだろう。

実際、最近では、遺族の意向と関係なく、行政の都合で早々に幕引きを図るために立ち上げられる第三者委員会が散見されるようになった。そして「事件や事故の調査結果を自ら開示し、遺族に真実を伝えようと自主的に対応する学校や教育委員会は、ほとんどない」だけでなく、「初めから『問題はなかった』という前提で、調査の恣意的な解釈が行われたり、遺族の意向を偽ったりする例も多数報告されている」という。教師による指導死で次男を亡くしたNPO法人ジェントルハートプロジェクト理事の大貫隆志氏は「教委などは地元の（自分たちと関係性の深い）弁護士や医者、大学教授などが委員になるように画策」し、「遺族は、『専門家』に疑問を抱きながらも、専門性を否定する論理を持ち得ず、罠に陥るしかすべがない」とその問題点を指摘している。

大川小学校の第三者委員会の設置が現実味を帯びてきた2012年9月末、大川小学校の4人の遺族が、教育評論家の〝尾木ママ〟こと、尾木直樹氏にアドバイスを求めたという。その頃尾木氏は、大きな社会問題となり、「いじめ防止対策推進法」の設立のきっかけとなった「大津市立中学校におけるいじめに関する第三者調査委員会」の委員として奮闘していた。

第三者委員会の設置について尾木氏は、次のように述べた。

「委員の半数は、遺族の推薦で入れるべきです。第三者委員会はこれまで色々と作られているけれど、公正中立ではなくて、きちんとした本質的な報告が出せないのがほとんど。大津市の場合は、滋賀県に関係ない人、京都に関係ない人、近県にいない人を探したんです。本当に真実を明らかにするためには、そのくらい徹底して第三者性を確保することが大事なんです」（『検証』p. 54）

このようなアドバイスを聞いた大川小学校の遺族たちは、「第三者委員会の金を出すのは、あくまでも市。地元（宮城県内）の大学教員が選ばれた場合、市教委の顔色を気にする検証報告をしかねないという懸念もある。行政が作る第三者は、第三者じゃない。そういう表裏がわかってきた」と納得した様子だったという。

しかし、こうしたアドバイスに基づいた遺族の要望はことごとく文科省によって無視され、池上と加藤は「遺族の思いが骨抜きにされるような手続きを端で見ながら、私たちは、第三者委員会そのものが課題解明や問題解決の手段ではなく、新たな問題の根源になっていくような気がしてならなかった」と述懐している。

そして事実、そうなってしまったのはみてきた通りである。

「第三者委員会」と名のつくものがまっとうに機能するかどうかはそのスポンサーとなる組織の関心に依存する。組織の中心的な関心が真実を明らかにすることではなく、組織を守ることにある限り、第三者委員会はそのクライアントの関心に忖度することから、行政の都合のよい結果を「第三者」の名において出すための〝御用機関〟の域を出ないものになってしまうのだ。

では、どうすればよいのだろうか？　シンプルだが効果的なものとして、被害者（遺族）がクラウドファンディングを立ち上げて、文字通り真相解明を願う「第三者」から資金を募り、その資金をもって、当該の事件と関係がなく、これまでの実績をみてもまっとうに検証してくれそうな人たちに委員になってもらう方法がある。

以上のような「第三者委員会」がはらむ問題を解決するために、以下、これまでの議論をもとに「第三者委員会のリスクアセスメントシート」を提示する。各チェック項目を読んで該当すると思われるものにチェックしていってもらいたい。この1と2の双方にチェックがついている場合、その下にもチェックが入る確率は高いため、要注意である。

いずれにしても問題がある場合には複数にチェックが入るはずである。客観性を確保するために、実状を知る複数の関係者（遺族や被害者関係者のみならず、メディアやジャーナリストを含む）にチェックしてもらい、その内容を検討するとよいだろう。

このアセスメントシートの1～5の「委員会を設置する当事者組織の関心が組織防衛にあることがみてとれる」「当事者組織がお金を出して外注するかたちになっている」「問題を起こした当事者組織が委員の人選をして、委員会を組織している」「遺族の意向を聞き入れることなく、一方的に人選し、

第三者委員会のリスクアセスメントシート

	チェック項目	該当（✓）
1	委員会を設置する当事者組織の関心が組織防衛にあることがみてとれる	
2	当事者組織がお金を出して外注するかたちになっている	
3	問題を起こした当事者組織が委員の人選をして、委員会を組織している	
4	遺族の意向を聞き入れることなく、一方的に人選し、委員会を組織している	
5	委員の半分に遺族の推薦のメンバーを入れずに、地元の弁護士や医者、大学教授をはじめとしたビジネス上の関係のある人など、問題を起こした当事者組織と関係性がある委員が選ばれている	
6	初めから「問題はなかった」という結論ありきで、当事者組織に不都合な証言は取りあげなかったり、調査の恣意的な解釈をしたりしている	
7	証言や調査記録などのデータを消去する、見せない、あるいは当事案のキーパーソンにアクセスさせないといった実質的な隠蔽工作を行っている	
8	問題の周辺的な調査は行うが、核心に迫る調査は行っていない	
9	有識者会議を開いたり、パブリックコメントを募集したりはするが、その意見を報告書に反映したり、中身の改善を行わない	
10	第三者が批判的に吟味できる公共性のある報告書になっていない	

委員会を組織している」「委員の半分に遺族の推薦のメンバーを入れずに、地元の弁護士や医者、大学教授をはじめとしたビジネス上の関係のある人など、問題を起こした当事者組織と関係性がある委員が選ばれている」は委員会設置に関するチェックリスト項目になる。

委員会設置の時点でこのアセスメントシートを活用して、適切な「第三者性」が担保されている委員会を設置したり、あるいは問題当事者寄りの委員会を拒否し、チェックリストに適っており遺族からみても適切な「第三者性」が認められる委員会を再設置してもらうといった活用法が考えられる。また先に述べたように、被害者がクラウドファンディングにより資金を集めて、その資金をもとに、当案件と関係がなく、信頼と実績のある「第三者」に委員を依頼するという方法は有効な方法となる。

6の「初めから『問題はなかった』という結

論ありきで、当事者組織に不都合な証言は取りあげなかったり、調査の恣意的な解釈をしたりしている」は、調査結果に関するものである。中間報告などの段階でこれに該当するものは改善を求める必要がある。

7の「証言や調査記録などのデータを消去する、見せない、あるいは当事案のキーパーソンにアクセスさせないといった実質的な隠蔽工作を行っている」は、不都合な事実を隠そうという意思の表れであり、委員会が正常に機能していないことを示している。

8の「問題の周辺的な調査は行うが、核心に迫る調査は行っていない」については、真相を解明することでなく、事を荒立てずに事案を終わらせることが、その委員会の最大の関心であることを示している。

9の「有識者会議を開いたり、パブリックコメントを募集したりはするが、その意見を報告書に反映したり、中身の改善を行わない」については、有識者をはじめとした様々な意見を聞きましたよという体裁だけを整えた形式主義の一種であり、妥当な理由なく内容の改善がみられないものは、本気で真相解明しようとする意思をもった委員会ではないといえる。

10の「第三者が批判的に吟味できる公共性のある報告書になっていない」については、報告書に記載されている内容の真偽や信憑性を他者が確かめられる公共性を備えた形式になっていない、ということである。これでは報告内容が納得できない、吟味したいと思ったとしても、その記述が誰の、あるいはどの資料の何を根拠としたものか読者にはわからないため報告書として正当なものとはいえない。詳細はすでに論じたので、そちらを参考にしてもらいたい。

遺族や被害者は常に第三者委員会や調査の「素人」であり、どのような条件をクリアしたものが適切な第三者性を担保した委員会といえるのか、またどのような条件をクリアしたものが妥当な調査であり、報告書といえるのかといったことはわからない。そのため名ばかりの「第三者委員会」、お題目だけの「公正・公平」で「客観的」な調査に翻弄され、違和感があっても論理的な反駁ができずにいるうちに遺族は納得したということにされてしまうことが多い。そうならないためにこのチェックリストを活用していただきたいし、知人や友人が被害者や遺族となって困っている場合には、ぜひこのチェックリストを教えてあげることで支援していただければと思う。

第3部

クライシスマネジメントの本質

——組織、教育、社会の不条理に対抗する本質行動学の視座

第10章

大川小学校事故裁判からの教訓

――組織の不条理を乗り越え、新たな意味を与えるために

最高裁により遺族の勝訴が確定

２０１９年10月、東日本大震災の津波で74名の児童と10名の教職員が犠牲になった宮城県石巻市の大川小学校の児童23人の遺族が訴えた裁判で、最高裁判所は石巻市と宮城県の上告を退ける決定をして、市と県に14億円余りの賠償を命じた判決が確定した。

これは控えめにいっても歴史的な判決と言わねばならない。

まず一審の仙台地方裁判所は、「広報車の避難の呼びかけを聞いた段階で、津波がくることを予測できた。教諭らの避難誘導に過失があった」として、市と県に賠償を命じた。一審では「予測できたかどうか」を争点にしており、「教諭らの避難誘導に過失があった」としてあたかもその場にいた教諭らだけに責任があるとする判決であった。学校は事前に避難場所や経路などを定める義務を怠ったにもかかわらず、その場にいた亡くなった教諭らだけに非があったということになり、事前の危機への備えを怠った学校の最高責任者である校長や市教委にはいっさい責任はないというものであった。

遺族は、「教諭らの避難誘導に過失があった」とすべての責任をその場で亡くなった先生たちに押しつけて、事前に避難場所や経路などを定める義務を怠った学校や行政の責任はいっさいないという一審の判決理由には到底納得できなかった。一人息子を亡くしたある遺族は、「裁判は勝ったけれど本当に求めていた勝利ではない、試合には勝ったけれど勝負には負けたようなものだ」と筆者に言った。

またこの判決結果は被告側にとっても受け入れがたいものであり、原告・被告双方が控訴するかたちとなった。

筆者は、そもそも一審でなぜ「予見できたかどうか」が争点とされたのか、強い違和感をもっていた。第1部の研究が示しているように、そこがこの事故の本質ではないと考えていたためだ。そこで裁判に踏み切った遺族は一部の遺族ではあったが、あらためて、大川小学校の事故の本質は、意思決定の停滞と、それを招いた「事前に避難場所や経路などを定める義務を怠った」ことにあるのだから、予見できたかどうかを争点にすべきではなく、事前の危機に備える義務を行っていたかどうかを争点にすべきだと進言したこともある。

控訴審となった仙台高等裁判所が下した判決（2018年4月）は、メディアでも大きく報じられたので記憶されている読者も多いだろう。一審同様、遺族側が勝訴して被告である市と県に14億3000万円余りの賠償を命じたのだが、その判決内容が一審の内容と一転したという点で驚くべきものだったからだ。一審の判断と大きく異なったのは、仙台高裁が市教委と大川小学校の「事前防災」の不備を重視したことだった。学校における保健管理・安全管理を定めた学校保健安全法では、市教委と学校が児童らの安全確保義務を組織で負うものと定義し、児童の安全確保は「公教育制度に不可欠の前提」で「根源的な義務」であるとした。そのうえで震災前の危機管理マニュアルの不備がなければ事故は防ぐことができたとして、市教委と学校の「組織的過失」を認定したのだ。

原告弁護団によれば、東日本大震災での津波被害をめぐる訴訟の中で、事前防災の過失を認めた初めてのケースだったという。しかし市や県は「学校現場に過大な義務を課すものだ」とこの結果を受け入れることはなく、最高裁に上告していた。

最高裁での判決確定により、学校は子どもたちの命を守る義務があるということが公的に示されたのだ。この判決が今後の教育現場の防災のあり方に根本的な影響を与えることになるのは間違いない。

世界一の自然災害大国といえる日本で「学校は最大限の努力をして子どもたちの命を守る義務があるとされた場合」と、「学校は子どもたちの命を守れなくても仕方がない」とした場合を比べたならば、今後100年だけを考えても、児童生徒の生存率は著しく違ってくる。

そして、仮にもし事前の防災対策を怠って最悪の事態を招いても学校にも行政にもいっさいの責任を問われないという判例を公的に残すことになれば、それは「学校には命を守る義務がない」「命を守る防災対策を怠っても責任を持たなくていい」という「無責任主義」が公的に認められることを意味する。筆者も、最近の司法のあり方を見る中で、万が一まっとうな判決が下されなかったらどうなるのだろうかという一抹の不安を拭えずにいた。

果たして結果は、前記の通りであった。だからこそ、この最高裁の決定は、未来の命を守る歴史的な分岐点というべきものなのだ。司法の最高機関が正当な判断を下したことに最大限の敬意を表したい。

大川小学校事故の裁判の特徴と影響

ＮＨＫ ＮＥＷＳ ＷＥＢの記事「大川小の津波訴訟 石巻市と宮城県の上告棄却 最高裁」には、「最高裁が震災前の学校と行政の防災対策に過失があったと認めた二審の判断を維持したことで、今後、全国の教育現場の防災対策に影響を与えるとみられます」として、この判決がどのような特徴があり、またそれが全国の教育現場にどのような影響を与えるかについて的確に論じているため以下少し長くなるがその箇所を引用する。

「事前防災」全国に影響か

今回、最高裁の判断が全国の教育現場の防災対策に影響を与える可能性があるとして注目されていたのは、二審の判決が、学校や行政に対して、ふだんから高いレベルの防災対策に取り組む義務があるとしたからです。津波からの避難をめぐり、遺族が学校や勤務先などに賠償を求めた裁判で、大川小学校の裁判の2審判決はほかのどの判断とも異なり、注目されました。

【二審判決の特徴1　事前防災】

二審判決の1つ目の特徴は、「震災前の防災対策に過失があった」と判断したことです。大川小学校をめぐる裁判の一審判決や、そのほかの津波の避難をめぐる裁判の判決では、「地震が起きてから津波がくるまでの対応」に過失があるかどうかによって、賠償責任が判断されてきました。一方、二審判決は、震災前に、津波の予測や小学校の立地を詳細に検討すれば津波の危険性を予測するのは十分可能だったとしました。そのうえで、震災前に危機管理マニュアルで、避難の経路や避難方法を定めておくべきだったのに怠ったと指摘しました。

【二審判決の特徴2　児童の安全確保義務】

このように、学校側に高いレベルの防災対策を求める前提としたのが、学校には、「学校保健安全法」によって児童の安全を確保する義務があると、明確に判断したことです。これが2つ目の特徴です。校長や教頭らは、義務教育で児童を預かる以上、一般の住民よりも防災に対してははるかに高い知識や経験が必要だとしました。大川小学校が津波ハザードマップで浸水予想区域に含まれていなかったことについて「児童の安全に直接かかわるため、独自の立場から信頼性を検討すべきだった」などと指摘しています。

【二審の特徴3　行政にも責任】

3つ目の特徴は、校長など教育現場だけにとどめず、教育委員会や行政の防災担当部局の関与にまで踏み込み、「市の教育委員会は学校の対策に不備があれば指導すべき義務があるのに怠った」と指摘したことです。

【全国の学校現場に影響か】

こうした二審の判断を最高裁が維持したことで、学校側の事前の防災対策が足りないと、災害で被害が出たときに賠償責任を負うケースがあることが明確になったと言えます。今後、全国の教育現場に影響を与える可能性があります。児童や保護者にとっては子どもたちの安全確保に重きを置いた司法判断で、学校や行政がどのように受け止め、対策が進められるかが注目されます。

裁判を受けた石巻市の対応

2019年10月11日の最高裁決定を受け、石巻市は慌ただしく対応することになる。[1]
亀山紘市長は同日夜、市役所で報道各社の取材に答え、「大変重く感じている。遺族にお詫び申し上げる」「裁判では事前防止の観点から議論され、市の責任が認められた。大変重い決定だと考えている」と語った。また遺族への直接の謝罪についても、「検討していく必要がある」と前向きな姿勢を示した。[2]
その後、12月1日、石巻市が遺族説明会を開催することとなり、17遺族計27人と同市河北総合センターで面会した。そこには、亀山市長に加えて、伊東昭代宮城県教育長、境直彦石巻市教育長らも同席した。
冒頭、市長は遺族の不信を招いた捜索活動の不備や、事後対応における遺族感情への配慮不足を認め、「一番安全で安心できるはずの学校で、未来ある子どもたちの尊い命が失われる事故を招いてしまった」と述べた。[3] そして、「愛するお子様との元通りの生活を願うご遺族の皆様には、なんの慰めにもならないと承知しておりますが、お亡くなりになられたお子様のご冥福を心からお祈り申し上げ、謝罪の言葉とさせていただきます。誠に申し訳ございませんでした」と沈痛な表情で用意してきた原稿を読み上げるかたちで陳謝した。[4]
司法により組織的過失と認定された石巻市教育委員会の境教育長は「組織としてなすべきことをし

ていなかったために、多くの尊い命を失うという極めて重大な事故を引き起こしてしまいました。震災後、皆様に十分な対応ができなかったことで、皆様の心を傷つけてしまったことを深くお詫び申し上げます」と陳謝した。[5] 子ども2人を失った男性が「事故は教員による人災と捉えていいか」と質問したところ、境市教育長は「判決では震災前の時点で市教委などに過失があったと認定された。人災と捉えている」と答えた。

また宮城県教育委員会の伊東教育長が「学校において大切な子どもたちの命が失われたこと、それを守ることができなかったことは痛恨の極みであり申し訳なく思っております」と述べたが、前に並んで陳謝することはなかったことから遺族の一人にそのことを指摘され、平謝りする一幕もあった。

また説明会では震災直後の市の対応が厳しく批判された。これに対して石巻市長は「(これまでの)説明会は遺族に寄り添うかたちで行ってきたとは言えない。真摯《しんし》な話し合いを丁寧に進めたい」とこれまでの対応がよくなかったことを認めた。[6] また「震災直後の対応で遺族の不信を生んでしまい、反省している」「最高責任者として、もっとしっかり対応できていれば違った展開があったかもしれない」と反省の弁を述べた。[7]

こうして石巻市長は「もう少し時間をかけて丁寧に対応すればよかったと反省している」と、市の遺族対応に問題があったことを認め、記者会見では、「市民に大変迷惑をかけた。責任を感じ、給与の削減割合を考えた」と述べ、自身の給与を来年1月から半年間、50%減額し、副市長と教育長の給与も同期間、30%減額する方針を明らかにした。[8]

そして謝罪後の意見交換会において、遺族から「学校に行って子どもたちに謝ってほしい」という要望が出されると、市長ははじめて遺族等とともに大川小学校を訪れ、慰霊碑の前で手を合わせた。そして、語り部をしている遺族の案内のもと、震災遺構として保存される校舎を見て回る姿が報道された。[9]

石巻市長は、その後の取材に対して、「学校管理下にあって、このような悲劇が、絶対、二度とないように伝えていく必要がある」と話した。

後述するようにそれがその場をしのぐためのポーズであったのか、本当の気持ちだったかどうかはその後の対応次第で変わってくるが、もし石巻市が震災直後から本当の意味で遺族に寄り添う姿勢をみせていたならば、結果は大きく違っていたのではないかと思わざるを得なかった。

原告団の団長は判決の確定を受けて次のように述べている。

「裁判を起こしたくて起こす人などいません。『持っている情報を全部出します。二度とこういうことが起きないよう、一緒に考えていきましょう』という姿勢を最初に見せてもらえれば、裁判にはならなかったと思う。でも市教委の対応はまったく逆でした。責任逃れのためか、生存した児童に聞き取ったメモまで廃棄し、不信感だけが募りました。我が子の最期の状況を知るためには、裁判を起こすしかなかったんです[10]」

また他の遺族も「市の事後対応が悪かったから裁判になった[11]」と述べているように、事後対応の経緯を見守ってきた筆者の身としても、石巻市が最初から遺族が納得するまで真摯に丁寧に対応していれば、裁判にはならなかったと思われる。むしろ裁判になってしまうと、「争い」になり、真相解明から遠ざかる可能性もあるため、遺族は一緒になぜこうした悲しいことが起きてしまったのかを明らかにしていきたいと真相解明を望んでいたのだ。

もちろん一口に「遺族」といっても、大川小学校の場合多くの遺族がいて、考え方にしても一枚岩ではない。学校や教育委員会がどこまでも真摯に対応したとしても、それでも裁判になった可能性はゼロとはいえない。しかし今回のような規模の集団訴訟にならなかったのは確かだと思われる。実際、多くの遺族は市教委とできる限りの対話をし続けたいと願い、市教委が検証委員会に丸投げした後も、検証委員会によって真相解明されるよう働き続けていたのだ。

しかし、何ら進展がなかったことから、訴訟期限の前日に訴訟に踏み切ることになった。判決確定後、遺族は「遺族としても長かった」「8年7カ月、苦しかった」と語ったように、これは遺族にとって、市教委の事後対応が「二次被害」であり、検証委員会が「三次被害」という表現になぞらえるならば、一般的にも裁判が与える心理的ストレスは大きいことから、5年半もの裁判の期間は「四次被害」というべき側面があったことは否めない。[12] また行政にとっても、最高裁に市や県の過失が認められ、14億円余りの払いが命じられるという最悪の結果を招くことになったのだ。

反省するとはどういうことか？

なぜかわからないのにどういうわけか誰も望んでいない最悪の結果になってしまうこと。これを人は不条理という。大川小学校の事後対応は、その不条理の最たるものだろう。不条理が、なぜそうなったかわからない「条理の外」であり続けるならば、それはなぜそうなるのか構造がわからないということであり、再発防止はできない。

したがって、なぜこのような不条理に陥ってしまったのか真摯に反省する必要があるのだが、それでは、反省するとはいったいどういうことをさすのだろうか？

市教委の事後対応や検証委員会の報告書を通して明らかになったことは、「反省する」の反意語は、「なかったことにする」ということだ。市教委の事後対応はまさにその典型だった。検証委員会も、山に逃げようという証言を「なかったこと」にしようとしたし、山の斜面の傾斜を平均値で求めて急傾斜であるかのような印象を残すことによって、普段子どもたちが簡単に登っていた裏山があったことを「なかったこと」にしようとした。宮城県の教育委員会が報告書において大川小学校の下りだけを削除したのも「なかったことにする」マネジメントの一つだ（第2部第8章）。

あったことをなかったことにしたら、正しく反省しようがない。太平洋戦争後、日本は、「愚かで悪しき戦争」が起きたのは「戦犯」のせいにして、何もかも間違っていましたと教科書を墨塗りにして、戦前を「なかったこと」にした。ということは、本質的な意味において日本はかの戦争を反省してはいない、ということになる。起きた現実を「なかったこと」にする思考パターンこそが、我々日本人が本当の意味で反省すべき思考態度なのかもしれない。

しかしながら、だからといって「一生反省し続ける」というのも反省の本質に反しているようにも思われる。反省とは何のためにするのだろうか？　同じ過ちを繰り返すことなく、よりよい人生にしていくため、よりよい社会にしていくためではないだろうか。

誰でも過ちは犯す。過去の過ちにずっと囚われ、前を向かなければ、命を輝かせることはできない。どこまでも過去の過ちを責め続けても、周囲の人を不幸にするばかりで、社会に貢献することはできない。

そして「一生反省しなければならない」といった〝無限の反省〟を強いられるのは耐えがたいものになるため、「なかったこと」にしてしまうのだ。これでは社会の「事なかれ主義」はさらに蔓延していくことになる。

あるいは日本の「腹切り文化」により「戦犯」に腹を切らせようとするならば、それを逃れようとするため「なかったこと」にしてしまう。「無限の反省」も「腹切り」も、〝なかったことにするマネジメント〟を助長させてしまうのである。そうしたあり方からは、大川小学校の事故からの教訓をもとにいい社会を作っていくことはできない。

反省の本質

では、反省の本質とは何だろうか？　反省をどのようにすれば、反省という行為が「なかったことにするマネジメント」を助長させることなく、未来につながる行為になるのだろうか？

反省の本質とは、犯人捜しをすることでも、なかったことにすることでも、謝り続けることでもない。

ここでは「反省する」とは、〝そこで何がなぜ起きたのか、その構造を捉えることにより、再発を防止し、改善につなげていくために行う行為〟と置くこととする。

大川小学校でいえば、あの日の校庭でなぜあのような惨事が起きてしまったのか、またその後の事後対応でもなぜこうした結末を招くことになってしまったのか、まずはその構造を正しく認識していくことからすべては始まる。本書では、あの日の大川小学校の校庭（第3章）、校庭を支配し意思決定の停滞を招いた心理（第6章）、日頃の学校経営（7章）、市教委の事後対応（8章）、大川小学校検証委員会（9章）といったステージで、どういったことがなぜ起きたのかを明らかにしてきた。したがって、大川小学校で起きた事象を総合的に反省するための最も効果的な方法は、本書で明らかにしてきた結果と構造を踏まえることということができる。

とはいえ、組織防衛の関心から行動してきた組織が、そうしたことも含めて本書が示した提案を受け入れることは「言うは易し　行うは難し」の典型である。

そこでさらに俯瞰した視点から、「方法の原理」を用いて、大川小学校の事後対応に不条理をもたらした構造を解き明かしていく。つまり、なぜ事後対応は失敗してしまったのかを原理的に明らかにしていくことによって、組織防衛を最優先にする方法はもはや無難に事をおさめる手段として機能せずに、これからの未来を拓く可能性がないということを明らかにしていきたい。

不条理を解明する方法の原理

「方法の原理」によれば、方法とは「特定の状況で特定の目的を達成するための手段」と定義され、方法の有効性は目的と状況によって変わることを意味する。つまり、目的と状況という2つの要因を抜きにして、よい方法を見いだすことはできない。そんなことは当たり前の話だと思われるかもしれないが、こうした原理を意識していなければ、我々が自覚的に実践することもほとんどない。

一般的に我々は、上司や先輩といった先達から、何らかの形で「こういう場合はこうするのがよい」と「正しい方法」を習い覚える。そしてそれを実践することで、一定の「成果」をあげ、周囲に評価されていく。そうして「成果」をあげればあげるほど、それは「正しい方法」として確信されるようになる。そして何のためにやっているのかを問うことはなくなり、いつしかその手段を用いることそのものが目的となっていく。これを「方法の自己目的化」と呼ぶ。

こうして方法が一人歩きしていくと、それが目的達成に寄与しないどころか、障害にすらなっているにもかかわらずどこまでいっても改善しない不合理な状況が生み出されることになる。

状況の把握を間違った

次に、この方法の原理に照らして、大川小学校の事後対応は、どこをどう間違えたか検証してみよう。まず、〝正しい状況の把握〟ができていなかった、ということもできる。

戦後日本の学校教育史上最大の悲劇である。学校管理下にあった76名の児童、11名の教職員、1名のスクールバスの運転手の88名中で生き延びたのはわずか児童4名と教員1名の計5名、生存率わずか5・6%という惨事は、なかったことにできるようなものではない。大川小学校以外では学校管理下で亡くなったケースは石巻市ではゼロ、宮城県全体でも1名しかいないことを踏まえれば、石巻市長が言ったような「自然災害の宿命」で済ませられるような話ではないことをはじめに認識するべきだった。いくら前例のない震災とはいえ、他の学校では助かっているのだ。

なぜ大川小学校だけでこの事故が起きてしまったのか。それを解き明かし教訓として未来に生かしていくことが、亡くなった子どもたちの命に意味づけすることにつながる。それは遺族たちにとって子どもたちの生きた証を残すせめてものことだった。だからこそそれを「なかったこと」にすることだけは、遺族には絶対に受け入れられないことだった。

たとえ、万が一まかり間違って行政側が勝訴したとしても、そもそも、インターネットが発達し、誰もが発信できるようになったこの時代、遺族は発信し続けたであろうし、結果、石巻市市教委の汚名はさらに広まり、それは悪名として永く残り続けたであろう。もはや隠蔽工作が通用する時代的状況ではなくなったのだ。そのことを我々は正しく認識しなければならない。

そもそも目的が間違っていた

また、そもそも市教委は「無難に事を収める」「責任回避」という組織防衛の関心（目的）を軸に対応した時点で間違ってしまったことがわかる。教育委員会の目的は、大きくいえば、子どもたちが幸せに生きられるようにするための教育環境の整備に貢献することにあるはずだ。であれば、多数の子どもたちの命が失われたという事実に向き合い、その命に責任を持つ組織であるという自覚をもつべきであった。

その上で、無用に遺族を傷つけたり、事を荒立てたりせずに落ち着くべき着地点に収束させたいと考えたならば結果は違っていただろうが、主目的が身内や組織を守ることにあり、最大の関心が「責任回避」になってしまった時点で、本質的には失敗が運命づけられていたといえる。

では、どうすればよかったのか。

先にも触れたように、市教委が事の重大さを早期に認識し、教育行政組織をあげて誠実に対応していたならば、大規模な裁判になることもなく、ここまで大事になることはなかったのだ。メディアではどうしても「市教委の非を訴えている」遺族たちの姿が報道されがちだが、筆者が交流した遺族の方々は本来争いを好むような人たちではなく、優しくまっとうな人たちである。実際、大川小学校の親御さんたちは「学校運営にとても協力的」といわれる地域だったのだ。最初から様々な事実や証言をなかったことにすることなく、あったことをそのまま報告し、心から謝罪し、遺族が納得いくまで対話して、遺族とともに子どもたちの命を未来に生かしていくための道を拓いていれば、訴訟になることはまずなかったと思われる。そうした真摯な対応だけが、結果的として組織のリスクを最小化することにもつながったに違いない。

失敗に新たな意味を与えられるか

では、すでに事後対応に失敗してしまった石巻市や教育委員会は、歴史に汚名を残すしかないのだろうか。名誉挽回のチャンスはないのだろうか。

あるのだ。もちろん、過去の出来事は変えられない。一審では当日の現場の判断に過失があったことが認められ、二審と最高裁では備えの段階で過失があったことが認められた。事前の危機の備えも、当日のクライシスマネジメントも、事後対応としての組織のクライシスマネジメントのいずれも失敗したといわざるをえない。

だがそれでも、失敗したから終わりというわけではない。それが無意味なものになるか、意味あるものになるかは、実は事後的に決まる。

「意味の原理」というものがある。これは〝起きた出来事をなかったことにはできないが、出来事の意味は事後的に決まる〟というものである。失敗して、これまでのやり方の根本的な変更を余儀なくされた場合に、これまで積み上げてきたものが無駄になったと思う人もいるかもしれない。しかし、勇気をもって方針転換し、その苦い経験を糧に次の事業で成功させることができたならば、「あれがあったからこんなふうになれた」と思うことはできる。

人間であれ組織であれ時に失敗することはある。しかし、それでもなお過去のやり方に固執すれば、そのとき本当にすべてのものは埋没してしまうのだ。

「この悲惨な出来事を肯定することは決してできないが、あのことがあったからこんなふうになれたと思うことはできる。それがぼくらが目ざすべき未来なのだ」

これは震災数日後、筆者が自らに言いきかせるために書いた言葉である。起きた出来事は変えられないが、出来事の意味は後で決まる。意思が未来を切り拓き、未来が過去を意味づけるのだ。

過去の過ちや埋没コストにすら新たな意味を与えることができるのである。変わるのに遅いということはない。

最高裁での判決が確定した後、大川小学校の原告団の団長は朝日新聞のインタビューに次のように答えている。[13]

——提訴してから判決が確定するまで6年近くかかりました。何が一番大変でしたか。

「それは、裁判で負けられないというプレッシャーですよ。若い世代の大川小学校の遺族たちは、学校で子どもが誰も死なない社会を築こうと、語り部の活動を続けています。負ければ、大川小学校の犠牲は『未曾有の大災害だから仕方がなかった』という結論になる。大川小学校で残す教訓はないと。彼の活動も終わらせてしまうかもしれない。その最低限の責任を果たせたという点だけは、ほっとした」

——裁判を経て、気持ちの変化はありましたか。

「裁判に勝ったところで、大輔は戻ってきません。悲しみも怒りも変わることはない。俺は弱い人間なんで原告団長という柄じゃないけど、団長になってから、自分の役割ってなんだろうと考えました。俺にはもう子どもはいないけれど、未来の子どもたちの命を守るためのバトンを、自分もつないでいかなければならないんじゃないかと。過去の事実は変えることはできない。でも、未来を変えることならできます。たとえ、何十年かかっても、きれいごとに聞こえるかもしれないけれど、それが大輔の生きた証になるから」

大川小学校の事故を「仕方なかったこと」にしようとした行政に対して裁判を起こし、「何度も逃げ出したいと思った」という中で団長を務めあげ、勝訴することで未来のたくさんの命を守るための活動を続けられる基礎を築いた。子どもたちの命に新たな意味を与える役割は、十二分に果たしたように筆者にはみえる。

それに対して、大川小学校事故の事後対応は完全に失敗した。が、そこに〝失敗の本質〟があるからこそ、そこからの真摯な反省をもって、事後対応や第三者委員会の本質的なあり方を示し、全国にそのモデルを示す可能性も手にしているのだ。これまでの活動が完全な失敗事例で終わるのか、日本と世界の学校防災、組織のクライシスマネジメントをリードする存在になるきっかけにできるかどうかは、石巻市行政の今後の行動、結果によって決まるのである。

石巻市教育委員会が未来を拓くにはどうすればよいか？

そのためにはまず、形式さえ取り繕えばいいという形式主義から、本質に沿った実践をする本質主義に移行する必要がある。

市教委は本質を捉えることなく、形式を取り繕って収束を図ろうとした。だから教務主任に虚偽の報告をさせたり、調査メモを一斉廃棄したり、説明会を一方的に打ち切って遺族も納得した、ということにしようとした。形式を整えさえすればよいという前提に依拠している限り、他の証言や状況的に明らかに嘘とわかっても、言い張ればよいということになる。結果、嘘に嘘を重ねることになり、遺族の不信感は深まる一方となった。市教委は完全に袋小路に陥り、自分たちではどうにもできなくなったため、過去の形式を踏まえ、第三者検証委員会が設置された。だが、理念があって設置されたのではなく、先例に倣って設置された検証委員会であったがために、検証委員会のメンバーも「我々は本質的になにをしなくてはいけないのか」という明瞭な方針が共有できていなかった。無論、司法のような強力な調査権がないのは考慮すべきだが、「第三者委員会とはなにを目的にするのか」が遺族と共有できていなかったこともあり、結果的に「三次被害」になってしまった。いずれも本質を考えずに、形式でなんとかしようとしたことによる失敗であった。

判決が確定し、市長が事後対応を含めて全面的な謝罪をした後、遺族が開いている語り部の会に石巻市教委と県教委の職員9人が初めて参加し[14]、また県は大川小学校の児童の遺族らが作る「大川伝承の会」の共同代表の遺族をオリンピックの聖火ランナーに選出する[15]といった、一見するとこれまでとまったく逆の対応をしているようにみえる。そして、「大川伝承の会」が月に1回ほどのペースで開いている語り部に参加し、終了後の取材に応じた市教委の課長補佐は「実際に聴いてみると、やはりあの保護者の方の気持ちがよく伝わってくる。遺族の方のやっぱり思いをですね、ぜひ学校防災の中には生かしていきたい[16]」と述べている。

ところがその一方で、語り部の遺族によれば「9名の教育委員会の人たちは〝裏山に登ってみましょう〟となった途端に登らずに全員帰ってしまった」という。本質は細部に宿る。こういう行動の細部に、本当の関心が垣間見えるのだ。これでは結局、裁判で負けたから形式を取り繕っている「形式主義」である点は、なんら変わっていないということになってしまう。

形式を取り繕うという方法はもはや機能しないということを悟らなければならない。そうではなく、「関心」を本質的なものに入れ替えなければならないのだ。なぜなら関心（目的）こそが価値認識と行動の起点となるものだからだ。関心を本質的なものにすることで初めて行動も本質的になるのだ。

では石巻市教育委員会が未来を拓いていくために、真ん中に置くべき本質とは何だろうか？

学校や教育委員会が最高裁の決定を受けて全面的に罪を認め謝罪した際に、遺族は次のように述べた。

佐藤敏郎さん（当時6年生の娘　みずほさんを亡くす）「これから一緒に向き合っていくきっかけになったかなと思う。石巻が先頭に立って全国に学校防災を発信できたらと思います」

鈴木典行さん（当時6年生の娘　真衣さんを亡くす）「津波の迫力・怖さをこの学校を見て感じられるように市で整備してもらえたらなと思います」

紫桃隆洋さん（当時5年生の娘　千聖さんを亡くす）「やっと子どもたちに『ごめんね』と話してくれたんだなと思った。子どもたちがわかる謝罪をして、子どもたちがわかる防災の取り組みを実現してほしい」

このようにいずれも、大川小学校を震災遺構として整備し、この事故を教訓として全国の学校防災を発信していき、未来の命を守る具体的な活動をするように訴えていることがわかる。このように「せめて亡くなった子どもたちの命に新たな意味を与えたい」というのが多くの遺族の願い（本質関心）なのである。教育委員会もそうした遺族と共通の関心（本質関心）をもつことで、遺族とともに大川小学校から未来を拓いていくことができるのだ。

では、「子どもたちの命に新たな意味を与える」という関心を起点とした場合、未来を作るためにどのようなビジョンが考えられるだろうか。そのビジョンは「大川小学校の事故の教訓があったからこそ助かった命たちが、それぞれの本質を輝かせて生きている風景《けしき》」ではないだろうか。ビジョンの本質とは目ざすべき将来像をスケッチした〝下書き〟といえる。そう捉えることにより、その下書きを関心のある人たちで塗っていくことで、そのビジョンを実現していくことができるようになる。

そしてそのための基礎的な方法となる――遺族による語り部や講師活動、震災遺構の整備、大川小学校に関する信憑性の高い書籍や冊子など――はすでに揃っている。本書でもたびたび取り上げてきた佐藤敏郎氏（以下敏郎氏）は、2013年、間違った方向に向かっていた第三者検証委員会を軌道修正させるため『小さな命の意味を考える会』を立ち上げ、最終報告書の是正の契機を作った。そして、『小さな命の意味を考える――宮城県石巻市立大川小学校からのメッセージ』という独自の冊子を作成し、これまで10万部を無料配布し、4万5000人以上の人たちの前で大川小学校の教訓を伝える啓蒙活動を続けることで、亡くなった子どもたちの命に新たな意味を与え続けている。

そうした遺族と連携することで、石巻市や宮城県が、学校防災の最先端を切り拓き、多くの命を救う未来を作っていくことも可能なのだ。さらにそれらの活動や冊子を生かして「市内、県内の教員研修で用いる」「全国の教員研修で採用されるように働きかける」「全国の防災教育活動に活用してもらう」といった活動を続けていくことがそのビジョンの実現につながっていくだろう。

また大川小学校の場合は、亡くなった子どもたちの命に意味を与えるだけでなく、事なかれ主義による事後対応や検証委員会によって苦しんだ遺族の体験にも新たな意味を与えられるように、今後に生かしていく必要がある。

本書の1章～6章の「あの日の校庭」を踏まえた構造のみならず、7章以降の学校経営、市教委の事後対応、検証委員会といった一連のステージを検証し、その反省から再発防止のためのアセスメントシート（チェックリスト）を提示している。これに基づき自らの組織をチェックした上で、再発防止を行い、また自らの反省とそれに基づく実践をモデルケースとして啓蒙活動を行っていくことで、あれがあったからこそこんなふうになれたと思うことができる未来をつくっていけるのではないだろうか。

たとえば、遺族に石巻市、および教育委員会の講師となってもらい、「理念なき学校経営の弊害について啓蒙する」「事後対応の〝失敗の本質〟に基づき本質的な組織のクライシスマネジメントのコンサルタントを行う」「第三者検証委員会の第三者性を担保するためのアドバイスを行う」といった活動を行うことが考えられる。そうすることによって宮城県・石巻市教育委員会が生まれ変わったことを示し、大川小学校から命を真ん中においたクライシスマネジメントの未来を拓いていくことができるだろう。

大川小学校で起きた「すでに起きた未来」

「裁判で争った遺族と市教委が手を取り合って未来を拓く」

これは絵空事にみえるだろうか。あれだけ事なかれ主義を貫いた行政が変われるわけはないと思うだろうか。

だが、これは「マネジメントの発明者」といわれるドラッカーの言う「すでに起きた未来」なのだ。

次の章では、大川小学校からどのように教育の不条理を超え、望ましい未来を拓くかを論じてみたい。

第11章

大川小学校から教育の不条理を越え「未来を拓く」

——大川小学校初の校長研修が始まる

２０２０年11月４日、宮城県教育委員会は、大川小学校で初めて新たに就任した学校の校長90名を対象にした研修を実施した。

そこでの講師を務めたのは、「ともに当時６年生だった娘を亡くした、元教員の敏郎氏と、現職の中学校の校長、平塚真一郎さん」[1]であった。遺族と教育委員会が一緒に「子どもたちの命に意味を与え、未来の命を救うというビジョンを実現するために動き始めているのである。そして、「大川小学校での研修は来年度以降、新規採用した全ての教職員に対象を広げることを検討している」[2]という。

研修では、講師の一人の敏郎氏は、大川小学校を前にした90名の校長らに震災前の学校の写真を見せながら「大川小学校が特別な場所になる前の姿や自分の学校を思い浮かべてから、今の校舎をみてほしい。あの日にふたをするのではなく、しっかりと向き合って、一人ひとりの児童がどんな顔で避難したか想像することが防災につながっていく」[3]と語りかけた。また「想像の中で、ここを走っていくのは自分の学校の子どもだと思ってください」とした上で「シンプルに、丁寧に命に向き合えているか。できていない状況があるなら、そこから変えていってほしい」と求めた。[4]

現職の校長でもあるもう一人の講師の平塚氏は、大川小学校津波事故訴訟の仙台高裁判決が学校側に高度な防災対策を求めた点に言及しつつ「命を預かる職業として当たり前のことと考えるべきだ」[5]と述べた。そして「当時、皆さんは学校現場で必死に対応していたので、なぜ、教職員が責められるのかと思うかもしれない。ただ、命を落としたという事実の前では、過程はいっさい関係なくなる。校長だけでなく、一人ひとりの教員が、自分の判断で子どもたちの命を守れるようにしてほしい」[6]と訴えた。

そして終了後には「ここに至るまでいろいろなことがあったが、一歩目を踏み出せたので、この研修が未来の命を守ることにつながってほしい。イメージをもって話を聞くことは大事で、実際に大川小学校で起こったことを想像できる現地での研修は意味があった。学校は、児童や生徒、それに教職員の命を守る場所で、子どもたちに命を大切にできる力を身につけさせる場だということを心にとめてほしい」[7]と述べた。

研修後の校長たちの「大川小学校を目の前にして話を聞くことで、心の奥底に響く何かを感じた」[8]といった声や、「教職員は子どもの命を守ることが一番大事だと痛感した。研修で感じたことを教職員や児童に伝えたい」[9]という声からも、ポーズとして開催したり参加したりする形式的な「研修」ではなく、「教職員は子どもの命を守ることが一番大事」であるということが参加者の心の底に響くような実効性の高い本質的な研修になったことがわかる。

また、当時3年生の長女を大川小学校で亡くした、只野英昭氏は4日の研修を見守りながら「震災から10年が近づく中での研修で、率直に遅いと感じる。ただ、これからでもいいので、学校の防災対策について、しっかりと考えてほしい」と話した。[10]講師を務めた敏郎氏は「参加者の中には知り合いや同級生もいたので、何を言ってもわかってくれるし、逆に言わなくても通じる部分もあったと感じる。震災から10年が近づくまで、この研修が行われなかったということは、津波が襲うまで51分も時間がありながら、1分しか避難できなかった大川小学校と本質は同じだ。校長たちが、自分の学校で、子どもたちに大川小学校のことを伝え、教訓などが広まっていけば、もっと変わっていくと思う」と述べた。[11]

このように10年という月日を要したものの、命を真ん中においた危機のマネジメントは「すでに起きた未来」として大川小学校から拓かれつつある。

教育現場で子どもの命を守ることの優先度は何番目になるのか?

その他方で、大川小学校の事故の判決の教育現場への影響は大きく、すでに疲弊している教育現場にさらなる過度な負担を強いることになるのでは、という懸念の声もある。

ここでまず押さえておくべきことは、今回の大川小学校の事故の判決は、学校管理下で多くの命が失われたという結果のみを理由としたものではない、ということだ。〝事前の備えをしっかりしておらず〟、その結果、学校管理下で多くの命が失われたことに対する判決だったことを理解しておく必要がある。

さらに、子どもの命に学校が責任をもたなければならないことが明示された。教員には(学校には)子どもの命を守る義務があり、そのための実効性のある「防災教育」の充実や、災害への日頃の備えとなる「危機のマネジメント」が必要になってくる。その点について、ただでさえ業務過多で疲弊している教育現場のさらなる負担となるという懸念が生じるのは理解できる。

最高裁の後、教育関係者からあげられた「現場に過度の負担を強いる」という声に対して、訴訟団の団長は次のように答えている。

――1年半前の仙台高裁の控訴審判決は、市が作成した津波ハザードマップの信頼性の検討を学校に求める内容に「現場に過度の負担を強いている」と、教育関係者から疑問の声があがりました。

「では、子どもの命、子どもの安全は、優先順位として学校の何番目になるんでしょうか。高裁の判決を批判した人たちに、逆に聞きたいです。学力やスポーツの成績を子どもの命よりも優先してくださいという親はいるんでしょうか。子どもの安全を最低限保証してくれると信じているから、親は子どもを学校に預けるんですよ」[12]

ここで正しく指摘されているように、本質的に考えるべきは「優先順位」である。教育とは命を輝かせて人生をまっとうする上で役立つ知識やスキルや経験を与えることだとすれば、死んでしまったら学力も成績も部活動も意味をなさないのだ。

教育学での盲点というべき「命を守る科目」

ところが、「よい教育とは何か」を問うべき教育学において「公教育の原理」が議論される文脈ですら、「学力」以前に「命を守る科目」を優先的に確保すべきだという議論はほとんどなされていない。だが、命が失われてしまったならば、自由を実質化するための能力や知識の獲得も、お互いの自由を侵害しない限りにおいて自由を認め合うという「自由の相互承認」の感度を育むことも意味をなさないのだ。

新進気鋭の教育哲学者である苫野一徳氏が、筆者のこうした指摘をきっかけとして、「自由」の大前提である「生きる」ことを支える観点から次のように本質的な議論を展開している。


「公教育がその育成を保障すべき〈教養＝力能〉の本質は、読み書き算をはじめとするいわゆる『学力』と、『自由の相互承認』の感度だといえる。しかしそれは大前提として、『生き抜く』（死なない）ための力を、わたしたちは改めて、教育が育むべき重要な〈力能〉として自覚し直しておく必要があるように思われる。

それはとりわけ、3・11東日本大震災の教訓でもある。あの日、『学校』という場で、多くの子どもたちが津波によって命を奪われるという悲劇が起こった。『生きる』ことは『自由』の大前提である。そのための〈力能〉を、たとえば防災教育のいっそうの充実などを通して、教育はより自覚的に子どもたちに育んでいく必要があるだろう。逆にいえば、このことに十分自覚的でない限り、『自由』の実質化という教育の本質は、ある意味では虚しく響くだけだろう。（『「自由」はいかに可能か』p.205）

苫野氏は、ここで述べているように、自由を実現するための「力能」（能力）の獲得や、「互いの自由を侵害しない限りにおいてお互いの自由を認めあう」という「自由の相互承認」が公教育の本質であるという立場だが、大川小学校の事故を一つの契機として、さらに「生きる」ことが教育を成り立たせている〝前提本質〟であるという洞察に至ったのだ。だからこそ、苫野氏はそのことの十分な自覚がなければ、他の本質論ですら「虚しく響くだけ」とまで表現する必要があったのだろう。

公教育のカリキュラムに生存教育を第一科目として組み込む

現実に、今の日本の公教育は、最も優先すべき命を守る教育、生き抜くための教育である〝生存教育〟というべきものがカリキュラムに組み込まれていない。先生がいわゆる「防災教育」をやりたいと思っても、総合的な学習の時間などで各教員が手探りで進めなければいけないのが現状なのである。公教育にも命や生きることを真ん中においたクライシスマネジメント不在があり、それを自覚できていないという点で危機的な状況にある。

繰り返すが、教育とはそれぞれが生きたいように自由に幸せに生きるための広い意味での知識やスキルを身につけるためにある。しかし死んでしまったらいかなる知識もスキルも発揮されることはない。「学力」や、自由の相互承認を前提とした「コミュ力」（コミュニケーション能力）といったものも大事だが、それを意味あるものにするためにも、危機を生き抜く力を育む教育が、公教育の〝本質前提〟として優先的にカリキュラムに組み込まれなければならないのだ。

必要なのは、科目〝生存〟である。これはいわゆる「5教科」のおまけではない。むしろすべての教科の前提となる〝第一科目〟に他ならないのだ。これは従来であれば防災教育といわれているものも含むが、それのみではない。いじめや暴力に対して生き抜く術も、水難事故の際に生き抜く術を身につけること、救命措置を学ぶことも、親しい人の死に際してのレジリエンシーも生存教育に入る。

しかし、「生存教育を公教育のカリキュラムに組み込まなければならない」となれば、現場の負担が増えるのは間違いない。教育現場はすでにキャパシティオーバーとなっており、この状況にさらにこれ以上何かを加えるということは現実的ではない。

実効性のある生存教育を現場で実現していくためには、学校を取り巻く状況から変えていく必要があるのだ。

教育現場を甦らせる本質的方法とは？

リソースは限られている。方法の原理に照らせば、目的が正しくとも、状況的制約を無視しては有効な方法にはなりえない。だからこそ、あくまでもここで求められるのは、方法の原理に基づき、現実的制約（状況）を踏まえて、教育現場がよりよくなるための具体的で実践可能な方法なのである。

では教育現場は何によって消耗しているのだろうか。文科省からの通達に答えるための文書主義、形式主義により疲弊しているのではないだろうか。研修講師の敏郎氏は「大川小学校の事故を受けて、学校で命を守れというと、すごく忙しい、重荷だと思う人がいます」という現状を踏まえて、自身の教員経験から次のように指摘をしている。

「大川小学校のような事故があると、教育委員会とか文科省から通達がきます。指針が示されます。調査しろ、報告しろといわれます。研修が長くなります。担当が増えます。会議も長くなります。マニュアルなんか分厚くなります。2012年、宮城県も学校の防災マニュアルを分厚くしました。県からお達しがきました。私はその担当でした。防災マニュアルの作成の手引きみたいなものをよこされて、すごく細かいマニュアルを作りました。パソコンを打ちながら涙が出てきました。これで命が守れるのかってことですよ。立派なものができるかもしれません。でも、逆に大川小学校で子どもの命が見えなくなったのは、実はこれなんですよね。形だけのマニュアルとか会議とか、それが、あの日のことにつながらなかった。だから、大川小学校で事故が起きました」

敏郎氏は、震災から4年後、教員を辞めて、全国で講演活動や大川小学校の語り部などを行っているが、「学校を辞めた今のほうが、教師をやっている気がする」と述べている。また、大川小学校の校長研修のもう一人の講師平塚氏も、現役の中学校校長としての立場から「正解がないものに対して、学校はエネルギーを割けていない現状がある」[13]とインタビューに答えていることから、同様の問題意識をもっていることがわかる。

現在、学校現場でも、会議や書類作りといったことに奔走させられ、志をもって教師になった人たちが教師の本分にエネルギーを割けずに疲弊しているのが現状なのではないか。

まさに形式主義が本質を失わせているのだ。

学校現場に限らず、本来目的を達成するための手段が、それを遂行すること自体が自己目的化するということは、あらゆる組織、分野に蔓延している。たとえば、大学の教育現場でも、研究費を不正に使う人が出たからといってさらに形式主義が強められた結果どうなったか。形式を整えることに多くのエネルギーを注がざるを得なくなり、肝心の研究に専念できなくなったのである（たとえば筆者も研究費で買った鉛筆一本まで事務所に見せにいかねばならないという無意味なルールが増えることに辟易しひどく消耗したものである）。そうして形式主義、文書主義を強めるほどに我が国の研究力は著しく低下した。形式主義と文書主義を徹底すれば、本質的な生産性は下がるのだ。

方法が自己目的化し、形式主義が跋扈《ばっこ》すると本質は失われる。本質の反意語は形式なのである。敏郎氏は大川小学校のマニュアルに関して次のように話している。

「宮城県では津波（宮城県沖地震）は99％起きると言われていたので、教育委員会のほうから毎年のように、（防災体制の）見直しをしろ、ちゃんと提出しろといわれていました。教育委員会が参考例として、こういうふうにつくってくださいと示したのが、山梨県のマニュアルなんです。大川小学校では、教育委員会からつくれと言われて、『はいわかりました』と言ってそれをコピーして〝津波〟という言葉だけ入れて提出した。だから、大川小学校のマニュアルは〝津波〟のときは「近くの空き地か公園」に避難するとなっていた。ところが、大川小学校の近くには、公園も空き地もないんです。マニュアルを作成した人は『まさか津波がくるなんて思ってもいなかったけれども、一般的に、〝津波〟という言葉を入れただけ』と言ってました。だから、提出させるほうも、作成するほうも、提出するためのマニュアルだったのではないか、ということですよね。誰も悪気はないです。何でこうなったんだろう。私も長年、こういうものばかりつくってきたような気がします。計画のための計画、提出のためのマニュアル、それに追われていたような気がします」

宮城県教育委員会は、マニュアルの見直しを毎年のように求めながら、海がない山梨県のマニュアルを参考例として出した。大川小学校ではそれを丸写しして、「津波」の際には「近所の空き地や公園」に避難するということになっており、またそれすら教員間で共有されておらず、それが悲劇を生むことにつながった。

これまで指摘されてこなかったが、大川小学校の事故は〝形式主義によりもたらされた人災〟でもあるのだ。

「形式主義の徹底」は敵国を機能不全に陥らせるレジスタンス活動であった

形式主義の徹底は現場を妨害する行為に他ならないのだ。事実、第二次世界大戦中にCIAの前身となる米国戦略諜報局（OSS）が、一般市民向けのレジスタンス活動支援マニュアルとして作成した「サボタージュ・マニュアル」は、あらゆる点で形式主義を徹底させることによって、組織を機能不全に陥らせるためのマニュアルであった。

この「サボタージュ・マニュアル」はOCC（CIA）が作成したレジスタンス活動支援マニュア

ルだっただけに、長い間極秘資料として非公開だったが、近年、機密が解除され、一般の人でも読めるようになり、2015年に、解説つきの翻訳本『サボタージュ・マニュアル・諜報活動が照らす組織経営の本質』[14]として公刊された。ここでは、「どのようにすれば組織が回らなくなるか」が書かれている同書の一節「組織や生産に対する一般的な妨害」に焦点化して筆者なりにまとめてみたい。

まず、組織を回らなくさせる妨害方法（レジスタンス活動）の第一に「形式主義・手続き主義の徹底」がある。そこでは、たとえば「何事をするにも『決められた手順』を踏まなければならないと主張せよ。迅速な決断をするための簡略した手続きを認めるな」「指示、小切手などの発行に必要な手続きと認可を増やせ。一人でも十分なことに、3人が許可をしなければならないように取りはからえ」「すべての規則を隅々まで適用せよ」とある。

第2が「会議主義」である。たとえば「重要な仕事をするときには会議を開け」「通信議事録、決議の細かい言い回しをめぐって議論せよ」「以前の会議で決議されたことを再び持ち出し、その妥当性をめぐる議論を再開せよ」ということである。

第3が「文書主義」である。「文面による指示を要求せよ」「もっともらしい方法で、ペーパーワークを増大させよ」とある。

第4が、これは自分なりの表現でいえば「本末転倒主義」ということになる。たとえば「あまり重要ではない生産品に完璧さを求めよ」「ごく些細な不備についても修正するために送り返せ」「士気を下げるために、非効率な作業員に心地よくし、不相応な昇進をさせせよ。効率的な作業員を冷遇し、その仕事に対して不条理な文句をつけろ」といった具合である。

ジャーナリストの津田大介氏は、この本をして「日本の大企業や官僚制度が抱える問題の本質が驚くほどわかる」と評した。

我が国はこのような、組織を機能不全に陥らせるレジスタンス活動と同型のことを現場に求めていることがわかるだろう。

形式主義の徹底が教育現場の本質を損ね、教員を疲弊させているのだ。我々はいったい誰のために、何のためにこうした作業を行っているのだろうか。

中学校の教員であった敏郎氏は、大川小学校の事故後もさらに分厚いマニュアルを作らされ、「涙が出てきた」のは、娘の死が形式だけ整える文書主義が遠因にあり、分厚いマニュアルを作るだけでは未来の命は守れないことがわかっていたからだろう。

「裁判で、学校で命を守らなければならないという判決が確定しましたが、でも報道でもあったように、先生たちは忙しくてその暇はないと言っているんですよ。おかしくないですかってことですよ。まずこれをやめましょうってことじゃないですか。これをやめるんですよ。やめられると思います。あれだけのことがあったんだから」

誰の、何のためにやっているのかわからない、形式を取り繕うための報告のための報告、アリバイ作りのためのマニュアル作りをやめれば、学校で本当に命を守れるようになるための危機のマネジメントに時間を割けるようになるはずだ。文書主義、形式主義をやめることが教育現場を甦らせる本質的な施策になるのだ。

現場のしなやかな変革のための「方法の原理」と「肯定ファースト」

これも絵空事や理想論に思えるだろうか。そんなこと行政ができるわけない、変えられるわけがないと思うだろうか。

しかし、これもまた「すでに起きた未来」なのである。2020年菅政権にて、行政改革担当となった河野太郎氏が「99％以上の行政手続きで印鑑は不要」という調査結果を踏まえて、スタンプラリーと揶揄される行政の押印文化を廃止し、縦割り110番を設置するなど、自身が福田内閣のときから自民党内でやっていた「無駄撲滅委員会」を政府内部にまで広げた改革に踏み切っている。

文章として残したり、会議を開くことがすべて無駄だといっているのではない。必要なそれもあろう。ただ形式を整えるためだけにやるならそれは無駄であり、そうした本質的ではないものに割くエネルギーは極力最小限にすべきだといっているのである。それらはある状況で何らかの目的を達成する際には有効たりうるが、それ自体が目的となるような自己目的化に陥ったときに、大川小学校のあの日の校庭、その事後対応で起きたような不条理につながっていくのだ。

不条理に陥らないためには、方法の原理を組織の構成員で共有し、「そもそも何のために？」と本来の目的を問い直し、「今この方法は本当に必要なのか？」「目的と状況に照らして有効なのか？」とさらに問い直すことである。

形式上の報告を最小限にすればその分時間もエネルギーも浮くのだ。そして、一人ひとりの教員が、浮いた分の時間を、子どもたち一人ひとりの命に向き合えるようにすることが、教育現場を本質的にするに違いなく、それが命を真ん中においた〝クライシスマネジメント〟にもつながっていくのだ。

まずは大臣、官僚、知事、市長、町長、村長、教育委員長等々影響力の強い上のポジションの人ほど〝形式主義の徹底は、組織を機能させなくする妨害活動と等しい行為であり、不要なものをいかに減らせるかが本質的な意味での生産性を高める鍵となる〟ことを正しく認識することだ。そして共感してくれる仲間たちと優しく声をあげて実現していくことである。

「優しく」といったのは、前例を変える際のポイントとしては、極力前例を（前任者を）否定しないほうが受け入れやすいためだ。どんな人間も肯定されたいと思っている。したがって否定する人を嫌なヤツだと思い、肯定してくれる人をいい人だと思う。だから私はあなたの存在は肯定していますよ、あなたを否定するつもりはありませんよというメッセージを〝肯定ファースト〟の姿勢で明示しながら提案することが有効になる。

そして、そもそもどんな状況、目的に照らしても正しい方法は存在せず、方法の有効性は状況と目的によって変わるという「方法の原理」をテコに使い、状況認識（課題認識）が変わった現状においては、文書主義や会議主義は生産性を下げるだけなので、変えていきましょう、文書主義の徹底は大戦中敵国の組織を機能不全にさせるためのレジスタンス活動に使われていたぐらいですし、といった形で提案していくとよいだろう。

いかなる知識も知っただけでは噂を耳にしたのと変わるところはなく、実践なき知識はないに等しい。実践して知識に意味を与えるのはこれを読んでいるあなたである。

第12章

石巻市、被災地で初めて原発再稼働に同意する

――社会の不条理を引き起こす心理構造の解明、まっとうなクライシスマネジメントを実現するために必要なこと

「共同幻想論」再考

「いったい何を守ろうとしているのだろう？」

大川小学校の一連の事後対応を研究している中で幾度となく湧いてきた疑問だ。

たしかに何かを守ろうとしている。亡くなった人の遺族、あるいは生き延びた教員やその家族だろうか？

——いや違う。

彼らもまた組織防衛を主目的としたマネジメントの犠牲者になっているからだ。唯一生き延びた教務主任は、虚偽の証言をするような状況に置かれ、子どもたちを守れずに生き延びたという罪悪感のみならず、さらに嘘をつくという二重の罪を背負うことになり、心を病んでいまなお復帰できずにいる。

では、いったい何を守ろうとしていたのか？　おそらく人ではない。命ではない。組織である、もっといえば「組織」という名の共同幻想。それを彼らは守ろうとしていたのではないか。

「宮城県」「石巻市」「教育委員会」とは何だろうか？　「日本」と同様に、それらは「言葉」を契機とした「共同幻想」に他ならない。組織は実在しない。その証拠に触ることはできない。

吉本隆明は『共同幻想論』（角川書店）にて、次のように述べている。

「国家は共同の幻想である。風俗や宗教や法もまた共同の幻想である。もっと名づけようもない形で、習慣や民俗や、土俗的信仰がからんで長い年月につくりあげた精神の慣性も、共同の幻想である[1]」（同書p.7）

日本の土地を触っても地面自体が日本というわけではない。国境があるではないかと思うかもしれないが、国境自体が日本というわけでもない。地中深く掘っていったら、あるいは空中をずっと昇っていったら、いったいどこまでが日本なのだろうか。操作的に定義して線引きができたとしてもそのラインが日本ということはない。そう考えれば、「日本」は実体として実在しているものではないことがわかる。

県や市もこれと同型であり、「教育委員会」もまた同じということになる。教育委員会そのものを触ったことがある人はいまい。無論、教育委員会を構成している人はいるが、その人＝教育委員会ではない。「教育委員会」と書かれている看板が教育委員会ということもない。委員会が開かれる建物は建物であって、それ自体が教育委員会ではない。

同じように「文部科学省」も実在物として触ったことがある人はいない。

いずれも名を契機とした「共同幻想」に他ならないのだ。

吉本隆明は敗戦後、これまで信じていたものが一夜にして瓦解し、はじめからなかったかのごとく振る舞う人々を目の当たりにしておおいに困惑し、他人を、己を蔑む中で、共同幻想論を打ち立てずにはいられなかった。日本とは、国家とは何だったのだろう、そして自分を、自分たちを「皇国少年」

「軍国少年」と駆り立てたのは何だったのだろうと沈考せずにはおられなかったのだ。次の箇所に、そうした不条理を解する術としての共同幻想論へとつながる根本動機が象徴的に示されている。

「人間のさまざまな考えや、考えにもとづく振舞いや、その成果のうちで、どうしても個人に宿る心の動かし方からは理解できないことが、たくさん存在している。ある場合には奇怪きわまりない行動や思考になってあらわれ、またあるときはとても正常な考えや心の動きからは理解を絶するようなことが起こっている。しかもそれは、わたしたちを渦中に巻き込んでゆくものの大きな部分を占めている。それはただ人間の共同の幻想が生み出したものと解するほか術がないようにおもわれる。わたしはそのことに固執した[2]」（同書 p. 9）

次にこの共同幻想論を念頭に置いて、大川小学校の事後対応を振り返ってみたい。

組織人として奇怪な行動がとれる理由

敏郎氏は、個人としては「素晴らしい人」ですら、教育委員会の「組織人」になると「奇怪きわまりない行動」をすることについて、次のように述べている。

写真1

写真2

「シイタケ栽培の山ですけれども、こんな山です。ゆるやかな山でここに津波がきました（写真1）。ここに何で登らなかったのかという話をしたいんです。ところが教育委員会の人たちは、この写真を使わないです。この写真で説明します（写真2）。7月11日の草ボウボウの写真ですよ。わざわざ7月の草ボウボウの写真を撮っているんです。3月は草ないですから。おかしいですよ。

教育委員会の人たちはみんなよく知っていて、この人も素晴らしい先生です。この前会いました。彼は、草ボウボウの写真、おかしいと思っていますよ。でも、撮ってこいということになって、撮っているわけです。何を守るのか、何が真ん中にあるのか。

私は何度も教育委員会に乗り込んで、教育委員会の信頼を取り戻すチャンスにしてくださいと。こんな曖昧なことをしてはダメでしょう。教育委員会で暴れましょうよって言ったんです。でもやっぱりね、なんかそれよりも優先するものがあるみたいな感じでしたね。敏郎さんの言うことはよくわかる。でもな、って言うんですよ。

検証委員会の先生なんかもそうですよ。一人ひとりと話をすると、すごく誠実でいい人です。でもその人をもってしても、ああいう深く踏み込まないお手盛りの検証報告書が出てしまいました」

ひとりの人間としては「素晴らしい」はずの人が、なぜまっとうな行動ができなくなるのか。遺族に追及され、マスコミに取り上げられて自分たちも傷つきながら、いったい誰のため、何のためにそのような行動をしているのだろうか。

――「それはただ人間の共同の幻想が生み出したものと解するほか術がないようにおもわれる」共同幻想論を補助線とすれば、彼らは亡くなった子どもたちの命や遺族の気持ちを犠牲にして、実在しない「石巻市」「宮城県」「石巻市教育委員会」といったものに忖度した、と解することができる。もっといえば、「石巻市」「宮城県」が訴えられ、敗訴するのを恐れたのだろう。「最初から弁護士をつけていたし、今から振り返れば、裁判になることを前提に対策していたのだろう」と敏郎氏は言った。

「石巻市」や「宮城県」が敗訴したからといって、そのトップや構成員が賠償金を払うわけではないのだが、その実在しない「石巻市」や「宮城県」を守るために、実在する遺族をさらに傷つける行動をとり続けたのだ。

このように名を実体として捉えることを契機として立ち現れる「共同幻想」は、あたかも物理的に実在するかのように、その実在を信じる人間の振舞いに影響を与えるのである。

敏郎氏は、上述してきたような、組織人としての言動に「正常な考えや心の動きからは理解を絶するようなこと」が起きることをさして、「恐ろしいのは津波じゃなくてこっちですよね」と述べた上で、「たぶん、私の中にもあるし、みなさんの中にもある」と冷静に内省している。

なぜ組織人はときに常軌を逸した行動をするようになるのか？

――それではなぜ、ときに我々はそのような「恐ろしい」ことをしてしまうのだろうか。何がそのようにさせているのだろうか。

これを解き明かすために、もう少しだけ『共同幻想論』に踏み入ってみよう。

吉本は「国家は幻想の共同体」だという考えをマルクスから知ったとして、そのときの衝撃も語っている。[3] まず「それまでわたしが漠然ともっていたイメージでは、国家は国民のすべてを足もとまで包み込んでいる袋みたいなもの」だと思っていたのだが、「こういう国家観が日本を含むアジア的な特質で、西欧的な概念とまったくちがうことを知った」という。

そして「西欧ではどんなに国家主義的な傾向になったり、民族本位の主張がなされる場合でも、国家が国民の全体をすっぽり包んでいる袋のようなものだというイメージで考えられていない」こと、「いつでも国家は社会の上に聳えた幻想の共同体であり、わたしたちが実際に生活している社会よりも小さくて、しかも社会から分離した概念だとみなされている」ことに大きな衝撃を受けたというのだ。

また吉本は「もうひとつ西欧の国家概念でわたしを驚かせたことがある」として次のように述べている。

「それは国家が目に見えない幻想だというそのことである。わたしたちの通念では国家は眼にみえる政府機関を中心において、ピラミッドのように国土を限ったり、国境を接したりして眼の前にあるものである。けれど政府機関を中心とする政治制度のさまざまな具体的な形、それを動かしている官吏は、ただ国家の機能的な形態であり、国家の本質ではない。もとをただせば国家は、一定の集団をつくっていた人間の観念が、しだいに析離（アイソレーション）していった共同性であり、眼にみえる政府機関や、建物や政府機関の人間や法律の条文などではない。こういうことがわかったとき眼から鱗が落ちるような気がしたのである。以来わたしはこの考えから逃れられなくなった」（同書p.7）

これは日本人の国家観のみならず、「組織観」にも延長して考えることでみえてくるものはある。日本人は、組織観として大川小学校の文脈でいえば、「宮城県」「石巻市」「教育委員会」という「袋」に「足もとまで包みこまれている」イメージを自覚することもなく内在化させているのではないか（欧米人から、日本人は名刺交換する際に、名前の前に所属と肩書きを述べることを奇異なものとして指摘されることがあるが、そのこととも無関係ではあるまい）。実際、日本は1871年の廃藩置県まで、藩が国であった。藩が県に変わっても、基本的な組織観まで自動的に改定されることはなかったはずだ。

そのため、一個人の思考を超えて、「とても正常な考えや心の動きからは理解を絶するようなこと」を組織人としてできてしまうのであり、組織にかかわるがゆえに「わたしたちを渦中に巻き込んでゆくものの大きな部分を占め」ることになるのだ。

会社は実在しない河童と同じ？

これは行政組織に限定されるものではない。

ソフトウエア開発企業であるサイボウズの青野慶久社長は、『会社というモンスターが、僕たちを不幸にしているかもしれない』（PHP研究所　2018年）という書籍の中で、「『カイシャとはこれだ』と指でさせるものがないのです。少なくとも目に見えるものではありません[4]」と指摘している。そして「人間が仮想的に作り出した生きもの、それが法人、それがカイシャ」であって、それはたとえるなら「妖怪」のような「想像上の生きもの」にすぎないと述べている[5]。

青野氏は「日本では、モンスター化したカイシャが、神のように扱われてしまって」おり、「実体のないカイシャのために働き過ぎて、生身の人間が死んでしまう、ということまで起きている」と述べている[6]。また最近、青野氏とやりとりする中で、「もっといえば、会社は法人名義の通帳のことだと思ったらいいいです」という言を受け、筆者は「ということは、会社に命をかける＝通帳に命をかけるということになりますね」と重ねたことがある。

これは共同幻想論の会社バージョンというべき原理的な考えだが、これを思想家ではなく、一部上場企業の社長が言ってのけるところに並々ならぬ説得力がある。青野氏は「事業は太古からあり今後も必要だが、会社という組織自体は永続する必要はなく、役割を終えたら解散すればよい」とも述べており、こうした発言からも青野氏は、個人を、そして自分自身を会社という袋の中に足の先まで入っている存在として捉えることなく、組織を幻想として相対化できていることがわかる。

こう考えれば、「教育委員会」も、妖怪「河童」と同じような実体のないものであることがわかるはずだ。その「仮想的に作り出した名」を守るために、亡くなった、生き延びた子どもたちの証言をなかったこととして、遺族をさらに傷つけ、遺族やマスコミの追及により自ら汚名をかぶり、訴訟を起こされ敗訴するという誰も幸せにならない事態に陥っていたのだ。これも組織が実在するという共同幻想がもたらす不条理であることがわかるだろう。

物事の認識を変えることで行動も変容する（これを「認識行動規定性」という）。組織は「袋のように自分を包むもの」と考えていると、個人である前に組織人としての言動が前面にくることになってしまう。組織人として「奇怪な行動」をしないためには、我々の「組織観」を変えることが必要だ。

であれば、どのように組織を捉えるのがよいのだろうか？

「組織の名」は個人が活動しやすくなるための〝看板〟のようなものと考えればよいのではないか。そのように捉えることで、組織人としての思考より、個人としての考えが前景化することで、個人としてはおかしいと思っていることを組織人として遂行しまう不条理を避けることができよう。また看板のために命をかけよう、河童に認められなかったから死のうという人もいなくなるだろう。

我が国のクライシスマネジメントが、実在する人間の命の危機のマネジメントではなく、実在しない「組織」を守るための危機管理に主眼が置かれているようにみえるのも、組織という袋に足もとまで包まれているイメージのもとで組織人となってしまっていたからと考えると理解可能になる。

命としてみるということ

──では、命を第一義に置くとはどういうことだろうか。

敏郎氏は大川小学校で娘を失った後に、「児童たちが全員、頭のてっぺんからつま先まで命にみえるようになった」という。「命がランドセルを背負って、命が歩いて、挨拶をしている」というのだ。それまでも、教員として「命を大事にしましょう」とずっと言ってきたけれど、子どもたちを児童としてみていた、命としてみていなかったと。

筆者はその言葉を聞いてハッとした。学生たちを命としてみていただろうか。学生が授業を聞いてくれていると思っており、命が椅子に座って話に耳を傾けてくれていると認識したことはあっただろうか。

先に述べたように、教育学者も、公教育の原理云々を議論することはあっても、教育対象を命としてみていなかったからこそ、生存のための教育に焦点化してこなかった。公教育のプログラムもまた、児童生徒を命として十分自覚的にみることがなかったために、「学力」を身につけ発揮するための大前提となる命を守る授業は組み込まれてこなかった。

日本人の「組織観」がその人を頭の先からつま先まですっぽりくるむものであったことは、個々の命ではなく、組織のリスクマネジメントが前景化する傾向と、無関係ではないように思われた。

しかし、必ずしもこうした日本人の国家観、組織観＝悪ということではない。それは個人の考えより組織の考えを尊重するということであり、シンプルにいえば自分が生まれ、育んでくれた国を大事にするということでもあり、個よりも全体に目配りできるということでもある。

　2020年からの新型コロナウイルス感染拡大においては、死亡率は世界各国で2%前後に収束してきているが、欧米諸国と比べるとアジア各国の感染者数は桁違いに少なく、ゆえにそれに比して死者数も少ない。その理由に関与している〝ファクターX〟があるはずだといわれており、遺伝子や生物学的な理由、他のワクチン接種など様々な仮説が出されているが、はっきりとしたことはわかっていない。ここで吉本が共同幻想論で「国家は国民のすべてを足もとまで包み込んでいる袋みたいなもの」だと思っていたが、「こういう国家観が日本を含むアジア的な特質」であり、欧米では「いつでも国家は社会の上に聳えた幻想の共同体」として捉えられていることに注目したい。

　つまり、個より先に国や国民、世間といった全体のことに配慮して、行動を抑制できることがファクターXの正体ではないだろうか。日本でいえばファクターXとは〝世間〟ということになる。もちろん複数のファクターXがあってしかるべきだが、文化的には一つの仮説としてもっておいてよい観点と思われる。

　ともあれ、ここでは個人より組織が前にくる組織観自体が悪ということではなく、状況によっては、有効に機能することがあるのも確かなのだが、こうした組織観は通常自覚されることがないため、ときに組織人として対応することでもたらされる不条理があるということなのだ。

　ではどうすればよいのだろうか?

　自分たちの国家観、組織観を相対化した上で、命の危機が脅かされるようなクライシスマネジメントにおいては、〝それはそれ、これはこれ〟がマジックワードになる。組織の考えはわかるが、危機を脱するためには絶対にダメだと思ったものに対してはダメとはっきり言ってよいのであり、言わねばならないのである。

危機に適切に対応できるリーダー選定の原則

２０２０年11月12日、石巻市と隣の女川町にある女川原発1号機が、宮城県知事、石巻市長、女川町長の協議により、避難計画も避難場所もないまま「地元への同意が得られた」として被災地で初めてとなる再稼働が決まった。

福島原発の惨状の陰に隠れてはいたが、実は女川原発も「東京電力福島第一原発と同じ沸騰水型炉の女川原発は震災で、原子炉建屋の地盤まで80㎝に迫る高さ13mの津波に見舞われ、2号機を冷やす設備が浸水するなど重大事故寸前だった」[7]のである。一つ間違えば宮城県も、福島県と同じ放射能被害に遭い女川町や石巻市は、福島県の双葉町のような廃墟の街となった現在もありえたということだ。

今回「津波の想定を23・1mに引き上げ、耐震性も高めることにした」[8]というが、想定とは人間が過去のデータに基づき算出した数値に過ぎない。事実、津波はそうした数値に基づき作られたハザードマップの想定を軽々と超えてきた。人間の想定をいつか必ず超えるのが自然なのだ。

地元の河北新報では、その一カ月前「東北電力女川原発2号機（宮城県女川町、石巻市）の再稼働を巡り、宮城県議会がきのう、地元団体が出した賛成請願を採択した」ことを受けて、「県議会や世論調査で、原発の重大事故を想定した広域避難計画の実効性などへの疑問や懸念が指摘されている。それらを積み残したまま、なぜ結論を急ぐのかが理解できない」と題した社説で、避難計画の不備をはじめ多くの問題点を指摘している。[9]

実際、石巻市と広域避難協定を結んでいる加美町の猪股洋文町長は「図上訓練すら実施されていない」と避難計画の問題を挙げ、「2号機の再稼働を認めれば3号機の稼働につながり、40年も原発が継続する。ヒューマンエラーはあり得る。多くの県民は不安をもっている」とも訴えている。[10] また『原子力事故は絶対に起きないと言えるのか』『もし起きても健康生活は大丈夫』『広域避難は安全にできるのか』と、はっきり声高に言えるのか。私は言えない」と反対したことをはじめ、美里町、加美町、色麻町が反対を表明し、地元では「住民一人ひとりの意見も聞かず決めてしまうのはやり方が横柄ではないか。いくら安全対策をしたといっても、絶対の安全ではないし、住民の不安は消えない。このような大きな問題は、もっと丁寧に議論すべきだ」という声があがった[11]がこうした声は聞き入れられることはなかった。[12]

知事は「原発は重要なベースロード電源[13]」であることも再稼働の理由としてあげたが、2013年までは一基の原発も稼働せずとも電力供給に何の支障もきたさなかった。東北電力でも10年あまり原発なしで十分な電力を供給してきたことからも、原発が「ベースロード電源」でないことは誰の目にも明らかである。組織人は、実体のない組織というモンスターには逆らえないとでもいうように、中学生にでもわかる詭弁を弄してしまう。ゆえにそうした言動の有無は「組織人」になっているか否かを見定める指標としても使える。

河北新報と朝日新聞、そして京都新聞の３社が「原発の再稼働なぜ急ぐ」といった見出しをつけて疑問を呈しているのは、その意思決定があまりに理解しがたく正常な判断のもとでなされたとは思えないためだ。

村井知事は理由について「雇用が生まれ地元経済に寄与すること」[14]と述べているが、つまるところ補助金をはじめとする原発マネーで地元の経済を潤したいというのが本音のところだろう。しかしそれにしても計り知れないリスクと引き換えにやるべきことなのか。

石巻市の亀山紘市長は三者会談の終了後に行われた記者会見で、「原発の安全性や健全性についてしっかり確認できたものとして再稼働を了解することにした」とその理由を述べた。[15]

大川小学校の事故で避難マニュアルの不備という組織的過失を司法に認定されたばかりだというのに、亀山紘市長はここでもまた「避難場所や経路を定められない」まま、そして「図上訓練すら実施されていない」中で、原発の再稼働に同意したのである。

全く同じ過ちを繰り返していることから、大川小学校の事故からも裁判の敗訴からも本質的なことは何ら学んでいないことが示されたといえよう。

津波への備えを「やらないでしまった」大川小学校の校長しかり、震災後しばらく病院に立てこもり大川小学校の事故を「自然災害の宿命」と呼んで開き直った亀山石巻市長しかり、最近の新型コロナウイルス災害の対策を怠ったことでわずか１年足らずで２４００万人もの感染者と40万人もの死者を出し今なお指数関数的に増え続けている（２０２１年１月20時点）米国のトランプ元大統領しかり、命を真ん中においたクライシスマネジメントができないリーダーは、危機における最大のリスクになることを示している。

したがって、〝**命を真ん中においたクライシスマネジメントができない人物を、決してリーダーに選ばないこと**〟。**これがクライシスマネジメントを成功させるためのリーダー選出の原則となる**。その判定基準は、〝**組織の都合を優先しているか、一個人としてのまっとうな感覚を保持したまま個々が幸せに生きるために組織は存在するということを忘れずにいるか**〟である。

責任の本質は対応性にある

東北電力は、かつて石巻市教委も大川小学校の遺族に対して幾度となく使った「大変重く受け止めている」[16]という、今となっては重く受け止めていない人だけが使える常套句を述べた。原発の重大事故がもたらす計り知れない影響を「重く受け止めた」ならば、再稼働には踏み切れるはずがないのだ。真実は言葉ではなく、行動に表れる。組織に頭のてっぺんからつま先まで包まれ、「東北電力人」として「東北電力」という名の組織の都合のほうを「重く受け止めている」からこそ、そのような決定ができるのである。

想定外のことは起こる、というのが東日本大震災の教訓だったのではないか。そして人間とはミスする生物である。ヒューマンエラーは必ず起こる。筆者は原子力の専門家である東北大学教授に直接「原発の安全基準にテロは想定されているのでしょうか?」と訊いたことがあるが、「テロを防げるような対策はなされていません。テロへの十分な対策もされていない中での再稼働はすべきではないと私は考えています」と言っていた。

実際、北朝鮮から発射されたミサイルが日本海に、そして日本列島を越えて太平洋に幾度となく着弾しているのだ。原発にミサイルが着弾したときには「ミサイルは想定外だった」とでもいうのだろうか。どこかから飛来してきた1発のミサイルにより、広域かつ長期にわたって誰も住めなくなるようでは、クライシスマネジメントができているとはいえまい。

原発は大川小学校の事故とは関係ないのではと思う人もいるかもしれないが、大川小学校の事故の背景要因に〈専門家エラー〉と〈「想定外の想定」の欠如〉があったことを忘れてはならない。そして大川小学校事故の宮城県と石巻市の組織的過失が認められ、14億円あまりの賠償が求められたわずか数カ月後に、突如国と同市が示し合わせたように再稼働ありきにみえる手順を踏み始めたのは偶然だろうか。賠償金を原発の交付金で補塡するために再稼働に同意したようにもみえる。

女川原発に重大な事故が起きれば、あの日生き延びた人々の命も危険にさらされることになる。震災遺構となる大川小学校にも入れなくなり、廃墟と化すだろう。隣の福島県が10年前にそうなったように、漁業も農業も壊滅的な打撃を受け、住民は愛する地域を離れ、地元には帰れなくなる。

それればかりか経済的な恩恵を受けていない他の市町村、都道府県、国の人たちの健康や命を脅かすことになる。これは生存権を脅かす憲法違反に他ならない。放射能は県境に忖度することなどない。気流や海流に乗って世界中を汚染していく。特定の地域の長が責任を負えるようなものではないのだ。

それだけではない。もし原発事故が起きなかったとしても、世界でも有数の日本の、なかでも巨大地震発生地域の宮城県内の地中に放射性廃棄物を埋めることで、未来の子どもたちの命を危険にさらすことになるのだ。[17]

責任の本質とは何か？　それは意思決定したことに付随して起きた出来事にきちんと対応するということだ。〝Responsibility〟、すなわち〝対応責任〟〝対応義務〟こそが責任の本質なのだ。

原発の廃棄物の処理やそれにまつわる危機には、再稼働を決定した人たちが生きている間に対応することができない。未来の命も含め多くの人の命にかかわる責任をとれないことを決定するほど、無責任な意思決定はこの世に存在しない。大戦中の大日本帝国、あるいはナチスドイツですら未来の子々孫々の命を危機にさらすようなことはしていない。１００年後の歴史の教科書には、原発の危険性を認識しておいてなお再稼働に踏み切った人が、かの大戦の戦犯かのごとく記載されていることだろう。

クライシスマネジメントにおける意思決定の本質

クライシスマネジメントの事前対応の本質は、現実に考え得るあらゆる想定をして、その際の原則、方針を決めて共有しておくことにある。

――だが未曾有の状況ではどのように意思決定すればよいのだろうか。

というのも、未曾有の危機は想定外の状況で起こる。我々日本人にとって東日本大震災における巨大津波も原発事故も、それを経験するまでは想定外の未曾有の災害であった。

そして経験した我々にとってそれらは想定内のものとなったことで、想定外のことが起こるということも想定できるようになった。だからこそ、震災前の原発の稼働と、震災後に原発を再稼働させるのではまったく意味が異なる。かの震災で想定外のことが起こることを突きつけられた上でまだやるのか、ということだ。

事実、震災の後も想定外のことは起こり続けている。

２０２０年、新型コロナウイルスのパンデミックという未曾有の災害が世界中を襲い、社会は一変した。新型コロナウイルスの世界の感染判明者は1億人を超え、２００万人以上の人が亡くなり、今もなお増え続けている（２０２１年1月20日現在）。罹患しても無症状でかつ強い感染力を持ち、一般的に若年者は重症化せず平均の致死率は低いが、高齢者や基礎疾患のある人は十人中何人かは死に至るという未曾有の性質をもつウイルスは、まさに感染症学者をはじめ全人類にとって〝想定外〟であった。「罹患者は風邪の症状が出るため観測可能になる」という暗黙裏の前提に依拠していた感染症学の常識は完全に裏をかかれるかたちになり、ＷＨＯも後からみれば間違ったメッセージを出してしまったわけだが（専門家エラー）、結果、中国の武漢に端を発するこのウイルスは、無症状者がホストとなり世界中に拡散されることになった。

ではこうした未曾有の危機に対して、津波による大川小学校の事故の教訓は無力なのだろうか。

――否、そうではない。大川小学校の事故から導き出された教訓は、直接地震や津波に関するものもあるが、クライシスマネジメントや意思決定に関するものが含まれているがゆえに、そこから抽出された原理は普遍性をもって災害の種類や時代を超えて適用できる汎用性をもっているのだ。

なぜなら大川小学校の事故の本質は、組織におけるクライシスマネジメントの欠如とそれに起因する意思決定の停滞といったことから起きたためである。

誰もが経験したことのない未曽有の危機では、確信を持った意思決定ができるほうが稀であろう。未曾有の危機において確信をもてるまで待っていては手遅れということもある。

有事において目前に迫る危機を回避しなければならないときには、平時には特段意識しなくても済んでいる意思決定までの〝時間〟という軸が最重要ファクターとして加わる。進行形にある危機において、危険度合いは時間の経過とともに拡大するためだ。大川小学校でそうだったように、意思決定できないまま時間が経過することが、そのまま命の危機を増大させることになる。

逆にいえば、〝適切な意思決定までの時間をいかに短縮させるか〟がクライシスマネジメントの最重要ポイントになる。誰も覚えていないような分厚いマニュアルが役に立たないのは、それを子細に検討しているうちに危機が増大してしまい、助かる命も助からなくなるためだ。「津波警報が出たら急いで高台に逃げる」といったシンプルな基本方針を共有しておくのも、ひとえに短時間に適切な意思決定をできるようにするために他ならない。

方針が共有されていないと、まさに大川小学校で起きたように、その場で、津波がくるから校庭が危ない、山も崩れるのではないかと背反する意見が出た場合には、議論をしようにも調整コストがかかり、意思決定は確実に遅れてしまい、その分危機は増大するのだ。

さらにいえば、6章にて、大川小学校では〈学校側の先延ばしによる避難マニュアルや避難訓練の不備〉があったがために、「正常性バイアス」に「経験の逆作用」「他の脅威への危機感」「逆淘汰」「同調性バイアス」といった要因がかけあわさり、〝超正常性バイアス〟というべき集団心理が形成され、津波が目前に迫るまで意思決定ができなかったことが事故につながったことを明らかにしたのも、限られた時間の中で迅速かつ的確な意思決定をするために危機対応の指針や訓練が不可欠になることを示すためであった。

これは津波だけでなく、新型コロナウイルスの対応についてもいえるし、原発においても同じである。ウイルスの感染拡大は対策が遅れればその時間に比例して広まり続けて制御不能になるし、原発も廃炉が遅れればその時間に比例して重大事故のリスクは増えるし、また未だ処理場のない放射性廃棄物というリスクも増え続けることになる。

——では、想定外の事態でも短時間で意思決定をしていくには、どのような方針を共有しておけばよいのだろうか。

それは〝**確信をもてないときは、悪いほうの想定を採用する**〟ということである。「**くるかもしれない**」「**こないかもしれない**」**と迷ったときは迷わず**「**くるかもしれないを選ぶ**」**と決めておく**のだ。

こう決めておくことで、〝くるかこないかわからない状態で迷って何も決められずに生命線となる時間がいたずらに過ぎ去る〟という最悪の事態を避けることができる。

それをクライシスマネジメントの意思決定の原則として定式化すれば、〝**悪いほうに転んだときに取り返しのつかない結果になる可能性があり、どちらに転ぶか確信がもてない場合は、より悪い想定を採用し、迅速に行動に移すこと**〟ということになる。

津波到達を前提としたマニュアルの共有も訓練もされていなかったことが大川小学校の事故の背景

要因となったのは確かだが、そうであってもし、仮にその場にいた教員がこの〝**どちらに転ぶか確信がもてない場合は、より悪い想定を採用し、迅速に行動に移すこと**〟という知識をクライシスマネジメントの教養としてもっているような社会であったのならば、全員助かったはずだ。「津波はこないかもしれないが、きたときには命とりになるから裏山に行こう」となったはずだ。「山も崩れるかもしれない」というリスクが提起された中でも、「では山はやめておいて、三角地帯を経由して高台に避難しましょう」と早いタイミングで意思決定することで、津波到達前に高台へと避難して、全員が助かったはずなのだ。

結果論はクライシスマネジメントを崩壊させる

ここで「津波がこなかったらどうするのか」「避難しても無駄だったではないか」という人が必ず出てくるが、この原則は、いつかきたときに助かるためのものであり、一回一回の避難の結果により是非が議論されるべきものではない。というか、してはならない。

これは信号を守るということと同じことと考えればわかりやすい。車通りの少ない交差点では、車はくるかもしれないし、こないかもしれない。いやこないときのほうが多いとしよう。だがだからといって信号を無視していたらどうなるだろうか。いつか車がきたときには致命的な事故を起こし、自分や家族、相手の命が血まみれになって死ぬような危機を招くことになる。一回一回の結果をもって、「信号を守っても無駄だったではないか」という結果論を振りかざすことは、クライシスマネジメントを根底から崩壊させるものになるのだ。

クライシスマネジメントの意思決定の原則と生存行動

　クライシスマネジメントにおいて問うべきは、「確信がもてないからといって、常に甘い想定を採用していたらいずれどうなるのか？」なのである。津波警報が出ても、その一回だけみれば津波はこないかもしれない。だからといって高台に逃げないという行動をとり続ければ、いつか津波がきたときには確実に死ぬことになる。高台に逃げて津波がこなかったとしても「今回は津波がこなくてよかったけれど、こういう行動をとり続けていれば津波がきたときにもみんな助かるね」と言い合うための〝生存行動〟なのだ。

　5章でも述べたように、ここで〝避難行動〟ではなく、〝生存行動〟と書いたのは明確な理由がある。津波警報が出て高台に避難する行動を「避難行動」と考えていると、津波がこなかった場合に「避難したけれど難がこなかったではないか、避難行動として無駄だった」となりかねないためだ。そして人間は無駄だったと思うとその行動に負の強化がかかり、やらなくなってしまう（強化理論でいうところの「行動の消去」が起こる）。

　信号を守るのが生存行動であるのと同じように、津波警報が出たときに高台に避難するのは生存行動に他ならないのだ。どのように認識するかはどのように行動するかを規定する（認識行動規定性）。クライシスマネジメントにおいて難を避ける行為は、避難行動ではなく、生存行動として捉えることにより、今回くるかこないかということに左右されることなく、「こうした意思決定を続けていれば、次の危機も乗り越えられるね」とその行動を強化していくことが可能になるのだ。

先に述べたように、〝どちらに転ぶか確信がもてない場合は、より悪い想定を採用し、迅速に行動に移すこと〟は、この生存行動をとるための意思決定の原理的な指針となる。

これは原理的であるがゆえに、津波に限定されるものではなく、あらゆる〝クライシスマネジメントの指針〟として活用可能になるのだ。

新型コロナウイルス対策にも適用可能な汎用性

事実、２０２０年とともに突如世界に現れ、先進諸国を蹂躙した新型コロナウイルスは、人類にとって完全に未知の感染症であったが、この危機に際してもこの意思決定の原則に沿う方針をとった国はほぼ死者を出しておらず、この原則から外れた国は膨大な数の犠牲者を出している。例えばスウェーデンは未知のウイルスに対して悪いほうの想定を採用せず、集団免疫を獲得できるだろうという楽観論をとった結果、１０００万人あまりの人口に対して1年足らずで1万人が死亡する事態となり、同国のカール16世グスタフ国王は「あまりに死者が多い」「我々の対策は失敗した」と述べ、同国は方針の転換を余儀なくされた。〝悪いほうに転んだときに取り返しのつかない場合には、より悪い想定を採用し、迅速に行動に移すこと〟という原理の一つをとっても、これは（今後新たに現れるウイルスも含めて）未知の感染症の危機の意思決定に役立つ視点となることがわかるはずだ。[18]

この〝悪いほうに転んだときに取り返しのつかない結果になる場合には、より悪い想定を採用し、迅速に行動に移すこと〟という原理は、原発におけるクライシスマネジメントにも適用できることがわかるだろう。

この原則にしたがうならば、原発再稼働はしてはならず、できるだけ早く廃炉に向けて動いていくべき、ということになる。現地の雇用というのであれば、廃炉のための雇用を増やせばよいのだ。

これは命を真ん中においた意思決定が可能なリーダーを選んでいなければ絵に描いた餅で終わるため、先に述べたリーダー選出の原理とセットではじめて機能するものとなる。

本質的なクライシスマネジメントに必要な想像力

放射性廃棄物を無害化するのに10万年かかるといわれている。１８７１年廃藩置県により設置された仙台県が翌年解消されて宮城県となってから、わずか１５０年ほどしか経っていない。大量の放射性廃棄物を埋めるということは、遠い未来に宮城県というフレームワークが存在しなくなった後に生まれる未来の子どもたちにも深刻な危機を強いることを意味する。これは〝未来の命をも犠牲にするマネジメント〟というべきもので、本質においては犯罪的行為といってよい。

真のクライシスマネジメントには、空間的、時間的に拡張して考えることができる思考力と想像力が必要となる。

敏郎氏は、エッセンシャル・マネジメント・スクールに講師として登壇していただいた際に、想像力の大切さについて次のように語った。

「リアルに想像するかどうかってことですよね。宮城県は99％地震がくる、津波がくるといわれていました。ハザードマップをみて、マニュアル作成、訓練……、様々な対策を考えましたが、私は想定の中に娘を入れていませんでした。町が流され、家族がいなくなるなんて想像したくないですよね。だから自分は大丈夫じゃないかとか、ここまではこないだろうって多くの人は考えます。南海トラフも首都直下も富士山の噴火も必ずきます。間違いないです。その未来は変えられないんですよ。でも、それで何十万人も死ぬという未来は変えられます。絶対変えなければいけません。それは、どの未来を想像するかですよね。とんでもない津波がきて家がみんな壊される、その後に血だらけの人が転がっている未来なのか。丘の上で再会して、みんなで抱き合って、喜んで、復興頑張ろうって言っている未来を想像するのか。どっちかです」

今、我々はあの日の大川小学校の校庭に立っているのだ。

組織の都合に忖度した多くの人たちの「大丈夫だから」という〝超平常性バイアス〟の声に抗えず、大川小学校の生存教諭のように「あのとき声をあげていれば」と後悔するほうを選ぶのか。「犠牲に基づく経済はやめよう」と声をあげて、「不測の事態がきても大丈夫」なように原発を廃炉にしていき、未来の子どもたちの命を守るほうを選ぶのか。

しかし、これもまた想像してみてほしい。津波の経験も知識もない震災前のあなたが、２０１１年

3月11日時点で、たまたま大川小学校を訪れていて、あの場の状況、関係の中に置かれたとして、本当に正しい意思決定をして全員の命を救うことができるのだろうかと（私は、リアルにその状況に放り込まれた自分を想像するほど絶対にそれができたと断言できる確信はもてなかった）。

しかるに、あなたが原発の再稼働を目的に動いている組織に位置づけられた状況で、再稼働に「加担」することなく、正しい選択をすることはできるだろうか。リアルに想像したならば途端に現実味が薄れてくるというのが正直なところではないだろうか。

自由意思を規定する関係の絶対性

吉本は、1968年に初版が公刊された『共同幻想論』の10年以上前に著した『マチウ書試論』において、おそらく共同幻想論にも通底する問題意識のもとで書かれたと思われる、次のような本質的洞察を残している。

吉本は、「加担の意味が現実の関係のなかで、社会倫理的にとらえられなければならないのはこのときである」として次のように論じる。

「加担というものは、人間の意思にかかわりなく、人間と人間との関係がそれを強いるものであるということだ。人間の意思はなるほど、撰択する自由をもっている。撰択のなかに、自由の意識がよみがえるのを感ずることができる。だが、この自由な撰択にかけられた人間の意思も、人間と人間との関係が強いる絶対性のまえでは、相対的なものにすぎない」

吉本はかくして「関係を意識しない思想など幻にすぎないのである」と喝破する。では我々は、関係の絶対性の前では、まっとうな選択はできないのだろうか。どうすれば、関係を意識した上でも、まっとうな選択ができるようになるのだろうか。

吉本はその論考の最後に、そのヒントとなる短い文を残している。

「人間の情況を決定するのは関係の絶対性だけである。ぼくたちは、この矛盾を断ちきろうとするときだけは、じぶんの発想の底をえぐり出してみる。そのとき、ぼくたちの孤独がある」[19]

これは、その後公刊された『共同幻想論』を知っている我々からすれば、このように受け取り直すことができる。

関係の絶対性は人間の状況を決定する。しかしそれを我々が断ち切ろうとするときはじめて、なぜ我々に関係の絶対性が立ち現れるのかと問い、その発想の底にある厚い岩盤をその手で掘ることになる。そうして吉本が発見したのが、関係の絶対性の起源ともいえる「共同幻想論」だったのだ。

すなわち国家や組織は「共同幻想」であり実在しないものであると悟ったときに、はじめて「関係の絶対性」の根拠を知ることができ、それを相対化することができる。組織の袋の外に身をおき、その引力圏から脱する可能性を手にする。そして、そこには、共同幻想から目覚めたがゆえに自由意思を行使できる自律した〝個〟としての孤独がある。

そうした個のみが組織に配慮しつつも、いざというときは「それはそれ、これはこれ」と本質からぶれない言動をすることが可能になるのだ。

クライシスマネジメントの原理を機能させる条件とは？

また組織の共同幻想性を理解し、自律した〝個〟が集まった組織だけが、〝どちらに転ぶか確信がもてない場合は、より悪い想定を採用し、迅速に行動に移すこと〟といった〝クライシスマネジメントの原理〟に沿った意思決定が可能になる。

そして、そうした個々のまっとうな判断が尊重され自由な選択を可能とする組織だけが、組織の都合を優先することなく、命を真ん中においたクライシスマネジメントを遂行可能なリーダーを選ぶことができるだろう。

なぜ共同幻想論のような一見、大川小学校と関係のない議論をしてきたかもうおわかりであろう。

「共同幻想」として組織を相対化することは、関係の絶対性を断ち切り、自由な選択を可能にするための条件であり、本質的な危機のマネジメント〝エッセンシャルクライシスマネジメント〟をまっとうに遂行するための条件となるためだ。

――しかし、クライシスマネジメントの原則を遂行するための条件は、本当にそれだけなのだろうか？　その岩盤の下をさらに掘り下げてみよう。

防災の目的はハッピーエンドでなければならない

敏郎氏は「スマートサバイバープロジェクト」の講師として、また大川伝承の会の共同代表（語り部）として、全国4万5000人以上に防災啓蒙活動を行ってきたが、その中で「防災の目的はハッピーエンドでなければならない」と思うようになったという。

「恐怖だけではダメだと思うんですよね。津波は怖いけれども、普段は恵みの自然です。だから、それと向き合って、付き合って、津波がこないから大丈夫ではなくて、津波がきても大丈夫という未来まで想定しきる。防災は恐怖ではなく希望であるべきです」

世界一の自然災害大国といっても過言ではない日本が、毎年のように災害に見舞われているのは厳然たる事実である以上、災害が起こらないはずだという希望的観測に基づく楽観論は、災害時の危機を増大させるだけである。

怖がらせれば防災活動をしそうなものだが、ではいったいなぜ「怖がらせてもダメ」なのだろうか。敏郎氏は「恐怖を煽ると考えたくなくなる」「バランスが悪いと考えが止まる」という。だからこそ、危機を煽って不安とともに生きるようにするのではなく、防災の目的はハッピーエンドであることを強調するようになったというのだ。

なぜ正常性バイアスが働くのか？

――では、いったいなぜ人は恐怖が強すぎると考えたくなくなるのだろうか。

幼い頃、トイレに起きたときに急に何かがいるのではと怖くなったときに「何もいないから大丈夫」と自分に言い聞かせたことがある人は少なくないだろう。怖いからこそ「大丈夫と思いたい」という関心が生まれるという側面がある。誰も怖い思いはしたくないのだ。

そして、「大丈夫と思いたい」という関心をもっているがゆえに、その関心に照らして不都合な事実、情報は価値がないものとして軽視したり、無視したりする。正常性バイアスは、単に知識がなかったり楽観的というだけでなく、この「大丈夫だと思いたい」という〝裏の関心〟によってより強く働く側面があるのだ。

「裏の関心」とは恐れや不安といった感情を契機としているがゆえに自覚されにくい関心のことである。その状況にある人は「大丈夫だと思いたい」という関心をもっていることは自覚しておらず、現実が大丈夫だから自分は大丈夫だと思っていると信じている。こうしてバイアス（偏見）に陥っているという自覚もなく、正常性バイアスに陥るのだ。

そして、そうした人たちが集まったときに集団心理が働いて正常性バイアスを強化しあい、ここに残っている人がたくさんいるのだから大丈夫に違いないという〝超正常性バイアス〟というべき集団確信状態が成立してしまう。そういう人たちの中に置かれたときに、空気を読まずに「危険が迫っているから逃げろ!」と叫んで一人で逃げることが、特に協調性文化の日本人にとってはどれだけ困難なことかわかるだろう。

従来の防災教育は「恐怖を煽る」ことになりがちであったが、しかし、恐怖を煽ると、むしろ恐ろしいがゆえに過度に「大丈夫と思いたい」という関心が生じて、「なかったこと」にしてしまうのだ。そのために防災教育は煙たがられ、広まらずに閉じていき「防災村」と揶揄されることも少なくなかった。だからこそ、敏郎氏は防災啓蒙活動を続ける中で「防災の目的はハッピーエンド」であると言って、ハッピーエンドの未来を想像してもらい、それを実現するように働きかけているのだ。

危機を適切にマネジメントしていくには、「裏の関心」として顕在化しにくい〝恐れ〟のマネジメントが必要になるのだ。

原発は「食えなくなる恐怖」から生まれた

原発も同じである。福島の原発事故によって安全神話が崩れ、ひとたび重大事故になれば取り返しがつかない事態に陥ることが明らかになったにもかかわらずなぜ廃炉に向けて動き出せないのか。

実は、そこには自覚されていない〝恐れ〟がある。どんな恐れか。それはたとえば〝食えなくなる恐怖〟だ。先に少し触れたが、東北大学の原発を開発推進してきた教授が東日本大震災後に、「我々は戦後生まれだから食べるものがなくて、今でも時々その恐怖が襲ってくることがあって、だから食べられるうちに食べなきゃと思うからつい食べ過ぎてしまう。原発はそういう戦後を生きた我々からすると夢のエネルギーであり、本当に希望だったのです」と率直な思いを話してくれたことがある。

この言葉を聞いてはじめて、原発は〝食べられない恐怖〟〝食べられなくなりたくない〟裏の関心から生まれたのだなと、原発を開発しようとしたそれなりの理由が理解できた気がした。

今、地元で原発の再稼働に突き進む人たちを動かしているのも、またそうした「食えなくなること」への恐れなのである。「ベースロード電源」だとか「経済」とかいっているが、その心の奥にあるのは原発関連の雇用がなくなったり助成金が打ち切られたりすることで「食べられなくなるのではないか」という不安や恐れだ。なぜ「地元の経済が」といった言葉が原発を再稼働させる理由として説得力をもってしまうのかといえば、多くの人が「経済が回らなければ食えなくなる」、あるいは「経済が悪化すると不幸になる」といった〝信念〟を暗黙裏のうちに信じており、そのことに不安や恐れを抱いているためだ。ゆえに「経済が」といわれると「それじゃ仕方がないか」という空気が生まれてしまう。その人たちにとっては、未来に起こるかもしれない重大事故や廃棄物処理の問題よりも、食べられなくなることのほうが切実な恐怖なのだ。

これは、潜在的な恐れや不安を契機とした「裏の関心」が、適切なクライシスマネジメントの阻害要因になっていることを意味する。しかし、従来の防災や危機管理はこの「裏の関心」を自覚的にマネジメントするという観点に欠いていた。

では、顕在化しにくい「裏の関心」をマネジメントしていく術はあるのだろうか。

裏の関心のマネジメントを可能にする免疫マップ

筆者が創設した本質行動学に基づく世界初のマネジメントスクール、「エッセンシャル・マネジメント・スクール」では、この「裏の関心」をマネジメントする理論をもとに、日々の実践を通してそれを対象化していく方法を伝えており、これがより幸せな人生をつくっていくセルフマネジメントの鍵となっている。この理論とは、『なぜ人や組織は変われないのか』で展開されている〝免疫マップ〟という考え方を、本質行動学（構造構成学）の信念対立を解消する関心相関性という原理で原理的に基礎づけ、より汎用的なフレームワークに深化させたものである。

本書の最後で、この理論をクライシスマネジメントに応用することで、適切な危機のマネジメントを阻害している潜在的な恐れや不安をマネジメントしていき、組織や社会の不条理を解消する方途（構造）を示していく。

まず本家の「免疫マップ」の考え方を紹介しよう。この理論の白眉は「社会生活に最も強い影響を及ぼすにもかかわらず、最も理解されていない私的感情[20]」である「不安」を扱うフレームワークを、無意識や潜在意識という用語を用いることなく、人や組織のマネジメント領域に持ち込んだ点にある。

この免疫マップが描き出すものは「ある人の思考様式の中にある通常は目に見えない部分」であり、「それは理性的な思考より感情にかかわる部分である場合が多い」ものである。言い換えれば、免疫マップとは「ある人が生涯を通じてたえず感じ続けている不安（それは本人も気づいていないものの場合もあるだろう）にどのように対処しているかというメカニズムを描き出すもの」なのである。つまり、自動処理されている不安管理のメカニズムを描き出すことで、対処可能性を生み出すものなのだ。

成功している人たちは、「強力な不安管理システム」を築き上げており、それが自然に作動する体制をつくっているからこそ、きわめて多様な局面に対処できるのだが、その恩恵を受けるためには代償を払わねばならないという。

「視野が狭くなり、新たな学習が阻害され、特定の行動が取れなくなってしまう。その結果、実現したいと本当に思っている自己変革が妨げられるケースがある。変革を成し遂げればもっと高いレベルの行動を取れるようになるとわかっていても、自分を変えられないのだ。

ほとんどの人はこうしたメカニズムに気づかず、非常に窮屈な心理的領域のなかで自己改善を目指す」（『なぜ人や組織は変われないのか』p.69）

この考え方を敷衍すれば、原発のクライシスマネジメントにおいても、一度重大事故が起きれば取り返しのつかない事態になるリスクがあることがわかっていても、原発を止められない理由もこの「強力な不安管理システム」に起因すると考えることができる。

代替エネルギーについても「変革を成し遂げればもっと高いレベルの行動を取れるようになるとわかっていても、自分を変えられない」というわけである。

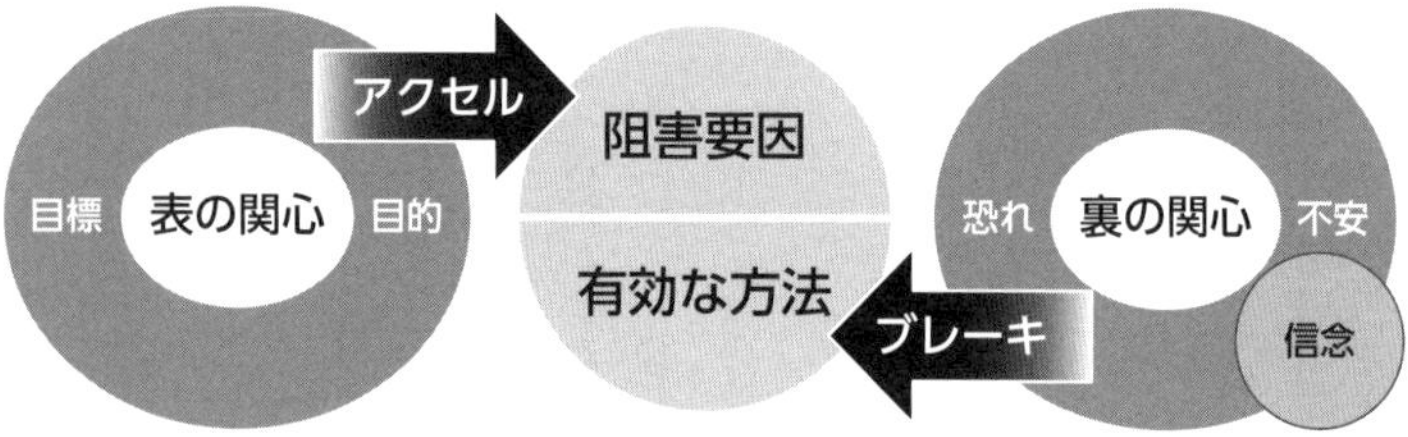

阻害要因が裏の関心からすると有効な方法になっているため、
アクセルとブレーキを両方踏んでいる状態に

人や組織が変わりたいのに変われない構造

なぜなら免疫システムは自分の命を救ってくれるものでもあるため、「そんな大切な自己防衛のシステムをそうそう簡単に手放せるわけがない[21]」ためである。

では何が人を不安に感じさせるのだろうか。それは「変化そのもの」ではなく、「先に待ち受けている脅威の前に無防備で放り出されるという感覚[22]」であるという。そうした前提に立ち、「変革をはばむ免疫機能」を克服するためのフレームワークが免疫マップなのである（オリジナルの免疫マップはぜひ『なぜ人や組織は変われないのか』に当たっていただきたい）。

次に、このフレームワークを構造構成学（本質行動学）の信念対立の解消にも用いられる「価値の原理」により基礎づける。すなわち、関心相関性という普遍的な原理によって基礎づけることにより、普遍性を備えた本質行動学の他の原理と一貫性のあるかたちで理解可能な枠組みに位置づけていく。

価値の原理によれば、関心に応じて価値を見いだすのであった。そこで「表の関心」と「裏の関心」を置くと、表の関心からすると価値がない（阻害要因）になるものが、裏の関心からすると価値のあるものになる、ということが起こることがわかる。個人内

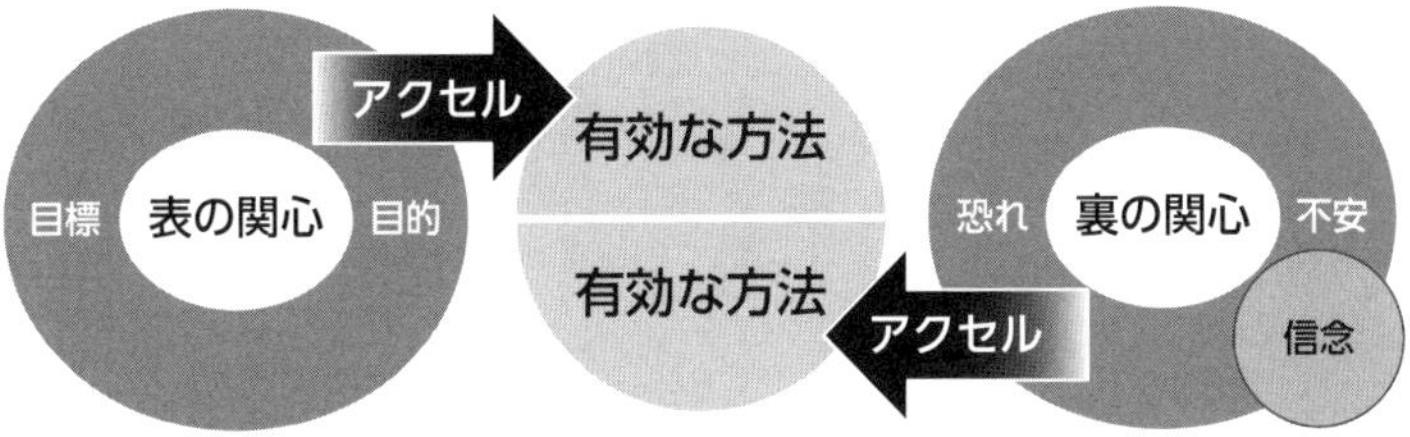

表の関心（大義）にとっても有効な方法が、
裏の関心＝意識化されていない不安や恐れにとっても有効な方法になっていることで、
ダブルアクセル状態になり暴走してしまう

ついやりすぎて暴走してしまう構造

で背反する関心が生じていることで、アクセルとブレーキを同時に踏んでいるような状態に陥っているのである。「裏の関心」は、恐れや不安といった感情を契機とする場合が多いため、「〜したくない」「〜を避けたい」といったかたちで表出されることが多い。そしてその背後には、この裏の関心を支える「強固な信念」がある。

この「強固な信念」の部分が、免疫システム理論の肝である。その内容は「免疫システム全体を支えている根本的な信念」というものであり、なぜ「強力な」と呼んでいるかといえば、それが「固定観念」であることに、「本人がまったく気づいていないから」であり、「本人は無批判に『事実』と思い込んでいる」ためだ。そのため免疫マップでは「強固な固定観念」とも呼ばれている。

裏の関心（潜在的な関心）はそれなりの理由があって生まれてくる強く傷つき恐れることを契機に生み出された「不安管理システム」なのであり、「強固な信念」はその学習の結果生み出されたものなのである。

「才能豊かな成功者には受け入れがたい指摘かもしれないが、

ほとんどの人は自分で思っている以上に、いつも恐怖にさらされているのだ。

『私は怖がってなんかいない。別に平気だ』――あなたはそう思ったのではないか？　確かに、あなたは今恐怖を感じていないだろう。なぜ恐怖を感じていないのか？　それは、あなたが恐怖の源にうまく対処できているからだ。おそらく自分では意識していないだろうが、あなたはきわめて有効な「不安管理システム」を構築している。その不安管理システムこそが、〝変革をはばむ免疫機能〟の正体だ」（同書p.68）

つまり、怖い思いをしたからこそ、特定の信念を生み出し、その恐怖や不安をマネジメントする心理機構をつくりあげたのだ。たとえば、大地震を体験した人はそれがトラウマになり、その後何年にもわたって揺れがくるたびに「またあの巨大地震がくるのではないか」とつい怯えてしまう。だが揺れても小さな揺れでおさまるという経験を重ねるうちに、地震がくるたびに怯えるのが嫌なので「あんな大きな地震は早々くるものではない」といった信念をつくりあげて、心を揺れないようにする。地震が怖いからこそ、地震に関する不安管理システムを構築したのだ。

かくいう私も幼稚園に入る前に宮城県沖地震を体験して、その後地震がくるたびに怯えていたのだが、そのうち逐一怯えるのにうんざりしてきて「あんな大きな地震は滅多にくるものではないのだから大丈夫」と思うようになり、そのときから夜中に地震があっても「揺れるものなら揺れてみろ」という心境で起きることなく寝ているようになった経験がある。地震を恐れるあまり、「地震を怖がりたくない」という〝裏の関心〟が生まれ、それを補強する「あんな大きな地震はまずこない」という

〝信念〟を生み出し、不安管理システムを構築したのである。こうして正常性バイアスの素地ができあがる。

そのシステムのおかげで、恐れは普段意識されることもなくコントロールされており、「～したくない」「～を避けたい」という裏の関心が自覚されることもない。また不安管理を可能としている強固な信念も不安管理として機能しているがゆえに、通常そのような信念をもっていると自覚されることもない。

我々は子どもならいざしらず、いい大人になった自分が怖がっているわけがない、と信じているわけだが、それは「不安管理システム」によって「なかったこと」にできているため、不安や恐れが顕在化していないだけなのだ。つまり、それぞれが構築した「不安管理システム」によって、潜在化している不安や恐れを「なかったこと」にすることに成功しているのだが、なかったことにしてもあるものはあるのであって、なくなることはない。しかし「なかったこと」にしているため、対象化することはできず、ゆえにマネジメントできない。

そのため望ましい状態を実現していくことができず、やりたいと思っていることがなぜかできなかったり、ダメだと思っているのについ繰り返してしまったり、やめようと思ってもやめられなかったり、あるいはつい過剰にやり過ぎてしまったり、論理的には成立しないような言動をしてしまう、といったことが起こってしまうのである。

そのことの実例として、本章でも引用してきた吉本隆明を取り上げてみたい。吉本は震災後から１年後の２０１２年３月に没したが、最晩年、福島第一発電所の原発事故を目の当たりにした後に至ってもなお盛んに反原発に異論を唱えている。2014年にはその遺稿集として『「反原発」異論』（論創社）が出版されているのだが、それを〝裏の関心〟の観点からみると、彼が恐れたものがみえてくるはずだ。そして、彼の「反原発異論」を支えていた信念もみえてくるであろう。

反原発に異論を唱える吉本隆明は何を恐れたのか？

ここでは特に、吉本の遺稿集に収められている『「反原発」で猿になる」というインタビュー記事を取り上げる（初出は『週刊新潮』2011年年末号）。

そこで吉本は「僕は以前から反核・反原発を掲げる人たちに対して厳しく批判をしてきました。それは今でも変わりません」として、福島第一原発の事故によって「原発はもう廃止したほうがいい」という声が高まっているが、「それはあまりに乱暴な素人の論理」である、今あらためて「人類が積み上げてきた科学の成果を一度の事故で放棄していいのか」と根底から問われなくてはいけないと持論を展開している。そして「技術の側にも問題がある」として、「専門家である彼らまで〝危ない〟と言い出して素人の論理に同調するのは〝悪〟だとさえ思います」と述べている。

こうした発言から吉本は、近代技術をはじめとする「近代進歩主義」というべき立場をとっており、それを否定すること＝近代の考えの否定であり、「人類が積み上げてきた科学の成果を放棄する」ことを「悪」とみなしていることがわかる。

「その時代の最高の知性が考え、実用化した技術がある。それを単に少しの失敗があったからといってすぐに止めるというのは、近代技術、もっといえば進歩を大事にしていく近代の考えそのものの否定です。もし、どうしてもそうした近代の考えが合わないなら、頭で考えることは全部やめにして、耕したり植えたり魚を獲ったりという、前近代的生活に戻らざるをえません」（同書p.125）

このように吉本は、進歩を大事にする近代の考えを否定し、原発を廃止することは「猿」のような原始的な生活に戻ることを意味すると考えているわけだが、そこには容易に論理の飛躍をみてとることができる。まずあまりにリスクが大きい原発を廃止していくことイコール頭で考えることを全部やめること、あらゆる進歩を放棄することにはならない。また原子力発電所を廃炉にするということイコール原子力の研究をいっさい中止する、ということでもない。廃炉にするためにも技術は必要であり、万が一重大事故を起こしても人々の危機にならないようなどこかの砂漠で原子力の研究を進めるならば、原発に反対している人も、どうぞご自由にというに違いない。

こうした発言を「論理の飛躍」で片付けるのは簡単なのだが、問題は、なぜ吉本ほどの人がこうした論理の飛躍に気づけないのか、最晩年にいたって論理的に成立していないようなことを強弁しなければならなかったのかという点にある。

そもそもこれは吉本の一貫した主張であったことから、最晩年だったからという「老い」は本質的な理由にはならない。もちろん最晩年だけあって、往年に展開された精緻な理路とは比するべくもないが、しかし理論武装や装飾が取っ払われた〝剝き出しの思考〟をそこにみて取ることができる。[23] ここで、先の原発研究者の発言を補助線とすると、何らかの恐れを契機とした裏の関心があったためではないか、という仮説が浮かんでくる。

吉本は「いま、原発を巡る議論は『恐怖感』が中心になっています」と、人間が原子力に対して「異常なまでの恐怖心」を抱いていることを指摘して、次のように述べている。

「恐怖心を１００％取り除きたいと言うなら、原発を完全に放棄する以外に方法はありません。それはどんな人でも分かっている。しかし、止めてしまったらどうなるか。恐怖感は消えるでしょうが、文明を発展させてきた長年の努力は水泡に帰してしまう。人類が培ってきた核開発の技術も意味がなくなってしまう。それは人間が猿から別れて発達し、今日まで行ってきた営みを否定することと同じなんです」（同書 p.１３６）

ここで裏の関心を視点とすれば、吉本は「原発を完全に廃棄する」ことによって「文明を発展させてきた長年の努力は水泡に帰してしまう」ことを恐れていることがわかる。つまり「文明を発展させてきた長年の努力を水泡に帰することを避けたい」という〝裏の関心〟をもっており、その観点（関心）からすると「反原発」は「悪」なのである。

そして、一般の人が原発に「異常なまでの恐怖心」を抱いているとして「恐怖感というのは、人間が持っている共通の弱さで、誰もがそれに流されてしまいがち」であると論じる吉本は、自身が種類の異なる恐れ（裏の関心）に突き動かされていることを自覚できている様子はない。恐怖感という人間なら誰もがもっているはずの「弱さ」を「自分はもっていないこと」にしてしまったのだろう。

また「人類が培ってきた核開発の技術も意味がなくなってしまう」という発言からも、それらが埋没することを恐れていること、つまり「埋没コスト」に囚われていることがわかる。吉本は、人々が原子力を恐れすぎているというが、自身もまた「人類が培ってきた技術を失いたくない」という〝恐れ〟（裏の関心）に突き動かされているのだ。そしてその裏の関心は「科学に退路はない」という前進だけに価値を見いだす進歩主義というべき信念に支えられていることがわかる。

吉本はさらに、福島原発事故が起きてから、敗戦を契機にほとんどの価値観が一八〇度変わってしまった第二次世界大戦後の日本社会をよく思い出すとも述べている。その中で、「世の中では時代が変わると政府も変わる、人の考え方も変わる、それがごく当然なのですが、僕はそれにものすごく違和感があった。だから、福島原発事故を取り巻く原論を見ていると、当時と重なって見えてしまうんです」と述べているくだりがある。

吉本は敗戦を契機に価値観が一八〇度変わってしまった当時の日本社会の人々のあり方に強い「違和感」をもち、自分が「考え方を易々と変える」ことへの恐れをもっていたのだ。そのくだりで、戦後も「戦争中と同じ考え方を今ももっているさ」と答えた小林秀雄に対して「考え方を易々と変えることはしない、さすがだなあと思った」と述べていることから、その恐れは「考え方を変えない人こそが正しい」とでもいうような〝信念〟の裏返しであることもわかる。

このように吉本は「文明を発展させてきた努力が水泡に帰すことへの恐れ」「人類が培ってきた技

術が埋没することへの恐れ」「考え方を易々と変えることへの恐れ」といった恐れ（裏の関心）を人一倍強くもっていたのであり、それが福島原発事故後に至ってもなお反原発異論へと突き動かす原動力となっていたのだ。

この吉本の事例は、〝裏の関心〟を自覚できないと、自分では〝恐れ〟という感情をもっていない（なかったことにしている）ため、それをマネジメントすることはできずに、感情に論理（言葉）をかぶせるようになり、おのずと論理は飛躍するということをよく示している。頭がよいはずの人が論理的に成立していないことを強弁する際には、必ずといってよいほど〝裏の関心〟が働いているとみてよい。

危機の状況を正しく見て論理的に判断するためには、「なかったこと」にしてしまいがちな〝裏の関心〟としての恐れや不安を自覚し、マネジメントしていくことが不可欠なのだ。「関係を意識しない思想など幻に過ぎないという」往年の吉本の言をリフレーズするならば、「裏の関心を意識しない思想など幻に過ぎない」ということになる。そして、これはクライシスマネジメントにおいてもいえるのである。

それでは、裏の関心や信念をどのようにマネジメントしていけばよいのだろうか。このとき「裏の関心」や「強固な信念」を悪とみなさないことがポイントになる。この裏の関心をマネジメントしようという関心をもつ契機には、自分が望ましい状態を実現できない阻害要因をどうにかしたいという動機があることが多い。したがって、阻害要因をもたらす「裏の関心」やそれを支えている「強固な信念」を悪しきものとしてみなしがちである。

表の関心 目標 →	阻害要因 / 有効な方法	← 裏の関心 (恐れや不安)	← 強固な信念 (固定観念)
安全に暮らしたい 子どもたちに放射性廃棄物のような負の遺産を残したくない	再稼働に突き進む 再稼働に反対できない	食えなくなりたくない家族を養えなくなるのを避けたい 故郷がさびれていくのをみたくない 関係性を埋没させたくない	経済が回らなくなったら食べていけない 原発助成金なしではやっていけない 原発反対を表明したら地元でトラブルになり、生きにくくなる

図　原発のリスクをわかりながらも止められない心理構造

しかし「裏の関心」やそれを支える「強固な信念」は、少なくともあるときのあなたが生きる上で必要があって生み出されたものであり、この過酷な社会を生き抜く上で学習した結果なのだ。恐れや不安は「なかったこと」にしてきた自己の一部であり、〝洞窟の中に閉じ込められた子どもたち〟なのである。免疫マップでは「勇気ある行動とは、恐怖に打ち勝って踏み出す行動のこと」と定義しているが、本質行動学においては、恐怖は戦うものでも、打ち勝つものでもなく、〝抱きしめる〟ものである。

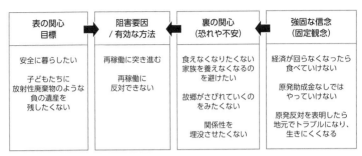

「そっか怖かったんだね、だから原発を作ったんだね」「食べられなくなったらどうしようという怖さがあるから、原発を止められないんだね、再稼働したかったんだね」とそれぞれの洞窟の中の奥で震えている子どもたちを、自分自身で抱きしめることができたとき、はじめてその子たちは成仏し洞窟から解放される。自分の中でなかったことにしてきた感情を認め、抱きしめることによって望ましい状態を実現していくことができるようになる。

強固な信念も、そうした信念を抱かざるを得なかった状況があって生まれてきたのだが、しかしそれが今となっては阻害要因になっているならば、それが今までの自分を支えてくれたことに感謝し、手放し、新たな信念に書き換えていくのである。

「経済が回らなければ食えなくなる」「原発がなければやっていけない」というのは恐れを契機とした思い込み、固定観念に過ぎず、事実ではない。今の日本で食えなくなるなどということはない（「食えなくなる」という言葉はDNAに刻まれた恐怖を喚起して自己洗脳してしまうので口にしないほうがよい）。事実、原発がなくともやっていけているのだ。廃炉するにしても長い年月を要するであろうし、放射性廃棄物の処理方法についても廃棄場所についても見通しは立っていない。廃炉になるまで交付金は出るであろうし、雇用もあるはずだ。その期間に他の道を探せばいいだけだ。

そうすることで、多くの人の命の危機と引き換えに目の前の安心を手に入れるのではなく、犠牲を要しない真の意味でのハッピーエンドな未来に向かって歩み始めることができるだろう。

國分功一郎は2020年に公刊した『原子力時代における哲学』において、大島堅一氏が2012年大佛次郎論壇賞を受賞した『原発のコスト』で、電力会社の貸借対照表などを綿密に分析し原発のコストを計算したところ、これまで喧伝されてきたことと正反対に高コストであることを立証したことを踏まえて、次のように「率直な気持ち」を述べている。

「原子力発電がコスト高であり経済的に割に合わないということさえわかれば、原発に関する議論はもう答えが出たも同然ではないかという気持ちがあります。原発は割に合わない。原発が持つ潜在的な危険性の話をしなくても、もう利用し続ける意味がないことは明白なのです」（同書p.20）

その上で、そうであるにもかかわらず「なぜ人間は危険を冒してまで原子力を利用するのか」と問いを立て、次のように述べている。

「原発は何万年も管理しなければいけない核廃棄物を残してしまう。そしてひとたび事故が起きれば、取り返しの付かない被害を生む。原子力技術の危険はみんなよくわかっているわけです。しかし、危険であることをよく知っているのに、なぜその危険を冒してまで原子力を使いたいのか。ここに最大の謎がある」（同書p.２７０）

國分氏は、以上のように、この原発を巡る〝最大の謎〟の本質を的確に言い当て、筆者とはまた異なる観点から、哲学として考え抜き、「原発信仰」の核にあたる人間の深層心理に迫っている（ここでは取りあげる余裕がないが、これまでの原発議論に欠けていた心理を掘り下げる哲学となっているので、ぜひ関心のある人は読んでもらえたらと思う）。そして、ここで論じてきたことも、我々の社会の不条理をもたらしているこの〝最大の謎〟を、人間の心理構造から解き明かすことにあった。

原発を作るのも再稼働するのも人間である。これまでの原発論は、賛成するにしろ、反対するにしろ、経済コスト、リスクが云々といった次元の話に留まっており、裏の関心といった心の問題を扱ってこなかった。そのため賛成派と反対派の溝は深まるばかりで、「ハッピーエンドの未来」に向かうことができなかったのだ。

あの日の大川小学校の校庭でも、津波を恐れる気持ちもあったと同時に、津波がこなかったときに、責任問題になることや関係性が埋没することを恐れたため〝リスク天秤バイアス〟により意思決定の停滞が起きたのを思い出してほしい。失敗に終わった大川小学校事故の事後対応においても、「身内や組織を守りたい」という関心の裏に「批判されたくない」という恐れがあったはずだ。

これまでクライシスマネジメントには、行動を深いところで規定している裏の関心、潜在的な恐れ、強固な信念といったものを明示的に扱う枠組みが存在しなかった。まっとうなクライシスマネジメントを体現していくためには、自覚しにくい恐れをなかったことにせず、そうした感情をもっていることを認め、そんな自分を抱きしめた上で、本当に大切なものを守るために望ましい状態をなんとか実現していくことが必要になる。

本質行動学における〝クライシスマネジメント〟とは、〝危機をなんとか乗り越え望ましい状態を実現していくこと〟と定義されるため、実践してこそ意味がある。ここで提示したフレームワークをクライシスマネジメントに応用した研究、実践が求められる。

あとがきに代えて
――大川小学校と本質行動学

震災後支援活動をしていた縁から大川小学校の事故で亡くなった児童のご遺族と出会った。津波到達まで50分の時間があり、校庭から走って1分ほどで登れる裏山があったにもかかわらず、なぜそこに避難しなかったのか。なぜ川の橋の袂に向かったのか。なぜ自分の子どもが亡くならなければならなかったのか。助かった命ではなかったのか。真相を知りたいという遺族の願いに、少しでも応えられたらという思いからこの研究は始まった（第1部）。

そして、なぜ遺族たちは司法による真相解明を求めざるをえなくなったのか。それを招いた大川小学校事故の「事後対応」マネジメントとはいったいどういったもので、どうすれば再発防止できるのか（第2部）。そして「避難場所と避難経路を定めなかった」組織的過失が認められ石巻市の敗訴が決まったにもかかわらず、またもや「避難場所と避難経路を定めずに」原発再稼働に同意するといった不条理がなぜ起こるのか、組織や社会の不条理を引き起こす構造を解明してきた（第3部）。

だが、ここに最後の謎が残されている。

それは〝**なぜ東日本大震災の2日前に起きた震度5弱（マグニチュード7・3）の地震と津波到達を、さらなる大地震の警告《アラート》として受け取ることができなかったのか？**〟という謎である。

東日本大震災の2日前、2011年3月9日11時45分、三陸沖を震源としたマグニチュード7・3の地震が起き、津波注意報が発令され、大川地区をはじめとする東北沿岸に数十〜60㎝ほどの津波が押し寄せた（そして震災前日の3月10日6時24分にも、三陸沖を震源としたマグニチュード6・8の地震が発生している）。

2日前に津波注意報が発令された際には、大川小学校では、高台に避難することなく校庭待機のまま「休み時間」のようになり、そのときの校庭待機が前例要因になってあの悲劇へとつながった。津波に飲まれて奇跡的に助かった生存児童T君は筆者のインタビューにおいて「やっぱあの前にあったからじゃないですか。2日前に。あれだけおっきい、だいたい似たような感じの大きさだったから。あのときも津波こなかったからやっぱり今回も大丈夫だよっていう感じだったです」と証言している。

3月10日の新聞には前日のマグニチュード7・3の地震を受けて、「連動型　危険性低下か」と見出しの記事が載り、そこには東北大学の地震学者松澤暢氏の「予測した場所で一定規模の地震が起きたから、近い将来起きると想定されている宮城県沖大地震は可能性が低くなった」という見解が紹介された。2日前の地震や津波を予兆として生かせなかっただけでなく、むしろ専門家が従来の理論に基づき巨大地震の可能性が低くなったことを示唆する「専門家エラー」が生じていた。また数十㎝の津波しかこなかったことも「あのときもたいしたことなかったから今回もこないだろう」と「経験の逆作用」としてマイナスに働いてしまったのだ。もし「これらの地震はさらなる地震の前触れかもしれませんし、次は津波がくるかもしれません。さらなる地震に注意してください」と注意喚起していたら、まったく違う結果になったのではないか。いつしかそんな思いが頭を離れなくなった。

そして結局のところ、従来の地震学は大きな地震が起きた場合はそれが本震だろうと暗黙裏にみなしているだけで、地震の揺れそのもので本震か前震かをみわける術も根拠も持っているわけではないという結論に至った。本震かどうかはその後にさらに大きな地震が起きたか否かによって決められる事後的な「解釈」でしかないのだ。つまり、東日本大震災の２日前の震度５の地震はマグニチュード７・３という大きな地震だったために暗黙のうちに本震とみなされていたが、その後にマグニチュード９・０の巨大地震が起きたために事後的に「あれは前震だった」というかたちに解釈が変わっただけだったのである。

東日本大震災の地震のパターンをもとに熊本地震の本震を予測[2]

２０１６年４月14日21時26分、熊本を震度７の地震が襲った。そのとき筆者は東京の町田で講演後、運営スタッフの方々と懇親会をしていたのだが、テレビに流れた緊急速報をみて戦慄が走り、これは大変なことになると思いながら帰宅したことを鮮明に覚えている。大川小学校の事故の研究をしていたことから、もし東日本大震災の２日前の震度５の地震を暗黙裏に本震と決めつけず、さらなる巨大地震や津波に注意するようにと報道を通して注意喚起がなされていたならば、大川小学校の事故は避けられたのではないかと思っていたこともあり、もしこの熊本での地震も東日本大震災と同じ「前震－本震型」だとしたら、数日以内にさらに大きな地震が起きる可能性があると考えていたのだ。

また熊本での最初の地震は、震度こそ最大震度の７だったが、マグニチュードは６・５であり、これは東日本大震災のマグニチュード９・０と比べて１／４０００以下のエネルギーに過ぎず、さらにその後、22時7分にはマグニチュード5・8震度6弱の地震が、22時38分にはマグニチュード5・0の地震が立て続けに起きており、潜在的なエネルギーは十分に発散されていないようにも思われた。だが、テレビを中心とするあらゆるメディアでは専門家は「余震に注意してください」とだけ注意喚起していた。そこで、Ｆａｃｅｂｏｏｋの個人ｗａｌｌにさらなる本震への警戒を促す記事を書いたほうがよいと思い、東日本大震災のときもそうだったように、これまでの地震は本震ではなく、さらなる巨大地震の前震（予震）だった場合最悪のことになるため、近隣の人は警戒したほうがよいと警告する記事をその日の23時14分に投稿した。[3]

そしてその後も同規模の地震が続き、最初の地震から28時間後の4月16日1時25分、マグニチュード7・3という阪神・淡路大震災と同規模の巨大地震が発生した。同じ震度とはいえ最初の地震の約16倍のエネルギーの「震度7超」というべき強い地震であった。結果、家屋倒壊死37人のうち、最初の震度7で亡くなった人は7人であったのに対して、その後に起きた震度7の「本震」では30人が死亡。最初の震度以上の地震はこないと思い込み、半壊していた家にとどまった多くの人が亡くなってしまったのだ。筆者は、その前日のテレビで、報道リポーターが半壊した家で老夫婦を取材する中で「ここは危ないので避難したほうがよいのでは」と促したが聞き入れなかった様子を観たのだが、翌日の同番組で、その後起きた「本震」によって残念ながらその老夫婦の家は倒壊し、奥さんは救急搬送され、旦那さんは死亡しましたと報道されていた。

他方、筆者のＦａｃｅｂｏｏｋの投稿をみたおかげで本震を逃れることができた人もいた。講演活動のために熊本で最初の震度7の地震に遭った宝塚歌劇団出身のドラッカー学会の知人からは、後日

「あの投稿をみて危機感を持ち1日早く他県に移動する後押しをいただき救われました」とお礼のメッセージをいただいた。少しは役立てて良かったと思いながらも自分にもっと発信力があればと思わざるを得なかった。

実際にもし、東日本大震災も「前震－本震型」であったことを踏まえて、熊本でもさらなる巨大地震が起こりうると気象庁が警告していたならば、28時間後の本震の被害は最小限にとどめられたに違いない。[4]

私は今後の再発防止につなげてほしいという思いから、2016年7月16日、当時衆議院議員だった亀井善太郎氏（現立教大学大学院特任教授）の紹介で、当時の内閣府特命担当大臣（防災担当）のトップである河野太郎氏（その後外務大臣、防衛大臣を歴任し、現行政改革・国家公務員制度担当大臣、内閣府特命担当大臣、最近では新型コロナウイルスワクチン接種担当に抜擢）と面談する機会をつくってもらった。そこで上述した内容を伝えて、本震かどうかは事後的にしかわからないため、最初の地震より弱い地震しかこないという前提の「余震」という言葉は使わずに、たとえば1週間後に本震とみなすことにして、当面はさらなる巨大地震に注意してくださいと警告することにしたほうがよい旨を進言した。河野氏はすぐに政府で検討するよう防災担当の部下に指示すると約束してくれた。そして翌月8月19日、政府の地震調査委員会から「大地震後の地震活動の見通しに関する情報のあり方報告書」が発表された。

それまで気象庁は「1週間程度、最初の地震より一回り小さい余震に注意」[5]と呼びかけていたが、熊本地震を受け「『余震』という言葉は最初の地震よりも規模の大きな地震は発生しないという印象

2016年7月16日に河野太郎氏の事務所でアラートの方法の変更を進言させていただいた。左が河野太郎氏、右が筆者。右奥が亀井善太郎氏。

左から亀井善太郎氏、河野太郎氏、筆者。

を与えることから、気象庁は同指針の指摘に沿い、防災上の呼びかけ等においては、さらに規模の大きな地震への注意を怠ることのないよう、『余震』ではなく『地震』という言葉を使用[6]することになった。また従来の「本震－余震型の判定条件が妥当でなくなった[7]」ことから、地震発生直後〜1週間程度の呼びかけは「最初の大地震と同程度の地震に注意」を基本として[8]、「震源の位置によっては最初に発生した大地震と同程度かそれよりも揺れが大きくなる場所もある」ことを適宜追加することなど[9]に変更した。

大川小学校の研究が熊本地震の真の「本震」の予測へとつながり、政府が動いたことで気象庁の巨大地震後のアラートの仕方が変わったのだ。これによって今後50年、１００年というスパンで考えたならば、何千人、何万人という未来の命が助かることにつながるだろう。大川小学校で亡くなった小さな命に新たな意味が一つ加わったのだ。

ボランティアの皆さんが実現した「ふんばろう東日本支援プロジェクト」の日本最大級となる膨大な支援実績[10]があったからこそ大臣に直接進言する機会につながったのであり、プロジェクトのキャッチフレーズであった「小さな力を集めて大きな力に」が支援とは別の形で実を結んだ瞬間でもあった。

従来の地震学が熊本地震の本震を予測できなかった要因としての「理論負荷性」

では、従来の地震学はなぜ熊本地震の真の「本震」を予測できなかったのだろうか。4月16日にさらなる「本震」が起きた後、気象庁の青木元・地震津波監視課長は「熊本地震が何らかの影響を及ぼした可能性がある」が、「ここまで広範囲に及ぶ地震は近代観測史上、聞いたことがない」と述べており、東北大の遠田晋次教授（地震地質学）は、隣接する断層で地震が連鎖した例は過去にもあるものの「これだけ広域に多発するとは思っていなかった」と述べている。[11] また同16日の気象庁会見において、「国内ではM6・5規模の内陸地震の後にそれを上回る本震が発生した記録がない」ことから、「今までの経験則から外れている」という発言もあった。[12]

ここから、地震学の専門家は、従来の理論（地震固有説／アスペリティ理論／断層理論等）や、東日本大震災前までの経験則を通して地震という現象をみていたことが予測できなかった一因といえる。

だが、2011年3月11日の14時46分からの20分間ほどだけでも震源地は、三陸沖、福島県沖、茨城県北部、静岡県伊豆地方と広範囲にわたっており、さらにその後の1カ月間だけでも、震度5以上の地震が40回以上、東日本各地の数百km離れた場所で、震源の深さも1〜66km、海溝、内陸、スラブ内と誘発するかたちで起きている。この起震パターンを虚心に踏まえて分析すれば、熊本地震の際に「ここまで広範囲に及ぶ地震は近代観測史上、聞いたことがない」とはならなかったはずなのだ。

『「地震予知」の幻想』では、東日本大震災から7カ月後、日本地震学会では東日本大震災を誰一人予測できなかったことから、日本地震学会の特別シンポジウムでは、「地震学研究者が社会に対して果たしてきた貢献がはなはだ不十分だったと言わざるを得ません。地震研究の何がいけなかったのでしょうか」とうたわれ、「地震学者の反省会」として注目された様子が描写されている。その議論から半年後、日本地震学会の「日本地震学会再生の第一歩」という報告書では「既存の理論が正しいとの思い込み」「実際に起こった地震以上のことは検証できず、科学的根拠をもって予測するのは困難」[13]といったことが反省点としてあげられたが、その後の熊本地震にもこの反省は生かされることはなかった、ということになる。なぜか。

理論とは観察する際の視点として機能するため、それによってみえるようになることもあるのだが、逆にその理論がフィルターとなってみえているはずのものがみえなくなり、例外事象や偶発事象として片付けられるということが起きるのだ。これを科学論では「理論負荷性」(Theoretical load)と呼ぶ。東日本大震災後の地震学会の反省として「地震学者は近代の計測を重視して他分野の研究への関心が低く、解析結果から導き出した理論を他の分野のデータにつき合わせて検証していなかった」[14]といった、「専門の細分化の弊害」が挙げられているが、データ云々以前に、今地震学そして人文社会科学全般に必要なのは、科学としての自らの営みの本質を深く理解する本質的な科学論だと思われる。

「複雑系の地震学」へのパラダイム変換の必要性

このことと関連するが、地震を予測できない根本的な要因としてもう一つは、従来の理論が暗黙裏に前提としているパラダイム自体を問い直す〝哲学的思考法〟の欠如も考えられる。逆になぜ筆者は予測できたかといえば、構造構成学（本質行動学）には、科学の本質論だけでなく、存在とは何か、言語や理論、方法とは何かとあらゆる前提を本質において問い直す哲学的思考法が備わっており、またそれを超メタ理論としながら、日本ではじめて複雑系の科学に依拠する発達理論 Dynamic Systems Approach（以下ＤＳＡ）を適用した実証研究で博士号[15]を取得したことが関係している。

20世紀、カオス理論に代表される複雑系の科学が台頭すると、気候や社会のような複雑なシステムは長期予測不可能であることが明らかになった。蝶が羽ばたくほどのほんのわずかな動きが、遠く離れた大陸の1週間後の大気の流れを変えてしまうことを「バタフライエフェクト」と呼んだ。初期値鋭敏性によって、超微細な変化であっても多数の要素と相互作用し増幅されるために、複雑なシステムの長期予測は不可能になるのだ。

筆者は、水や気流といった流動性のあるところにカオスが生じるように、地殻も流動性を持っており、地震が長期予測不可能なのはこの初期値鋭敏性があるためだろうと考えていた。地面は堅いため単純な物理的事象のような印象を受けるが、地面は動いており地層や水脈、マグマなどが相互作用しあっているため長期予測を受け付けない複雑なシステムなのだ。この筆者の洞察は、志岐常正氏の２０１７年の論文「地質事象におけるカオス、法則と法則性――複雑系としての地質学[16]」で基礎づけられている。この論文では、自然に存在する固態である岩石・地層と土壌（固相）にも流動が生じカオスが発生することを様々な文献を引きながら論じている。例えば、橋下が[17]、固体に力を加えた時の座屈のおこりかたにもカオスが見られる例として「たとえば、ブリキ板を手で押しつけると、ある力まではブリキは耐えるが、限界を超えると急にガタンと曲がってしまう、その折れ方が一定でなく予測し難い、これもカオスの現象である」と指摘していることを踏まえ、これは破断でも同様であり「カタストロフ限界到達の、予知不可能性の問題」があり、「何時ストレス・歪み蓄積→破壊の閾値に達するかは予知（特定）できない」と論じている。そのため「地質学の対象を含むこの複雑系では、何時、いかなる場所にも、予期せぬカオスが起こる可能性（probability）であることは疑いない」としてこれを「公理」と呼んでいる。これは、本書でいうところの「原理」に他ならない。そして「地震の長期予知（予測）不可能性」も例外なく考慮すべき「原理」といえる。

この地殻に流動性がありカオス（バタフライエフェクト）が生じると考える「複雑系の地震学（地質学）」のパラダイムからすれば、離れていても地殻がつながっている以上、大きな地震がトリガーとなり広域にわたって「誘発地震」を引き起こした東日本大震災の起震パターンは、ごく自然な事象として理解することができる。

ゆえに科学においては、まず対象が複雑なシステムか単純なシステムかを見極めることが肝要となる。気候学は来年いつどこで台風が発生するかは予測できないように気候や天候も長期予測は不可能だが、発生した台風がここ数日、数時間にどのような動きをするか短期予測することは可能であり、その予測に基づく警戒情報を出すことで被害を大幅に減少させることに貢献している。

それと同じように地震も、地殻がカオスを生じる複雑系である以上、長期予測は原理的に不可能な半面、短期的に予測することは可能になる。それが「すでに起きた大きな地震をさらなる巨大地震の前震とみなすことにより、数日以内に巨大地震が発生する可能性があることが予測可能になる」という東日本大震災で得られた起震パターン（構造）をもとに予測する方法だったのである。

科学の本質とは予測と制御につながる「みなし」にある。水をH_2Oとみなすことで様々な現象を説明でき、予測と制御が可能になるから科学は市民権を得てきた。従来の地震学は暗黙裏に地殻を単純なシステムとみなしていたが、現象に整合的ではない前提に依拠している限り、予測可能性も制御可能性も生まれてこないのだ。

事実、従来の地震学は誰一人東日本大震災を予知できず「地震予知はスローガンだった」、「『予知』という言葉をなるべく使わない」[18]というような地震の予知不可能性のニヒリズムに陥っていたこと、また従来の理論的枠組みや、「本震－余震型」をはじめとする経験則から抜け出せなかったこともあり、東日本大震災の「前震－本震型」という起震パターンを見落とし、「前震－本震型」とみなすことで短期予測は可能になるという洞察に辿り着くことなく、熊本地震の本震の予測につなげることもできなかった。朝日をみたいときに西に向かったら目的を達成できないように、本質を外している限り、どれだけ予算とエネルギーをつぎ込み精妙な数理モデルを展開した研究を積み重ねようと地震の予知に成功することはないのだ。しかし、これも誰が悪いということではなく、哲学と科学が袂を分かった現代科学の宿命的な限界といってよい。科学は特定の前提に依拠して成立しているため、その前提自体を自覚的に問い直す術はもたないのだ。そして暗黙裏に依拠している前提に懐疑の目を向け問い直すことこそ、哲学が鍛え上げてきた技術であった。ニュートン時代まで「自然学」としてもともと一つだった学問が、近代化の中で科学が予測と制御の構造の追究に特化する一方、そこと袂を分かつかたちとなった哲学は職業化されて、誰がどういったという〝哲学者研究者〟が哲学の本流となり、本物の「哲学者」は絶滅危惧種となり、哲学はその社会的な役割と位置を失っていった。

本質行動学は、前提を問い直す哲学の力、なかでも本質を問い直す「本質観取」を「私の体験の内省」という現象学的な制約を取り払うことでより汎用性と有用性を備えたものへと刷新し[19]、また現象の予測と制御につながる「構造化」という科学の本質に融合させたからこそ、即実践に役立つような本質を捉えた研究が可能になるのだ。

クライシスマネジメントのための地震の短期予測を可能とする構造の仮説的提示

このあとがきを書いている過程で、この熊本地震の予測に用いた「すでに起きた大きな地震をさらなる巨大地震の前震とみなすことにより、数日以内に巨大地震が発生する可能性がある」という構造を発展させ、クライシスマネジメントを目的として、地震の脅威度（警戒レベル）に影響するパラメータを特定して、一定の型の地震を客観的に予測可能なモデル“Saijo Model 2021”を構築した。これは東日本大震災と熊本地震から導きだした〈起きた地震のエネルギーが大きいほど他の地震を誘発する可能性が高い〉〈起きた地震との距離が近いほど誘発地震が起きる可能性が高い。ただしバタフライエフェクトにより遠方の起震にも影響する可能性はある〉〈起きた地震と時間的に近いほど誘発地震が起きる可能性が高い〉〈誘発された地震群はさらなる地震を誘発する可能性を高める〉という地震そのものの相関法則性と、〈起きた地震の人的被害が大きいほどそれが前震だった場合の本震の被害はさらに拡大する可能性が高い〉〈起きた地震が津波を伴うものほどそれが前震だった場合に本震の津波被害は拡大する可能性が高い〉といった被害の相関法則性〈相関構造〉を基礎にしている。

これは独立したテーマになるため、本来理論、背景を含めて他の論文や書籍として詳述すべきなのだが、筆が遅い自分がそれを世に出す前に本モデルで予測できた巨大地震が起きることも十二分に考えられ、そうなったら救える命はあったかもと後悔することになるため、一般の人でも報道レベルの情報から簡単にポイントを集計し、警戒レベルを算出し、クライシスマネジメントに活用できるようエッセンスだけ示しておく。

この“Saijo Model 2021”は、複雑系の科学に基づく発達理論ＤＳＡ[20]を応用して構築した「マネジメントのメタ理論ＭＤＰＳ[21]（Management based on Dynamical Parameter Systems）」に基づき、上記の相関構造を基礎として、警戒レベルに影響するパラメータとして、前震とみなした地震（仮前震）に関する「地震による死者」「マグニチュード」「震源地の近さ」「津波注意報・警報・津波到達の有無」「連続性のある他の地震」を設定した。これらは単一の項目だけでは説明力（予測力）が十分ではなく、掛け合わせることで、それらが前震だった場合の本震の被害は大きくなると考えられるためである。

関数式で示すと以下の通りになる。

A=f(d, m, e, t, s)

A:Alert level, d:deaths, m:magnitude, e:episenter, t:tunami, s:sequential earthquake

次ページ表1の中で、仮にこの地震が前震だった場合、本震での被害が想定されるという場合には、その地震（仮前震）に関して、項目の当てはまる箇所にチェックを入れていき、ポイント化する。

このポイントの合計点ごとの警戒レベルは、まず東日本大震災と熊本地震の本震の２日前の前震と同等の危険度を表すものを「警戒レベル４」として、いずれの前震もその地震単体でポイント８となるように設定した。[22]そして両地震の本震は警戒レベル５になるように設定し、警戒レベル４以下はそこから逆算して各項目の警戒レベル3、2、1と細分化して設定した。

使い方としては、この表1のチェックリストの各項目のポイントを足した合計値を、表2に照らして該当する警戒レベルを確認する。その際に、複雑系の地震学では、地理的に離れていてもバタフライエフェクトにより、他の起震に影響すると考えるため、地震が近い日時（~1週間程度）に連続で起きた場合、その時点での最大のポイントになっている地震のアセスメント結果（合計点）に加えて、国内で震度4以上の地震が起きるたびにポイントを1加える（国外でM6以上の地震が起きた場合には0・5ポイント加える）。たとえば、東日本大震災の2日前の前

表1

	ポイント0	ポイント1	ポイント2	ポイント3
地震による死者	□なし（東日本大震災の二度の前震）	□1～数名	□数名~10名程度（熊本地震の最初の震度7の地震）	□10~数十名以上（熊本地震の本震、東日本大震災の本震）
マグニチュード	□5.8未満小さい地震	□5.8～（熊本地震の2度目の震度6弱の地震）	□6.5～（東日本大震災前日の地震、熊本地震の最初の地震）	□7.3～（東日本大震災2日間の地震）以上
震源地の近さ	□海外	□日本国内	□近隣の県や地方	□直下型
津波注意報・警報・到達の有無	□なし	□津波注意報ありだが津波到達なし	□津波警報ありだが津波到達なし	□近隣の県や地方に津波到達あり（数十cmのものも含む）

表2

さらなる本震警戒レベル	警戒レベル0	警戒レベル1	警戒レベル2	警戒レベル3	警戒レベル4	警戒レベル5
合計ポイント	0	1～2	3～4	5~7	8~9	10~

震、熊本地震の最初の震度7の前震は単体ではいずれもポイント8となるわけだが、先の東日本大震災の場合、翌日の3月10日に震度5弱の地震が起きたことからポイントは1加点され、合計ポイントは9となる。[23] 熊本地震の場合、その後震度5弱の地震が6回続いたためポイントは1点ずつ加算され、合計ポイントは10以上となり、要警戒レベルは最大の5ということになる。

実際、本稿を執筆中に、このモデルで算出した数値が一定の警戒レベルに達したため２０２０年12月18日に警戒アラートを発したところ、3日後の２０２０年12月21日に岩手県で最大震度５弱マグニチュード（以下Ｍ）６・５の地震（青森県東方沖）が発生したことから、今後さらに精緻化させるべき初期モデルではあるが、予測に有用なモデルにはなっていると考えられる。

その際の算出方法を例として書いておくと、２０２０年12月12日の青森県で起きた震度5弱の地震（震源地は岩手県沖）は表1に照らすと〔地震による死者0名＝ポイント0／Ｍ５・６＝ポイント0／震源地の近さ 近隣＝ポイント2／津波注意報なし＝ポイント0〕となりポイントは2であったが、5日後の12月17日に近隣の地方となる茨城県で震度4の地震（Ｍ４・６）が起き（＋1ポイント）、その翌日12月18日も近隣の地方となる伊豆大島近海で18時09分に最大震度5弱（Ｍ５・１）の地震が起きて（＋1ポイント）、さらに12月18日20時36分にも震度4の地震（Ｍ４・７）が新島・神津島近海で起きたことで（＋1ポイント）、この時点でポイント5（要警戒レベル３）となったためＦａｃｅｂｏｏｋの個人ｗａｌｌで簡潔に注意喚起をした。[24]

すると、3日後の12月21日に岩手県を中心に最大震度5弱の地震（震源地は青森県東方沖／Ｍ６・５）が発生し、その揺れは東北関東地方まで広域にわたった。幸い被害はなかったが、これがマグニチュードが熊本地震の最初の震度7と同じであり直下型であったならば大きな災害になることから、このモデルに基づくアラートは命を救う短期予測モデルになりうることがわかるだろう。

　この予測がどの程度「当たるか」だが、今後本モデルが基礎データとしている東日本大震災と熊本地震のような起震パターンの巨大地震が起きる頻度による。このモデルは東日本大震災以後の地震期に入り、東日本大震災と熊本地震のような「前震－本震型」や「誘発型」の起震パターンが増えているという仮説のもと、同型の起震パターンの地震を予測可能とするものだからだ。したがって、限界としては２０１８年9月6日の北海道胆振東部地震（Ｍ６・７、震度７）のように最初にドンと大きな本震がくる起震パターンはこのモデルでは予測できない。ただしこの限界は従来の地震学でも同じであり、「モーメントマグニチュード」や「アスペリティモデル」を提唱した地震学の権威の金森博雄氏（カリフォルニア工科大学名誉教授）も地震予知について「不可能と証明できないが、現在も非常に難しく、今のところ将来も難しい」[25]と述べている状況を考えれば、一定の型の地震を予測できる本モデルの意義は少なくないと言えよう。

　なお、筆者以外に唯一、熊本地震の最初の地震の直後に、「群発地震」的なやや不気味な感じを抱いていたことから、「14日夜よりも大きな揺れが来ないという保証はなく、救助活動や避難生活には細心の注意が必要だ」と注意喚起した石橋克彦氏は、論文「２０１６熊本地震は例外ではない」で、我が国において過去に大きな被害を出した「前震－本震」あるいは「誘発型」と推定される地震が10例紹介されているが、その中で、年代が古く本モデルのパラメータに関して十分な情報がない3ケースを除いた、7つのケースに適用したところ、いずれも本モデルでさらなる「本震」を予測可能であることが確かめられている。

その中の一つ1939年11月26日に伊豆半島の付け根付近で起きた北伊豆地震（M7・3、死者272人、家屋全壊2165棟）では、11月13日から有感地震が起こりはじめ25日16時にはM5・0の地震がかなり強い揺れをもたらして、毎日明け方に地震の数が多かったこともあり、地元では「26日明け方には北伊豆地方に大地震があるだろう」という感覚が広がって、家屋の補強をする家もあったことが示されている。

ここで特筆すべきは、「気象庁の前身の中央気象台では、岡田武松台長が職員を現地に派遣して調査させ、丹那盆地の活断層の活動につながる恐れありとして神奈川・静岡両県知事に事前に注意喚起をした」ことで「静岡県庁は人員派遣の準備をしており、発災後きわめて迅速な救援活動を開始した」点であり、特にこれは当該機関（中央気象台／現気象庁）が断続的に起きる地震を前震とみなして本震に備えるように注意喚起し、行政が事前に準備をすることで被害を最小化させた前例があることに他ならない。

もちろん、現代社会では「客観的な情報」がなければ、警戒情報を公的に発表することは難しいであろうが、このモデルは東日本大震災、熊本地震といった地震期に入った我が国の巨大地震のデータから作成したものであり、これにより、根拠のある客観的な基準に基づき警戒情報を発表することが可能になる。

このモデルはクライシスマネジメントを目的に作られたものなので、このモデルの警戒情報とは必ずしも遠方への広域避難を促すためのものではない。警戒レベル3、4といったレベルに達してから数日〜1週間程度は警戒したほうがよいが、基本的には警戒情報を「頭に入れておく」ことで、身の回りの安全性を確認したり、いざというときに「正常性バイアス」に陥ることなく避難の意思決定をしたり危機をマネジメントするためのものである（6章で論じたように大川小学校の校庭を超正常性バイアスという集団心理が支配したことが意思決定の停滞を招く一因となり、あの悲劇につながったことを思い出してほしい）。

このアラートを契機に備蓄を見直したり、転倒防止用のつっぱり棒などの備えを見直してみるといったクライシスマネジメントの機会にできれば十分は意味は出てくるため「警報の空振り」によって生じる「狼少年効果」を避けることができる。このモデルをそれぞれの自治体、企業、学校で採用することで、独自の警戒情報を出すことも可能だ。

だが最も効果的なのは台風警戒情報のように、気象庁が地震の警戒情報を出すことである。これは避難行動を促すためのものではなく、クライシスマネジメントに位置づけることによって、このモデルをもとに気象庁が警戒情報を発表しても、社会的な混乱をもたらすデメリットを生じさせずに、いざというときに多くの命が助かることにつながるだろう（このモデルのSaijo Modelという名称には地震が起きなければ〝最上〟であり、起きた場合にもできる限り被害を抑える〝最上〟のクライシスマネジメントを可能にするという意味も込められている）。

ただし警戒レベル5は東日本大震災、熊本地震の本震クラスの危険度になるため、その地を離れられる人は一時的にでも遠方に避難することでさらなる危機を回避できるし、離れられない人を中心に支援すべき人に支援が行き渡るためにも、遠隔地への広域避難を推奨したい。

もちろんこのモデル（構造）の精度の検証やさらなる精緻化の作業については今後に委ねる他ないが、そのためにも構造を仮説的に公開しておくことには意味がある。科学とは検証可能性と更新可能性の両輪によって、予測と制御につながるより説明力のある構造を追究していく営みに他ならないためだ。本モデルの導入、検証、発展、あるいはアプリ開発等に関心がある企業、地震学者、政府関係者等は筆者に連絡していただければと思う。

従来の地震学の理論や「MEGA地震速報」との相互補完によるバージョンアップ

このSaijo Modelは従来の地震学の理論を否定するものではない。真理の追究を掲げる科学は異なる真理とのぶつかり合いになるため排他的になるが、構造構成学（構造構成主義）によれば、科学とは構造（理論）の追究であり、理論とは視点として機能するツール（方法）である以上、目的と状況によって有効な理論は変わりうる。たとえば、基本的に地震を繰り返し事象としてみなす「地震固有説」や「アスペリティ理論」は、「何年以内に何十％の確率で起きそうだ」といった長期範囲予測を可能とし、南海トラフの地震の予測に基づく対策が進められているように、それはそれで役に立つ。

ただし、予測という点でいうならば、複雑系の地震学（地質学）のパラダイムの「地震の長期予知（予測）不可能性」という〝原理〟は踏まえなければならない。本稿冒頭で引用した松澤暢氏は、2001年の論文で「地震予知研究とは結局のところ、『地震が何故・どのような場所で・どのように発生するのか』を解明することが第一に重要だと筆者は考えている。そのようなバックグラウンドなしに『予知』を行ったとしても、失敗した時に社会に対して説明できないし、たとえ『成功』したとしても、その次も成功する保証はまったく無い」と述べている。[26] たしかに単純なシステムにおいては、現象をうまく説明できる構造（メカニズム）を把握できれば、即予測と制御にむすびつく。だが複雑系においては、〝長期予測不可能性の原理〟があるため、メカニズムの把握と予測は別の次元の問題となる。台風の発生メカニズムが分かったところで、来年のいつどこで台風が発生するかは〝長期予測不可能性の原理〟があるため予測できない。それは将棋のルールを把握したところで、人間同士の営み（勝負）である将棋がいかなる展開になるか最初から予測することはできないのと同じだ（だが局面を切り取って短期的な展開を予測することは一定可能である）。

地震学者の「専門家エラー」は、長期予測に役立つモデルをもって最初の起震の直後に「宮城県沖大地震は可能性が低くなった」と結果として短期予測につながる発言をしてしまったことに起因する。双方の理論を生かすには、地震の長期予測不可能性、そして地震を誘発するバタフライエフェクトという複雑系の視点を持ち、長期範囲予測のためのモデルと短期予測のモデルを自覚的に使い分ける必要がある。

気象学は、カオス理論やバタフライエフェクトへとつながる「ローレンツ・アトラクタ」を生み出したエドワード・ローレンツが気象学者だったこともあるのだろう、気候の長期予測不可能性を前提に、短期予測にフォーカスして台風等気象被害の軽減に貢献することに成功してきた。地震学もまた同じように、短期予測にフォーカスすることで地震被害軽減に貢献することができるだろう。

短期予測という点では、村井俊治（東京大学名誉教授）らが開発したＧＰＳを用いて地表を監視し異常変動を検知することで地震の予測を行う仕組みは、現在ＪＥＳＥＡ（地震科学探査機構）が提供する地震予測情報アプリ「MEGA地震速報」としても実装されており、予測において一定の成果をあげていることから大きな可能性があると思われる。村井氏は測量工学の世界的権威であるが、地震学の専門家ではないため、当初は地震予測をすることに負い目を感じていたそうだが、東京大学地震研究所で長年教授を務めた方から「地震学は地震のメカニズムを研究するもので、前兆を捉える研究はしていない。だから村井さんには、期待しています」と言われ、「地震を予測して、ひとりでも多くの命を救いたい」と研究を進めてきたという。[27]

この「MEGA地震速報」はSaijo Modelにはない中期的な予測が可能である一方で「『MEGA地震予測』の最大の課題は、時間精度がまだ充分ではないこと」として、「数ヶ月の精度を、最低1ヶ月以内、理想は1週間以内に発生する『地震』を予測できるようにしていきたい」ということなので、数日から一週間の短期予測に特化したSaijo Modelと組み合わせることで、相補完的に地震の短期予測につなげていける可能性がある。

科学の本質論としての構造主義科学論

1990年に公刊された『構造主義科学論の冒険』[28]において、外部世界の実在といった前提を置かずとも科学が成立することを、科学論の超難問を解明する形で原理的に示し、「科学とは現象を上手にコードする構造（同一性）を追究する営み」であると定義したのは、我が国が誇る天才理論家、池田清彦氏（早稲田大学名誉教授）である。本質行動学（構造構成学）では、この構造主義科学論を科学論の中核に据えていることから、上述してきたように、科学とは我々に立ち現れる現象をより上手に予測し、制御可能な構造を構成するという科学の本質を見据えて研究を行うことになる。[29]

実際、本書の第1部でも、大川小学校のあの日の校庭を巡る数々の謎をSCQRM（構造構成的質的研究法）[30]という科学的な質的研究法によって得られた構造を反転させて再発防止のための提案を行った。これによってなぜ大川小学校の惨事は起きてしまったのか、その構造を明らかにするということは、どうすれば繰り返さずに済むかという対策と提言につながってくる。

たとえば「津波にとって川＝海という認識を持とう」という提言は、大川小学校の事故の背景要因となった「河川津波への警戒感の薄さ」を反転させて得られたものとなっている。同じく背景要因となった「津波被害にあったことがないことによる経験の逆作用」から「津波被害にあったことがない地域ほど津波がきた際に被害が甚大になる」ということが予測できるようになる。このように現象をうまく構造化していけばいくほど、正しい予測と制御（介入）可能性が生まれるのだ。

そして、こうした提言の数々は大川小学校のような悲劇的な結末をなんとしても回避し、目の前で輝いている命を守りたいという関心を持つ人への何よりも力強い提言になると考えられる。

2013年6月、そうした提言を有志の協力のもとわかりやすくまとめ『津波から命を守るために――大川小学校の教訓に学ぶQ＆A』という冊子を公刊した。東日本大震災の教訓をもとに未来の命を救うために、この冊子を普及し、大川小学校事故の遺族であり中学教諭でもあった佐藤敏郎氏を防災講師として派遣する「スマートサバイバープロジェクト」を立ち上げ、無料で使ってもらえるよう全国で22万部以上配布した。

このように、現象を説明可能な予測可能性と制御可能性を備えた構造を追究することが科学の本質であり、「望ましい状態をなんとか実現する」というマネジメントの本質を踏まえた「本質行動学」は、こうした科学の原理に沿っているからこそ、その研究が未来の命を救う提言と対策につながるのだ。

また本質行動学の研究は、「構造化に至る諸条件」を開示していることから、第三者が批判的に吟味できるという意味での「検証可能性」、そしてよりよい構造に更新していくことが可能な「更新可能性」といった「学問の条件」を備えている。そのため、たとえば第1部での研究（口絵）を踏まえた上で、本書の6章では観点を変えて、あの日の大川小の校庭を支配した心理に焦点化した新たな構造（口絵）を提示したように、本書に提示してあるエビデンス（根拠）や引用文献に記載されている内容を踏まえ、新たな観点から分析し、構造を再構成することも可能になる。つまり読者の皆さんも本書で提示されている構造に納得がいかなければ、より説明力のある理論（構造）に更新（バージョンアップ）できる可能性が開かれているのだ。

それに対して、文科省主導のもとで各分野の専門家を揃え、5700万円をかけた大川小学校検証委員会は、実質的に検証よりも責任回避を上位に位置づけてしまい、現象をうまく説明する構造の追究にも失敗し、その報告書も第三者が根拠を吟味可能な「科学的研究の条件」を備えておらず、踏み込んだ検証による本質解明はいっさいできずに失敗に終わったのだった（本書第9章を参照）。

だが、これも大川小学校検証委員会だけが例外的に失敗したのではなく、第三者委員会のマネジメントの構造的な問題として起きたものであり、また科学の本質を見失った科学コミュニティの危機が象徴的なかたちで顕在化したと考えたほうがよい。

ドラッカーと本質行動学

東日本大震災後の支援活動を契機として、再現可能な方法論、研究モデルを提示しながら本質行動学を体系化する試みは、2015年に公刊された『チームの力』[31]からはじまり、2018年までの間にドラッカー学会の学会誌『文明とマネジメント』をはじめとした学会誌に掲載された7本の論文[32]を中心に発展していった。

その中の一つの論文「ドラッカー思想の本質観取」[33]の中で論証したのだが、実はこの本質行動学の祖に位置づけられるのが、マネジメントの父といわれるドラッカーその人であった。ドラッカーの著書群に残された叡智の数々はまさに本質論の宝庫[34]であるために、今も時代や文化を超えて役立ち続けているのである。そしてドラッカーは社会を生態系として観察しながら、経営とは何か、マーケティングとは何かといったように、「○○とは何か」と本質を問い直したのであり、それは哲学的営みそのものであった。またそうした問いに答える形で提示されている理路は、本質的な原理でもあることから、それから外れれば失敗するという意味での予測可能性と、ではどうすればよいかといった制御可能性も備えているという意味では科学の本質そのものでもあった。

つまりドラッカーは一人で、半世紀以上にわたり哲学と科学が融合している〝Essential Management Science〟というべき領野を実践していたのである。

そのドラッカーは近代のマネジメントの開発者と呼ばれるが、ドラッカーの学的営みを基礎づける枠組みは存在しなかった。そのため他の人文社会科学と同様に「事実学」に依拠してしまったマネジメントサイエンスの世界では、「科学ではないドラッカーなど読んでいるヒマはない[35]」として、「役に立つかどうかよりも、『おもしろいか、おもしろくないか』が僕の最大の価値基準」[36]と公言してはばからない経営学者が〝注目〟されたように、ここには研究と実践はまったく別モノに解離して実学であったはずの経営学（マネジメントサイエンス）が有用性を最初から目指していないとされる危機的状況が表れている。「組織の不条理」の研究の第一人者である慶應大学の菊澤研宗氏は『ビジネススクールでは教えてくれないドラッカー』のなかで、そうした「重箱の隅を突くような」「統計学のお遊びになってしまった経営学」を「米国流の疑似科学的な経営学」と呼び、事実そうした研究から「実務の世界に対して大きなインパクトを与えるような科学的成果はほとんど出ていない」にもかかわらず、それが「市場をも支配できるという傲慢な発想にまで発展している」とアカデミズムの危機を正しく指摘している。

だが、こうした学問の危機は、ドラッカーマネジメントが科学的－学問論的に基礎づけられていないことに起因する側面もあるため、本質行動学は、そのドラッカー的な営みを、構造構成学によって基礎づけることで、「エッセンシャル・マネジメント・サイエンス」というべき枠組みへと昇華し、多くの人による構造の追究、さらなる本質的な学知の発展を可能にしたのである。[37]

普遍洞察性を備えたエッセンシャル・クライシス・マネジメントの意義

このエッセンシャル・マネジメント・サイエンス（本質行動学）においては、マネジメントの本質とは「望ましい状態をなんとか実現すること」と定義されており、ゆえに望ましい自己の望ましい状態を実現するセルフマネジメントから、組織のマネジメントまで、対象を問わずあらゆる事象に適用できる。[38] だからこそ、第1部の大川小学校の事故の解明による未来の命を守るための10の提言、第2部の組織のクライシスマネジメント、そして第3部の組織や社会の不条理の超克といった、大川小学校の事故をめぐる様々な側面を一つの理論的枠組みの中で扱うことが可能になるのだ。

そして、その過程で導出された「原理」とは、普遍洞察性を備えているからこそ、対象となる事象を超えて、未知の危機に対するときにも機能する意思決定の指針として役に立つ。

一例をあげれば、大川小学校の研究を経て洞察されたクライシスマネジメントの意思決定の原理（本質）は、〝確信が持てない場合には、より悪い想定を採用し、迅速に行動に移すこと〟というものであったが、これは津波や地震に限らず、新型コロナウイルスの感染拡大をはじめとして他の危機の際の意思決定の方針としても活用できる。

クライシスマネジメントにおいては、津波（感染爆発）がこなかったではないか、警報は意味がなかったのではないかといった結果論は危機のマネジメントを崩壊させることになる。問うべきは、「確信が持てないからといって、常に甘い想定を採用していたらいずれどうなるのか?」なのである。[39] 現在猛威をふるっている新型コロナウイルスの感染拡大の大きな要因は、間違いなく政府の「後手後手」の対応にあるが、これは上述したクライシスマネジメントの意思決定の原理から外れているためであることがわかるだろう。

このように本質行動学における「本質」とは、絶対的な「真理」といったものではまったくない。それは一言でいえば「最も重要なポイント」というべきものである。それは、我が国を代表する哲学者である竹田青嗣氏の「あることがらの一番大事なポイントを的確に言い当てたもの」[40] という〝本質の本質観取〟というべき洞察に拠っている。そして「原理」とは、哲学者西研の精確な表現を借りるならば、「議論の空間の中で、一人ひとりが自分で洞察し検証したうえで、納得せざるを得ないつよい考え方」という意味での「普遍洞察性」[41]を備えた理路のことである。

本質行動学は「価値の原理」や「方法の原理」をはじめとする「それについてはそう考える他ない」と言えるほどの思考の臨界点まで至った理路を「原理」と呼んでおり、それを自覚的に追究し、普遍的なものへと鍛え上げる方法を備えている。[42]

そのため本質（原理）に沿えば必ず成功するとはいえないが、重要なポイントである本質を外せば自ずと失敗することになる。危機的な状態で失敗すれば即致命傷になる。ゆえに本質に沿うことはクライシスマネジメントを成功させる鍵となる。原理の体系としての「エッセンシャル・クライシス・マネジメント」（ECM＝Essential Crisis Management）の意義はここにある。

本質行動学をどう実践するか

「どうすれば本質行動学を組織に取り入れることができますか」という質問をよく受けるので、シンプルで効果的な方法を紹介しておくと、有志で本質行動学の研究モデルであり教科書でもあるこの本を使った勉強会（研究会）を開催して、自分たちの組織のあり方を吟味し、さらにバージョンアップしていく方法をみんなで考え、実行していくのが近道になるだろう。組織を普段から本質的にしておくことが、日頃から成果をあげると同時に、危機に際しても最も機能するチームになるためだ。

世界のマグニチュード6以上の地震の2割が日本で起きる。巨大津波も、苛烈な台風や集中豪雨による洪水も、豪雪も、火山噴火も起きる。世界で唯一、核被害に３度もあっている。ウィルス災害も例外なくある。組織による人災にも事欠かない。

その中で危機に適切に対処できないのは、誰が悪いということではなく、現在我が国に〝クライシスマネジメントの本質〟が存在していないことが、大きな要因になっていると思われる。今こそ〝エッセンシャル・クライシス・マネジメントを理論的な支柱とした〝危機管理庁〟を創出することで、今後も起こる未曾有の危機により迅速かつ適切に対応できる可能性が生まれるだろう。

世界一過酷な災害大国の日本。そこで生まれたＥＣＭの願いは、その人らしく輝いてなんとかそれぞれの人生を生ききることができるようにといったところにある。本書の内容は、人や組織を本質的にする作用もあるため、組織が目的とする〝成果〟をあげると同時に〝サバイバル力〟をも向上させる希有な本となっている。それぞれの人生を豊かに生ききって欲しいという願いとともに、愛する家族や友人、同僚にプレゼントしてあげるのもよいだろう。また本書を各言語に翻訳することでその願いを広げることに関心がある方はぜひご連絡いただきたい。

本質行動学は本質に沿った実践の学である。従来の学問は理論（研究）と実践が解離しているのに対して、本質行動学では理論と実践が相即している（隙間がない）。ゆえに２０１８年１月に本質行動学を実践的かつ体系的に学ぶことが可能な「エッセンシャル・マネジメント・スクール」を創設した。２年ほどで延べ１０００人以上[43]が修了する〝メタ大学院〟というべきオルタナティブスクールとなった。関心のある人はぜひサイトを覗いてピンときた人は門を叩いてみてほしい。

この10年の個人的な振り返り（そのため以下は実名／さん付けで書かせていただく）

はじめて大川小学校の地に降りたってから10年ほどになろうとしている。あれから自分の周りでも様々なことが変わった。娘が2人生まれ、その地まで車を運転し連れていってくれた父は亡くなった。勤務していた早稲田大学のMBAを辞めて、世界初の本質行動学を学べるエッセンシャル・マネジメント・スクールを創設した。

もともと誰か本格的に研究する人が現れたときのために少しでも足がかりになるものを残せればとスタートしたのであり、10年がかりでなどとはまったく思っていなかったのだが、その間大川で乗りかかった船は次から次へ新たな課題（ステージ）を運んできて、本書の章も増えていきこのような大著になった。

しかし、この間ずっと大川小学校の研究ができていたわけではない。震災は自分にとってとても辛い経験であり、しばらく震災のことを考えないようにしていた時期もあった。

だが、それも今思えば必要な時間だった。その時期に「本質行動学」を体系化したことで、それが2012年に行った大川小学校の研究に「統合」され、さらに大川小学校の事後対応をはじめとする組織や社会の研究も可能とし、「完全版」となる本書へとつながっている。

とはいえ、ダイエットもろくに続かない自分がよくここまで粘り強く取り組んでこられたものだと、我ながら思う。

――自分はどうしてここまでやってこられたのだろうか？

「あとがき」の最後に浮かんできた問いは、この個人的な疑問だった。

使命感を持ったため。それもあるとは思う。研究するにはこれ以上ないほどの難易度ではあったが、科学と哲学の本質論でもある構造構成学と、ＳＣＱＲＭという質的研究法を体系化した身としてできることはあるかもしれないと、与えられた使命のように感じたところは確かにある。

だが、２０１２年の査読を経た時点で、あるいは国連防災世界会議で論文を発表した２０１３年の時点で、第１部の部分だけ出版することもできたわけであり、自分の性格を考えても、そうした使命感だけで研究者人生の何分の一かに相当する時間と労力を費やすとは考えにくい（もしそうなら何年かけてでも全容を解明すると最初に思ったはずだ）。

――いったい自分は何をしたかったのだろうか。

ご縁があって知り合った大川小学校のご遺族の方々の力になりたかった。それもある。私が直接かかわったご遺族は一部ではあったけれど、みなさん気のいい人たちだ。特に最もお世話になったのは、小さな命の意味を考える会の代表であり、大川伝承の会の共同代表として語り部をされている佐藤敏郎さんのご家族だ。皆さんたいへん愛情深く、それだけに娘みずほさんを亡くした悲しみもまた深く、出会った頃はいつも涙しながら語られており、自分は泣かないようにと話を聞いていることしかできなかった。

手弁当で研究していたこともあり、現地調査のために大川小学校に通っていく中で、自然と敏郎さん宅の離れに泊めていただくようになった。そしていつも美味しいご飯もいただいた。研究費が交通費や本などの資料代ぐらいしかかからずに済んだのはそのためだ。ビール党の自分は、奥さまのかつらさんがビールが好きということで、壊滅をまぬがれた地域の酒屋でビールをお土産に買っていき、夜遅くまでお話しした。

昼間に他のメディアの方などがいるときは、やはり大川小学校の事故の話をしているのだが、夜中になると、長女のそのみさんも「初めて聞いた」というような敏郎さんの学生時代の話や、敏郎さんがかつらさんのご両親に結婚を申し込みにいったときにお父さんに飲まされてお嬢さんをくださいという前に寝てしまった話など、事故とは関係のない話を笑顔で語られていて、楽しい時間であった。そのリビングの隣には亡くなったみずほさんの部屋が変わらずにあって、みずほさんもニコニコしながらそんな話を聞いていているような気がした。

生前のみずほさんに会ったことはないのだけれど、かつらさんが「神様のような子だった」というように、家族のみなさんの愛に照らされて、みずほさんがどういう子だったかよく伝わってきた。そして時折、家族に笑顔で幸せに暮らしてもらいたいと、みずほさんが願っているようにも思えたものだった。また、同じように、他のご家族もとても愛情深く、子どもたちへの温かい愛が伝わってくるほど、それに照射されるように、子どもたちの愛そのものの存在と願いがはっきりと像を結ぶような感じがした。

——そうなのだ、きっと自分はそうした子どもたちの願いに少しでも応えたかったのだ。

だが一方で、大川小学校の問題は一個人が背負うにはあまりに重く、どうにか役割をまっとうできますようにと、子どもたちに祈るような気持ちになったことも一再ではなかった。だからここまでやってこられたのは、協力してくださったみなさんのおかげでもあり、子どもたちのおかげでもあると、自分としては思っている。

またこうした研究ができたのは、あの日の校庭であった出来事を証言してくれた生き延びた子たちや卒業生の子どもたちの勇気のおかげでもある。

2016年に大川小学校は震災遺構として保存が決まったのだが、一時は解体を望む住民のほうが多く、大川地区復興協議会の説明会で投票によって解体を決めるような流れだったという。それが一転し保存することになったのは、「一人でも話す」と決めた敏郎さんの長女のそのみさんをはじめとする、6名の卒業生たちが残してほしいと訴えた声に大人たちが動かされたからだ。[44]

その様子はメディアにも取りあげられ報道されたが、[45]その中には当時5年だった只野哲也君（第1部の「生存児童T君」）、そして懸命に証言してくれた当時6年の女児Aさんといった、本書でも扱った『市教委調査記録』やインタビューで貴重な証言を残してくれた子たちも含まれている（今は立派に成人しているので、子たちといっては失礼かもしれないが、当時は確かに子どもたちだった）。只野哲也君が投票で保存が決まった後に「こういうことを投票で安易に決めてはいけない、対話を続けるべきだと思う」と言っていたのを目の当たりにして、投票で勝った後にそんな本質的なことを言える大人がいったいどれだけいるだろうかと、今も感動とともに思い出される。

この只野哲也君のご家族にもまた大変お世話になった。

思い出されるのは、真夏の炎天下の中、大川小学校まで走ったときのことだ。例によって佐藤敏郎さんの離れに泊めてもらった翌日、ひょんなことから被災地で開催される松島マラソンに「ふんばろう東日本支援プロジェクト」の同志と参加することになったので、ふとその練習を兼ねて、大川小学校まで走ってみようと思い立ったのである。実際に大川小まで走って行ってみることでわかることもあるかもしれない。

そうした軽い気持で「ちょっと走ってきます」と出てきたものの、ギラギラと焼け付くような日差しの中、もとよりたいしてない体力はみるみる消耗していった。そして少し先にある（北上川のカーブの関係で壊滅を逃れた）地域を抜けると、何もなかった。地区全体が壊滅するということはそういうことだった。当然自動販売機もなければ、水道もなかった。

このままでは熱中症になってしまうと思い、何かないかと周りをみながら走っていると、川縁にわりと真新しいペットボトルがあり、なかにはスポーツドリンクが少し残っていた。誰かが飲み残して置いていったスポーツドリンクは有り難い価値を帯びて立ち現れた。躊躇いもあったが背に腹は代えられず、ゴクゴクと喉を潤したことで少し元気を取り戻し、再び大川小学校に向かった。

はじめて大川小学校を訪れたときに通った川に敷かれていた鉄板でできた道は跡形もなくなっており、再建された堤防の上に作られた真新しいアスファルトの先には、大川小学校の一行が向かうことになった橋の袂の「三角地帯」と呼ばれる場所があった。あの日10mの津波が襲い、数日後みずほさんをはじめとする子どもたちが並べられていたその小さな交差点を、何もなかったかのように時々車が通っていた。

そこを抜けて少しだけ坂を下りどうにか学校に辿り着き、ご焼香する場所でお祈りをした。そこにも水道らしきものはみあたらず、探せばあったのかもしれないけれど、なんだかそこで水をいただくのは申し訳ないような気がしてそのまま帰ることにした。

まともに走る体力はなくなってきたところで、間が悪いことに片方のランニングシューズの靴の底が剝がれてしまった。ギラギラと輝く空を仰ぎながら、舗装されたアスファルトの上をペタペタと歩き続けた。

往復で10㎞ぐらいは走った（歩いた）だろうか。敏郎さん宅までそう遠くないところまできたはずだが、体力が尽きた身にはそのわずかな距離が果てしなく感じられていると、ふと前からみたことがある車が走ってきて自分の横で止まった。只野哲也君の父、只野英昭さんだった。柔道の選手だっただけあって体格のよい只野さんは人なつっこい笑顔とともに「あ、やっぱり西條さんだ」と言って車に乗せてくれた。

敏郎さん宅では、西條さんがちょっと走ってきますといって出てったきり帰ってこない、熱中症にでもなってどこかで倒れているのではないかと大騒ぎになり、家族総出で近所を捜してくれていたらしい。そのときたまたま敏郎さん宅を訪れた只野さんは、まさか大川小学校に行ったのではと車で捜しにきてくれたのだ。

こうして思わぬ助け船に「救助」され、一人ではじめた大川小マラソンは完走することなくリタイアして終わった（後日松島マラソンは完走した）。

かくのように人騒がせなことをしてしまったわけだが、しかし実際に大川小学校まで走って行ってみたことは結果として「フィールドワーク」となり、はじめてなぜ大川地区ではスクールバスが必要だったかを身をもって知ることができた。とても徒歩で通える距離ではなく、だからこそ、家族は子どもたちがスクールバスで帰ってくるのを待っていたのだ。

大川小学校でも、高台に逃げるとさえ決めておけば、裏山を登らせるのは難しいと判断されたとしても、スクールバスに子どもたちを乗せて1分もかからずに三角地帯まで行き、左折して雄勝峠のほうにあがっていけただろう。スクールバスの運転手さんもそれがわかっていただけに最後まで学校を離れることはできなかったのだろう。

「遭難」しかかっていた自分を乗せてくれた只野英昭さんは、津波によって当時3年生だった娘の未《み》捺《な》さんを失い、また奥さんのしろえさん、父の弘さんも失っていた。只野さんは生きている哲也君と会ったとき、生きていてくれてありがとうと涙したと言っていた。

あるときクリスマスイブに大川地区を訪れたことがあり、その日は只野さん宅に泊めてもらうことになった。イオンでクリスマスケーキとかを買っていき、哲也くんと夜遅くまで話をして、メディアでは話さないような複雑な胸中を語ってくれた。本当にすごいなと思った。東北から次の世代を牽引する本質的なリーダーがたくさん出てくることを密かに確信した。

実際、その後哲也君をはじめとする子どもたちが直接訴えたことによって、石巻市は大川小学校を震災遺構として保存することが決定したのである。広島の原爆ドームが平和の象徴となり世界平和に貢献しているように、遺構となった大川小学校は命と防災の象徴となり未来の命を輝かせ続けるだろう。

そしてやはり本書の最大の協力者は佐藤敏郎さんである。東北の支援活動をする中で各地の素晴らしいリーダーにたくさんお会いすることができ良い影響を受けたが、なかでも敏郎さんは、こんな風にありたいけれど自分には無理だなと思ってしまうほど、心から尊敬するあり方の人である。敏郎さんには大川小学校の事故にかかわるようになってから、本書の成立に至るまで様々な側面でお世話になり、特に本書の第2部の事後対応のフェイズについては、敏郎さんが粘り強く記載し続けた詳細な記録や証言、洞察が基礎になっている。

また敏郎さんには、第1部の研究に基づく冊子がきっかけとなり東日本大震災の教訓をもって未来の命を救う「スマートサバイバープロジェクト」を立ち上げた際にも講師として参加していただき、全国で4万5000人以上の方の前でご講演いただいた。また敏郎さんを現地に派遣する教育学習支援のマッチングも行い、熊本で余震が続く中、学校再開に悩む教育現場の先生方の力になっていただいた。

なおそのマッチングを可能としたのは、「ふんばろう東日本支援プロジェクト」で3000カ所以上に避難所や仮設住宅に用いた「必要なものを必要な人に必要な分だけ」届ける仕組みをもとに開発した〝スマートサプライ〟である。熊本地震の際には69プロジェクトでテント・下着等の約4万400点の物資支援を実現、それ以外にもネパール大震災：7カ所、2374、関東・東北豪雨災害：15カ所、4471、平成30年7月豪雨災害：20カ所、1713、令和元年東日本台風（19&15号）：36プロジェクト、8038、令和2年7月豪雨：32プロジェクト、1万9608点の支援を実現するなど、国内外の各地で起きた災害に対応してきた。[46] 現在は佐藤敏郎さんも理事を務める「一般社団法人スマートサプライビジョン」という後継団体が運用、さらに様々な災害の支援を行っている。[47]

そして敏郎さんには、エッセンシャル・マネジメント・スクールにも創設当初から講師の一人として登壇いただき、大川小学校の事例を通して、防災やレジリエンシーの本質、組織の不条理をどう超えるかといった話をしていただいている。敏郎さんは講義の中で、遺族として話をすると、どうやって悲しみを乗り越えられるのかと聞かれることがあるが、「最初は、頑張らなくちゃみたいなものがありましたけど、乗り越えなくてもいい、乗り越えられるはずがない」と思うようになったという。「娘の話をすると辛くなるのは、胸の中に娘がいるということだから、この悲しみと一緒に生きていけばいいと思えるようになった」というのだ。

講義の最後には、ギターを片手に2曲ほどの演奏をしてくれる。もともと「歌って踊れる先生」だった敏郎さんらしい素顔を輝かせて楽しそうに歌う姿をみているといつも、みずほさんもニコニコと微笑んで喜んでいるような気がして胸が打たれる。そして、そういうあり方に、レジリエンシーの本質があるようにも思うのだ。[48] だから敏郎さんの演奏はおまけのようにみえるけれど、参加者がレジリエンシーの本質を実感できる講義の大事な一部だと考えている。

親が子どもの幸せを願っているように、子どもたちも親の幸せを願っている。そう確信している。自分が死んだとしても愛する人の幸せを願わずにはおれないと思うから。だから生き延びた人は、幸せにその人らしく輝いて生きることが最大の供養になるのだろう。

さて、こうして研究に協力してくださったご遺族との個人的なエピソードを書いてきたのはいくつか理由がある。一つは「あの大川小学校の遺族」という文脈でメディアに取りあげられると、どうしても悲しい話になるし、あるいは市教委の不誠実な対応に対して憤りとともに語られたりといった側面にフォーカスされがちだが、ご遺族の方々は、ふだんは今このあとがきを読んでくださっている読者のみなさんと同じように笑ったり泣いたりする、子どもを深く愛する親であり家族であるということを伝えたかったためである。

だから、大川小学校のあの日の校庭で何が起きたのか、その後の事後対応はどういったものだったのかをより多くの人に知ってもらい、いわれのない中傷を遺族が受けない世の中になるといいなという願いもこの本には込められている。

もう一つの理由は、特に本研究において実施されたインタビュー（証言）が、遺族（協力者）とどのような関係性において得られたものなのか筆者の立ち位置を示すことで、読者がそうした条件で得られた証言であることを踏まえて、研究を支えているエビデンスの妥当性を判断できるようにするためである。「構造化に至る諸条件を開示すること」は、先に述べたように、科学的研究の条件でもあるためだ。[49]

本書のインタビューでも敏郎さんや哲也君をはじめとしてご家族の証言がたびたび出てくるように、ご遺族の全面的な協力なくしてはこの研究は成立しえなかった。だが、あくまでも真相を明らかにすることこそ遺族の願いであり、本研究の出発点でありゴールであったため、ご遺族の意見や推測は参考にはしたが、他の証言と矛盾があったものについては採用せずに裏付けのあるものだけを採用したことから、本書の責任はすべて筆者にあることはあらためて明記しておきたい。

謝辞

本書が成立した背景には、数え切れない方々の尽力があります。まず大川小学校にかかわる契機となった「ふんばろう東日本支援プロジェクト」、なかでも大川地区の支援に特化した「大川きぼうプロジェクト」にかかわってくださったボランティアのみなさんにあらためて感謝申し上げます。特に大川小学校出身で最初に佐藤敏郎さんにつないでくれ、現地を案内してくれた大槻照彦さんは散り散りになった大川地区の人が再会する契機になればと「大川春祭り」の開催を後押しするなどサポートする活動を行っていただきました。また冊子作成に協力してくださったみなさま、ご遺族の希望に寄り添いボランティアで毎年大川に通い続けてくださったカウンセラーの方、そうした活動が研究においても重要となる遺族の方々とのラポール（信頼）形成につながって本研究を成就させることができました。なお、このプロジェクトが解散するまで継続的に寄付してくださった「ふんばろうサポータークラブ」のみなさま、そして毎年の寄付により活動を支えてくださったサイボウズ株式会社、代表取締役青野慶久氏にこの場を借りてあらためて謝意を表します。

また「質的研究法」の授業で一緒に大川小学校の研究を立ち上げた社会人学生たち、「ソーシャルビジネス特論」において、ともに「スマートサバイバープロジェクト」を立ち上げた学生のみなさん、また一般社団法人化したSmart Survival Projectの理事として活躍してくださった矢崎淳一さん、外所一石さん、漆間誠一さん、そして事務局まわりでサポートしてくださった高本佳代子さん、井町順一さん、高木重利さん、河野良雄さん、川本耕二郎さん、川堀昌樹さん、天野恵久子さん、顧問・アドバイザーをしてくださった渡辺実さん、そして敏郎さんとともに講師として多くの人に講演やワークショップをしてくださったかもんまゆさん、またこのプロジェクトは株式会社スタートトゥデイ（前澤友作代表取締役）の持続的な寄付によって活動を維持することができた旨をここに記し、特にご縁をつないでくださったMBA「ソーシャルビジネス特論を受講していた清水俊明氏（現株式会社

ZOZO執行役員）、そして寄付後も冊子の管理、配布をバックアップしてくださった同社の大石亜紀子さんにも心より感謝申し上げます。

また第3部で導入されているいくつかの個別理論は「エッセンシャル・マネジメント・スクール」の授業過程で発展してきたものです。参加者のみなさまに厚く御礼申し上げます。

そしてご遺族の全面的な協力がなければこの研究は成立しえませんでした。すべての協力者に感謝します。またこの研究では多くの書籍や記事を参照させていただきました。特に直接引用させていただいた方々はもちろん、大川小学校の事故にかかわられたすべてのメディア関係者、ジャーナリスト、研究者のみなさんの残した「仕事」の上に本研究は成り立っています。本当に感謝したいと思います。そしてインタビューやラジオの文字起こしを手伝ってくれた家族や友人にもここに感謝します。

本書の（第1部）の最初の編集者として尽力してくださった天野潤平さんにも深く感謝します。

最後に震災後の支援活動から大川小学校の研究、執筆を献身的に支えてくれた妻と、この子たちの命を守れる社会にしていくためにもと思わせてくれた2人の娘に感謝を伝えたいと思います。そして大川小学校まで連れていってくれた亡き父にも感謝しています。ありがとう。

エッセンシャル・マネジメント・スクール代表　西條剛央

2021年1月　新型コロナウイルス感染拡大による2回目の緊急事態宣言下の自宅にて校了

その他のエビデンス一覧

第2章　あの日の校庭

第1フェイズ

概念2

▼『市教育委聞き取り記録』

・5年児童「帰りの会が終わり、『さようなら』を言っている途中に地震がきた。すぐに机の下に隠れて揺れがおさまるのを待っていた。○○君が泣いてパニックになっていた。6年担任の先生が『校庭へ避難します』と言ったので、みんな走るようにして階段を下りて校庭へ出た。3年生が前を歩いていて、6年生が後ろにいた。校庭では、小さい順に並んで、しゃがんでいた」

・4年男児「帰りの会の最中で、保護者に贈るＶＴＲ製作のため、歌『ありがとう』を録音していたとき強い揺れを感じた。先生の指示を受けて、急いで机の下にもぐった（歌を歌うため、みんなの机は教室の後方にさげていた。椅子などをどけてようやくもぐることができた）。廊下を走って『落ち着きなさい』と言っている先生がいた。たぶん教務主任の先生？　担任の声で廊下に出て歩きながら整列し、東側の階段を下りて、理科室のそばの扉から校庭へと出た」

・4年児童の母「14時46分には釜谷センターにいた。地震がおさまると、低学年が出てきた。4年生は体育館側の1階から出てきた。ヘルメットをかぶらず、上靴とジャンパーを着て出てきた」

・6年児童「帰りの会が終わり、『さようなら』もして、○○（○○）さんと雑談中に地震がきた。すぐに机の下に隠れて揺れがおさまるのを待っていた。放送で『地震がおさまったので、校庭へ避難してください』と言っていた」

・6年女児Ａ「帰りの会が終わり、『さようなら』もして、Ｋさんと雑談中に地震がきた。すぐに机の下に隠れて揺れがおさまるのを待っていた。怖くて泣いていたが、揺れがおさまってからヘルメットをかぶって避難」

・5年男児「帰りの会の先生の話の最中、地震が起きた。先生が『机の下に隠れて』と言ったので、机の下に隠れた。2度めの地震が終わったときに、教務主任の先生が『校庭に避難しなさい』と放送で言ったので、みんなで避難した。外では、バラバラな状態で男女それぞれ輪になって話していた」

・5年男児「2時46分、帰りの会で先生の話が終わるとき（あいさつのために立とうとしたとき）、地震がきた。机の下に隠れた。3分くらいたってから、外に逃げ、外に30分くらいいた」

・5年男児「帰りの会の終わりのころに地震がきた。机の下に隠れたが、大きく揺れて、とにかく机の脚にしばみついていた感じだった。上靴のまま校庭に出た。校庭では、学年ごとに並んでいた」

・5年男児「帰りの会の『さようなら』のあいさつをしようとした瞬間に地震はきた。机の下に隠れた。その後、すぐに走り、右の階段を下りて、出口から出て、校庭に避難した。各学年、1列に並んだが、5年生の男子は、すぐに輪になって話していた」

・5年児童「学校の教室で、帰りの会であいさつをしようとしたとき、地震がきた。机の下に潜った。揺れがおさまってから、先生の指示に従って、校庭に避難した。点呼が始まった」

・5年生存男児T「帰りの会が終わり、『さようなら』を言っている途中に地震がきた。すぐに机の下に隠れて揺れがおさまるのを待っていた。○○がパニックになって、ピアノを足でけっていた。5年担任の先生が落ち着いて『校庭へ避難しましょう』と言った。みんなは落ち着いていたが、速足で階段を下りて校庭へ出た。校庭では、小さい順に並んで、座っていた」（p.

・4年女児「帰りの会の最中で、保護者に贈るVTR作製のため、歌『ありがとう』を録音していたときに強い揺れを感じた。机の下に潜ったが、どのぐらいの間もぐっていたかはわからない」

▼『証言でたどる51分間』

・「当時大川小5年生（生存男児）のT君たちの教室では、帰りの会が開かれていた。午後2時46分。声をそろえて『さようなら』と言いかけたとき、揺れは襲ってきた。突き上げるような縦揺れに、横揺れが続いた。ガタン、ガタン。物が倒れる音が響く。『机の下に隠れろ。机の脚を持つんだ！』。先生の声に、T君は机の脚を自分の足で押さえようとしたが、『体が回るようだった』。長い揺れがおさまると、児童たちは校庭に避難し学年ごとに並んだ。靴下のままの子、上着を着てない子。おびえて泣きだす低学年の女の子もいた」

▼『津波来襲までの経緯』

「【14時46分】地震発生。教室にいた児童は机の下に身を隠した。校舎内は停電し、放送は使えなかったと教務主任の男性教諭は話している。【14時50分ごろ】大きな揺れがおさまり、児童の話を総合すると、全学年の児童は校庭へ避難を始めた」

概念3

▼『なぜ山へ逃げなかった』

相川小学校の取材に基づく記載箇所に次のようにある。

「『考える余地はなかった』。教諭らはそう振り返る。相川小の避難マニュアルでは、地震のときは校舎裏の山のほこらまで逃げることになっている。過去の訓練通り、誘導の準備を始めた」

▼数見隆生（編著）『子どもの命は守られたのか——東日本大震災と学校防災の教訓』かもがわ出版　2011年

相川小学校に関して次のように記載されている。

「この学校では、地震がきて津波の恐れがあるときは裏の山手の高台に避難することを申し合わせており、その避難訓練も定期的に行っていた。（略）大津波の当日は、ここでも危ないと感じ、さらに険しい山道を登らせた」

概念4

▼『なぜ山へ逃げなかった』

「当時6年の女児（6年児童A）は、教諭の一人が『津波がこないわけがない』と言い、山への避難を口にしていたと記憶している。別の児童も、教師が『山へ逃げたほうがいい』と言っていたのを聞いている」

なお、記者へのインタビューによって、ここに出てくる「教諭」と「教師」はいずれも教務主任の先生であることを確認した。また、この教務主任は前年の8月4日に実施された「平成22年度 石巻市立小・中学校 教頭・中堅教員研修会」にも教頭、5年担任とともに参加している。

概念6

▼『あのとき、大川小学校に何が起きたのか』

「KD君とSY君も、一旦裏山に逃げようとしたが『戻れ』と言われて、自分で引き返している」

なおこの本には「教務主任は校庭に出ると、〝山だ！山だ！　山に逃げろ〟と叫んだ。それを聞いて、山にダーッと登っていった子どもがいた。しかし、教諭の誰かから『戻れ！』と怒られ、連れ戻されている」といった記載もあるが、上記の現地調査を踏まえれば「山に登ってから連れ戻された」というより、「山に向かったところストップをかけられて戻る」といったほうが妥当と思われる。

▼新聞記事

以下の初期の新聞記事にも同様の証言が掲載されている。

・日本経済新聞「『なぜ子供が』拭えぬ思い　児童74人

死亡・不明の大川小――『斜面登れず…』級友悲痛」2011年6月12日
・読売新聞「大川小悲劇 ミス連鎖――避難先『高台』指定なし 教諭ら議論 危機感薄く」2011年6月13日

概念7

▼『市教委聞き取り記録』
・河北総合支所が防災無線で「宮城県沿岸に大津波警報が発令されました。海岸付近や河川の堤防などには絶対近づかないでください」と放送。
・4年女児「無線の放送？が聞こえた。余震のことを言っている？と思った」
・4年男児「無線の放送？を聞いたような気がする。『ウイーンウイーン』となっていたように思う」

▼『証言でたどる51分間』
「〈無線は1回〉「大津波警報が発令されました。早く高台へ逃げてください」。午後2時52分、石巻市河北総合支所の職員が防災無線で呼びかけた。校庭のスピーカーからも聞こえた。5年生存児童T君の記憶では、スピーカーが鳴ったのはこの1回だけだ」

▼『津波来襲までの経緯』
「3年生と5年生児童が『大津波警報が出ました。海岸沿いは危険なので、高台に避難してください』と聞いた。だが、『防災無線は聞いていない』と話す保護者と地域の人もいる」

概念8

▼『市教委聞き取り記録』
・6年児童「校庭では、全員がしゃがんでいて点呼をとっていた」
・2年児童「教頭先生が式台の所で『地震ですから～』と説明していた」

概念9

▼『市教委聞き取り記録』
・1年男児の母親「2、3人が泣いていた。静かに整列していて、点呼を取り終わっている様子だった」
・1年児童「同じ1年生で泣いている子が数人いた」
・4年児童の保護者「低学年で泣いている子、抱き合っている子がいた」
・5年生存男児K「2、3年の女子が泣いていた」
・5年生存男児T「『地震酔い』なのか、吐いている低学年の子がいた。泣いている女子が多くいたように思う」
・1年児童の祖母「不安そうな子や泣いている子がいた」

・1年児童「泣いている子どもが数人いた」
・1年児童「同じ学年に泣いている子どもが数人いた」
・4年生「泣いている人がいた」
　なお、「同級生の男子は、『家のゲーム大丈夫かな』とゲームの話をしていた」という証言もあったが、子どもにとってゲームとは大事なものであり、「大事なゲームの心配をしていた」と考えるのが妥当と思われる。また、その後の証言で、怖がっている人を安心させるためにあえてゲームの話をしたという生存男児T君の証言もある。

概念10

▼『市教委聞き取り記録』
・2年男児の母親「2年の担任は最後尾で泣いている子を抱っこしていた」
・4年男児「(2年担任の)○○先生が、具合が悪くなっていた○○さんのお世話をしながら『だいじょうぶだよ』と励ましていたのをみた」
・2年生の母親「2年担任が、泣いている子を抱っこしていた」
・「正子先生が戻ってきて、泣いていた子をよしよししていた」
・1年生存児童M「2年生のST先生は○○ちゃんが泣いていたので、『○○、そんなにビクビクしなくていいから』と話していた」
・4年女児「教務主任の先生かだれかが『先生たちがついているからだいじょうぶだよ』と言ってくれた」
・6年児童「低学年の女の子たちは泣いていて、1年担任の先生や保健室の先生が『大丈夫だよ』と頭をなでたりしていた」

概念11

▼『市教委聞き取り記録』
・2年男児の母親「担任に『帰っていいんですか?』と聞いて、担任もほかの人に聞いて『帰っていいの?』と確認し、『OKです』と言われて『帰っていいそうです』『6年担任の先生に学年と名前を言ってから帰って』と言われた。『何かあったらもどってきて!』とも言われた。そのあとの人は『近所の子はつれていかないで』と言われたらしい」
・2年男児の祖母「女の先生に『○○の家族です。迎えにきました』と話したら、『隣の男の先生に言ってください』と言われた。男の先生に『○○の家族です』と言うと、ノートに印をつけて○○を呼んでくれた」
・2年児童の保護者「○○は、教務主任の先生に『迎えがきたから帰っていいよ』と言われ迎えにきた祖母に引き渡された」

・5年児童・6年児童「『迎えにきた人は帰っていいよ』と6年担任の先生が言った」（同一の記載）

・6年児童「6年担任の先生が帰る人の確認をしていた」

・5年生存児童T君「保護者が迎えにきて、名前を書いて帰る人たちがいた」

・6年児童Aさん「保護者が多数きていた」

・1年児童の祖母「6年担任の先生がいて『引き渡しをするので、名前を確認します』と言われたので、『○○のおばあさんです』と答えた。『北上大橋が危ないようなので、気をつけて帰ってください』と言って、『○○くん』と呼び出してくれた。○○がはじっこのほうからきた。6年担任の先生が名簿に記入したようだが、時間等は見ていない」

▼『証言でたどる51分間』

・「この間に、母Sさん（41）がT君と3年生だった妹のMさんを車で迎えにきた。先生は児童と保護者の名前を照合し、引き渡していた。忘れ物があったのか、Sさんはいったん自宅に戻ることになった。『おっかあ、ヘルメット持っていって』。母を案じたT君は自分のヘルメットを渡そうとした。Sさんは『危ないから、自分でかぶっていなさい』と受け取ろうとしなかった。『すぐ戻るからね』。2人の最後の会話となった」（このT君は5年生存男児T君のこと）

概念13

▼『津波来襲までの経緯』

「教務主任は、校舎内や体育館に逃げ遅れた児童がいないことを確認した」

概念14

▼『市教委聞き取り記録』

・早い時間に迎えにきた保護者「地域の人は自分が帰るころにちらほらきた」

・5年男児の父親N「避難場所になっているので、地域の人たち10人弱がちらほらいた」

・6年女児の母親「○○さんが自分のお母さんを毛布でくるんで連れてきていた」

・4年男児「校庭に地域のおばあさん方が入ってきているのを見た」

・5年生存男児K「10人くらいの地域の人がいろいろな話をしていた」

概念16

▼『津波来襲までの経緯』

・「時間は不明だが、5年生児童が、ラジオを聴いていたのを見ている」

概念17

▼『証言でたどる51分間』

・「先生や地域の人たちは輪になり、何かを話し合っていた」

第2フェイズ

概念22

▼『あのとき、大川小学校で何が起きたのか』

・「5、6年生の男の子たちが泣きながら『山さ上がっぺ』と先生に訴えていた。当時6年生のSY君と同じく6年生のKD君は、『いつも、俺たち、(裏山へ)上がってっから』『地割れが起きる』『俺たち、ここにいたら死ぬべや』『先生なのに、なんでわからないんだ』と、先生の誰かに言っていた」

・「津波がくる前に迎えにきた家族と学校を出て、助かった女児は、KD君が仲の良かったSKさんの三男の6年生、SY君と一緒に『山さ行くべ、先生』などと、必死に訴えていたことを証言した」

▼『証言でたどる51分間』

「『山さ逃げたほうがいいんじゃね』『早くしないと津波くるよ』。近くにいた6年生の男子は、担任に訴えていた」

▼朝日新聞社「息子は『山に逃げたい』と訴えていた」2012年6月17日

・「6年生の長男を亡くしたKH(41)は『息子は最後まで〝山に逃げたい〟と先生に訴えていたと友達から聞きました』」

概念23

▼『市教委聞き取り記録』

・6年児童「あまり話してはいなかったが、騒々しい感じがした」

・6年児童「『立っている人は危ないからしゃがめ』と6年担任の先生が言った」(著者注　同じ文章がコピー&ペーストされている)

・4年男児と1年女児の保護者「よく見るとばらばらかもしれないが、並んでいるように見えた。ざわついていた」

概念28

▼『市教委聞き取り記録』

・4年男児と1年女児の母親「友達と円陣を組んでいた」

・2年男児の祖母「列はなく、丸くなっていたように思う。泣いている子はわからないが、手を合わせ寒がっているように見えた」

・2年児童の保護者「4年生か5年生は列を乱してかたまっていた。2年生は、きちんと並んでいた。校庭から出る児童はいなかった」

・6年児童「私は友達と抱き合って、丸くなって座っていた」

・6年女児A「同じ学年でそれぞれのグループにかたまっていた」

▼『証言でたどる51分間』

・「指示を待つ子どもたちの列は徐々に崩れ、それぞれ小さな輪になって話し始めた。（5年生存男児）T君たちの輪の中に、涙を流している男の子がいた。『大丈夫だぞ』『こんな所で死んでたまるか』。みんなで口々に強気な言葉で励ました」

概念29

▼『市教委聞き取り記録』

・6年女児Aの母親「（地域の）○○さんが『津波がくるから逃げろ』と走ってきた」「校庭に○○さんの母が入ってきて、『津波がくるから』と言って出ていった」

・6年女児の母親「Dさんと30秒くらい話していた。『30分に津波がくるんだってよ』と言われたので、携帯を見て『あと、20分しかない』と答えた」

概念33

▼『市教委聞き取り記録』

・5年男児と1年女児の保護者「○○さんがきて『津波がくるから逃げらいんよ』と言っているのを聞いた」

・5年児童の母親「○○ちゃんのお母さんが、携帯を見せて10mの津波がくると言っていた」

▼『あのとき、大川小学校で何が起きたのか』

・「5、6年生の男の子たちが泣きながら『山さ上がっぺ』と先生に訴えていた。当時6年生のSY君と同じく6年生のKD君は、『いつも、俺たち、（裏山へ）上がってっから』『地割れが起きる』『俺たち、ここにいたら死ぬべや』『先生なのに、なんでわからないんだ』と、先生の誰かに言っていた」

▼『証言でたどる51分間』

・「『山さ逃げたほうがいいんじゃね』『早くしないと津波がくるよ』。近くにいた6年生の男子は、担任に訴えていた」

第3フェイズ

概念42

▼『証言でたどる51分間』

「〈遠回り経路〉

『整列して。これから三角地帯に避難します』。先生の指示で、児童は新北上大橋袂の堤防道路（通称三角地帯）に歩き始めた。海抜約1mの校庭より6、7メートル高い場所だ。直線で約200m。なぜか釜谷交流会館の前を通り、住宅地を抜ける遠回りのルートが取られた。『山に登れるのに、何で三角地帯なのかな』と（5年生存男児）T君は思った」

概念44

▼『証言でたどる51分間』

・「高学年を先頭に、低学年が続いた。『津波がきているから急いで』。教頭の声をきっかけに、みんな小走りになった」

第3章　事故の構造　なぜ大川小だったのか

1　背景要因

概念47

▼新聞記事

・時事通信社「特集　チリ地震【2】岩手の津波、推定1・9m――岩手の津波、推定1・9メートル」2010年2月27日

・朝日新聞「津波避難3・8%どまり　チリ地震で指示・勧告の地域」2010年3月8日

・水神寄稿　渋沢雄二「2010年チリ大地震津波について」2010年2月27日

概念49

▼新聞記事

・読売オンライン「石巻・大川小の悲劇、被災時の詳細明らかに」2011年4月9日

・河北新報「大川小の被災状況調査へ――津波で児童74人死亡・不明」2011・4・11

・『証言でたどる51分間』

・読売新聞社「『まず逃げる』教え込む――地域で守る意識を」2013年3月14日

・読売新聞社『自分は大丈夫』禁物――解明への一歩」２０１１年11月26日
・読売新聞社『冷蔵庫の舟』命救う――大川小児童ら津波の証言『ヘルメットを浮力に』２０１１年８月３日
・読売新聞社「大川小　責任認め謝罪――津波避難に不備　マニュアル　誘導先明記なし」２０１２年１月23日

概念53

▼インタビューテクスト（6年児童Aの保護者）

I：引き渡しって引き渡しカードとかってなくて？
6年児童Ａの保護者：ないです。

2　大川小学校固有の要因

概念58

▼新聞記事

・読売新聞「大川小悲劇　ミス連鎖――避難先『高台』指定なし　教諭ら議論　危機感薄く」２０１１年６月13日
・朝日新聞社「なぜ山へ逃げなかった――先生『校庭のほうが大丈夫』」２０１１年９月10日
・朝日新聞社「石巻教委聴き取り調査、津波襲来までの経緯――児童『山に登るの？』教諭『校庭にいたほうが大丈夫』」２０１２年１月25日
・朝日新聞「東日本震災：校長『怠慢』と初謝罪――宮城・石巻の大川小説明会」２０１２年１月23日

注一覧

はじめに

1 本質行動学は最新の学問的枠組みであり、代表的な文献には以下のものが挙げられる。

西條剛央（２０１５）『チームの力――構造構成主義による〝新〟組織論』筑摩書房

西條剛央（２０１６ａ）「ドラッカーマネジメントに関する信念対立の理由を解き明かす――経営学の「最先端」が抱える本質的問題とは何か?」『文明とマネジメント』11

西條剛央（２０１６ｂ）「構造構成主義による経営学の科学論的基盤の構築」『文明とマネジメント』13

西條剛央（２０１７ａ）「ドラッカー思想の本質観取――新たな本質観取の方法」『文明とマネジメント』14

西條剛央（２０１７ｂ）「ドラッカーの著作をテクストとした本質行動学の研究モデル――「組織構造」の原理とメタ理論、そして原理的ツールの構築」『文明とマネジメント』14

西條剛央（２０１８）「コーチングの本質とは何か?――書籍を契機とした本質観取の実践と方法」『対人支援研究』5

寺部優、西條剛央（２０１５）「『戦略の原理』の継承と適応」『文明とマネジメント』10

2 構造構成学（構造構成主義）応用理論は、一般の方がアクセス可能なものとして以下の単著、学術誌に掲載されている。本書は、構造構成学に関する解説、引用は最小限にとどめたため、関心がある方は次のものを参照してもらいたい（公刊順）。

西條剛央（２００４）『母子間の抱きの人間科学的研究――ダイナミック・システムズ・アプローチの適用』北大路書房

西條剛央（２００５）『構造構成主義とは何か――次世代人間科学の原理』北大路書房

西條剛央編著（２００５）『構造構成的発達研究法の理論と実践――縦断研究法の体系化に向けて』北大路書房

池田清彦、西條剛央（２００６）『科学の剣　哲学の魔法――構造主義科学論から構造構成主義への継承』北大路書房

北村英哉（２００６）『なぜ心理学をするのか——心理学への案内』北大路書房
西條剛央（２００７）『ライブ講義・質的研究とは何か——ＳＣＱＲＭベーシック編』新曜社
西條剛央、京極真、池田清彦編著（２００７）『現代思想のレボリューション——構造構成主義研究１』北大路書房
西條剛央、菅村玄二、斎藤清二、京極真、荒川歩、松嶋秀明、黒須正明、無藤隆、荘島宏二郎、山森光陽、鈴木平、岡本拡子、清水武編著（２００７）『エマージェンス人間科学——理論・方法・実践とその間から』北大路書房
西條剛央、京極真、池田清彦編著（２００７）『構造構成主義の展開——21世紀の思想のあり方（現代のエスプリNo.４７５）』至文堂
西條剛央（２００８）『ライブ講義・質的研究とは何か——ＳＣＱＲＭアドバンス編』新曜社
西條剛央、京極真、池田清彦編著（２００８）『信念対立の克服をどう考えるか——構造構成主義研究２』北大路書房
西條剛央（２００９）『看護研究で迷わないための超入門講座——研究以前のモンダイ』医学書院
岩田健太郎（２００９）『感染症は実在しない——構造構成的感染症学』北大路書房
西條剛央、京極真、池田清彦編著（２００９）『なぜいま医療でメタ理論なのか——構造構成主義研究３』北大路書房
西條剛央、京極真、池田清彦編著（２０１０）『持続可能な社会をどう構想するか——構造構成主義研究４』北大路書房
京極真（２０１０）『作業療法士のための非構成的評価トレーニングブック——４条件メソッド』誠信書房
西條剛央（２０１２）『人を助けるすんごい仕組み』ダイヤモンド社
西條剛央、京極真、池田清彦編著（２０１１）『よい教育とは何か——構造構成主義研究５』北大路書房
京極真（２０１１）『医療関係者のための信念対立解明アプローチ——コミュニケーション・スキル入門』誠信書房
京極真（２０１２）『信念対立解明アプローチ入門——チーム医療・多職種連携の可能性をひらく』中央法規出版
西條剛央、京極真、池田清彦編著（２０１４）『思想がひらく未来へのロードマップ——構造構成主義

研究6』北大路書房
京極真（２０１４）『医療関係者のためのトラブル対応術――信念対立解明アプローチ』誠心書房
西條剛央（２０１５）『チームの力――構造構成主義による〝新〟組織論』筑摩書房

3 「ふんばろう東日本支援プロジェクト」の活動は、日本赤十字社や日本経済団体連合会、参議院の憲法審査会、内閣府（防災担当）に認められ、それぞれの公式シンポジウム等に招聘された。その後、２０１４年に発展的に解消するまで超巨大地震に際し自律的に尽力したボランティアの方々の貢献が認められ、Prix Ars Electronica のコミュニティ部門においてＷＷＷやウィキペディアが受賞した最優秀賞（ゴールデン・ニカ）を日本で初受賞した。また「ベストチームオブザイヤー２０１４」も受賞した。その活動は西條剛央（２０１２）『人を助けるすんごい仕組み』ダイヤモンド社に書かれている。その後は、活動を続ける団体に支援金を分配するために一般社団「ふんばろう支援基金」が引き継ぎ、２０１６年に役割を終えて解散した。２０１２年までの総支援実績は以下の論文にまとめられている。
西條剛央（２０１３）「日本最大級となった『ふんばろう東日本支援プロジェクト』は、どのような支援をどのように実現したのか？――構造構成主義を基軸としたボランティアリテラシーの射程」『ボランタリズム研究』2

4 西條剛央（２００７）『質的研究とは何か～ＳＣＱＲＭベーシック編』新曜社
西條剛央（２００８）『質的研究とは何か～ＳＣＱＲＭアドバンス編』新曜社

5 人文社会科学の様々な領域においてＳＣＱＲＭを用いた研究が行われており、例えば以下のような論文がある。（２０１７年までのもののみ載せたため、２０１８年以降の論文についてはｃｉｎｉｉで「ＳＣＱＲＭ」「構造構成的質的研究法」などで検索）
足立里美、柴崎正行（２０１０）「保育者アイデンティティの形成過程における『揺らぎ』と再構築の構造についての検討：――担当保育者に焦点をあてて――」『保育学研究』48（2）
傳野祥子、松井千鶴子（２０１７）「総合的な学習の時間における学年主任の役割意識に関する事例的研究」『上越教育大学教職大学院研究紀要』4
福士元春、名郷直樹（２０１２）「研修医は医療行使をすべきか悩み、誘導する：ポートフォリオ相談事例の質的分析から」『日本プライマリ・ケア連合学会誌』35（3）

長谷川倫子（２００９）「音楽愛好者の語りにみる学校教育での音楽学習――音楽愛好へどのように繋がっていったか」『音楽学習研究』５
廣瀬豊（２０１０）「クライエント以外の関係者から入手した情報記載における医療ソーシャルワーク記録の構造――カルテ等の共有記録との関係」『松本大学研究紀要』８
廣瀬豊（２００９）「他職種への情報開示における医療ソーシャルワーク記録の構造――カルテ等の共有記録との関係」『ソーシャルワーク研究』34（４）
岩田健太郎、西條剛央（２００９）「新型インフルエンザ・リスクコミュニケーションWSで得られた認識の探索的研究：SCQRMをメタ研究法としたM－GTAによる理論構築」『日本渡航医学会』３（１）
池田耕二、山本秀美、中田加奈子、黒田未貴、廣瀬将士（２０１２）「理学療法臨床実習生の終末期理学療法に対する認識構造からみた終末期理学療法の課題」『理学療法学Supplement』
池田耕二、玉木彰、山本秀美、中田加奈子、西條剛央（２００９）「認知症後期高齢患者に対する心理学療法実践知の構造化――構造構成的質的研究法をメタ研究法としたメモリーワークとM－GTAのトライアンギュレーションによる事例研究」『心身健康科学』５（２）
池田耕二、山本秀美、黒田未貴、河野茉梨絵（２０１６）「直腸がんによるストーマ造設と化膿性関節炎による大腿骨骨頭切除を施行したがんサバイバー１人の二つの体験」『理学療法科学』31（１）
岩崎裕久美（２０１０）「留学生と日本人チューターは学習支援活動をどのように意味付けているか」『言語文化と日本語教育』39
岩崎裕久美（２０１１）「留学生が構築する学習支援活動の意味：日本人チューターによる作文執筆支援の体験の語りから」『言語文化と日本語教育』（41）
階戸陽太（２０１２）「外国語活動に対する小学校教員の意識に関する質的研究：必修化後の現状」『小学校英語教育学会誌』12（０）
KENTARO IWATA, CHIKA SHIRAI, KAZUHIDE KIMURA, AI MUTA, ASAKO DOI, YUICHIRO OBA, HIDEAKI OKA, GOH OHJI, and TAKEO SAIJO. (2010). How were the high-fever consultation center perceived by the officers who provided it in Kobe City, during swine-origin influenza A (HIN1) outbreak?. A qualitative study utilizing SCQRM

Kobe Journal of Medical Science 56(5)
河合那奈、岡崎浩幸（２０１４）「小学校外国語活動における振り返りカードを用いた評価方法に関する研究」『富山大学人間発達科学部紀要』９（１）
森田佐知子（２０１６）「芸術系学部の学生に対する有効な就職支援について：美術・工芸に対する意識の変化に着目した探索的研究」『佐賀大学全学教育機構紀要』４
森藤香奈子、佐々木規子、土居美智子、本村秀樹、森内浩幸、近藤達郎、松本正（２０１３）「染色体異常児家族が告知に望むもの：構造構成的質的研究法によるアンケート調査自由記載の分析」『日本周産期・新生児医学会雑誌』49（１）
村中泰子、斎藤清二（２０１４）「双極性障害における患者の体験過程：患者の語りから分かったこと」『清泉女学院大学人間学部研究紀要』（11）
NAKAJIMA Sho, OKAZAKI Hiroyuki. (2013). Qualitative Research on Japanese Elementary School Teachers and Assistant Language Teachers' Perceptions About Foreign Language Activities: Transition of English Learning from Elementary School to Junior High School.『富山大学人間発達科学部紀要』８（１）
岡崎浩幸（２０１４）「ＣＤＳに基づく授業実践に関する拠点校英語教師の省察」『アレレ』25（０）
岡崎浩幸（２０１２）「生徒からのフィードバックに基づく英語教師の省察的思考」『アレレ』23（０）
小山真理（２０１３）「90分のデス・エデュケーション授業が留学生に与える影響：自由記述の質的データ分析をもとに」『文化学園大学紀要　人文・社会科学研究』21
中田加奈子、池田耕二、山本秀美（２０１０）「３年目の理学療法士は終末期理学療法実践をどのように体験しているか？：『無力感や意欲低下』の生成過程について」『理学療法科学』25（４）
西岡あや（２００９）「言語少数派高校生の日本及び自己の捉え方はどう変わるか：文化祭展示への日本人フィードバックに注目したＭ－ＧＴＡによる分析（修士論文・博士論文紹介）」『言語文化と日本語教育』37
佐々木泰子、田中詩子、鄭士玲（２０１１）「中国人留学生は「日本人の友達」を巡ってどのような体験をするか：ＳＣＱＲＭを用いた視点提示型研究」『言語文化と日本語教育』（41）
坂本雅俊、馬場保子（２０１６）「若者ソーシャルワーク論構築に関する基礎研究：佐世保市における商店主へのインタビュー調査分析から」『長崎国際大学論叢』16
西條剛央（２０１５）「質的研究の一般評価法：構造構成主義に基づくＳＣＱＲＭを視点として（特集日本語教育の研究手法：「会話・談話の分析」という切り口から）」『日本語教育』（１６２）
西條剛央、沖尚彦、金堂聖子、上原美穂、天江健史、佐野和弘、大野慎悟、奥田祐介、野田麻衣子（２０１４）「ＭＢＡでステップアップに成功したＭＢＡホルダーは、ＭＢＡ課程でどのような経験をし、それをどのように役立てているか?：ＳＣＱＲＭによる視点提示型研究」『早稲田国際経営研究』(45)
SODENO Mai, OKAZAKI Hiroyuki. (2016). Demotivation of English Language Learners in Highly Competitive University Preparatory High Schools in Japan: Based on Interviews of University Students.『富山大学人間発達科学部紀要』10 (2)
佐藤八郎、西條剛央（２０１１）「ＳＣＱＲＭによる新製品コンセプトの構築：車載ＡＶ機器の開発事例を通して」『経営教育研究』14 (2)
柴田里実（２００９）「小学校英語活動における文字指導のための10個条――構造構成主義的ＫＪ法によるモデル化の試み」『常葉学園大学研究紀要　外国語学部』(25)
清水詩子、齋藤君枝、青木萩子（２０１４）「新潟県中越沖地震後に応急仮設住宅に入居した被災高齢者に対する生活支援相談員の「見守り」の過程」『日本災害看護学会誌』15 (3)
田中亜希子（２０１５）「心理療法における関係性についての一考察：セラピストとクライエントとの間で起こっていること」『金城学院大学消費生活科学研究所紀要』20 (1)
戸田マリア、本田勝久（２０１１）「教員を動機づけるもの：英語科教員へのインタビューを通して」『関東甲信越英語教育学会誌』25 (0)
田中真理、小牧綾乃、滝吉美知香、渡邉徹（２０１１）「小学校の特別支援教育コーディネーターにおける『内的調整』機能に関する研究」『特殊教育学研究』49 (1)
田辺けい子（２０１０）「無痛分娩の実施をめぐって展開される専門領域を異にする医療者間のポリティクス――医療現場の『信念対立』に対する質的アプローチ　持続可能な社会をどう構成するか――」『構造構成主義研究』4
武内博子（２０１７）「ＥＰＡに基づく介護福祉士

候補者が捉えた介護福祉士国家試験対策過程とは…インタビューの分析から」『日本語教育』（166）
湯地英充、池田耕二（2014）「臨床実習にある新人・中堅臨床実習指導者の不安増幅プロセスとは？」『理学療法学Supplement』2013（0）

6 第1部のベースとなった論文について補完しておく。この研究は2012年4月により西條剛央・今野大庫・大泉智・大熊隆靖により開始され、2012年中には基本的な構造化は終えた。学生たちが一緒にやりたいと言ってくれなければ、この研究に着手することができたか確信はなく、少なくともスタートは遅くなって研究はより困難を極めたことは間違いないと思われる。ここに記してあらためて感謝したい。役割分担としては、第一著者である西條剛央が、リサーチクエスチョンの設定からデータ収集、分析、モデル構築、考察まで責任をもって行った。第二著者以降は、2012年の初期の暫定的な構造（モデル）構築までのデータ収集、分析、および新聞記事等のシステマティックな収集、整理、構造モデルの批判的検討を研究の進行にあわせて随時行った。その後、西條剛央・今野大庫・大泉智・大熊隆靖（2013）「大川小学校の悲劇はなぜ起きたのか？　SCQRMによる構造化と再発防止案の提案」『構造構成主義研究』（特別号）として査読審査を受けた。厳しくも建設的な査読をしてくださった『構造構成主義研究』の査読者にこの場を借りて感謝申し上げる。この論文（および本書）に掲載されている構造図が世に出たのは、2012年10月4日掲載決定が決まった以下の論文に掲載されたのが最初となる（この論文は構造構成主義研究6にも再掲されている）。

・西條剛央（2013）構造構成主義による人間科学の基礎づけ――科学哲学の難問解明を通して　科学基礎論研究、40（2）・37－58・

7 本書の第一部（第1章～第5章）のなかでも特に第4章の10の謎の解明、第5章の10の提言については、上述した構造図をもとに2015年の国連防災世界会議で発表、配布させていただいた論文に基づいている。その論文に掲載されている最終理論図の作成、考察、執筆は単独で行っており、その責任はすべて著者にある。なお本書の第2部、第3部もすべて筆者による書き下ろしである。

第1部

第1章

1 厳密な数を特定することは困難であるためここには記載していないが、学校管理の影響を受けて迎えにきて校庭にとどまるように言われてとどまった保護者たち、子どもたちの帰りを家で待って避難せずにいたために亡くなった家族も含めれば、さらに多くの大川小学校の事故の「関連死」による犠牲者がいたことを付言しておく。

2 池上正樹・加藤順子（2012）『あのとき、大川小学校で何が起きたのか』青志社　他多数

3 大川小学校事故検証報告書（2014・2）『大川小学校事故検証委員』

4 池上正樹・加藤順子（2012）『あのとき、大川小学校で何が起きたのか』青志社　他多数

5 池上正樹・加藤順子（2012）『あのとき、大川小学校で何が起きたのか』青志社

6 同書

7 目黒公郎（2011）「東日本大震災の人的被害の特徴と津波による犠牲者について」平田直・佐竹健治・目黒公郎・畑村洋太郎『巨大地震・巨大津波——東日本大震災の検証』朝倉書店

　たとえば、上の文献では、「迎えにきた保護者への対応にも追われ、避難開始までに時間がかかった」とあるが、これは後に事実ではないことが明らかになっている。また「列の後方にいた教諭と数名の児童は向きを変えて裏山を駆け上がるなどし、一部は助かった」という記述も含め、不正確な記述が散見される。

8 池上正樹・加藤順子（2012）『あのとき、大川小学校で何が起きたのか』青志社

第2章

1 気象庁推計震度分布図　http://www.data.jma.go.jp/svd/eqdb/data/shindo/Event.php?ID=175346

2 同上

3 堀込智之・堀込光子（2011）『海に沈んだ故郷』連合出版

4 同書

5 広瀬弘忠・中嶋励子（2011）『災害そのとき人は何を思うのか』KKベストセラーズ

6 なおこの引用箇所の続きは以下である。
『てっちゃん、大丈夫か』。同級生の男の子（K君）が土をかき分け、助けてくれた。男の子は左手を骨

折していた。津波に飲まれたが、浮かんでいた冷蔵庫の中に入って、裏山にたどり着いたという。『助けてください。公民館があった場所の後ろの山にいます、助けて』。T君は震えながら、声を張り上げた。同じ裏山に避難していた大人たちが声を聞きつけ、来てくれた。雪をしのぐため、竹やぶに移動することになった。

　このとき、T君は、足に力が入らないことに気づいた。『はってでも歩かいん』。おじさんに励まされ、何とか竹やぶに着いた。その日は山で一夜を明かした」

7　広瀬弘忠・中嶋励子（2011）『災害そのとき人は何を思うのか』KKベストセラーズ

8　同書

9　「大川小学校現場確認実施概要」に基づいているが、1点だけその検証結果の修正点があるので補足しておく。186mと実測されたが、T君は当初進んだとされる屋根のある道を進んでいないということと、側溝から水があふれていたと話していることから、その道ではなく1本手前の道の側溝がある道を進んだことが明らかになった。それを勘案すると移動距離は170mほどと考えられる。

第3章

1　広瀬弘忠・中嶋励子（2011）『災害そのとき人は何を思うのか』KKベストセラーズ

　まず『そのとき人は何を思うのか』において、まわりの人々の行動に影響される「同調性バイアス」について次のように説明されている。

　「ひとりでいるときには緊急事態に敏感に対応できる人が、集団の中にいると『皆でいるから』とか『誰かが決めてくれる』という安心感で行動が遅れがちになる。人数が多ければ多いほど、他人と違う行動をとりにくくなる。また周囲の人びとが逃げていないのに、自分ひとりが逃げるのは難しい。ヘタに騒いだらみっともないし、空気が読めない奴と思われそうだ、というわけだ」（p.57－58）

2　石巻市教育委員会「第3回遺族説明会議事録」2012・1・22

3　広瀬弘忠・中嶋励子（2011）『災害そのとき人は何を思うのか』KKベストセラーズ

4　堀込智之・堀込光子（2011）『海に沈んだ故郷』連合出版

5　三陸河北新報社「石巻かほく」編集局編（2012）『津波からの生還　東日本大震災・石巻地方100人の証言』旬報社

6 堀込智之・堀込光子（2011）『海に沈んだ故郷』連合出版
7 石巻かほく 2011年8月10日石巻市の新北上大橋付近で被災 波の衝撃、橋桁流失
8 堀込智之・堀込光子（2011）『海に沈んだ故郷』連合出版
9 YouTubeにアップされている市の職員が撮影した映像をみると、津波襲来直後の北上川と富士川の様子は、肉眼でもはっきりわかるほど、北上川よりも富士川のほうが明らかに遡上するスピードが速い（目視によれば数倍以上速さの違いがあるようにみえる）が、これは高台となっている三角地帯にせき止められるようになった津波が富士川から噴出したためと考えられる。http://www.youtube.com/watch?v=DW0dqWR4S7M
10 証言！大川小学校の悲劇その2 東日本大震災津波TSUNAMI
11 日本経済新聞（2012・1・22朝刊）「教育長『人災の面も』謝罪」 http://www.nikkei.com/news/print-article/?R_FLG=0&bf=0&ng=DGXZZO38828730V10C12A2000000
「市教委は市内64の小中学校のうち34校が津波の避難場所を決めておらず、うち10校に津波被害があったことを明らかにした」

第4章

1 三陸河北新報社「石巻かほく」編集局編（2012）『津波からの生還 東日本大震災・石巻地方100人の証言』旬報社
2 菊澤研宗（2009）『組織は合理的に失敗する 日本陸軍に学ぶ不条理のメカニズム』（日経ビジネス人文庫）
3 同書
4 山村武彦（2005）『人は皆「自分だけは死なない」と思っている』宝島社（p.70）※15年に改訂版あり『新・人は皆「自分だけは死なない」と思っている』。
「行政は理性を失った群衆が一斉に、集団で異常な行動（＝パニック）に走ることを怖れ過ぎる。このことを私は『パニック過大評価バイアス』と呼んでいる」
5 広瀬弘忠・中嶋励子（2011）『災害そのとき人は何を思うのか』KKベストセラーズ

第5章

1 西條剛央（2013）『津波から命を守るために――

大川小学校の教訓に学ぶＱ＆Ａ』第6版　スマートサバイバープロジェクト（第1版は「ふんばろう東日本支援プロジェクト」発行）
　本論文で提示している再発防止案はこの冊子にＱ＆Ａ形式でわかりやすく説明されている。冊子はもともと本論文の内容を踏まえて作成されたが、ここではその冊子で提案されている知見が、すべて根拠（データ）に基づく提言であることを示すため、提案ごとに対応する冊子のページ数を示す。なお、この冊子は、インターネット上でのダウンロード以外に、２０１５年3月11日までに全国22万人以上に無料で配布された。

2　同書（p. 20）

3　同書（p. 9）

4　恐竜が全滅するきっかけとなった隕石の衝突による津波は１０００ｍに及んだといわれている。

5　西條剛央（２０１３）『津波から命を守るために――大川小学校の教訓に学ぶＱ＆Ａ』第6版　スマートサバイバープロジェクト（p. 21）

6　平田直（２０１１）「地震はなぜ起きるのか」平田直、佐竹健治、目黒公郎、畑村洋太郎『巨大地震・巨大津波――東日本大震災の検証――』朝倉書店
　最新の情報は「内閣府　防災情報ページ」の以下に詳しい。http://www.bousai.go.jp/jishin/nankai/

7　西條剛央（２０１３）『津波から命を守るために――大川小学校の教訓に学ぶＱ＆Ａ』第6版　スマートサバイバープロジェクト

8　片田敏孝（２０１２）『みんなを守るいのちの授業――大つなみと釜石の子どもたち』ＮＨＫ出版
　片田敏孝（２０１２）『子どもたちに「生き抜く力」を――釜石の事例に学ぶ津波防災教育』フレーベル館

9　西條剛央（２０１３）『津波から命を守るために――大川小学校の教訓に学ぶＱ＆Ａ』第6版　スマートサバイバープロジェクト（p. 19）

10　国土地理院　東北地方太平洋沖地震による被害の状況等

11　西條剛央（２０１３）『津波から命を守るために――大川小学校の教訓に学ぶＱ＆Ａ』第6版　スマートサバイバープロジェクト（p. 19）

12　https://www3.nhk.or.jp/news/html/20191015/k10012131581000.html)

13　西條剛央（２０１３）『津波から命を守るために――大川小学校の教訓に学ぶＱ＆Ａ』第6版　スマートサバイバープロジェクト（p. 22）

14　畑村洋太郎（２０１１）『未曾有と想定外――東日本大震災に学ぶ』講談社現代新書

15　片田敏孝監修（２０１２）『３・11が教えてくれた防災の本②津波』かもがわ出版
16　広瀬弘忠・中嶋励子（２０１１）『災害そのとき人は何を思うのか』ＫＫベストセラーズ
17　三陸河北新報社「石巻かほく」編集局編（２０１２）『津波からの生還　東日本大震災・石巻地方１００人の証言』旬報社
18　https://mediaborder.publishers.fm/article/21199/
19　http://www.ktr.mlit.go.jp/kisha/river_00000451.html
20　西條剛央（２０１３）『津波から命を守るために――大川小学校の教訓に学ぶＱ＆Ａ』第６版　スマートサバイバープロジェクト（p.10）
21　菊澤研宗（２００９）『組織は合理的に失敗する――日本陸軍に学ぶ不条理のメカニズム』日本ビジネス人文庫
22　同書
23・24・25　西條剛央（２０１３）『津波から命を守るために――大川小学校の教訓に学ぶＱ＆Ａ』第６版　スマートサバイバープロジェクト（p.10）
26・27・28　同書（p.12）
29　同書（p.13）
30　佐竹健治（２０１１）「巨大津波のメカニズム」２０１１　平田直、佐竹健治、目黒公郎、畑村洋太郎著『巨大地震　巨大津波――東日本大震災の検証』朝倉書店
31　片田敏孝監修（２０１２）『３・11が教えてくれた防災の本②津波』かもがわ出版
　西條剛央（２０１３）『津波から命を守るために――大川小学校の教訓に学ぶＱ＆Ａ』第６版　スマートサバイバープロジェクト（p.23）
32・33　同書（p.11）
34　広瀬弘忠・中嶋励子（２０１１）『災害そのとき人は何を思うのか』ＫＫベストセラーズ
35　西條剛央（２０１３）『津波から命を守るために――大川小学校の教訓に学ぶＱ＆Ａ』第６版　スマートサバイバープロジェクト（p.11）
36　片田敏孝（２０１２）『子どもたちに「生き抜く力」を――釜石の事例に学ぶ津波防災教育』フレーベル館
37　「津波三原則（津波てんでんこ）」については以下を参照。
　片田敏孝（２０１２）『みんなを守るいのちの授業――大つなみと釜石の子どもたち』ＮＨＫ出版
　片田敏孝（２０１２）『子どもたちに「生き抜く力」を――釜石の事例に学ぶ津波防災教育』フレーベル

館
釜石市『津波防災教育のための手引き』 URL
http://dsel.ce.gunma-u.ac.jp/kamaishi_tool/

38 数見隆生編著（2011）『子どもの命は守られたのか――東日本大震災と学校防災の教訓』かもがわ出版

39・40・41 同書

42 三陸河北新報社「石巻かほく」編集局編（2012）『津波からの生還〜東日本大震災・石巻地方100人の証言』旬報社

43 気象庁HP 特集2 津波警報改善に向けた取り組み
http://www.jma.go.jp/jma/kishou/books/hakusho/2012/HN2012sp2.pdf

44 西條剛央（2013）『津波から命を守るために――大川小学校の教訓に学ぶQ&A』第6版 スマートサバイバープロジェクト（p.14）

45 同書（p.15）

第2部

第6章

1 河北新報（2011・9・18）『石巻・大川小 証言でたどる51分間――黒い水 級友さらった』

2 実はこの言葉、教育委員会も教務主任の発言とは明記されておらず、教務主任のものとは認めていない。ではなぜこれが教務主任の証言といえるのか？

この報告書には「話を聞いたのは、直接被災した4名を含めて24名の子どもたちと教務主任の（筆者注 実際は実名が記載されている）先生、そして河北総合支所職員になります」と記載されている。

河北総合支所職員とは広報車で津波が長面から松林を越えてくるのをみて津波がくるから逃げろーと叫び、まだ津波がこないからといって三角地帯のところで車の誘導をしていた人たちである。当時、そこに6人の職員がいたが突然襲ってきた津波から逃げるために三角地帯側ののり面を必死に登っており（1人は津波に飲まれて死亡）、また斜面の上も大川小学校とは反対側に位置していてそこから大川小学校はみえない。

実際、斜面の上から河北総合支所職員が津波到達後の橋の周辺の様子を撮った動画がyoutube（https://www.youtube.com/watch?v=DW0dqWR4S7M）に載っており、学校は映っておらず、職員の「学校大丈夫か、学校」という学校がどうなったか心配する声が入っている。したがって、津波到達直後の大川小学校の様子を証言したのは河北総合支所職員ではない。

　では「直接被災した4名を含めて24名の子どもたち」はどうか。保護者が迎えにくるなどして直接被災しなかった20名は学校を離れているため当然この様子をみていない。また3名の生存児童は津波に飲まれていることからこのような証言はできるはずもない。先の証言に挙げたように、このとき5年生存児童T君は津波がぶつかってきて気を失った。もう一人は津波の衝撃により骨折したものの流れていた冷蔵庫の中に入っていた。そして1年生存児童は水の中にヘルメットが浮いていたところを地域住民が発見し、引っ張り上げられて助かっている。

　唯一、児童たちと一緒にいながら一人だけ津波に飲まれることなくぎりぎりで裏山に登って助かった生存児童Sがいる。そのS君に話を聞いた5年生存児童T君は次のように証言している。

「S君は普通にみんなといて。津波きたときに、教務主任の先生がもう山にいて、こっちだー！こっちだーってやってたからそこいって」

　この証言から、教務主任は津波がきたときにはもう山にいて、上から津波が襲来した様子をみることができたことがわかる。この「津波はすごい勢いで子どもたちを飲み込んだり水圧でとばしたりした。後ろのほうで手をつないだりしていた低学年の子どもたちも津波に飲み込まれた。ほとんど同時に学校側からも津波がきて、学校前は波と波がぶつかるように渦を巻いていた」といった表現は、「水圧でとばしたりした」「学校前は波と波がぶつかるように渦を巻いていた」といった描写からも明らかに大人が表現したものだ。

　このように、消去法で論理的に考えていけば、この証言をしたのは教務主任以外には考えられないことから、この描写は教務主任がみた光景といえる。

第8章

1 Essential Management School　ゼロ期の講義

2 『あのとき』では現地での取材に基づき、矛盾点を詳細に浮き彫りにしているため、以下その概要を示す。まず教務主任の第1回説明会における以下の証言をみてみよう。

「山の斜面についたときに杉の木が2本倒れてきて、私は右側の腕のところと左の肩のところにちょうど杉の木が倒れて、はさまるかたちになりました。その瞬間に波をかぶって、もうダメだと思ったんですが、波がきたせいかちょっと体が、木が軽くなって、そのときに斜面の上を見たら数m先のところに3年生の男の子が『助けて』と助けを求めて叫んでいました。私は、眼鏡がなくなって靴もなくなっていたので、とにかく『上に行け、行け』、絶対にこの子を助けなきゃいけないと思って、とにかく『死んだ気で上に行け』と叫びながら、その子を押し上げるようにして、斜面の上に必死で登っていきました」（ここは『あのとき』から引用）

まず「山の斜面についたときに杉の木が2本倒れてきて」の部分は、その後一本も倒木は確認されなかったことが明らかになっている。「倒木があったために山に避難できなかった」という説明を裏付けるための虚偽と思われる。そしてすでに何度か触れたように、唯一、児童たちと一緒にいながら一人だけ津波に飲まれることなく裏山に登って助かった生存児童Sに話を聞いた5年生存児童T君は、次のように証言している。

「S君は普通にみんなといて。津波きたときに、教務主任の先生がもう山にいて、こっちだー！ こっちだーってやってたからそこいって」

したがって、「斜面の上を見たら数m先のところに3年生の男の子が『助けて』と助けを求めて叫んでいました」の箇所は、正しくは「斜面の下を見たら」であったのだろう。

事実、『あの日』において、この証言はほとんど虚偽の証言であることが、その後の教務主任を目撃したり、話した人たちの証言者をもとに明らかにしている。

まず、3月25日の教務主任への聞き取り調査の「近くの車の中で過ごした」という箇所については、津波被災当初、周辺の人たちが避難していた工場の経営者とその妻が、教務主任は明るいうちに3年児童を連れて工場にやってきたことから、「なんぼ錯乱状態でも、民家さ泊まったかどうか、なんも覚えてねえなんてさ」と社長は不思議がっていたという（この点については、後日教務主任は「民家に泊めてもらった」と訂正した）。

社長の自宅には、避難してきた人がたくさんおり、服が濡れている人はみな、畳に上がる前に、社長宅にあった衣類を借りて着替えていたが、「A先生は、何も濡れていないから和室にそのまま通した。B君の靴は、濡れていたね。靴下を脱がせて、そのまま履いているわけにはいかないということで履き替えさせた」と証言している。

また社長夫人は「波をかぶったはずのA教諭の

背広の様子をはっきりと覚えている」として、「4本格子のチェックの茶っこいようなグレーな感じの、はっきりしたような色ではなくて。先生らしい、くたびれた上下だった。濡れてなくてきれいだったね」とはっきり証言している。「肩を脱臼した」と言っている点については、社長は「足腰立たないおじいさんが泊まっていたんで、A先生が車までおじいさんをおんぶしてきたんですね。俺がおんぶすると言ったら、大丈夫、大丈夫って」と言っており、「脱臼している人がおじいさんをこうやって抱えてこれねぇよ」と証言している。

こうしたことからこの夫妻は、市教委の加藤茂美指導主事（当時）が震災から2週間後の3月25日に教務主任から聞き取ってまとめた報告書は嘘であると述べている。

この経営者と夫人の話は、嘘をつく動機もなく、また描写も克明で一貫しており信憑性が高い。それに対して教務主任の話は、他の証言者とも矛盾しており、またその後教務主任から送られてきたことが半年後に判明したファックスの内容も含めて、報告内容に一貫性がなく信憑性は低い。したがって、木は倒れてきてもなければ、倒れてきた2本の木が教務主任に直撃して脱臼してもいなければ、津波をかぶってもいなければ、靴も脱げてもいなかったと言える。

その後、加藤指導主事が聞き取り調査したメモを一斉に廃棄したり、ファックスを隠蔽していたりしたことを勘案すると、上記の箇所は、3月25日に校長とともに教育委員会に報告に行った際に、これだけの児童が亡くなっている中、教員一人が山に逃げたと報道されるのはまずいだろうとなり、「仕方なかった」と思われるよう加藤指導主事が中心となって創作したストーリーであり、教務主任は口裏をあわせるように説得された可能性は相当な確度で考えられる。

3

『あのとき』にも以下のような証言が載っている。

「うちの子どもは、聞き取りのときに、友だちや周りが〝山に逃げよう〟と言っていたことを話したと言っていました。しかし、今回、報告書を見せてもらったんですけども、そういうことは、いっさい書かれていない。これで本当に、今回の津波の記録的なものでいいのかなという感じにも取れる。他にも、A先生が校庭にいたときに、〝山だ！　山だ！　山に逃げろ！〟と声がしていたということも、聞き取りの中では言ったと思うんですが、そのこともなぜか、全然書かれていないん

です」（2012年7月8日に行われた市教委と保護者との話し合いの場）

4 遺族であり同じ管轄区の教員でもあった敏郎氏は、この第2回説明会で市教委の山田元郎学校教育課長が「県や市のハザードマップでは同校は洪水の想定はされていたが津波は想定外だった」と強調した場面で、次のような発言をしている。

「教員なんでかなりしんどいですが、言わせていただきます。先生たちは子どもたちにいい思い出を作ってくれたたし、大川小はいいところだと思っていたんで、その分については、責めるつもりはないんです。何も、先生たちは子どもたちを死なせるために動いたとは思えないし。

いま、いろんな説明をいただきましたけれども、他の学校も、今回大川よりももっとひどい状況のところとか、あるいはマニュアル以上のこととか、想定以上の津波がきたと思うんです。でも、大川小だけがこうなってしまったっていうのは、今日の説明では理解できないです。

単純にあそこに山があって、40分、50分の時間があって、『山だ』ってアドバイスした人がいた中で、ずーっとあそこに子どもたちがい続けなくちゃならなかったたっていうのは、私たち、いまの話を聞いても、何が原因なのか、わからないんです。大川小だけですよね。そこをわかりたいんです。それだけなんです」

5 https://www.youtube.com/watch?v=juRO_CM-QY&feature=youtu.be

6 その証言は『あのとき』でも取りあげられている。

「6月4日の説明会は、勝手に打ち切られ、すごくつらい思いをしました。その頃、家を失くした方々、遺族の方々、みんな、疲れきっていました。もう二度とあの人たちの話を聞きたくない。どうせ、子どもの命は戻ってこないと、真実の追及をあきらめてしまった人たちもいる」（『あのとき』）

7 『検証』では退職時にデータを削除したとある。（p.188）

8 http://www.asahi.com/special/10005/TKY201203190429.html

9 http://311chiisanainochi.org/?page_id=752

10 小さな命の意味を考える会／一般社団法人 Smart Survival Project『小さな命の意味を考える［第1集］宮城県石巻市大川小学校からのメッセージ』https://smart-supply.org/store/chiisanainochi からダウンロードできる。

11 菊澤研宗（2009）『組織は合理的に失敗する』

第9章

1 大川小学校事故検証委員会（2013年10月22日）「大川小学校事故検証事実情報に関するとりまとめ」

2・3 同書

4 西條剛央（2005）『構造構成主義とは何か——次世代人間科学の原理』北大路書房

なお、構造構成主義は、2005年に体系化されてからこの間に、人間科学的医学、医療論、感染症、実践原理論、看護学、看護学教育、障害論、QOL理論、チーム医療、医療教育、異職種間連携、作業療法、理学療法、臨床心理学、心理療法論、認知運動療法、精神医療、認知症アプローチ、リハビリテーション論、ソーシャルワーク、EBM、EBR、NBM、インフォームドコンセント論、パターナリズム論、歴史学、国家論、メタ研究法、質的研究法、質的研究論、事例研究法、統計学、実験研究論、生態心理学、社会学、教育学、教育指導案作成法、心理学論、アサーション理論、自己効力理論、メタ理論構築法、文学論、理論論、他者論、メタ理論構築法、健康不平等論、妖怪論、縦断研究法、ダイナミック・システムズ・アプローチ、発達心理学、英語教育学研究法、英語教育、日本語教育、音楽教育、議論論、学融論、信念対立論、助産学、社会構想法、職業リハビリテーション、地域福祉活動評価法、メタ科学論といった様々な分野やテーマに導入・応用されている。現在書籍／論文だけで200本以上が公刊されている。以下の構造構成主義文献リスト参照。https://sites.google.com/site/structuralconstructivism/home/literature_database

5 西條剛央（2008）『ライブ講義・質的研究とは何か　SCQRMベーシック編——研究発表から論文執筆、評価、新次元の研究法まで』新曜社

西條剛央（2007）『ライブ講義・質的研究とは何か　SCQRMベーシック編　研究の着想からデータ収集、分析、モデル構築まで』新曜社

なお、SCQRM（Structure-Constructive Qualitative Research Method）は、従来の質的研究法がアプリケーションソフトだとすれば、SCQRMとはそれらの理論的・方法論的機能を高めるOS（Operating System）に位置づけられるメタ研究法であり、小数例でも科学性を担保することで、信憑性のある知見を提示することが可能になる。SCQRMはそうした理論性と実効性を兼ね備えているこ

とから、これまで、医学、理学療法、ソーシャルワーク、心理学、新商品の開発、英語教育、日本語教育、音楽教育、助産学など様々な領域に導入され研究として結実している。

6 2013年1月27日に内閣府（防災担当）主催で開催された「みんなのBOUSAI!! in 神戸～広がる共助の輪・ミーティング～」に登壇した際に、同じ登壇者であった室崎益輝氏に大川小に関する研究を行った旨をお伝えしたが、そのときはゼロベースで調査したいと考えておられていたためか、特に協力を求められなかった。また我々も検証委員会が別途研究を進めるほうが現象の多角的理解につながると考えたため、そのときは「遺族に寄り添うことなくして検証を進めることはできないと思いますよ」といった旨だけをお伝えさせていただいた。その後、室崎氏は「遺族に寄り添う」といった発言をされていたので、その言葉は届いたと信じているので、ぜひ遺族が寄り添われたと感じるように対応していただければと願っている。

7 西條剛央（2005）『構造構成主義とは何か――次世代人間科学の原理』北大路書房
西條剛央（2013）「構造構成主義による人間科学の基礎づけ――科学哲学の難問解明を通して」『科学基礎論研究』40（2）
西條剛央（2013）「『科学的である』とはどういうことなのかといった難問をどのように考えればよいのか？――難問を見極める構造構成主義の10の視点」『International nursing review』33（2）

8 大川小学校事故検証委員会（2013年7月18日）「大川小学校事故検証中間とりまとめ」

9 妥当な修正だと思われるが、遺族の指摘を受けて修正したならば、その旨を明記するべきだと思われる。

10 堀込智之・堀込光子（2011）『海に沈んだ故郷』連合出版

11 地域住民や遺族の方が、〝現地と当時〟に関しては、心理学や津波工学の「有識者」よりも専門的な知識を有している「専門家」であるという認識をもたなければならないことも意味する。少なくとも私はそのような認識で研究を進めた。

12 大川小学校事故検証委員会（2013年10月22日）「大川小学校事故検証事実情報に関するとりまとめ」

13 石巻市教育委員会（2011）「大川小学校『3.11震災』に関する聞き取り記録」

14 同書

15 池上正樹、加藤順子（2013）『大津波の惨事「大川小学校」――揺らぐ真実「なぜ50分間逃げなかっ

たのか」は明らかにならず　遺族が憤る大川小検証委・中間報告の内容』ダイヤモンドオンライン

16 おそらくこのセクションの担当者をはじめ検証委員会の中に根拠を示しながらまとめる質的研究の専門家がいないといった技術的な問題があるように思われる。今回のような現場における証言を得るのが難しい中での調査においては量的研究は向いておらず、質的研究の技術が求められる。

17 西條剛央（２０１２）『人を助けるすんごい仕組み——ボランティア経験のない僕が、日本最大級の支援組織をどうつくったのか』ダイヤモンド社

18 西條剛央（２００９）『ＪＮＮスペシャル　看護研究で迷わないための超入門講座——研究以前のモンダイ』医学書院

西條剛央（２０１１）「医療者の能力開発のための原理的研究リテラシー——メタ研究法としてのＳＣＲＭ（構造構成的研究法）の視座」『医療者の能力開発』２（１）

19 石巻市教育委員会（２０１１）「大川小学校『３．11震災』に関する聞き取り記録」

20 「関心（志向）相関性」とは、構造構成主義の中核概念であり、竹田青嗣がニーチェの「力の思想」や、ハイデガーの「気遣い」の議論を踏まえた「欲望相関性」という概念を、フッサールの志向性を原理として定式化したものである。これは、存在、意味、価値といった対象構造は、身体・欲望・関心のありかたと相関的に立ち現れる、という原理である。たとえば、通常何の価値もなく目にも入らない（存在化しない）水たまりも、砂漠で死にそうなほど喉が渇いていたら貴重な存在として立ち現れ、極めて高い価値を帯びることになる。この原理を価値の側面に焦点化したものが、すべての価値は関心に応じて立ち現れる、という価値の原理である。この原理を詳しく表記すれば「身体・欲望・関心相関性」というものとなる。「志向相関性」と呼ばれることもあるが、研究は研究者の「関心」を起点としていると考えられることからここでは「関心相関性」と記載することとする。

21 大川小学校事故検証委員会（２０１３年11月３日）「資料２．事故の要因と今後の再発防止対策について」

22 西條剛央（２０１１）「ＳＣＲＭにおける『論文の公共性評価法』の定式化——論文の『型』を巡る難問解消に向けて」『構造構成主義研究』５

23 西條剛央（２００５）「質的研究論文執筆の一般技法——関心相関的構成法」『質的心理学研究』４

24 西條剛央（２０１３）『津波から命を守るために——大川小学校の教訓から学ぶQ&A』ふんばろう東日本支援プロジェクト

25 ダイヤモンド・ハーバード・ビジネス編集部（２００７）『組織行動の実学』ダイヤモンド社、p. ３１５

26 同書、13章「道徳家ほどおのれの偏見に気づかない」バナジ（Banaji. M. R.）・ベイザーマン（Bazerman. M. H.）・チュー（Chugh, D.） pp. ３６４－３９５

27 同書、11章「善意の会計士が不正監査を犯す理由」ベイザーマン（Bazerman. M. H.）・ローウェンスタイン（Loewenstein, G.）・ムーア（Moore, D. A.） pp. ３１２－３３７

28 『検証』p. ２４０

第3部

第10章

1 このセクションについては、各新聞メディアの報道記事や、テレビ報道の映像をもとに描写していく。

2 河北新報（２０１９・10・13） https://www.kahoku.co.jp/special/spe1000/20191013_05.html

3 共同通信社（２０１９・12・２） https://this.kiji.is/574146955278632033

4 仙台放送（２０１９・12・２） https://nc.ox-tv.co.jp/news/detail/2252/

5 同右

6 河北新報（２０１９・12・２） https://www.kahoku.co.jp/tohokunews/201912/20191202_13012.html

7 河北新報（２０１９・12・３） https://www.kahoku.co.jp/tohokunews/201912/20191203_11011.html

8 東京新聞（２０１９・12・２） https://www.tokyo-np.co.jp/s/article/2019120201002131.html

9 仙台放送（２０１９・12・２） https://nc.ox-tv.co.jp/news/detail/2252/

10 朝日新聞 https://www.asahi.com/articles/DA3S14272366.html

11 河北新報（２０１９・12・２） https://www.kahoku.co.jp/tohokunews/201912/20191202_13012.html

12 日刊スポーツ（２０１９・10・11） https://www.nikkansports.com/general/nikkan/news/201910110000741.html

13 朝日新聞 https://www.asahi.com/articles/photo/AS20191127000083.html

14 共同通信（２０１９・12・15） https://headlines.

yahoo.co.jp/hl?a=20191215-00000056-kyodonews-soci
15 産経新聞（２０１９・12・12）『大川小遺族、五輪聖火ランナー内定「教訓発信する」』https://www.sankei.com/tokyo2020/news/191212/tko1912120001-n1.html
16 ＴＢＣ東北放送（２０１９・12・16）「石巻市教委が初参加　大川小語り部」https://headlines.yahoo.co.jp/hl?a=20191216-00000005-tbcv-l04

第11章

1 ＮＨＫ東北　ＮＥＷＳ　ＷＥＢ「県教委が大川小で初の教職員研修」https://www3.nhk.or.jp/tohoku-news/20201104/6000012248.html
2 河北新報
3 ＮＨＫ東北　ＮＥＷＳ　ＷＥＢ「県教委が大川小で初の教職員研修」https://www3.nhk.or.jp/tohoku-news/20201104/6000012248.html
4 時事通信社「子供の命に向き合って」＝津波被害大川小で校長研修――宮城　https://www.msn.com/ja-jp/news/national/「子供の命に向き合って」＝津波被害大川小で校長研修――宮城 /ar-BB1aG11m?ocid=msedgdhp&fbclid=IwAR33UkrP63rkpNKNKMEvJW7OE4DBHtaKigctT1xFGT2T8c-FO88yKwKYIB8
5 河北新報「子どもの命守る」新任校長90人決意　宮城県教委、大川小で初の研修会　https://www.kahoku.co.jp/tohokunews/202011/20201105_13009.html
6 ＮＨＫ東北　ＮＥＷＳ　ＷＥＢ「県教委が大川小で初の教職員研修」https://www3.nhk.or.jp/tohoku-news/20201104/6000012248.html
7 同上
8 時事通信社「子供の命に向き合って」＝津波被害大川小で校長研修――宮城　https://www.msn.com/ja-jp/news/national/「子供の命に向き合って」＝津波被害大川小で校長研修――宮城 /ar-BB1aG11m?ocid=msedgdhp&fbclid=IwAR33UkrP63rkpNKNKMEvJW7OE4DBHtaKigctT1xFGT2T8c-FO88yKwKYIB8
9 河北新報「子どもの命守る」新任校長90人決意　宮城県教委、大川小で初の研修会
10 ＮＨＫ東北　ＮＥＷＳ　ＷＥＢ　県教委が大川小で初の教職員研修　https://www3.nhk.or.jp/tohoku-news/20201104/6000012248.html
11 ＮＨＫ東北　ＮＥＷＳ　ＷＥＢ「県教委が大川小で

初の教職員研修」https://www3.nhk.or.jp/tohoku-news/20201104/6000012248.html

12　朝日新聞

13　時事通信社「子供の命に向き合って」＝津波被害大川小で校長研修――宮城　https://www.jiji.com/jc/article?k=2020110401185&g=soc

14　米国戦略諜報局（ＯＳＳ）著、越智啓太監修・翻訳、国重浩一翻訳（２０１５）『サボタージュ・マニュアル・諜報活動が照らす組織経営の本質』北大路書房

第12章

1　吉本隆明（１９６８）『共同幻想論』角川書店

2・3　同書

4　青野慶久『会社というモンスターが、僕たちを不幸にしているのかもしれない。』ＰＨＰ研究所

5　同書 p. 26

6　同書 p. 82

7　朝日新聞「社説」https://www.asahi.com/articles/DA3S14690319.html

8　同上

9　河北新報（２０２０・10・23）「社説」女川再稼働賛成採択／安全への懸念残し　なぜ急ぐ」https://www.kahoku.co.jp/editorial/20201023_01.html

避難計画の不備をはじめとする課題が的確にまとめられているので以下一部引用しておく。

「東京電力福島第1原発事故を受け、原子力規制委員会は原発の半径30キロ圏を対象とした広域避難計画づくりを求めている。計画で大きな問題となるのが多数の住民をどう速やかに移動させるかだ。

女川原発の場合は7市町の計約20万人が対象になる。最も人口が多い石巻市は全域の約14万８０００人を県内27市町村に避難させる。移動は原則自家用車を使う。

避難計画への不安の声は県議会で、再稼働賛成派、反対派を問わず出た。

原発事故という非常時に多くの人を分散して移動させることが可能なのか。石巻市では避難道路が東日本大震災の津波で浸水した箇所もある。

計画を認定した国は、住民説明会で「避難訓練などを通じて改善していく」と繰り返すばかりで、根本的に向き合おうとしているようには見えない。

河北新報社が宮城県内を対象に今年3月実施した世論調査でも、避難計画が「不十分」「どちらかといえば不十分」は計6割に達している。

避難道路の整備について、立地2市町の議会は県に国への働き掛けを強く求める。女川町の一部迂回（うかい）路への支援が認められたが、他は実現の見通しが立っていないという。

この現状で再稼働に突き進んでいいのか」

10 朝日新聞　https://www.asahi.com/articles/ASNC97DK8NC9UNHB00S.html

11 同上

12 朝日新聞「社説」5と同様　https://www.asahi.com/articles/DA3S14690319.html

13 ＮＨＫ　https://www.nhk.or.jp/politics/articles/statement/48117.html

14 同上

15 ＮＨＫ　https://www.nhk.or.jp/politics/articles/statement/48117.html

16 同上

17 ＮＨＫ　https://www.nhk.or.jp/politics/articles/statement/47631.html

２０２０年11月3日「最終処分場のあてないのに再稼働では核のごみ増える」
小泉元総理大臣は、以下の記事で、「建設が進められているフィンランドの最終処分場は地下４００メートルの岩盤に設けられている」ことに触れ、「地震や火山もある日本は処分場を選定するには厳しい環境だ」という認識を示している。そのうえで「日本には最終処分場のあてがない状況だから、原発を再稼働させてはいけない。また『核のごみ』が増える。できるだけ早く原発ゼロの方向にかじを切らなければ」と主張している。

18 当時感染拡大が続く中、大川小学校の事故の教訓から導き出した〝クライシスマネジメントの本質〟をもってて、新型コロナの危機を適切にマネジメントするための有用な視座を与えることを目的として、ダイアモンドオンラインで「コロナ危機を救うクライシスマネジメントの本質」という連載をリアルタイムですることになったのだが、この大川小学校の事故から導き出した教訓があまりにも役立つので、筆者自身戸惑うほどであった。関心がある人は同名で検索。

19 吉本隆明全集第二巻 所管『マチウ書試論』

20 ロバート・キーガン、リサ・ラスコウ・レイヒー著、池村千秋翻訳（２０１３）『なぜ人と組織は変われないのか――ハーバード流 自己変革の理論と実践』英治出版 p.68

21・22 同書 p.71

23 ただしこれは吉本の最晩年のインタビューをもと

にしたものであり、この本にも含まれている「『反原発』で猿になる」という週刊新潮（2011年年末発売号）に掲載された記事が物議を醸した際に、吉本ばななが「もうあまりちゃんと話ができないので、まとめる人の意訳があるかと」と述べており、「一部をとりあげて問題にするのはどうかやめてください」と主張している点は考慮しておく必要がある。たしかにこの著書の編者は「吉本隆明の発言は正しい。絶対に正しい。かつ優れている。日本一かつ世界一優れている」と述べていることからも、自らの信念を絶対視していることが観みて取れるため、意訳の可能性は頭に入れておく必要があるが、2011年5月27日の毎日新聞のインタビュー記事（注）にも以下と同様の趣旨のことを述べていることから、吉本隆明の考えをもとにしていることは間違いないと思われる。

あとがきに代えて

1 黒沢大陸（2014）『「地震予知」の幻想——地震学者たちが語る反省と限界』新潮社
ここには、東日本大震災から7カ月後の2011年10月15日に開催され、「地震学者の反省会」として注目された日本地震学会の特別シンポジウム「地震学の今を問う」の中で、地震学者の松澤暢は「松澤が流してしまった『誤報』」と書いたパワーポイントに投影しながら、この新聞記事について触れ、「間違いを犯してしまった」「大地震の可能性が低くなった」という見解を示したことに頭を下げたことが書かれている。だが、これは個人のミスというよりも、従来の理論に基づいた結果、誤報となってしまったということであり、間違いを間違いと真摯に認める科学者としての姿勢は立派であり間違っていない。

2 このセクションの初出は以下の論文。ドラッカー学会年報の『文明とマネジメント』は検索すればネットでも出てくるため、本論で引用している箇所について詳細を知りたい人はぜひ原論文に当たってほしい。
西條剛央（2016b）「構造構成主義による経営学の科学論的基盤の構築」。『文明とマネジメント』13

3 https://www.facebook.com/saijotakeo/posts/951004158301314

4 後に調べた限り、筆者の他には地震学者の石橋（神戸大学名誉教授）が最初の地震以上の地震が起こりうることをメディアを通して発信した旨が下記の論文にて次のように述べられている。

石橋克彦（２０１６）「２０１６熊本地震は異例ではない――大局的に活動の意味を考える」『科学』86巻 6号

「私は『群発地震』的な、やや不気味な感じを抱いていた。15日朝に共同通信社の電話取材を受けたのだが、そこで話したことの一部が『14日夜よりも大きな揺れがこないという保証はなく、救助活動や避難生活には細心の注意が必要だ』というコメントとして使われた。これを含む記事は新聞によっては本震後の16日朝刊に載ったようだが、ウェブでは15日昼前にアップしたメディアもあり、熊本日日新聞では15日夕刊に出たという。これに類したことを気象庁が発表するのは、種々の弊害の恐れが強くてできないのだろう（ただし、根拠が不確かというなら、本震――余震型という判断も同じである）。しかし、死者の4分の1の12人が14日の地震でいったん避難したあと自宅に戻って16日の地震で亡くなったというNHKニュースなどを聞くと、地震発生予測という問題とは別に、命を守るための総合的な取り組みの一環として検討する必要があると思う。なお、政府は15日に『全避難者の屋内避難』の方針を打ち出したといわれる。それが悪影響をもたらしたかもしれず、経緯を検証して今後の教訓にすべきだろう」

この論文はネット上でも読むことができる。

http://www.ikata-tomeru.jp/wp-content/uploads/2016/09/甲A第574号証.pdf

5 気象庁サイトの「大地震後の地震活動の見通しに関する情報のあり方」報告書の（概要）https://www.jishin.go.jp/reports/research_report/yosoku_info/

6 気象庁サイト「大地震後の地震活動（余震等）について」https://www.data.jma.go.jp/svd/eqev/data/aftershocks/index_whats_aftershock.html

7 気象庁サイトの「大地震後の地震活動の見通しに関する情報のあり方」報告書の（概要）https://www.jishin.go.jp/reports/research_report/yosoku_info/

8・9 同上

10 ふんばろう東日本プロジェクトの２０１２年までの支援実績については以下参照。

西條剛央（２０１３）「日本最大級となった『ふんばろう東日本支援プロジェクト』は、どのような支援をどのように実現したのか？――構造構成主義を基軸としたボランティアリテラシーの射程」『ボランタリズム研究』2

11 東京新聞（2016年4月18日）「熊本地震　2つの断層が連動　揺れの回数は過去最多」
http://web.archive.org/web/20160418085339/http://www.tokyo-np. co.jp/article/national/list/201604/CK2016041802000124.html

12 「あとがきに代えて」の注4の石橋論文

13 黒沢大陸（2014）『「地震予知」の幻想――地震学者たちが語る反省と限界』新潮社

14 同書

15 西條剛央（2004）『母子間の抱きの人間科学的研究――ダイナミック・システムズ・アプローチの適用』北大路書房

16 志岐常正（2017）「地質事象におけるカオス、法則と法則性――複雑系としての地質学　その4」『地球科学』71

17 橋下尚（1992）『カオス理論がわかる本』HBJ出版局

18 黒沢大陸（2014）『「地震予知」の幻想――地震学者たちが語る反省と限界』新潮社

19 本質行動学のもう一つの思想的源流として、現象学の創設者であるフッサールがいる。彼は人文社会科学は本来は事実学ではなく、本質学であるべきであったと正しく指摘した。ただし、フッサール現象学は主客難問の解明を端緒としていたことから「意識作用」（超越論的主観性）を起点としており、そこでの「本質観取」もまた「私の体験の内省」が前提とされているために、他者のテクスト（証言／データ）に基づく本質観取を可能とする理路にはなっていない。対して、本質行動学は現象学よりも徹底した無前提性を追究した構造構成学に依拠している。そこでは「現象」すなわち、すべての立ち現れを起点としていることから、そうした制約はなく、本書で示したように個人の固有の体験から社会的な事象、そして自然科学から社会科学に至るまで、現象の解明のために縦横無尽に本質観取を応用し、本質論を展開し、個人と社会の本質化に資することが可能である。現象学の限界と超克の詳細については以下の論文を参照。
西條剛央（2018a）「コーチングの本質とは何か？――書籍を契機とした本質観取の実践と方法――」『対人支援研究』5

20 エッセンシャル・マネジメント・スクールの連絡先
contact-mail@essential-management.jp

21 西條剛央（2018a）「マネジメントのメタ理論

MDPSの構築――構造構成主義に基づくドラッカー・マネジメントとダイナミック・システムズ・アプローチの融合」『文明とマネジメント』15

22 この表1に照らせば、東日本大震災の2日前の地震は［地震による死者0＝ポイント0／マグニチュード7・3＝ポイント3／震源地の近さ＝ポイント2／津波到達あり＝ポイント3］となり3月9日の地震だけで合計ポイントは8となる。熊本地震の場合は［地震による死者9名（倒壊のみで7名）＝ポイント2／マグニチュード6・5＝ポイント2／震源地の近さ直下型＝ポイント3／津波到達なし＝ポイント0］となり4月14日の地震だけで合計ポイントは8となる。

23 黒沢大陸（2014）『「地震予知」の幻想――地震学者たちが語る反省と限界』新潮社
この文献には、巨大地震の大きさを示すのに適したモーメントマグニチュードを唱えたカリフォルニア工科大学名誉教授の金森博雄は講演で次のように述べていた様子が記載されている。

「講演では、東日本大震災の2日前に起きた地震についても触れた。M7・3の地震で、東日本大震災の本震の震源となったわずか50km北東側で起きていた。この地震の余震がだんだんと広がり、3月10日朝にもM6・8の余震が、東日本大震災の本震の震源となった場所のすぐ近くで起きていた。

　後になって、多くの地震学者は3月9日の地震が引き金となって、東日本大震災を起こしたと考えるようになっている。

　『3月9日の地震は後から考えれば前兆といえるが、事前にM9の地震を正確に予知する理論はない』」

24 https://www.facebook.com/saijotakeo/posts/3398279630240409

25 黒沢大陸（2014）『「地震予知」の幻想――地震学者たちが語る反省と限界』新潮社

26 松澤暢（2001）「地震予知の戦略と展望」『地学雑誌』110（6）

27 https://www.jesea.co.jp/interview/001/?fbclid=IwAR1_LxwEZyA7AtQWhW0eO25iqFLCu0EXH1kx36LyE9ksLkajtxm6DJBosLk

28 池田清彦（1990）『構造主義科学論の冒険』毎日新聞社（初出）

29 「はじめに」の注の2参照

30 「はじめに」の注の4参照

31 西條剛央（2015）『チームの力――構造構成主義による〝新〟組織論』筑摩書房・

32 「はじめに」の注の1参照

33 西條剛央（2017a）「ドラッカー思想の本質観取――新たな本質観取の方法」『文明とマネジメント』14

34 西條剛央（2017b）「ドラッカーの著作をテクストとした本質行動学の研究モデル――「組織構造」の原理とメタ理論、そして原理的ツールの構築」『文明とマネジメント』14

35 入山章栄（2012）『ビジネススクールでは学べない世界最先端の経営学』日経BP社

36 入山章栄×岩崎夏海 対談（前編）「経営学者はドラッカーなんて読まない」は本当⁉ DIAMOND online http://diamond.jp/articles/-/82877?page=2

37 西條剛央・井坂康志（2017）「エッセンシャル・マネジメントとしてのドラッカー思想の再生――なぜ、ふたたびドラッカーなのか」『文明とマネジメント』15

38 西條剛央（2018a）「マネジメントのメタ理論MDPSの構築――構造構成主義に基づくドラッカー・マネジメントとダイナミック・システムズ・アプローチの融合」『文明とマネジメント』15

39 西條剛央（2020）「(連載) コロナ危機を救うクライシスマネジメントの本質」DIAMOND online https://diamond.jp/category/crisismanagement

40 竹田青嗣（2009）『中学生からの哲学「超入門」』筑摩書房
なお、竹田青嗣の入門書は、丁寧に読めば学生でもわかるように書かれいてるが、洞察の深度は損なわれていないため入門書だからといって軽くみてはいけない典型といえる。また竹田青嗣は現象学の祖フッサールの提示した社会科学は事実学ではなく本質学であるべきというコンセプトを継承し『本質学研究』を創刊しており、オンラインでも読めるため関心のある人は一読をお勧めする。

41 一般的に「普遍性」といわれる概念を、普遍的に洞察できるという意味で「普遍洞察性」と精確に言い当てたのは、筆者の知る限り西研の以下の著書が最初と思われる。
西研（2001）『哲学的思考――フッサール現象学の核心』筑摩書房

42 ドラッカーの著作の中にある「本質」を「原理」へと鍛え上げる方法については以下の論文を参照。
西條剛央（2017b）「ドラッカーの著作をテクストとした本質行動学の研究モデル――『組織構造』の原理とメタ理論、そして原理的ツールの構築」『文明とマネジメント』14

43 Essential Management School 公式サイト
https://essential-management.jimdofree.com

44 その様子は以下の記事「大川小学校の校舎、保存か解体か　渦巻く葛藤、そして卒業生たちは住民集会に乗り込んだ【発言全文】」に詳しい。
https://www.huffingtonpost.jp/2015/03/10/okawa-sho_n_6844410.html

45 「NHK東日本大震災アーカイブス――遺構になった大川小」
http://www9.nhk.or.jp/archives/311shogen/detail/#dasID=D0007011012_00000

46 日本には平時に危機をマネジメントするという観点が欠けており、発災してから対応しようとする「災害対応」にとどまっているため、巨大災害になればなるほど物資支援や避難所生活において毎回同じ混乱が生じる。特に、長引く避難生活による関連死が後を絶たず、これは非常に大きな問題である。東日本大震災後は、その後の長引く避難生活によって、助かったはずの3523名もの命が失われた（復興庁2016年9月30日発表）。その後の熊本地震でも167名が関連死で亡くなっており崖崩れや倒壊により亡くなった人の数を遥かに上回っている。その他にも阪神・淡路大震災で919名、新潟中越地震で52名が関連死で亡くなっており、上の巨大災害に限りざっと計算しただけでもここ25年ほどで計4661名が関連死で亡くなっている。こうした関連死の問題は、避難所の問題とともに、いまだに自治体が災害時にプレハブ業者に仮設住宅を発注する仕組みになっていることにも大きく起因している。熊本地震で東日本大震災後に公刊した『人を助けるすんごい仕組み』で、「仮説住宅からトレーラーハウスへ」と提言し、熊本地震等で一部実現した（以下参照）が、今後全国の自治体が平時に危機のマネジメントとして解決しておくべき課題といえる。
https://www.sankei.com/west/news/160620/wst1606200030-n1.html

47 東日本大震災ではが災害時に支援したい人、支援を受けたい自治体や避難所はこのスマートサプライに登録、提携しておくとよい。
https://smart-supply.org/

48 11章で敏郎さんとともに大川小学校で初めて開催された新任校長の研修の講師を務めた、大川小学校遺族であり現役校長の平塚真一郎氏も「以前は人並みに『亡くなった人の分も生きる』みたいに、眉間にしわを寄せて言っていたが、あるとき亡くなった人が天国から『あの人の分も』と言って無理して生きる姿を見て喜ぶだろうか？ と思うようになり、『生きている人間が自分の人生を生き、心から笑顔になれるように、自分にできることを、自分らしくやる』ことで『天国の人達も笑顔にする』ということが生きる指針になった」と語られている。
https://www.facebook.com/shinichiro.hiratsuka.3/posts/1169631799809011

49 詳しくは第2章と第9章を参照のほど。

〔著者紹介〕
西條剛央（さいじょう　たけお）
1974年宮城県仙台市生まれ。日本学術振興会特別研究員DCおよびPD、早稲田大学大学院（MBA）専任講師、客員准教授を経て2019年よりエッセンシャル・マネジメント・スクール代表。2011年の東日本大震災に際して、独自に体系化した構造構成主義（本質行動学）をもとに日本最大級となる総合支援ボランティア組織を実現。2014年、Prix Ars Electronicaのコミュニティ部門において、WWWやウィキペディアが受賞した最優秀賞「ゴールデン・ニカ」を日本人として初受賞。「ベストチームオブザイヤー2014」受賞。大川小学校の事故の研究を契機として立ち上げた「スマートサバイバープロジェクト」で、ネパール地震、熊本地震をはじめとする災害支援を実現し、「最優秀グッド減災賞」「NPOの社会課題解決を支えるICTサービス大賞」受賞。著書に『構造構成主義とは何か』（北大路書房）、『質的研究とは何か』（新曜社）、『人を助けるすんごい仕組み』（ダイヤモンド社）、『チームの力』（筑摩書房）など。

クライシスマネジメントの本質《ほんしつ》
――本質行動学《ほんしつこうどうがく》による3.11大川小学校事故《おおかわしょうがっこうじこ》の研究《けんきゅう》

2021年2月14日　第1版第1刷印刷　　2021年2月24日　第1版第1刷発行

著　者　西條剛央
発行者　野澤武史
発行所　株式会社　山川出版社
〒101-0047　東京都千代田区内神田1-13-13
電話　03(3293)8131(営業)　03(3293)1802(編集)
https://www.yamakawa.co.jp/
印刷・製本　図書印刷株式会社
装　幀　マルプデザイン（清水良洋）
本　文　梅沢 博

 ISBN978-4-634-15186-4 C0036